一诺千金

——新时代中国脱贫攻坚的理论思考

黄承伟　著

广西人民出版社

图书在版编目（CIP）数据

一诺千金：新时代中国脱贫攻坚的理论思考 / 黄承伟著 . — 南宁：广西人民出版社，2019.4（2021.2 重印）
ISBN 978-7-219-10807-9

Ⅰ. ①一… Ⅱ. ①黄… Ⅲ. ①扶贫—研究—中国 Ⅳ. ① F126

中国版本图书馆 CIP 数据核字（2019）第 028613 号

总 策 划 韦鸿学 温六零
策　　划 韦向克 周 莉
责任编辑 韦 筱
责任校对 梁小琪
封面设计 唐 峰［广大迅风艺术 ］
责任排版 李宗娟

出版发行 广西人民出版社
社　　址 广西南宁市桂春路 6 号
邮　　编 530021
印　　刷 广西民族印刷包装集团有限公司
开　　本 787mm × 1092mm 1 / 16
印　　张 20.5
字　　数 344 千字
版　　次 2019 年 4 月 第 1 版
印　　次 2021 年 2 月 第 2 次印刷
书　　号 ISBN 978-7-219-10807-9
定　　价 65. 00 元

目　录

上篇　时代背景

中篇　思想体系与顶层设计

下篇 生动实践

上篇

时代背景

SHIDAI BEIJING

中国扶贫开发道路研究：评述与展望

中华人民共和国成立特别是改革开放以来，中国贫困人口大幅度减少，扶贫开发成就举世瞩目，走出了一条中国特色扶贫开发道路。总结研究中国扶贫开发道路，是完善扶贫开发战略政策体系的现实需要，是丰富发展扶贫理论的客观要求，是开展国际减贫交流的重要内容。已有中国扶贫开发道路研究，主要集中在历史进程与贡献、战略与政策演变、基本经验与主要模式、精准扶贫精准脱贫方略、未来发展等方面。本文对上述方面的研究进行梳理和评述，对中国扶贫开发道路研究的方向和重点进行分析阐述，旨在为深化相关研究提供参考。

一、中国扶贫开发的历史进程与贡献

中国扶贫开发道路的起点时间是1949年还是1978年？将1949—1978年纳入减贫史进行分析的有胡鞍钢、范小建、刘娟、朱小玲和刘超等，其将中华人民共和国成立以后至改革开放的社会发展进程视为中国扶贫历史进程的一部分，但上述学者对1949—1978年这个时期扶贫历史的划分及归纳亦有不同。胡鞍钢、范小建将该时期的扶贫成就归因为：一是社会制度改革，土地改革、公社化运动等建立了一个极为平等的社会，有效地消除了极端人类贫困现象；二是建立了高度覆盖的基本社会保障以及教育、医疗体系，为极端贫困人口提供了基本的生存保障[1-2]。刘娟、朱小玲等也将1949—1978年划定为单独扶贫历程，但不同的是，其将该时期认定为小规模的救济式扶贫阶段，即“依托自上而下的民政救济系统，对边远落后地区、因灾致贫人口和战争伤残人口实施生活救济”[3-4]。刘超等人与前几位研究者不同，将1949—1985年划为同一阶段，认为该时期主要是通过制度变革减缓农村贫困程度，其减贫行动的逻辑在于通过全面的、综合性的制度变革调整社会生产关系，调动社会各方面特别是贫困农民的积极性，发展农业生产和农村经济，以经济增长缓解全社会的贫困问题。这一阶段与后面时期不同的是：一是重点在于缓解全社会的贫困程度，而不注重减少贫困人口或者根除贫困；二是着眼点于全国层面，并未专门针对农村贫困地区[5]。

改革开放以来中国扶贫开发阶段划分，学术界具有非常高的共识。王晓丽、刘娟、许源源、赵曦等大多数专家学者均以不同时期政府不同的扶贫行动为分期标志，将1978年以后的扶贫历史分为四段或者五段扶贫历程[3,6-8]：一是1978—1985年为体制改革推动扶贫阶段。这一时期以家庭联产承包责任制、农产品价格、农村商品经济等农村经济体制的深刻变革，促使农村经济取得了超常规增长，最终导致贫困人口急剧减少。根据中国政府扶贫标准，贫困人口从1978年的2.5亿，减少至1985年的1.25亿。二是1986—1993年为大规模开发式扶贫阶段。以成立专门扶贫机构“国务院贫困地区经济开发领导小组”（1993年改为国务院扶贫开发领导小组）为标志，中国扶贫进入了有组织、大规模、开发式的扶贫阶段。国家划定18个集中连片贫困带和一批国家级、省级贫困县进行重点区域扶贫开发，农村绝对贫困人口从1.25亿下降到8000万。三是1994—2000年为扶贫攻坚阶段。以《国家八七扶贫攻坚计划（1994—2000年）》的颁布为标志，中央政府大幅度增加扶贫开发投入，明确资金、任务、权利、责任“四个到省”的扶贫工作责任制，建立东部沿海地区支持西部欠发达地区的扶贫协作机制，并推行了入户项目支持、最低生活救助、教育卫生扶贫、科技扶贫、劳动力转移、生态移民等多元化扶贫措施。农村绝对贫困人口由8000万下降到3209万。四是2001—2010年为综合扶贫开发阶段。以《中国农村扶贫开发纲要（2001—2010年）》的颁布为标志，以国家扶贫开发重点县为重点，以15万个贫困村为扶贫对象，全面实施以村为单位进行综合开发和整村推进的参与式扶贫，同期农村贫困人口从 9422 万下降到 2688 万。五是 2011 年至今，以片区开发新举措与精准扶贫新方略融合推进的扶贫脱贫攻坚阶段。以 2011 年《中国农村扶贫开发纲要（2011—2020 年）》和 2015 年《关于打赢脱贫攻坚战的决定》出台为标志，以“2020 年现行标准下贫困人口全部脱贫，贫困县全部摘帽，解决区域型贫困问题”为目标，全面实施精准扶贫精准脱贫方略，全党全国全社会动员，坚决打赢脱贫攻坚战。

也有部分学者根据不同要素如以制度建设划分不同的扶贫历史阶段，胡鞍钢将整个反贫困历史分为三个阶段，认为三次不同的制度建设——“解放农民革命”是促进农民不同程度增收的主因，因此形成了三段不同的减贫历史[1]。第一次“解放农民革命”是 1949—1978 年，主题是解放农民、保护农民、限制农民，通过土地改革，使贫困的农民从地主的压迫与剥削中解放出来。第二次“解放农民革命”是 1978—2000 年，主题是解放农民、转移农民、富裕农民。采取家庭联产承包制，大力兴办乡镇企业，使农民从低效率的人民公社制度中解放出来，从土地上解放出来。第三次“解放农民革命”是 2000 年至今，主题是解放农民、投资农民、服务农民、转移农民、富裕农民，消除二元体制的体制性障碍，加速城镇化进程，从根本上解决长期以来城乡隔绝、对立、分离的不公平和不公正局面。

中华人民共和国成立以来，特别是改革开放以来扶贫开发历程的阶段划分，是总结中国扶贫开发道路的开始和基础。目前看，扶贫开发阶段划分主要是依据政府的扶贫开发行动，特别是国家不同时期制定的三个扶贫规划。这样的划分，阶段清晰，符合中国扶贫开发以政府为主导的实际。但是，这里有两个问题：一是政府的扶贫开发行动并不完全是每一阶段贫困人口减少的全部原因，因此，如果引用当期全部贫困人口的变化数据作为成效，显然并没有充足的实证支持；二是贫困人口减少是经济增长带动、专项扶贫资金项目支持、社会帮扶综合作用的结果，不同阶段，这些力量的作用程度并不完全相同，因此，进一步分析减贫的主要动因及其贡献，并据此划分扶贫开发阶段，可能更加有说服力。

二、中国扶贫开发的战略及政策演变

中国政府在不同的历史阶段根据贫困特征的变化，适时并不断调整扶贫开发战略，完善扶贫开发政策体系。

1949—1978年，实施计划经济体制下的广义扶贫战略。1952年，国家完成了土地制度改革，基本上消除了农民无地的现象，为后来政府实施农村扶贫政策奠定了制度基础。确立了人民公社集体经济体制、建立了农村财产公有制，在农村生产力发展方面采取的一系列措施，包括：(1) 在全国范围内开展大规模的基础设施建设，进行农田水利建设，改善农村灌溉设施和交通条件。(2) 建立农村科技服务网络，形成基本覆盖全国所有农村乡镇的农业技术推广服务网络系统。(3) 建立全国性的农村合作信用体系，改善农村金融服务。(4) 农村基础教育和农村基本医疗卫生事业快速发展，农村小学校和乡村卫生所的大力建设、免费教育和乡村合作医疗、支持赤脚医生等政策措施，为农村人口的发展提供了有力的保障。(5) 初步建立以社区五保制度和农村特困人口救济为主的农村社会基本保障体系[9]。然而，人民公社化运动严重挫败了农民劳动积极性，生产极其缺乏效率。至1978年，根据中国政府扶贫标准，农村贫困人口规模高达2.5亿，占全国人口总数的25.97%，占世界贫困人口总数的1/4，农村贫困发生率达到30.7%。在此过程中，由于“大跃进”等极“左”路线，20世纪50—60年代还一度出现了农村大范围饥荒的悲惨局面[10]。刘娟认为这一时期的扶贫战略主要是小规模的救济式扶贫，即依托自上而下的民政救济系统，对边远落后地区、因灾致贫人口和战争伤残人口实施“输血式”生活救济。这种救济式扶贫战略，虽然保障了贫困人口的临界生存需要，却难以提高贫困人口的发展能力，不能从根本上最终摆脱贫困，“救急不救穷”[3]。

1978—1985年，实施农村经济体制变革推动减贫的战略。推行以家庭承包经营为基础、统分结合的双层经营体制，实施提高农产品价格、发展农村商品经济等配套改革，极大地解放了农村的生产力。农村经济体制的深刻变革，为这一时期我国农村经济的超常规增长和贫困人口的急剧减少提供了强劲动力。农民人均纯收入也由1978年的133.6元上升到1985年的397.6元；人均占有的粮食、棉花、油料、肉类产量分别增长14%、74%、176%和87.8%[11]；农村绝对贫困人口由2.5亿下降到1.25亿左右，年均减少1786万，贫困发生率也由30.7%下降到14.8%。这一阶段对缓解贫困起主要作用的是农村土地制度、市场制度以及就业制度的改革[12]。通过农村土地制度、农贸市场制度、支持农村发展的金融组织和劳务输出制度的改革，在农村经济快速增长的背景下无法实现温饱的绝对贫困人口大幅度减少。但是，自然、历史等多种致贫因素逐渐显现。为此，政府及其有关部门实施相应扶贫政策、开展一系列帮困活动，以支持经济发展明显落后、贫困人口较为密集的地区脱贫。1984 年国家实施的以工代赈，即是救济对象通过参加必要的社会工程建设获得赈济金或赈济物，也是贫困人口通过出工投劳来获得的救济[11]。以工代赈的项目，改善了贫困地区的基础设施，并帮助了贫困地区和贫困人口形成生产条件[13]。政府在改善农村物质贫困的同时，也开始逐步重视农村的教育，出台了一系列改善农村教育的社会政策[14]。

1986—1993 年，实施区域开发式扶贫战略。这一时期，农村区域发展不平衡问题开始凸显，农村地区特别是老少边远地区的经济、社会和文化发展水平开始较大落后于沿海发达地区，成为“需要特殊对待的政策问题”[15]。贫困人口呈现出明显的区域集中特点，主要分布在“老、少、边、穷”地区，需要推行有组织、有计划、大规模的帮扶措施。1984 年 9 月，中共中央和国务院联合发出了《关于帮助贫困地区尽快改变面貌的通知》。1986 年 4 月第六届全国人民代表大会第四次会议通过的《中华人民共和国国民经济和社会发展第七个五年计划》，将“老、少、边、穷地区的经济发展”单列一章。从此，解决大多数贫困地区贫困人口的温饱问题成为中国政府扶贫工作的一个长期目标。同时，中国政府于 1986 年成立了专门的扶贫机构——国务院贫困地区经济开发领导小组，从而使农村扶贫开发规范化、机构化、制度化，这一扶贫机构的建立，标志着我国政府由原来的道义式扶贫转向制度性扶贫[16]。这一时期确定的开发式扶贫是以区域开发带动扶贫为重点，在一些贫困地区，“促进区域经济增长带动扶贫”的项目开发式反贫困战略演变为“贫困地区工业化项目投资”的开发式战略。实践证明，这种方式固然有利于县域经济的发展，但缺乏与贫困农户的直接联系[17]。虽然这一时期的专门措施发挥了一定效果，但由于同期农村经济增长速度放慢，加之剩余贫困人口脱贫难度增加，与前一时期相比，这一时期贫困人口下降速度有所减缓，返贫现象有所增加。依据世界银行估算，1985—1989 年间甚至出现农村贫困人口绝对数增长 700 万的贫困反弹现象[10]。

1994—2000 年，实施综合性扶贫攻坚战略。这一阶段是以 1994 年 3 月《国家八七扶贫攻坚计划（1994—2000 年）》的颁布为标志。该计划明确要求集中人力、物力、财力，用 7 年左右的时间，基本解决 8000 万农村贫困人口的温饱问题。明确提出要到村到户，以贫困村为基本单位，以贫困户为主要工作对象，以扶持贫困户创造稳定解决温饱的条件发展种养业为重点，坚持多渠道增加扶贫投入。并明确指出，扶贫开发到村到户的核心是扶贫资金的投放、扶贫项目等各项措施真正落实到贫困乡、贫困村、贫困户。提出扶贫的主要对象和工作重点是贫困农户[18]。扶贫开发工作随之由道义性扶贫向制度性扶贫转变，由救济性扶贫向开发性扶贫转变，由扶持贫困地区（主要是贫困县）向扶持贫困村、贫困户（主要是贫困人口）转变。同时，较大幅度地增加了扶贫资金。三大扶贫项目（扶贫贴息贷款、以工代赈和发展资金）投放的扶贫资金从 1995 年至 1999 年增加了 1.63 倍。这一阶段，政府在宏观经济政策方面也明确提出了加快中西部地区经济发展计划。实践证明，将扶贫到户与促进中西部地区经济发展的宏观政策相结合，对缓解农村贫困产生了积极意义。中央政府大幅度增加扶贫开发投入，明确资金、任务、权利、责任“四个到省”的扶贫工作责任制，建立东部沿海地区支持西部欠发达地区的扶贫协作机制，并推行了入户项目支持、最低生活救助、科技扶贫、劳动力转移、生态移民等多元化扶贫措施。到 2000 年底，贫困县农民人均纯收入由 1993 年的 483.7 元增加到 1321 元，农村绝对贫困人口由 8000 万下降到 3209 万，贫困发生率减少到 3.4%，贫困人口的温饱问题基本得到解决，农村贫困从普遍性、区域性、绝对性贫困向点状分布和相对贫困发生转变。2000 年中国政府宣布《国家八七扶贫攻坚计划（1994—2000 年）》确定的战略目标基本实现，全国农村贫困人口的温饱问题已经基本解决。但是，扶贫开发工作面临的困难依然严峻[19]。从根本上改变贫困地区社会经济的落后状况将是一个长期而艰巨的历史性任务。

2001—2012 年，实施整村推进与“两轮驱动”扶贫战略。在全国中西部地区确定 592 个国家扶贫开发重点县，把贫困瞄准重心下移到村，全国范围内确定了 15 万个贫困村，全面推进整村推进、产业发展、劳动力转移为重点的扶贫开发措施。2007 年，全面实施农村最低生活保障制度，进入扶贫开发政策与最低生活保障制度衔接的“两轮驱动”阶段。到 2010 年在 1196 元的贫困标准线下，中国贫困人口已经减少到 2688 万，贫困发生率下降到 2.8%。特别是“十一五”时期，贫困人口从 6431 万减少到 2688 万，5 年减少 3743 万，年均减少 748.6 万；重点县农民人均纯收入从 1723 元增加到 3273 元，增长了 1550 元，年均增长 10.28%，比全国平均水平高了 0.95 个百分点。扶贫开发取得的成就不仅使大多数贫困群体的温饱问题得以解决，同时也对国民经济持续健康发展和缓解区域、城乡差距扩大趋势发挥了十分重要的作用。

从 2013 年开始至今，实施精准扶贫、精准脱贫方略。党的十八大以来，习近平总书记高度重视扶贫开发工作，提出了一系列扶贫开发的新思想新观点新部署新要求，形成了中国新时期扶贫论述。以习近平扶贫论述为指导，中国 2015 年做出“打赢脱贫攻坚战”的决定，明确“到 2020 年现行标准下贫困人口全部脱贫，贫困县全部摘帽，解决区域性整体贫困”的目标，全面实施精准扶贫、精准脱贫方略。坚持中国制度的优势，构建省、市、县、乡、村五级一起抓扶贫，层层落实责任制的治理格局。注重抓“六个精准”，即扶持对象精准、项目安排精准、资金使用精准、措施到户精准、因村派人精准、脱贫成效精准，确保各项政策好处落到扶贫对象身上。坚持分类施策，因人因地施策，因贫困原因施策，因贫困类型施策，通过扶持生产和就业发展一批，通过易地搬迁安置一批，通过生态保护脱贫一批，通过教育扶贫脱贫一批，通过低保政策兜底一批。广泛动员全社会力量，支持和鼓励全社会采取灵活多样的形式参与扶贫。围绕精准扶贫战略，创新扶贫开发机制，为贫困人口贫困村建档立卡，向贫困村派驻第一书记和工作队，出台一系列精准扶贫政策，为脱贫攻坚源源不断地释放改革红利。现行标准下农村贫困人口从 2010 年的 1.66 亿，减少到 2015 年底的 6000 万左右，减少了 1 亿。贫困县农民人均纯收入从 2010 年的 3273 元，增加到 2015 年的 6600 元以上，翻了一番，增长幅度连续 5 年高于全国农村平均水平。社会保障日臻完善。贫困地区基本公共服务体系建设加快推进，城乡基本养老保险制度全面建立，全国农村 5000 余万人被纳入低保保障范围。贫困地区基础设施建设成效显著，自然村通公路、通电、通电话比例达到 90%左右。

从政府主导角度出发，中国不同历史时期的扶贫开发战略以及相应的政策体系十分清晰，梳理并不困难。问题在于，每一个阶段的扶贫战略并不是唯一的，减贫往往是多种战略综合作用的结果。政策体系的总结也面临同样的问题。而且，贫困人口的减少并不仅仅是扶贫开发的结果，在一定程度上，更是经济增长带动减贫的结果。但是，可以肯定的是，没有专门的、不断完善的扶贫开发战略与政策体系，就无法取得如此巨大的减贫成就。至于如何以及能否区分导致中国减贫成就的各个要素并量化，看来还需要完成大量的研究。

三、中国扶贫开发的基本经验及主要模式

习近平总书记对中国特色扶贫开发道路进行了总结，这是关于中国扶贫开发基本经验最权威的表述[20]。一是坚持改革开放，保持经济快速增长，不断出台有利于贫困地区和贫困人口发展的政策，为大规模减贫奠定了基础、提供了条件。二是坚持政府主导，把扶贫开发纳入国家总体发展战略，开展大规模专项扶贫行动，针对特定人群组织实施妇女儿童、残疾人、少数民族发展规划。三是坚持开发式扶贫方针，把发展作为解决贫困的根本途径，既扶贫又扶志，调动扶贫对象的积极性，提高其发展能力，发挥其主体作用。四是坚持动员全社会参与，发挥中国制度优势，构建政府、社会、市场协同推进的大扶贫格局，形成跨地区、跨部门、跨单位、全社会共同参与的多元主体的社会扶贫体系。五是坚持普惠政策和特惠政策相结合，先后实施《国家八七扶贫攻坚计划（1994—2000年）》《中国农村扶贫开发纲要（2001—2010年）》《中国农村扶贫开发纲要（2011—2020年）》，在加大对农村、农业、农民普惠政策支持的基础上，对贫困人口实施特惠政策，做到应扶尽扶、应保尽保。

应该说，以上这“五个坚持”全面概括了中国扶贫开发的基本做法和主要经验。关于这些经验的研究，由于视角不同，着力点不同，目的不同，呈现出各种不同的表述。这些表述，大都可以看成是官方经验总结的具体阐释，其主要观点可以概括为以下“六个坚持”。

一是始终坚持根据国情建立完善扶贫战略政策体系。特殊的国情和不同历史时期的贫困特征决定中国采取不同的减贫策略。

二是始终坚持开发式扶贫方针。所谓开发式扶贫，即：第一，坚持综合开发。加强贫困地区水利、交通等基础设施建设，重视科技、教育、卫生、文化事业的发展，提高贫困人口综合素质，促进贫困地区经济、社会协调发展和全面进步。第二，坚持可持续发展。把扶贫开发与资源保护、生态建设相结合，与计划生育相结合，提高贫困地区可持续发展能力。第三，把发展种养业作为扶贫开发的重点。以增加贫困人口的收入为中心，依靠科技进步，优化品种、提高质量、增加效益，搞好信息、技术、销售服务，确保增产增收。第四，积极推进农业产业化经营。引导和鼓励具有市场开拓能力的大中型农产品加工企业到贫困地区建立原料生产基地，为贫困农户提供产前、产中、产后系列化服务，形成贸工农一

体化、产供销一条龙的产业化经营。第五，积极稳妥地扩大贫困地区劳务输出。加强转移就业前的劳务技能培训，健全就业信息服务体系，提高转移就业的组织化程度，维护转移劳动力的合法权益[21]。

三是始终坚持实施政府主导、层次分明的扶贫战略。我国把扶贫开发作为国民经济和社会发展五年计划中的一项重要内容，增加对贫困地区的投资，制定扶贫开发计划和纲领。中国扶贫减贫的成功之道在于减贫作为国家重要发展目标被列入国家发展规划；经济持续高增长成为大幅度减少贫困人口的决定性因素；不断完善国家扶贫战略和政策体系；创新中国特色的反贫困机制，其中自力更生、地方为主、国家支持、社会捐赠、对口支援、市场驱动、国际援助七个机制组成了政府主导、多元投资、相互补充、激励相容、广泛参与的具有中国特色的 PPP（政府和社会资本合作）模式[22]。中国新时期反贫困模式可以总结为“两线一力”，“两线”即经济发展和社会安全网两条线索，“一力”即政府主导力[23]。

四是始终坚持实施少数民族地区扶贫攻坚战略。少数民族在我国社会、经济发展中居特殊地位。在复杂的经济和社会背景下，我国在尊重地区差异和民族文化等条件的基础上，通过分阶段、分区域等手段扎实推进扶贫开发工作，取得了重要成就[24]。

五是始终坚持实施区域性扶贫战略。鉴于东中西部经济发展特殊状况，我国先后实施了西部大开发、振兴东北老工业基地和中部崛起等发展战略，并通过划定 14 个全国集中连片特困地区开展针对性的扶贫攻坚[25]。通过明确区域发展实际、实施区域差异性扶贫开发战略，是解决经济发展和消除贫困问题的重要途径。

六是始终坚持实施开放共享的扶贫战略。减贫领域的国际交流与合作是中国特色扶贫开发道路的重要内容，对推进中国减贫事业发挥了积极作用[26]。通过参与国际交流，开展知识领域的传导学习和借鉴国际先进的减贫理念、经验、措施，借鉴不同民族不同地区具体政策的设计，进一步丰富和完善本国减贫政策与机制。中国政府以开放的态度吸收和借鉴世界各国及国际组织的反贫困经验，广泛利用国外政府和非政府组织、国际多边组织的援助，在扶贫开发领域中积极开展与国际社会的交流与合作[27]。

上述“五个坚持”和“六个坚持”的核心内容基本一致，都从不同角度展示了中国扶贫开发的基本经验。由于中国农村扶贫开发的巨大成就，其中的做法经验具有分享借鉴的价值也毋庸置疑。但是，由于贫困问题的解决是多方面力量、多种因素综合作用的结果，因此，总结交流中国农村扶贫开发的基本经验，还需要批判及反思的视角。首先，中国农村反贫困是分阶段推进的，每一个阶段制定相应的国家减贫计划，呈现出明显的阶段性特征。这一特征客观上却弱化了对反贫困长期性、复杂性的认识，并且在一定程度上也导致反贫困战略政策的长期性、制度全面性的不足，法制化进程缓慢。其次，中国农村反贫困体系的根本性特征是强化政府主导。从中央到地方强化各级政府的扶贫责任，建立了完整的扶贫工作体系，政府完全主导了扶贫资源的分配及传递，各级政府及扶贫等相关部门成为扶贫资源管理、使用、监督的主体。这种大一统的体制机制，弱化了不同贫困区域、不同贫困群体扶持政策需求的差异性，目标群体在反贫困过程中的主体性难以充分体现，社会组织的产生、发展及其在扶贫中的作用也缺乏足够的空间。再次，中国农村反贫困战略政策实施涉及决策、管理、执行、监督等各个方面及环节。在此过程中，不可避免地存在需要改进的缺陷，如目标瞄准的有效性和针对性问题、扶贫资源管理使用的漏出与浪费问题、各种扶贫开发模式由于差异性不足导致的效率问题、扶贫实践中重视硬件投入而软件投入不足问题、扶贫绩效评价科学性问题等。最后，对如何总结我国农村扶贫开发经验及其教训、如何与其他发展中国家交流分享等问题的探索，具有巨大潜力和发展空间。需要特别注意和强调的是，任何国家（区域）借鉴外来的减贫经验、模式，只有结合当地实际实现本土化，才会生根、取得预期效果。

中国在长期的扶贫开发实践中，探索形成了一系列成功模式，这些模式具有以贫困人口脱贫致富为目标、以开发式扶贫为手段、以建立贫困群众内生发展动力为根本等特征，这些模式具有可学习、可复制、可推广的特点。总结多年的探索和研究，中国扶贫开发的主要模式有产业扶贫、易地搬迁扶贫、劳动力转移培训就业扶贫、教育扶贫、健康扶贫、基础设施扶贫、科技扶贫、金融扶贫、文化扶贫、生态旅游扶贫模式等。

四、精准扶贫、精准脱贫方略

2011 年，《中国农村扶贫开发纲要（2011—2020 年）》就提出“建立健全扶贫对象识别机制，做好建档立卡工作，实行动态管理，确保扶贫对象得到有效扶持”。2013 年 11 月，习近平总书记在湖南湘西视察时，首次提出了“精准扶贫”

思想。2013 年 12 月，中共中央办公厅、国务院办公厅印发《关于创新机制扎实推进农村扶贫开发工作的意见》，提出建立精准扶贫工作机制，切实做到扶真贫、真扶贫，并将其作为六项扶贫创新机制之一，对精准扶贫工作模式的顶层设计做出明确要求，推动了“精准扶贫”思想落地。随后，习近平总书记在多个场合阐述精准扶贫、精准脱贫，并明确为打赢脱贫攻坚战的基本方略。

精准扶贫、精准脱贫方略的提出与形成有其历史必然性。近十年我国基尼系数均超过国际警戒线水平（0.4），经济增长的减贫作用逐渐减弱，在此背景下，提高扶贫精准度以及扶贫资金使用效率成为未来扶贫工作的重要内容[28]。以往以县为单位、按区域实施的瞄准机制和扶贫工作机制，易造成接受扶贫的本体错位；贫困人口统计一概使用平均数筛选，极有可能人为减少贫困人口；伴随贫困人口大幅减少，分布渐趋分散，区域瞄准机制必然影响扶贫的精准度和实质效益[29]。此外，贫困区域、贫困群体分布特征的变化，需要首先明确农村扶贫谁是贫困者、致贫原因是什么、怎么针对性帮扶、扶贫效果又怎样等一系列问题，这就需要以多维贫困视角界定贫困居民，用精准扶贫方式瞄准真正的贫困家庭[30]。这些构成了精准扶贫、精准脱贫方略提出的现实和理论背景。

精准扶贫、精准脱贫方略的提出具有重要的理论实践意义。精准扶贫是为了抵消经济减贫效应的下降而必须采取的措施，并将成为未来中国农村扶贫的主要方式[31]；精准扶贫是我国到 2020 年全面实现小康目标的重要保障，是完善扶贫开发治理体系的迫切需要，是加强扶贫开发治理能力建设的必然要求，是我国当前阶段扶贫开发转型的需要，是适应贫困人口特征变化的需要，是扶贫开发机制创新的重要内容[32]。精准扶贫、精准脱贫方略的提出，是对马克思主义反贫困理论的创新与发展，是我国扶贫开发与贫困治理理论的一次成功转型与突破升华，具有深远的实践意义和广泛的理论价值[33]。

精准扶贫具有丰富的理论内涵。主要表现为扶贫“对象—资源—主体”精准、扶贫“目标—过程—结果”精准以及“微观—中观—宏观”的不同扶贫层级精准。同时，精准扶贫与精准脱贫的辩证关系集中体现为手段与目标、过程与结果、量变与质变、战术与战略的关系。有学者将建档立卡式的精准扶贫称为“扶贫的公益型精准模式”，并结合新常态提出“扶贫的发展型精准模式”，把发展的内涵注入扶贫之中。要真正提高扶贫开发效益，精准机制不能止步于精准识别需求对象，而要覆盖到脱贫的整个过程，做到资源调查、建立基于资源的发展模式、建立联结农户到市场的链条等三个层面的衔接[34]。

精准扶贫、精准脱贫方略经过三年多的实践已经取得显著成效。精准扶贫、精准脱贫各项制度基本建立，精准扶贫、精准脱贫的制度体系初步形成；精准扶贫机制的实施顺利推进，精准识别工作顺利完成，扶贫对象精准程度大大提升；驻村帮扶工作队伍基本到位，贫困村第一书记也陆续到位，形成了新时期坚强有力的中国扶贫脱贫治理新型结构；形成新时期中国全社会扶贫脱贫的“大扶贫”格局；帮扶资金和帮扶项目的精准度大幅提升；各具特色的精准扶贫、精准脱贫创新模式不断涌现；中国扶贫脱贫治理能力得到提升；增强了扶贫脱贫责任意识，密切了干群关系[32]。

精准扶贫、精准脱贫方略的实施面临挑战。以收入作为贫困户唯一识别标准具有一定的局限性；贫困村脱贫与返贫现象同时存在，缺乏对脱贫人口的动态跟踪与精准管理；扶贫资金满足不了地方需求，用途分散，约束多；基层扶贫机构不健全；贫困地区基础设施和公共服务建设不够完善。建档立卡政策同时包含福利测量和农户参与两种视角的贫困瞄准方法，以福利测量方法为表达，以农户参与方法为实践。由于福利测量方法和农户参与方法在收入和支出认知上存在差异，贫困瞄准政策的表达与实践相背离[35]。精准扶贫实际执行效果并不令人满意，其主要原因在于精准扶贫出现了对贫困户的排斥，如识别环节对贫困人口规模的人为限定形成的规模排斥、连片开发对片区外贫困群体的区域排斥以及自上而下识别过程中对贫困群体的恶意排斥和过失排斥等。根本原因是自上而下完全由政府体系主导、缺乏贫困群体参与的贫困户识别机制，以及政府财政低投入和独立第三方机构介入的协助和监督机制缺乏等。产业精准扶贫以扶贫开发为宗旨的项目进村，以行政路径依赖为运作机制，因缺乏村庄社会性参与及村庄公共平台的承接与运作，往往导致扶贫目标偏移，拉大贫富差距，加速村庄原子化溃败，农民对身边党政工作和形象不认可等后果[36]。

进一步提高精准扶贫、精准脱贫方略质量和水平需要采取有效对策。推进扶贫到户改革、提高扶贫工作精准性时，应将扶贫资金的项目管理和审批权力下放到县；实行以扶贫为导向的考核机制；根据贫困人口数量和贫困程度分配扶贫资金，改进项目争取方式；借鉴财政“一事一议”方式制定贫困村扶贫项目；制定具体的贫困户受益机制；减少政府对产业发展的不必要干预，探索基于市场机制的产业扶贫方式以及探索政府购买服务的形式等[28]。同时，注重解决精准扶贫推进中的区域差异性和发展不平衡性问题，研究和解决贫困户脆弱性和外部突发性因素影响变大导致的扶贫脱贫的稳定性长效性的新方法和新思路，研究探讨扶贫脱贫标准依然偏低、单一化指标带来扶贫脱贫不稳定性问题，研究和尽快解决新形势下扶贫脱贫治理体系功能和职责不明晰的问题，消除贫困地区对精准扶贫长效化存在的担忧，科学安排精准扶贫与精准脱贫的进度以及加大力度做好片区规划实施与精准扶贫融合推进等[32]。

五、中国扶贫开发道路研究展望

中国扶贫开发道路研究可以简单理解为，包括对中华人民共和国成立以来特别是改革开放以来的总结性研究、目前至2020年脱贫攻坚阶段的对策性研究和2020年后中国扶贫战略的前瞻性研究。本文从扶贫攻坚前沿问题和面向2030年的扶贫战略两个方面，以展望视角讨论扶贫开发过去总结性、现实对策性和未来前瞻性研究的相关问题。

（一）中国扶贫攻坚前沿问题研究

中国扶贫开发过去几十年和未来相关的理论实践问题，可以从以下十个方面进行梳理。

1. 减贫手段和减贫目标研究。以人民的幸福感作为扶贫目标的背景和意义，要正确看待贫困人口如何脱贫以及如何让贫困地区特别是农村发展得更好的问题。这就要从人类发展的规律及趋势认清发展目标，把全体人民的幸福感摆在优先位置。同时进一步阐释党和国家为实现这一战略目标，不断调整具体的手段和任务，在解决绝对贫困到减缓相对贫困、解决温饱问题到实现全面小康这一历史嬗变的进程中，扶贫手段的变与扶贫脱贫目标的不变，是矛盾统一体的对立统一关系。

2. 多维贫困与贫困治理研究。通过总结贫困测量的国际、国内理论与实践发展进程及趋势，分析多维贫困的特征及测试方法，探讨当前贫困类型的精准识别问题和未来的发展趋势，阐释各种贫困治理模式的理论成果和实践效果，强调通过对不同地区、不同贫困诱因、不同贫困状态的分析和评估，选择有针对性的贫困治理模式，以达成科学扶贫、生态（绿色）扶贫、有效扶贫、精准扶贫的目的。

3.“三维资本”协同反贫困机制研究。从减贫理论发展脉络看，有关贫困成因的解释经历了从物质资本范式到人力资本范式，再到社会资本范式的过程。新阶段提高扶贫开发投资的综合效益，需要将物质资本、人力资本和社会资本投资统筹起来，建立“三维资本”协同反贫困机制。这就需要对涉及扶贫理论框架中的一些基础概念及物质资本、人力资本、社会资本等三维资本结构做出原创性的界定和内涵延伸，构建“三维资本结构”的扶贫理论框架及作用机制，同时还需要考虑不同地区资本体现方面的差异性，建立政府反贫困政策绩效管理的评估方法等，促进扶贫理论发展。

4.传统文化与减贫发展研究。可以通过大量典型案例，系统阐释传统文化在扶贫减贫过程中的价值和意义，具体分析如何根据国情和本土传统文化把扶贫减贫方法本土化，总结梳理传统文化在扶贫日常工作中的实现路径，总结阐述在扶贫减贫过程中如何把文化、教育、科学普及等与满足农民求知、求富、求乐的要求和发展农村经济、完善社区治理体系紧密地结合，使文化更好地为经济建设这个中心服务，使文化更好地与之同步协调发展。

5.贫困固化与贫困流动研究。围绕“新城镇化快速进程中如何脱贫发展”这一主题，分析阐述相关理论和如何通过建机制、转方式，在城乡统筹发展的框架下实现工业化与农业现代化相协调，人口、经济、资源与环境相协调，大、中、小城市与小城镇相协调，人口积聚、“市民化”与基本公共服务相协调，按照产城融合、节约集约、生态宜居的路子走下去等诸多重大理论和实践问题。

6.扶贫对象主体性与组织化研究。通过对典型案例的研究分析，具体阐释在扶贫项目的设计、规划、实施、监管和验收过程中，一方面要激发目标群体的积极性、主动性和参与性，增强群众对扶贫项目的拥有感，真正实现从“要我脱贫”到“我要发展”的转变；另一方面还要提高群众组织化水平，要采取不同方式将生产经营规模狭小、经营分散、经济实力较弱、科技水平滞后等传统职业特征的农民转变为有组织地进入市场与社会，并且能够获得与其他阶层同等待遇的现代农民，从而激发内生动力，真正提高贫困人群自我造血、自力更生的能力。

7.扶贫机制创新的理论与实践研究。系统回顾中国农村扶贫开发的历程，系统分析在“两个一百年”奋斗目标、“五位一体”总体布局、“四个全面”战略布局下农村扶贫开发面临的新形势以及在新时期的战略定位，全面阐述扶贫攻坚机制创新的目标任务、农村扶贫开发模式创新发展重点，通过案例和比较研究指出新世纪农村扶贫机制模式创新的发展趋势和规律；系统阐释如何依据各地区的实际情况，从发展的角度做好扶贫机制的理论创新和实践创新，并有效处理好创新、理想和现实的关系。

8. 政府、市场、社会协同大扶贫格局研究。针对当前扶贫工作“政府热、社会弱、市场冷”的局面，系统回顾近年来扶贫工作的主要成效、扶贫工作存在的普遍性问题，特别是系统总结中国特色社会扶贫体系面临的新挑战，以此为基础，借鉴国际经验，阐述构建政府、市场和社会三者之间各司其职、协调发展、共同作用的和谐互动模式和符合国情、政情的“政府主导、市场能动、社会参与”的中国特色扶贫格局，总结提炼国内外引导并鼓励社会力量和市场力量参与扶贫工作的经验及模式。

9. 政治制度优势和贫困治理研究。“扶贫攻坚”是体现社会主义制度优越性的重要举措。需要在系统分析共产党的政治优势和社会主义的制度优势的基础上，系统阐述要始终坚持充分发挥政治制度优势，动员全党全社会成员，发挥政府主导作用，运用贫困治理规律，集中力量组织开展目标明确的大规模扶贫行动，以实际行动、具体项目去扶持“可以扶持”的贫困群体，以农村低保等措施去救助实际上“难以扶持”的贫困群体。针对历史教训和现实需要，要深入分析发挥政治、制度优势可能出现的跃进式脱贫的风险，提出构建风险防范体系的方法途径。

10. 精准扶贫、精准脱贫方略研究。精准扶贫、精准脱贫是打赢脱贫攻坚战的基本方略，需要系统分析和阐释精准扶贫、精准脱贫方略提出与形成的国际国内背景、基本内涵、重要内容、实施体系和重大意义，需要总结评估精准扶贫、精准脱贫从顶层设计到基层落实的实践现状、主要做法、经验和模式。基于脱贫攻坚的实践及未来中国扶贫开发面临的趋势和挑战，分析脱贫攻坚进程中的理论实践前沿问题，指出扶贫制度的继承、发展与创新是精准扶贫、精准脱贫方略发展的方向，特别是要明确扶贫开发对全面建成小康社会、促进共同富裕的重大价值和重要意义，提出中国回应联合国 2013 年可持续发展议程的减贫战略政策制定框架。

（二）中国未来扶贫战略研究或“面向 2030 年的中国扶贫战略研究”

尽管中国在减贫方面取得了巨大成就，但是贫困人口数量仍然位居世界第二。与此同时，随着小康社会的全面建成和中国社会经济进一步转型与升级，中国扶贫也面临着许多新的挑战，比如：城镇化进程中从农村转移到城市的新市民，可能由于各种原因沦为新的城市贫困人口；在实行生态和环境保护的部分地区，农村经济发展受到制约而影响农民的生计，农村人口结构变化使得农村进一步凋敝；城乡公共服务差距加大，城乡老龄化问题加剧；社会保障体系不够完善，以及经济增速新常态对公共政策可能带来影响等。因此，全面建成小康社会后的贫困特征、经济增长方式和改善发展环境以及统筹考虑城乡一体化的新的减贫战略是亟须研究的重点问题。重点要研究分析全面建成小康社会后中国贫困的新特征、新挑战、新机遇，提出城乡统筹发展中的新的减贫战略与规划建议。

贫困趋势研究。包括农村贫困现状和趋势分析、致贫因素分析、减贫的影响因素分析、减贫的主要障碍、农村社会保障体系效果与影响、城市贫困等。

国际经验研究。梳理有代表性的中等收入国家、区域性国际组织和国际组织在发展进程中减贫的战略、政策、经验，特别是社会保障、就业、人力资源开发、有效和更有针对性的金融服务和金融创新、城乡统筹发展、缩小区域发展差距等方面的政策及实施。

2020 年后中国扶贫的战略政策和规划建议研究。主要包括城乡一体化的扶贫战略，气候变化背景下的绿色扶贫战略，老龄化社会扶贫战略，经济新常态化下的扶贫战略，金融服务和金融创新扶贫战略，贫困评价标准体系，国际减贫合作战略，等等。

六、小结与讨论

中国扶贫开发道路具有鲜明特征。一是艰巨性。尽管中国扶贫事业取得了显著成就，但全国人均 GDP 不高，区域发展不平衡问题突出，贫困地区特别是集中连片特殊困难地区，发展相对滞后。脱贫攻坚对象全部都是“硬骨头”，扶贫难度不断加大，边际效应不断递减，扶贫开发道路任重道远。二是阶段性。这与国家经济社会发展的阶段相一致，反映了中国政府把扶贫开发纳入国民经济发展总体规划，国家每前进一步，扶贫开发就往前一步。阶段性特征有利于分阶段开展扶贫脱贫攻坚。三是长期性。绝对贫困是相对的，相对贫困是绝对的。到 2020 年中国现行标准下所有贫困人口脱贫，指的是中国将历史性地解决绝对贫困问题。但是，相对贫困问题依然并会长期存在。四是多元性。政府主导，全社会参与，这是中国扶贫开发工作的重要经验。脱贫攻坚阶段更是呈现出专项扶贫、惠农政策扶贫、行业扶贫、社会扶贫等多方力量、多种举措相互结合、互为支撑的“大扶贫”新格局。五是复杂性。扶贫内涵从单纯经济扶贫转为经济扶贫、能力扶贫并重；在具体实践中发现贫困线低和温饱效果不稳定，实际扶贫规模远大于贫困线下人口数量；扶贫对象更加复杂，减贫难度加大；贫困人口在市场经济中更加弱势，相对贫困问题显现[37]。在自上而下的贫困治理体系中，贫困问题与扶贫活动相关信息在逐层上传的过程中被有意或无意地加工、简化、重组，现有扶贫信息不足以为精准扶贫（识别、施策、评估等）提供支撑[38]。致贫原因复杂多元。六是特色性。突出体现在尚未完全形成的在马克思反贫困理论基础上实现中国本土化的由中华人民共和国历代党和国家领导人提出、演进并逐步形成的、富有中国特色的扶贫开发理论体系[39]。七是国际性。中国的减贫事业是全球减贫事业的重要组成部分。中国扶贫开发道路是全球减贫道路中不可或缺的重要组成部分，中国扶贫开发成功经验具有国际分享交流价值。

中国扶贫开发道路在丰富的实践中发展。第一，理念的不断演进。当代中国农村扶贫开发核心指导理念经历了以救济为主的理念到开发与救助结合的理念转变，宏观战略理念经历了以经济开发为主的理念到统筹发展的理念转变，具体实施理念经历了以单向主导为主的理念向单向主导与互动参与并举的理念转变[40]。扶贫的有效性决定于扶贫理念，中国扶贫工作中存在的诸多问题无不与错误的扶贫理念——传统农业思维、直线经验思维、封闭孤立思维有关[41]。将“开发式扶贫”战略曲解为“区域发展战略”是不合适的[42]。第二，实践问题不断呈现。比如那些靠经济扶贫而摆脱贫困的地区，由于文化扶贫工作没有开展，人们的精神文化生活是一片荒漠，出现“农民呼唤文化”的情景[43]。政府主推的产业扶贫项目实施效率偏低，农户土地经营收益权得不到有效保护，产业扶贫呈现过度行政路径依赖。其根源不在于产业发展本身，而在于产业发展的社会基础薄弱，社会建设缺位[44]。扶贫开发涉及资源的分配，资金的“瓶颈效应”在贫困地区经济发展中尤为突出[45]。贫困地区普遍存在自然条件较差、扶贫开发工作运行机制有待完善、扶贫资金不足且扶贫政策及项目缺乏针对性与实效性、人口素质低等亟待解决的突出问题[46]等。第三，新对策新建议层出不穷。在扶贫开发进程中，坚持党和政府的主导、统筹城乡与区域发展、扩大社会参与和坚持自力更生等则是片区扶贫开发的现实选择[47]。在21世纪西部扶贫开发中，重点应放在提高人口素质和改善生态环境两方面，走一条教育生态式扶贫的道路[48]。在“三维资本”理论范式下，完善新型农村反贫困机制需要发挥物质资本的基础性作用、人力资本的智力支持作用以及社会资本的效应提升作用[49]。应把产业扶贫纳入社会建设中，以社会建设巩固产业扶贫的基础，实现产业扶贫的可持续性，反过来又能提高社会建设的水平，形成社会建设与产业扶贫的良性互动[12]。基层组织建设与扶贫攻坚相结合，自我脱贫与社会扶贫相结合，经济扶贫与科教扶贫相结合，就地扶贫开发与异地扶贫开发相结合，整体推进与重点突破相结合，扶贫管理与扶贫攻坚相结合[50]。需要重视NGO（非政府组织）在扶贫中的作用，主张走官民结合的扶贫道路等。

中国扶贫开发道路研究前景广阔。从现有文献来看，国内外在减贫理论层面已经取得了较为丰富的成果，但大部分都是基于宏观的普适性的减贫机理做出的，针对我国新常态发展背景下的减贫理论还有待开拓。同时，如何将我国复杂的贫困治理情境和国外已有的贫困治理理论有效衔接，形成具有本土特色的减贫理论还有待努力。深化中国扶贫开发道路研究，对构建我国独特的减贫理论体系，回应多维度贫困中的理论瓶颈及贫困群众的现实需求具有重大的理论意义；对于提高未来扶贫开发工作的水平，提升减贫效率具有重要的意义；是促进国际交流，推进扶贫外交的有效手段，可以更好地丰富中国的国际责任，树立大国形象，提升国家软实力。中国扶贫开发道路研究，要把重点放在构建减贫研究的综合理论体系、探索减贫研究的方法、凝练减贫模式等方面，同时注重研究的底层视角、社群视角和文化视角，推动多学科整合研究，纳入多学科视野，深入分析，推动相应学科的发展和知识体系的构建，丰富全球减贫知识库，建立多学科、跨领域的系列专题年度报告，多学科、跨领域参与研究的系列调查报告，推动多学科、跨领域系列研究著作的形成。从当前看，以下问题需要抓紧研究：脱贫攻坚统揽经济社会发展全局的问题，脱贫攻坚与农村供给侧结构性改革关系问题，五大发展理念下脱贫攻坚战略政策体系完善问题，贫困退出质量监控体系和风险防控体系建设问题，国家帮扶和贫困地区扶贫对象内生动力培育有机结合问题，面向2030年减贫战略问题，等等。中国扶贫开发道路研究要服务于实践指导，一是要推动政府、市场和社会三大减贫主体的通力合作，提升减贫合力；二是要选择试点贫困地区，通过驻点式研究总结具有中国本土特色的减贫理论和特色案例；三是要定期举办减贫论坛，为研究者与实践工作者提供交流平台。

（注：感谢刘欣、彭堂超、刘邦、陈国创、王聪五位同学收集整理了部分文献资料）

注释

［1］胡鞍钢. 中国减贫之路：从贫困大国到小康社会（1949—2020年）//胡鞍钢. 国情报告（第十一卷·2008年）. 北京：社会科学文献出版社，2012.

［2］范小建. 60年：扶贫开发的攻坚战. 求是，2009（20）.

［3］刘娟. 我国农村扶贫开发的回顾、成效与创新. 探索，2009（4）.

［4］朱小玲，陈俊. 建国以来我国农村扶贫开发的历史回顾与现实启示. 生产力研究，2012（5）.

［5］刘超，朱满德，王秀峰. 中国农村扶贫开发的制度变迁：历史轨迹及对贵州的启示. 山地农业生物学报，2015（1）.

［6］王晓丽. 20世纪农村扶贫开发的历史回顾及启示. 吉林工程技术师范学院学报，2008（11）.

［7］许源源，苏中英. 中国农村扶贫瞄准的历史演变. 老区建设，2007（4）.

［8］赵曦，熊理然. 中国农村扶贫开发的历史成就及其历史经验//段应碧. 纪念农村改革30周年学术论文集. 北京：中国农业出版社，2008.

［9］张岩松. 发展与中国农村反贫困. 北京：中国财政经济出版社，2004.

［10］高飞. 我国政府农村扶贫政策研究. 燕山大学硕士学位论文，2010.

［11］张磊，黄承伟，李小云. 中国扶贫开发政策演变（1949—2005年）. 北京：中国财政经济出版社，2007.

［12］向德平. 包容性增长视角下中国扶贫政策的变迁与走向. 华中师范大学学报（人文社会科学版），2011（4）.

［13］林乘东. 中国扶贫战略的演变与反思. 中央民族大学学报（社会科学版），1998（5）.

［14］关于加强和改革农村学校教育若干问题的通知（1983年5月）//人民

教育出版社. 教育改革重要文献选编. 北京：人民教育出版社，1986.
[15] 童宁. 农村扶贫资源传递过程研究. 北京：人民出版社，2009.
[16] 孙建北. 贫困与扶贫. 北京：中共中央党校出版社，2004.
[17] 赵国芳. 我国农村扶贫开发政策研究. 北京交通大学硕士学位论文，2007.
[18] 韩嘉玲，孙若梅，普红雁，等. 社会发展视角下的中国农村扶贫政策改革 30 年. 贵州社会科学，2009 (2).
[19] 张惠涛. 农村扶贫政策实施绩效研究. 郑州大学硕士学位论文，2011.
[20] 习近平. 携手消除贫困 促进共同发展：在 2015 减贫与发展高层论坛的主旨演讲. 人民日报，2015 - 10 - 17 (02).
[21] 韩广富. 中国扶贫开发基本经验国际化问题论析. 社会科学战线，2009 (6).
[22] 胡鞍钢. 中国减贫成功的世界意义. 人民日报（海外版），2014 - 10 - 17.
[23] 闫坤，于树一. 论新时期我国“两线一力”的反贫困模式. 全球化，2014 (2).
[24] 黄承伟，王建民. 少数民族与扶贫开发. 北京：民族出版社，2011.
[25] 张琦，冯丹萌. 我国减贫实践探索及其理论创新：1978—2016 年. 改革，2016 (4).
[26] 姜安印，张庆国. 中国减贫经验在“一带一路”建设中的互鉴性. 中国流通经济，2016 (4).
[27] 杜旸. 全球治理中的中国进程：以中国减贫治理为例. 国际政治研究，2011 (1).
[28] 汪三贵，张雁，杨龙，等. 连片特困地区扶贫项目到户问题研究：基于乌蒙山片区三省六县的调研. 中州学刊，2015 (3).
[29] 邓玲，吴永超. 论新时期我国扶贫开发工作的新变化及其路径创新. 理论探讨，2014 (6).
[30] 李俊杰，陈浩浩. 不同民族农村居民多维贫困测量与减贫措施研究：基于重庆市渝东南土家、苗和汉族居民的调查. 中南民族大学学报（人文社会科学版），2015 (2).

［31］汪三贵，郭子豪．论中国的精准扶贫．贵州社会科学，2015（5）．

［32］张琦．精准扶贫助推我国贫困地区2020年如期脱贫．经济参考研究，2015（64）．

［33］庄天慧，杨帆，曾维忠．精准扶贫内涵及其与精准脱贫的辩证关系探析．内蒙古社会科学（汉文版），2016（5）．

［34］李晓辉，徐晓新，等．应对经济新常态与发展型社会政策2.0版：以社会扶贫机制创新为例．江苏社会科学，2015（2）．

［35］杨龙，李萌，汪三贵．我国贫困瞄准政策的表达与实践．农村经济，2015（1）．

［36］孙兆霞．脱嵌的产业扶贫：以贵州为案例．中共福建省委党校学报，2015（3）．

［37］路卓铭．我国新时期的贫困问题与扶贫形势．宏观经济管理，2007（7）．

［38］陆汉文．落实精准扶贫战略的可行途径．前沿理论，2015（38）．

［39］黄承伟，刘欣．“十二五”时期我国反贫困理论研究述评．云南民族大学学报（哲学社会科学版），2016（3）．

［40］金鑫，韩广富．当代中国扶贫开发理念的转变．兰州学刊，2014（2）．

［41］朱启臻．农村扶贫开发理念辨析．农业经济问题，2005（11）．

［42］谢培秀．中国扶贫战略讨论及“十五”对策思考．中国软科学，2001（7）．

［43］段超．关于民族地区文化扶贫问题的思考．中南民族学院学报（哲学社会科学版），1995（1）．

［44］王春光，孙兆霞，等．扶贫开发与社会建设同构：武陵山区扶贫开发与社会建设调研项目的发现与思考．贵州社会科学，2013（10）．

［45］汪信尊．对21世纪初叶中国扶贫投入的思考．江西社会科学，2002（8）．

［46］崔菁菁，万兴亚．关于吉林省扶贫开发的理性思考．税务与经济，2015（6）．

［47］邢成举，葛志军．集中连片扶贫开发：宏观状况、理论基础与现实选择：基于中国农村贫困监测及相关成果的分析与思考．贵州社会科学，2013（5）．

[48] 朱坚真，匡小平. 西部地区扶贫开发的模式转换与重点选择. 中央民族大学学报，2000（6）.

[49] 黄承伟，沈洋. 完善我国新型农村扶贫开发战略的思考：论“三维资本”协同下的反贫困机制. 甘肃社会科学，2013（3）.

[50] 何龙群. 略论有广西特色的扶贫道路. 学术论坛，1999（6）.

[《中国农业大学学报（社会科学版）》2016年第5期]

“十二五”时期我国反贫困理论研究述评 *

贫困不仅是人类社会发展的现实问题，也日益成为学术研究的重要主题。20 世纪 60 年代，瑞典经济学家冈纳·缪尔达尔在其著作《世界贫困的挑战——世界反贫困大纲》一书中，首次将“反贫困”作为研究术语而提出[1]。同时，贫困与反贫困是一个问题的两个方面，反贫困理论研究离不开对贫困内涵及致贫原因、致贫机理的探讨。因此，广义的反贫困理论包括了对贫困内涵、致贫原因、致贫机理以及消除贫困的讨论。从国际上看，贫困研究经历了收入贫困、能力贫困、权利贫困以及多维贫困的范式，并引发了相应的反贫困理论研究。其中，经济学是反贫困理论研究的主要视域，从马尔萨斯为代表的古典经济学到发展经济学以至福利经济学，经济学领域产生了一系列以经济增长促进反贫困的研究理论。而伴随贫困内涵由单维拓展至多维，贫困原因由个体转变至结构，社会学、政治学等领域亦产生了相应的贫困和反贫困理论。

中国学者自 20 世纪 80 年代开始了国内贫困问题的学术研究[2]。“十二五”时期，国内反贫困研究更加注重理论建设，不断讨论和建构新阶段扶贫开发的理论基础。总体上看，这一阶段国内有关反贫困的

---

* 基金项目：国家社会科学基金项目《民间组织在农村贫困治理中的角色定位和路径选择研究》阶段成果，项目号：13BSH075。

理论研究主要集中在四个方面：一是对国外反贫困理论的梳理和比较；二是借助一定的理论框架开展国内的贫困研究；三是基于国外反贫困理论的检验或修正，建立本土化的分析框架；四是中国特色扶贫开发理论研究。由于反贫困理论的复杂性，本文侧重从不同研究视角对反贫困理论进行梳理和述评。结合“十二五”时期我国反贫困理论研究的成果，本文将国内反贫困理论研究归纳为六个方面，即基于经济增长视角的反贫困理论研究，个体视角的反贫困理论研究，制度、文化视角的反贫困理论研究，组织视角的反贫困理论研究，区域、系统视角的反贫困理论研究以及中国特色扶贫开发理论研究。

一、经济增长视角的反贫困理论研究

贫困首先是经济学领域关注的主要问题。围绕经济增长、收入分配与减贫的关系，经济学领域形成了一系列反贫困理论。这种基于经济增长视角的减贫理论也是当前国内反贫困研究的主流理论以及反贫困政策的主导理念[3]。总体上，国内研究主要是对西方反贫困理论的总结比较，或结合中国反贫困实践进行理论的检验、分析和整合。

陈昕认为，后凯恩斯主义经济学或称主流经济学以及福利经济学、发展经济学构成反贫困理论的主要来源[4]。从时间上看，20 世纪 50 年代以前，西方社会主要是基于马尔萨斯人口学说以及马克思的无产阶级贫困理论。随后，纳克斯“贫困的恶性循环”、纳尔逊“低水平均衡陷阱”、莱宾斯坦“临界最小努力”、缪尔达尔“循环积累因果关系”等理论相继出现，开始从资本短缺方面解释贫困产生的机理，为日后反贫困研究奠定了基础，也使发展经济学成为反贫困理论研究的主要领域[5]。二战以后，贫困研究逐渐从发达国家转至发展中国家，并进一步讨论了经济增长与减贫的关系，形成了“经济溢出”反贫困视角，即发展中国家的贫困源于低水平的经济发展，而以工业化和市场化推动经济增长则是国家实现反贫困的途径[6]。伴随人们对贫困与经济增长认识的变化，发展经济学领域形成了相应的反贫困理论，包括涓流理论、益贫性增长理论、包容性增长理论、绿色增长减贫理论以及多元发展理论等。

林雪霏评述反贫困的经济溢出视角时，介绍了美国经济学家赫希曼的“涓滴效应”理论，这也是最早强调以经济增长实现反贫困的理论。“涓滴效应”和“极化效应”阐释了经济增长对区域发展的两面性，即经济发展初级阶段，发达地区的经济增长将产生区域发展差距扩大的“极化效应”；但从长远来看，经济增长也能够为落后地区带动投资、就业及财政收入的增加，产生缩小区域发展差距和减少贫困的“涓滴效应”[7]。其后，得益于联合国、世界银行等国际机构的推动，益贫式增长、包容性增长以及减贫绿色增长理论逐渐形成。由于益贫式增长在定义、理念方面的不确定性，这一理论产生了广义的定义、严格的定义以及绝对和相对的益贫式增长理念，并引发了国际有关亲贫困增长及厌贫困增长的讨论。相对益贫式增长是最常采用的定义，即“经济增长给穷人带来的收入增长比例大于平均增长率，因此相对不平等下降”[8]。包容性增长理论主要基于传统发展理念下经济发展和物质增长不仅没有减少贫困，反而扩大贫富差距的现实，提出通过扶贫或益贫、生产性就业、提升人力资本能力和加强社会保障等途径，帮助贫困人口在国家政策扶持和自身能力提高中，均衡分享社会财富，有尊严和体面地生活。包容性增长既强调速度，也强调增长模式，二者互为联系[9]。文雁兵结合包容性增长理论的实证研究，进一步提出包容性增长对中国贫困缓解存在地区偏向和结构偏向的特点[10]。绿色增长理论是经济增长减贫理论发展的结果，是后工业阶段对“发展”（development）及“增长”（growth）概念区分的反思。益贫式绿色增长概念源于益贫式增长，即有利于减贫的绿色增长，强调在保护贫困地区生态环境的前提下，有限度地开发利用自然资源，进而实现脱贫致富。理论的核心在于促进贫困地区绿色发展，从单纯追求经济增长向追求整体的、与生态结合的现代化发展；从单纯追求物质发展到实现人的全面发展，从而达到全面脱贫[11]。20 世纪末，发展经济学领域出现了强调发展除提升经济水平，更要关注人类福祉的新发展观[12]。针对发展研究领域“一元发展理论”与“多元发展理论”的分野，研究者提出了相对单中心发展理论的多元发展理论。即没有普世的发展道路和模式，地理空间的差异性、特殊性以及由此产生的不同时空组合，决定了发展道路的多样性和复杂性[13]。多元发展理论并非单一经济学视角的反贫困理论，但其引发了国内对以往贫困治理经济中心思维的反思。如吕方将多元发展理论引入连片特困地区减贫研究[14]；林雪霏基于国内反贫困场域的多维理论视角，提出国家治理作为反贫困本土化研究的新理论视角；等等[15]。

二、个体视角的反贫困理论研究

20 世纪 60 年代以后，人类对贫困的认知不断深化，贫困不再仅仅是个体经济问题，从根本上也表现为个人能力和社会权利的不平衡[16]。尤其是社会学范畴的贫困研究兴起，进一步扩展了反贫困的理论研究。与经济学侧重从经济增长和收入分配关注贫困缓解的群体特征不同，社会学主要从社会分层和社会流动层面强调贫困缓解的个体特征[17]，产生了贫困研究的结构视角和个体视角。个体视角认为个人不适当或缺乏生产性行为是致贫根源，强调通过人力资本投资提升劳动力商品化水平[18]。个体视角的反贫困理论包括阐释贫困的代际传递理论、生命周期理论、能力贫困理论、主观贫困理论，以及旨在促进个体摆脱贫困的人力资本理论、社会资本理论、生计资本理论、社区主导发展理论等。这些理论也是当前国内贫困研究及扶贫实践中流行的理论，对各类组织机构实施扶贫行动产生了深刻的影响。

个体视角的反贫困理论源自20世纪60年代经济学领域的人力资本理论。舒尔茨把人力资本纳入分析视野，认为小农生产者也可以成为自我生计维持和发展的积极力量[19]，从而批判了以物质资本促进发展中国家经济增长的片面性。虽然人力资本理论仍从资本维度理解贫困，但改变了传统经济增长视角对宏观经济结构的关注，开始从微观个体层面理解贫困问题。代际传递理论最早由美国经济学家刘易斯提出，他认为贫困是一种自我维持的文化体系，长期生活在贫困中的穷人容易形成特定的“亚文化”传统，并对周围人（特别是后代）产生影响，使得贫困文化代代相传[20]。就中国而言，贫困的世代传递反映了社会代与代之间垂直流动率及流动机制的问题。城乡二元户籍体制下，农村贫困将更多受到代际传递影响[21]。生命周期是指一个人从出生到死亡的生命历程中，所经历的具有不同经济和社会特征的阶段。由于贫困及贫困文化存在代际传递，生命周期的不同阶段相互关联，前一阶段的经历会影响其后的经历。基于生命周期的反贫困理论，强调政策以不同生命阶段的特殊需求为依据，促进了中国减贫政策由补偿型模式转向发展型模式[22]。

20世纪80年代，阿马蒂亚·森提出了一个与传统收入分析不同的贫困分析框架，即基于能力、权利和福利的能力贫困理论。该理论认为，贫困的实质不是收入低下，而是可行能力的贫困，是社会生存、适应及发展能力的低下与短缺，强调通过扩大个人的选择范围来发展人的能力。对中国构建反贫困对策而言，能力贫困理论测度生活质量时引入了能力因素，改变了以个人收入或资源占有情况来衡量贫富的标准，以及提高个人能力，而非单纯靠政府投入及发放失业救济来解决贫困问题[23]。同时，这一理论也为国内开发式扶贫的一些困境提供了恰当的解释。伴随多维贫困的拓展，学者对客观贫困线概念进行了反思，并在 21 世纪初提出主观贫困概念。左停等在研究中归纳了由主观贫困线测算拓展到主观福利贫困的研究变迁，以及国外主观福利研究的四种理论：绝对理论、相对理论、预期理论和适应理论。主观贫困研究框架重塑了人们对传统贫困的认知，对于新时期中国反贫困政策具有一定的价值和启示[24]。

如果说研究者拓展了对贫困的理解，国际机构的减贫实践则促进了反贫困理论模式的产生。20 世纪 70 年代，国际农业研究网络发现，回应农户需求有利于提高减贫方案的针对性和有效性，并由此产生了参与式的扶贫方法。随着实践的发展，参与式方法经历了三个主要阶段，即社区参与发展（CPD）、以社区为基础的发展（CBD）以及社区主导发展（CDD）。社区主导发展被视为参与式方法的最高阶段[25]，按照世界银行的定义，社区主导发展是“将决策权和资源赋予社区成员及其组织，他们与能够回应其需求的外部支持性组织和服务提供者结成伙伴关系，为社区提供基础设施服务和社会服务，组织经济活动，管理社区资源，为穷人赋权，提高社区发展能力和治理水平，加强对最贫困群体的保障”[26]。这一理论模式被国际发展领域广泛应用，并在 21 世纪初引入中国，对中国的扶贫理念和方式产生影响。此外，国内学者也将需求理论、公民社会理论、公共产品理论以及知识经济理论作为其理论基础进行分析[27]。社会资本概念在 20 世纪 80 年代出现以后，在世界银行发展实践推动下，逐渐与反贫困相联系，并形成了社会资本的减贫范式。然而，由于其基础理论流派众多，有关社会资本对反贫困作用的研究总是基于其中一种或综合几种基础理论，呈现多元范式。周文在研究中比较了资本范式、制度范式及关系范式三种不同范式，并基于社会资本关系性质提出质疑，即社会资本的排他性可能会削弱其在反贫困中的作用，通过社会资本的形成过程实现减贫是令人失望和不现实的[28]。周晔馨等也分别从静态和动态层面论述了社会资本的不同作用，指出社会资本能否减轻中国的贫困问题具有一定的条件性[29]。

此外，能力贫困、社会资本理论的发展，也促进了贫困研究范式的综合。20 世纪 80 年代末，世界环境与发展委员会等国际组织推动形成了可持续生计的分析框架。其中，“生计”概念得益于阿玛蒂亚·森的研究，一般认为生活所需的能力、资产和活动构成生计。张大维在论述连片特困地区贫困治理时指出，可持续生计分析框架是理解多种原因引发的贫困并给予多种理解方式的集成分析方法，也是设计以人为本贫困治理方案的建设性工具[30]。邢成举等也认为，生计资本理论对贫困人口生计资本的类型、数量和组合进行了评估，强调了贫困人口对不同类型生计资本的拥有，以及环境、经济及社会的系统和协调发展[31]。

三、制度、文化视角的反贫困理论研究

贫困被纳入学术研究之初，制度、文化就被认为是贫困形成的机制。基于制度、文化视角的反贫困研究，拓宽了人们对贫困的认知，也形成了贫困研究的社会结构范式。制度贫困理论、贫困文化理论、权利贫困理论、全面贫困理论、社会风险管理理论、社会质量理论等都是基于这一视角的反贫困理论。国内学者基于这一视角的研究，主要是探讨贫困的生成机制、内涵等，并为建立具体扶贫模式提供理论框架。

马克思最早从制度层面探讨贫困形成的原因，随后缪尔达尔在其“循环积累因果关系”理论中亦提出“制度性落后”和“制度性贫穷”概念，认为发展中国家贫困的原因包括有效制度的短缺[32]。国内许多学者都将制度作为解释贫困的一个因素，并从狭义层面将制度性贫困概括为制度缺陷及制度缺失造成的贫困。贫困文化理论源于对纯粹经济学理论解释贫困现象失败的反思，首先是由刘易斯阐述贫困代际传递时提出，并逐渐发展为一种贫困的解释机制及反贫困理论工具。贫困文化论者认为贫困不仅仅是经济现象，而是根源于经济、社会、文化的综合现象，是一种自我维持的文化体系。贫困文化是指“贫困阶层所具有的一种独特生活方式”[33]，因此，反贫困关键在于改变贫困人口的价值观及生活方式[34]。国内学者从经验和概念上进行讨论，指出贫困文化与中国传统文化、农耕文化具有密切关系。方清云总结了国内贫困文化定义的三种代表性观点，分别将贫困文化视为现代社会的亚文化现象、贫困阶层的生活方式以及一种促使经济贫困的文化。这一理论也启发中国进行文化扶贫时重视贫困文化的正功能、贫困文化的代际传递机制等[35]。

20 世纪 90 年代，阿玛蒂亚·森将社会排斥纳入贫困分析。即发生在多个领域的社会排斥会限制贫困人口的生活机会，并使其受到其他方面的剥削，由此形成了权利贫困理论。国内学者认为，权利方法提供了一个分析贫困和饥荒的一般框架，透过经济现象分析贫困和饥荒发生的社会、政治和法律原因，并区分了不

同类型的权利失败及其可能产生的经济后果，对于政府制定政策、保护人们的交换权利、防止发生权利失败等具有重要意义[36]。阿玛蒂亚·森的贫困理论不仅包括了收入贫困，还包括能力剥夺及社会排斥，因此也被学界称为全面贫困理论，反映出贫困的多元性、动态性和可缓解性[37]。此外，国内学者基于社会发展以及贫困对象的特殊性，也提出了新的贫困概念，包括妇女研究中的时间贫困[38]、婚姻贫困、老龄人口的健康贫困[39-40]等，这些概念虽未形成系统的反贫困理论，但也丰富了多维贫困理论的拓展。胡鞍钢等也提出包括“收入贫困、人类贫困、信息贫困及生态贫困”的多维分析框架，以体现新时期贫困的结构性、权威性、多元性及衍生性特征[41]。

贫困研究范式的发展也为反贫困提供了更多选择。社会风险管理理论就是从社会层面建立的一种反贫困政策理论。早期阿玛蒂亚·森的饥荒研究已经提出了风险和脆弱性概念，随后的风险社会学研究者及世界银行提出了风险管理框架，并对此进行了理论建构，提出个人、家庭和社区都会遭遇不同方面的风险，贫困人群不仅更容易遭遇风险，风险对其影响也更严重。因此，风险管理理论认为应重视贫困的预防而非补偿[42]。谢海峰在研究中介绍了一种全新的理论——社会质量理论，这一理论于20世纪90年代后期由欧盟学者提出和完善，提出追求社会发展目标时，不仅要关注经济指标以及物质生活条件的改善，更要关注社会体系的运行状况（包括和谐性、稳定性及发展的协调性），主张一个具有高度社会质量的社会必须使人们能够获得社会经济保障，以免产生贫困和各种形式的物质剥夺[43]。

四、组织视角的反贫困理论研究

无论是基于经济增长或个体发展进行反贫困，都离不开外界的干预。现阶段中国日益形成了政府、市场、社会协同推进的大扶贫格局，政府组织、市场组织及社会组织无疑是反贫困的重要主体。因此，组织视角也越来越成为中国贫困研究的视角之一。尤其是扶贫机制研究中，机制设计理论、治理理论以及合作型反贫困理论成为重要的理论基础。

机制设计理论产生于20世纪30年代，其基本假设是人们可以按博弈论刻画的方式行为，并依据社会选择理论设定社会目标。机制设计理论是通过构建相应的博弈方式，实现参与者个人利益与设计者既定目标的统一。理论本身并非纯粹的组织理论，但学者将其引入政府或其他扶贫组织的反贫困机制设计，为反贫困研究及实践创新提供了新思路。对中国扶贫机制改革而言，它提供了全新的研究视角和理论启示，尤其是推动政府建设以及政府主导的扶贫机制创新。20 世纪 90 年代以来，治理理论逐渐成为国际学术界的前沿理论，并广泛运用于政治学及社会经济管理领域。伴随“贫困治理”概念的流行，治理理论也成为当前国内反贫困研究的重要理论，并衍生出合作治理、多中心治理、整体性治理等多种理论模式。学者认为，治理理论提出社会组织参与政府治理，回应了公民需求，形成了合作治理的社会治理模式[44]，为社会组织参与反贫困提供了理论依据。杨志军从内涵和外延方面讨论了多中心治理理论，这一理论旨在建立一种协作性的组织网络，实现政府与其他公共性主体的合作及持久性共同利益，强调治理主体、治理权威的多元化和多样性[45]。冯朝睿结合连片特困地区贫困治理，提出构建由政府、社会、非营利组织、贫困者积极参与的府际合作反贫困以及政府、社会协同反贫困多方联动的多中心协同治理体系[46]。陈忠言解析中国扶贫开发机制时引入了整体性治理理论。该理论以网络化治理作为管理实践和操作手段，强调参与主体的多元化、机制的多元化以及参与主体地位的平等性。作者结合沪滇合作扶贫案例，讨论了政府在扶贫中的主导性以及中国扶贫整合机制与整体性治理的比较[47]。此外，他还以整体性治理下的跨部门协同为主题，分析了中国农村扶贫中的跨部门协同模式。跨部门协同模式的实质是建立在协商和强制、市场机制、公共利益以及价值认同上的合作，是一个从上到下、由内而外互动的管理过程。他将中国农村扶贫中“三位一体”的扶贫工作格局分为政府内协同、政府间协同和政府与非政府组织合作三种模式，并指出中国扶贫领域不存在西方政府的“碎片化”和“空心化”问题，因而中国政府的跨部门协同不是为了解决这些问题，而是为了应对目标过于宏大、自身能力有限的“困境”，且中西方在跨部门协同时对权威的依赖程度也不一样[48]。

此外，国内反贫困实践的发展也对扶贫理念创新提出了要求。林万龙等认为，目前农村开放式的社区结构以及农民分化日趋明显，完全通过政府行政传导或完全不需要政府介入实现反贫困是不现实的。关键是基于政府、社区组织、农户各自优势，建立一种有效的官民合作、贫困群体合作以及社区主体间的合作机制。他们提出“合作型反贫困”理念，强调通过反贫困行动中相关利益主体的合作，从制度层面构建可持续的反贫困机制，并要求政府与贫困群体建立通力协作关系，区别于参与式反贫困的赋权理念[49]。

五、区域、系统视角的反贫困理论研究

基于区域、系统视角的反贫困理论，主要关注贫困与区域、空间系统的关系。本文将国内学者基于区域发展理论、系统贫困理论、自组织理论以及空间贫困理论等方面的研究视为区域、系统视角的反贫困理论研究。这些理论的共同点是将反贫困与区域发展的整体性、系统性相联系，对贫困问题的理解从单一、静态层面扩展至系统、动态层面。

贫困研究早期，贫困就被认为是一个区域问题，区域发展也成为反贫困研究的基本视角。区域理论涉及地理学、经济学等诸多学科，形成了丰富的理论体系。早期的增长极理论、涓流理论、大推动理论也被视为区域经济增长的理论，此外还包括地域系统理论及区域产业结构理论[50]。宏观来看，区域经济发展不平衡是世界各国普遍存在的共性问题，国内学者在改革开放初期就注意到东西部经济的协调发展问题，并形成了“梯度理论”以及“反梯度理论”两种代表性观点。20 世纪五六十年代，区域组织的形成和发展推动了区域主义理论研究。随着研究拓展，理论界出现了新的区域发展观或称为新区域主义理论，即注重强调新产业空间开拓、地区合作强化、创新和学习氛围营造以及制度支持供给[51]。对中国正在推进的集中连片贫困地区扶贫开发而言，区域研究尤其是新区域主义理论为此提供了有益启发，即连片贫困地区扶贫开发应注重产业升级和新兴产业的发展，注重加强区域的协同和经济合作，注重增强贫困人口的学习创新能力，以及注重建构地方发展的制度环境与设施，等等[52]。

20 世纪 30 年代，系统论首先出现于生物学研究，系统被定义为“若干事物的集合”。系统论强调将有机体作为整体或系统来研究，提出以客观的数学模型将抽象的客体系统作为研究对象，着重研究系统中整体与部分、整体与层次、整体与结构、整体与环境之间的关系，而非系统的具体物质形态[53]。因此，系统贫困论认为贫困是由诸多综合因素系统运行的结果，并形成了贫困的区域经济社会系统。早期国内学者将中国贫困的根源归结为“陷阱—隔离—均衡”所构成的“低层次、低效率、无序的、稳定型区域经济社会运转体系”。因而分析中国贫困问题，必须将其作为一个整体，全面、系统分析造成贫困的各个因素，并针对这些因素提出具体可行的措施[54]。谢君君认为，系统贫困理论摆脱了以往对贫困

平面、静态的描述，实现了从更广阔视野来研究贫困问题[55]。20 世纪 60 年代，探讨社会经济系统形成和发展机制的自组织理论出现，并形成了宏观层面的耗散结构论、微观视角的协同论以及突变论。根据这些理论，区域开发存在自组织和他组织两种发展机制，且前者的演化优于后者。寻舸在阐释自组织理论基础上，从区域学习机制、内生增长机制、协同发展机制和外部保障机制等维度，分析了区域扶贫开发的自我发展机制现状[56]。黄泽海等则基于自组织理论的协同机制，提出扶贫开发与生态建设系统的协同创新具有自组织特征，以及构建开放式、协调发展的内生增长扶贫开发与生态建设协同创新的组织模式[57]。

空间贫困理论将贫困与空间地理因素联系在一起，主要关注贫困地区、贫困人口的分布以及空间与贫困之间的关系。这一研究可追溯至 20 世纪 50 年代哈里斯和缪尔达尔早期的空间经济学[58]。20 世纪 90 年代，世界银行在中国研究发现，地理因素导致了“空间贫困陷阱”，地理资本对农村家庭消费增长有显著影响。由此，“地理资本”开始作为贫困研究的重要术语开始流行起来，并与物质财产资本、社会资本相提并论。空间贫困理论将多种差异集合在空间地理因素内，提出经济社会发展中教育、卫生、社会保障、政治的种种差异，可以用空间地理位置禀赋的不同来解释[59]。陈全功等总结了空间贫困研究的主要内容，包括贫困与地理空间位置的紧密关系、贫困地图的绘制与建立以及相应的政策建议。结合中国来看，地区差距和城乡差距的事实揭示了空间在贫困问题上的重要作用[60]。国内已有研究证明了地区人均收入与地理位置之间存在相关关系，一些研究者和扶贫机构也认识到空间贫困理论及贫困绘图对于识别贫困的地理学因素、提高资源利用率和政策瞄准度、完善贫困信息等方面的作用[61]，特别是在对连片特困地区、少数民族地区的研究中，空间贫困理论日益成为重要的研究理论。可以说，空间与贫困的内在关系已经得到研究者的一致认同，但在影响程度上仍存在分歧。

六、中国特色扶贫开发理论研究

不同学科、不同社会制度对贫困及反贫困的理解存在较大差异。一个国家在不同发展阶段，贫困的表现形式、反贫困的理论基础和实践模式也不同，这对于贫困研究的本土化提出了要求。中国习惯使用“扶贫开发”（简称“扶贫”）来表述反贫困，强调反贫困的政策性和行动过程，这在本质上与国际使用的反贫困、减缓贫困、扶持贫困以及消除贫困等概念基本一致。扶贫开发也是中国特色社会主义建设的重要组成部分，并在经济社会发展总体战略及扶贫开发政策实践中形成了中国特色的扶贫开发理论体系。

学界普遍认同中国特色反贫困理论是在马克思反贫困理论基础上实现中国本土化的由中华人民共和国历代党和国家领导人提出、演进并逐步形成的富有中国特色的扶贫开发理论体系。马克思主义反贫困理论的核心强调"只有解放和发展生产力的基础上，才能实现全人类的共同富裕"。在此基础上，毛泽东等一批党和国家领导人，结合中国反贫困实际，对这一理论进行了中国化。现有研究主要是基于不同历史时期中国共产党领导人的扶贫开发思想，论述中国特色扶贫开发理论的内容、特征及发展过程。文建龙评述了从毛泽东到胡锦涛四代中央领导集体对中国扶贫理论的贡献，以毛泽东为核心的第一代中央领导集体提出共同富裕思想，为中国扶贫理论的形成奠定了基础；以邓小平为核心的第二代中央领导集体完善了共同富裕思想，中国扶贫理论基本定型；以江泽民为核心的第三代领导中央集体则在此基础上系统提出扶贫开发理论；以胡锦涛为总书记的中央领导集体则从科学发展观的战略高度继续深化了扶贫开发理论[62]。具体来看，毛泽东时代虽未明确提出扶贫开发理论，但其提出了农民共同富裕思想，为扶贫开发理论奠定了思想基础。邓小平对马克思主义反贫困理论中国化的最大贡献是从社会主义本质的高度回应了人们对贫困问题的诘问，奠定了社会主义反贫困理论的科学体系[63]。江泽民继续深化了对扶贫开发与社会主义本质、党的根本宗旨以及国家长治久安关系的认识，回答了扶贫工作的一系列基本问题，包括效率与公平的关系、扶持贫困地区与扶持贫困群众的关系、政府和社会帮扶与自力更生的关系、攻坚战与持久战的关系等[64]。华正学认为胡锦涛对马克思主义反贫困理论中国化的贡献体现在四个方面，即坚持以人为本，赋予反贫困新的内涵；构建和谐社会，开拓反贫困新的路径；建设全面小康，描绘反贫困新的目标；实现科学发展，彰显反贫困新的战略[65]。目前学界对习近平反贫困思想和理论的研究尚未系统和完善，但习近平将扶贫开发工作视为坚持社会主义道路和全面建成小康社会的要求，阐述新时期中国扶贫开发的极端重要性和战略定位，并提出内源扶贫、科学扶贫、精神脱贫、教育脱贫、生态脱贫、社会保障兜底脱贫等重要思想理念和精准扶贫、精准脱贫方略，以及共建没有贫困的人类命运共同体的倡议，不仅丰富了中国扶贫的时代内涵，也为扶贫开发指明了方向，在共同富裕基础上进一步丰富了新阶段的扶贫开发思想及理论体系[66]，赋予了中国扶贫思想的时代特征与内涵。

七、总结与评论

综上所述，国内反贫困理论研究建基于对西方反贫困理论的引入以及本土化，并结合中国反贫困实际、实践不断探索形成新的理论分析框架，由此逐步形成中国特色的扶贫开发理论。总结“十二五”时期中国反贫困理论研究的成果，有助于认识和把握当前反贫困研究的趋势和特点，而就现有研究不足进行反思和讨论，则可以为未来国内反贫困理论研究提供借鉴和启发。

其一，社会学成为反贫困理论研究的重要领域。扶贫开发进入新阶段特别是 2011 年以后，社会学领域的反贫困研究逐渐增多，社会学理论也成为反贫困研究的重要基础。事实上，这一趋势也与贫困内涵的变化以及中国扶贫开发的实践进程有关，即收入视角的单一贫困定义走向了多维贫困，政府主导的开发式扶贫逐渐向政府、社会、市场协同推进和强调贫困人口主体性的参与式扶贫转变，从个体和社会结构出发的社会学理论为反贫困研究提供了新的视角和方法。

其二，国内反贫困理论研究在西方理论的基础上，提出了新的、综合性的贫困分析框架。一方面，这些研究提升了反贫困理论的本土化程度；另一方面，西方反贫困理论产生背景及中西方经济社会发展程度均存在差异，因而有必要反思理论的适用性，并对国内贫困问题进行深入观察，以免形成错误的理念和分析结果，从而误导国内反贫困政策的制定或完善。

其三，现有研究突出了理论的应用性研究，对理论本身的拓展重视不够。除一些学者运用中国数据信息进行了经济学理论模型的检验修正外，现有研究大多停留在西方理论的介绍和引用上，理论本土化程度不高。一些研究甚至缺乏对理论核心思想的把握，仅仅根据理论的一个概念、论据建立分析框架，忽视了实证分析，有断章取义或生搬硬套、嫁接理论之嫌，不利于反贫困理论研究的深入。

其四，现有研究的整体性和系统性还不够充分。由于贫困问题的复杂性和长期性，反贫困理论应是系统的理论体系，包括对贫困内涵的理解、贫困的测量、致贫原因、致贫机理以及反贫困策略途径的研究等。且贫困问题不仅是一个理论问题，更是一个实践问题，因此在研究中执着于某一理论视角或贫困问题的某一方面，都将如盲人摸象，难以准确、全面地理解贫困问题，也就难以为反贫困战略政策体系的完善提供持续、系统的支撑。

注释

[1]［瑞典］冈纳·缪尔达尔. 世界贫困的挑战——世界反贫困大纲. 顾朝阳等译. 北京：北京经济学院出版社，1991.

[2] 1986年，山西忻州市召开了国内第一次以贫困为主题的学术会议——全国贫困与发展研讨会，中国学术理论界自此开始贫困问题的研究。贾兰. 我国反贫困理论中有关扶贫项目运作研究述评. 理论探讨，2003 (4).

[3] 林雪霏. 我国场域内的反贫困逻辑：基于多维理论视角. 重庆社会科学，2014 (9).

[4] 陈昕. 反贫困理论与政策研究综述. 价值工程，2010 (28).

[5] 刘建华，丁重扬，王纪成. 贫困理论比较研究与中国反贫困实践. 外国经济学说与中国研究报告，2014.

[6] 林雪霏. 我国场域内的反贫困逻辑：基于多维理论视角. 重庆社会科学，2014 (9).

[7] 林雪霏. 我国场域内的反贫困逻辑：基于多维理论视角. 重庆社会科学，2014 (9).

[8] 张琦，胡田田. 中国绿色减贫指数研究：绿色减贫理论综述. 经济研究参考，2015 (10).

[9] 王志章，王晓蒙. 包容性增长：背景、概念与印度经验. 南亚研究，2011 (4).

[10] 文雁兵. 包容性增长减贫策略研究. 经济学家，2015 (4).

[11] 徐秀军. 解读绿色扶贫. 生态经济，2005 (2).

[12] 吕方. 发展的想象力：迈向连片特困地区贫困治理的理论创新. 中共四川省委省级机关党校学报，2012 (3).

[13] 田毅鹏. 东亚"新发展主义"研究. 北京：中国社会科学出版社，2009.

[14] 吕方. 发展的想象力：迈向连片特困地区贫困治理的理论创新. 中共四川省委省级机关党校学报，2012 (3).

[15] 林雪霏. 我国场域内的反贫困逻辑：基于多维理论视角. 重庆社会科学，2014 (9).

[16] 赵娜. 关于反贫困研究的社会学理论综述——基于个体与结构的视角. 知识经济，2012 (11).

[17] 文雁兵. 包容性增长减贫策略研究. 经济学家，2015 (4).

[18] 李雪萍，王蒙. 多维贫困“行动—结构”分析框架下的生计脆弱——基于武陵山区的实证调查与理论分析. 华中师范大学学报（人文社会科学版），2014 (5).

[19] 王三秀. 国外可持续生计观念的演进、理论逻辑及其启示. 毛泽东邓小平理论研究，2010 (9).

[20] 陈银娥，高思. 社会福利制度反贫困的新模式——基于生命周期理论的视角. 福建论坛（人文社会科学版），2011 (3).

[21] 郑杭生. 社会学概论新修. 北京：中国人民大学出版社，1994：34.

[22] 陈银娥，高思. 社会福利制度反贫困的新模式——基于生命周期理论的视角. 福建论坛（人文社会科学版），2011 (3).

[23] 宋宪萍，张剑军. 基于能力贫困理论的反贫困对策构建. 海南大学学报（人文社会科学版），2010 (1).

[24] 左停，杨雨鑫. 重塑贫困认知：主观贫困研究框架及其对当前中国反贫困的启示. 贵州社会科学，2013 (9).

[25] 刘胜安. 社区自主型发展：国际经验与中国实践. 北京：光明日报出版社，2012.

[26] 孙同全，孙贝贝. 社区主导发展理论与实践述评. 中国农村观察，2013 (4).

[27] 简小鹰，刘胜安. 社区自主型发展理论与实践. 北京：光明日报出版社，2012.

[28] 周文，李晓红. 社会资本对反贫困的影响研究：多元范式的形成与发展. 教学与研究，2012 (1).

[29] 周晔馨，叶静怡. 社会资本在减轻农村贫困中的作用：文献述评与研究展望. 南方经济，2014 (7).

[30] 张大维. 生计资本视角下连片特困区的现状与治理——以集中连片特

困地区武陵山区为对象. 华中师范大学学报（人文社会科学版）. 2011（4）.

［31］邢成举，葛志军. 集中连片扶贫开发：宏观状况、理论基础与现实选择——基于中国农村贫困监测及相关成果的分析与思考. 贵州社会科学，2013（5）.

［32］胡联，孙永生，王娜，倪国华. 贫困的形成机理：一个分析框架的探讨. 经济问题探索，2012（2）.

［33］方清云. 贫困文化理论对文化扶贫的启示及对策建议. 广西民族研究，2012（4）.

［34］胡联，孙永生，王娜，倪国华. 贫困的形成机理：一个分析框架的探讨. 经济问题探索，2012（2）.

［35］方清云. 贫困文化理论对文化扶贫的启示及对策建议. 广西民族研究，2012（4）.

［36］何爱平. 不同时期贫困问题的经济学理论阐释及现代启示. 福建论坛（人文社会科学版），2011（7）.

［37］孙中良，余芳梅. 贫困理论视角下水库移民反贫困路径的转变. 贵州社会科学，2009（2）.

［38］畅红琴. 中国农村地区时间贫困的性别差异研究. 山西财经大学学报，2010（2）.

［39］郭瑞香. 贫困与受艾滋病影响的妇女//赵群，王云仙. 社会性别与妇女反贫困. 北京：社会科学文献出版社，2011.

［40］张雪梅，李晶，李小云. 妇女贫困：从农村到城乡，从收入贫困到多维贫困——2000 年以来中国“妇女贫困”研究评述与展望. 妇女研究论丛，2011（9）.

［41］胡鞍钢，童旭光. 中国减贫理论与实践——青海视角. 清华大学学报（哲学社会科学版），2010（4）.

［42］赵娜. 关于反贫困研究的社会学理论综述——基于个体与结构的视角. 知识经济，2012（11）.

［43］谢海峰. 社会质量理论指导下我国农村扶贫事业发展研究. 社会保障研究，2010（6）.

［44］卢艳霞. 社会组织参与农村扶贫研究. 中南大学硕士学位论文，2012.

[45] 杨志军. 内涵挖掘与外延拓展：多中心协同治理模式研究. 甘肃行政学院学报，2012 (4).

[46] 冯朝睿. 连片特困地区多中心协同反贫困治理的初步构想. 云南社会科学，2014 (4).

[47] 陈忠言. 中国农村开发式扶贫机制解析——以沪滇合作为例. 经济问题探索，2015 (2).

[48] 陈忠言. 中国农村扶贫中的跨部门协同机制分析. 宁夏社会科学，2014 (4).

[49] 林万龙，钟玲，陆汉文. 合作型反贫困理论与仪陇的实践. 农业经济问题，2008 (1).

[50] 张鹏顺. 区域理论视野下的旅游扶贫. 理论探讨，2011 (2).

[51] 冷志明，雷亿辉. 基于新区域主义的我国连片贫困区开发研究. 经济地理，2011 (4).

[52] 邢成举，葛志军. 集中连片扶贫开发：宏观状况、理论基础与现实选择——基于中国农村贫困监测及相关成果的分析与思考. 贵州社会科学，2013 (5).

[53] 吴芳，尹德志. 系统论视角下的中国农村贫困问题解读. 世界农业，2015 (2).

[54] 吴芳，尹德志. 系统论视角下的中国农村贫困问题解读. 世界农业，2015 (2).

[55] 谢君君. 教育扶贫研究述评. 复旦教育论坛，2012 (3).

[56] 寻舸. 基于自组织理论的武陵山片区的扶贫开发机制. 经济地理，2013 (2).

[57] 黄泽海，侯春娥. 自组织理论视阈下构建扶贫开发与生态建设协同创新的组织模式研究. 湖南省社会主义学院学报，2015 (1).

[58] 陈全功，程蹊. 空间贫困理论视野下的民族地区扶贫问题. 中南民族大学学报（人文社会科学版），2011 (1).

[59] 王明黔，王娜. 西部民族贫困地区反贫困路径选择辨析——基于空间贫困理论视角. 贵州民族研究，2011 (4).

[60] 陈全功，程蹊. 空间贫困及其政策含义. 贵州社会科学，2010 (8).

［61］陈全功，程蹊．空间贫困理论视野下的民族地区扶贫问题．中南民族大学学报（人文社会科学版），2011（1）．

［62］文建龙．中央领导集体对新中国扶贫理论的贡献述评．中共云南省委党校学报，2013（5）．

［63］华正学．邓小平反贫困理论的科学体系探析．农业经济，2012（1）．

［64］王均伟．消除贫困：治国安邦的大事——江泽民扶贫攻坚思想研究．党的文献，2011（3）．

［65］华正学．胡锦涛同志对马克思主义反贫困理论中国化的新贡献．毛泽东思想研究，2012（3）．

［66］王辉．试论习近平扶贫观．人民论坛，2015（20）．

［《云南民族大学学报（哲学社会科学版）》2016年第2期］

新中国扶贫思想的形成与发展

贫困是人类社会面临的共同挑战，消除贫困、实现共同富裕是全世界人民的共同愿望。中华人民共和国成立以后，在60多年的反贫困历程中，特别是改革开放以来取得了令世界瞩目的减贫成就，并在长期扶贫实践中逐步形成和发展了中国特色扶贫开发理论体系。中国特色扶贫开发理论是马克思主义贫困理论中国化的重要成果，也是中国历代最高领导人立足国内扶贫开发实践，不断形成、发展和完善的社会主义建设理论成果。

一、马克思主义贫困理论及中国共产党早期的反贫困思想

追溯和讨论中国扶贫思想的形成与发展，必须基于马克思主义贫困理论以及中国共产党早期的反贫困思想。马克思最早从制度层面分析了资本主义贫困问题，并提出消除贫困、实现共同富裕的反贫困目标。通过对劳动者贫困化的关注，马克思认识到社会不同等级中富人和穷人的对立和冲突，并站在劳动者的立场试图揭露贫困的真实原因，对“非人的生活”进行解释[1]。在《1844年经济学哲学手稿》中，马克思分析了在社会财富减退、增进及繁荣达到顶点三种状态下工人的状况，提出“即使在对工人最有利的社会状态中，

工人的结局也必然是：劳动过度和早死，沦为机器，沦为资本的奴隶，发生新的竞争以及一部分工人饿死或行乞”[2]。马克思将贫困的根源归结为异化，指出工人沦为机器和资本奴隶的命运与异化劳动分不开。在《资本论》中，马克思指出，资本主义社会“在一极是财富的积累，同时在另一极，即在把自己的产品作为资本来生产的阶级方面，是贫困、劳动折磨、受奴役、无知、粗野和道德堕落的积累”[3]。“生产资料越是大量集中，工人也就越要相应地聚集在同一个空间，因此，资本主义的积累越迅速，工人的居住状况就越悲惨”[4]。马克思总结了资本主义积累的一般规律：“可供支配的劳动力同资本的膨胀力一样，是由同一原因发展起来的。因此，产业后备军的相对量和财富的力量一同增长。”[5]“但是同现役劳动军相比，这种后备军越大，常备的过剩人口也就越多，他们的贫困同他们所受的劳动折磨成正比。最后，工人阶级中贫苦阶层和产业后备军越大，官方认为需要救济的贫民也就越多。这就是资本主义积累的绝对的、一般的规律。”[6]因而在资本主义制度下，企图通过资本主义生产发展改变无产阶级的经济地位是不可能的，无产阶级摆脱贫困的唯一出路是“剥夺者被剥夺”，建立共产主义制度。“在资本主义时代成就的基础上，也就是说，在协作和对土地及靠劳动本身生产的生产资料的共同占有的基础上，重新建立个人所有制。”[7]

马克思主义贫困理论深刻影响了早期中国共产党的反贫困思想和实践。面对半殖民地半封建社会状态、积贫积弱的近代中国，中国共产党从诞生之日起，就把推翻三座大山、谋取人民根本利益作为奋斗目标，而农民贫困与革命之间有着天然的内在联系，土地和农民问题成为中国共产党关注的最主要问题。一方面，党的领导人把关心群众生活提高到了团结群众、组织群众、保障革命胜利的政治高度，将物质利益的人民性视为实现党领导群众的必要条件[8]。20 世纪三四十年代，毛泽东进行了一系列农村社会调查，系统分析了中国的农村社会和农民状况。在贫困根源上，他明确指出，现今中国的贫困问题主要是由已经被推翻的半殖民地半封建社会的制度造成的。因此，“社会主义是中国的唯一出路”[9]，“只有进到社会主义时代才是真正幸福的时代”[10]。另一方面，中国共产党领导了一系列农民反贫困行动。早期中共领导人大都意识到平分土地对于调动农民革命积极性的作用。“普遍的贫农对于土地、财产的要求不消说是为农村革命斗争的中心动力。”[11] 因此，在土地分配不均情况下，平分土地成为广大贫苦农民的热切期盼。土地革命时期，中共领导的解放区就通过实行分田分地和轻徭薄赋，使贫困劳动者分享劳动成果，并试图从制度上消除贫富不均的根源。

总的来看，马克思主义贫困理论确立了中国共产党看待和分析贫困问题的唯物主义立场，指明了消除贫困的根本路径和方向，为新中国扶贫思想的形成和发展奠定了理论基础。在马克思主义贫困理论指导下，中国共产党早期的反贫困思想和实践以推翻封建土地所有制、解决农民生存问题为旨归，突出农村反贫困对于平等和公平的追求，并进一步影响到中华人民共和国成立初期的反贫困思想形成和实践。

二、新中国扶贫思想的提出与形成

中华人民共和国成立之初，面对贫穷与落后的基本国情，党和国家领导人将反贫困作为巩固和发展社会主义制度的基础，提出通过工业化和合作化实现反贫困的战略构想，形成了对于贫困及缓解贫困的基本认识，即从社会主义制度建立的历史背景分析中国的贫困问题，从满足人民群众利益角度分析反贫困问题。特别是毛泽东在马克思主义贫困理论基础上，对社会主义建设发展过程中的反贫困实践进行经验总结和理论升华，形成了一系列反贫困思想和主张。

改变中华人民共和国成立前无产阶级和劳动人民受剥削和压迫的局面，建立平等社会是中国共产党的重要执政理念。在贫困及消除贫困问题上，毛泽东提出中国共产党是消除贫困问题的坚定领导力量，全体中国人民尤其农民群众是反贫困的主导力量；工业化和现代化是实现反贫困目标的前提和基础，合作化是反贫困的基本战略。中华人民共和国成立以后，毛泽东开始指引中国农民开展合作化建设，指出“全国大多数农民，为了摆脱贫困，改善生活，为了抵御灾荒，只有联合起来，向社会主义大道前进，才能达到目的”[12]。1955 年，毛泽东在《关于农业合作化问题》中提出“共同富裕”理念，并阐述了实现共同富裕的具体设想：“在逐步地实现社会主义工业化和逐步地实现对于手工业、对于资本主义工商业的社会主义改造，即实行合作化，在农村中消灭富农经济制度和个体经济制度，使全体农村人民共同富裕起来。”[13] 随后，毛泽东发表《关于正确处理人民内部矛盾的问题》一文，阐述了共同富裕的具体目标：在几年内“使现在还存在的农村中一小部分缺粮户不再缺粮，除了专门经营经济作物的某些农户以外，统统变为余粮户或者自给户，使农村中没有了贫农，使全体农民达到中农和中农以上的生活水平”[14]。

从中华人民共和国成立到 1978 年改革开放前这一时期，党和国家领导人尚未形成对中国贫困问题的系统认识，亦没有做出专门性的政策安排。但是，通过农村土地改革和技术进步，以及农村基础教育、医疗卫生及社会保障等一系列广义的扶贫措施，逐步提高了全国人民的收入和福利水平，取得了一定的减贫成效。而毛泽东基于当时国情的认识，解释了贫困问题的根源，确定了反贫困的奋斗目标以及消除贫困的步骤和战略，提出坚持中国共产党的领导以及农村反贫困工作中农民的主体地位，为农村反贫困建立了制度基础和认识基础。尤其是其关于共同富裕的思想及追求平等的反贫困实践，为邓小平等进一步深化共同富裕思想，以及中国的扶贫开发积累了经验。

改革开放之初，中国农村处于普遍贫困状态，国家发展面临着怎样建设社会主义、怎样摆脱国家贫困面貌等重大现实问题，以及迅速改变计划经济体制、“大跃进”、“文化大革命”等战略性失误造成的困难局面。从 1978 年开始，通过全面启动农村改革，实行家庭联产承包责任制，放宽农产品价格，赋予农民农业生产自主权，极大激发了广大农民劳动积极性，体制改革释放出巨大减贫效应。1986 年，中国政府开始实施有计划、有组织、大规模的农村扶贫开发，并确立了开发式扶贫的方针，改变了以往救济、输血为主的扶贫方式。成立专门工作机构，确定贫困标准和重点扶持区域，安排专项资金，制定特殊的支持政策，反贫困取得明显成效。这一阶段是邓小平深化共同富裕思想，确立中国扶贫思想体系的重要阶段。

在扶贫战略目标方面，邓小平继承了毛泽东的共同富裕思想，提出共同富裕是社会主义的本质特征，实现全体人民的共同富裕是扶贫的战略目标。他认为，贫困同社会主义不但没有必然的联系，而且是不相容的。“贫穷不是社会主义，社会主义要消灭贫穷”[15]，“搞社会主义，一定要使生产力发达，贫穷不是社会主义。我们要坚持社会主义，要建设对资本主义具有优越性的社会主义，首先必须摆脱贫穷”[16]。邓小平强调：“社会主义的本质，是解放生产力，发展生产力，消灭剥削，消除两极分化，最终达到共同富裕。”[17]即生产力高度发达是实现共同富裕的前提，坚持社会主义道路、坚持四项基本原则是实现共同富裕的政治保证[18]。邓小平主张将农村经济的发展、农民生活水平的提高与中国经济的发展、摆脱贫困紧密结合起来。“中国社会是不是安定，中国经济能不能发展，首先要看农村能不能发展，农民生活是不是好起来”[19]，“农民没有摆脱贫困，就是我国没有摆脱贫困”[20]。同时，邓小平反复强调改革对于发展和消除贫困的重要性，主张用改革促进反贫困工作的开展。此外，邓小平在探索建设有中国特色社会主义过程中，深刻认识到摆脱贫困的艰巨性、复杂性和长期性。1992 年，邓小平在南方谈话中特别强调："我们搞社会主义才几十年，还处在初级阶段。巩固和发展社会主义制度，还需要一个很长的历史阶段，需要我们几代人、十几代人，甚至几十代人坚持不懈地努力奋斗，决不能掉以轻心。"[21]

从 1977 年到 1993 年，邓小平在毛泽东共同富裕思想基础上，总结了中华人民共和国成立以来近三十年的建设实践，结合对马克思主义贫困理论的认识和理解，进一步深化了共同富裕思想，打破了过去受所有制和分配方式局限的社会主义本质认识观，以及单纯强调共同富裕对反贫困的思想禁锢[22]。他还首次提出了制度性贫困以及中国反贫困的总体战略，主张在中国社会改革、开放、发展的进程中消除贫困，对于贫困的实质、反贫困战略及对策措施方面提出了一系列构想，初步形成了新中国扶贫思想体系。

三、新中国扶贫思想体系的发展与完善

1994 年，党中央、国务院颁布《国家八七扶贫攻坚计划（1994—2000 年）》，扶贫开发继续深入推进。这一时期，国家进一步完善扶贫思想内容、体系，突出表现在扶贫开发与国家发展战略相结合，对扶贫策略、扶贫主体、扶贫模式等具体问题的深刻阐述。1999 年 6 月 9 日，江泽民在全国扶贫开发工作会议上指出："下个世纪继续开展扶贫开发，要首先解决剩余贫困人口的温饱问题，巩固扶贫成果，使已经解决温饱的人口向小康迈进，同时在稳定解决温饱的基础上，全面推进贫困地区经济社会发展。这项工作，必须同我们对下个世纪整个经济发展战略的考虑结合起来，同加快中西部地区建设、缩小东西部地区发展差距，实现共同富裕的目标结合起来。"[23]结合"三个代表"重要思想，江泽民指出，"不断改善人民生活，是我们党全心全意为人民服务宗旨和'三个代表'要求的最终体现"[24]。因此，在农村组织扶贫开发，绝非一时的权宜之计，而是"贯穿整个社会主义初级阶段的一项重要任务"[25]。在扶贫策略方面，江泽民强调，做好扶贫开发工作，推动农村经济发展，要坚持开发式扶贫的方针，加快发展教育，推广适用技术，普遍提高劳动者素质，要把农业的基础打牢[26]。江泽民还提出，"必须把扶贫资金落实到贫困村、贫困户，减少一切可能消耗扶贫资金的中间环节。这个问题，要引起大家的高度重视"[27]。扶贫瞄准对象由贫困地区转变为贫困人口，推动了中国农村扶贫战略的根本调整。在扶贫主体问题上，江泽民提出各级政府和社会各界参与的"他扶"与农村贫困人口"自扶"的有机统一。在扶贫路

径和模式方面，江泽民重点强调了“五个坚持”，即坚持开发式扶贫、坚持科技先行、坚持正确领导、坚持因地制宜、坚持可持续发展[28]。

将农村扶贫开发与国家整体发展战略、党的队伍建设、农村基层组织发展、发挥社会主义制度优越性、人权事业建设以及维护改革发展稳定大局相结合；将解决贫困人口温饱问题与贫困地区全面开发相结合；将政府主导作用与社会参与相结合；将政府扶贫开发责任与贫困群众自力更生相结合。这些既是江泽民有关扶贫开发的主要观点，也是这一阶段中国扶贫思想的时代特征[29]。江泽民系统回答了“为何扶”“扶谁”“谁扶”“怎么扶”等一系列扶贫开发的基本问题，促进了中国扶贫思想的发展，尤其是开发式扶贫以及瞄准对象由贫困地区向贫困人口的转变，进一步丰富了中国特色的减贫实践和理论。

从 1977 年到 2000 年，在长期高速稳定的经济增长带动下，经过体制改革推动扶贫、大规模的开发式扶贫计划实施，中国农村扶贫开发取得了显著成效。进入 21 世纪以后，中国扶贫开发战略的重点已经从解决温饱为主要任务的阶段转入巩固温饱成果、提高发展能力、加快脱贫致富、缩小发展差距的新阶段。

在此背景下，以胡锦涛为总书记的新一代领导人立足新世纪的广阔视野、全球视角以及中国实际，结合科学发展观、社会主义和谐社会及新农村建设等理论思想，对中国扶贫开发提出了更高要求，将扶贫开发的重要性和目标置于更广阔、更深刻的历史背景[30]。党的十六届三中全会以来，胡锦涛在多个重要场合或讲话中阐释了科学发展观的基本内涵，指出“科学发展观，第一要义是发展，核心是以人为本，基本要求是全面协调可持续，根本方法是统筹兼顾”。扶贫开发是“以人为本”理念的重要体现，是科学发展观的根本要求。同时，胡锦涛系统提出了社会主义和谐社会的建设理论，并阐述了扶贫开发与和谐社会的关系，即“扶贫开发是建设中国特色社会主义事业的一项历史任务，也是构建社会主义和谐社会的一项重要内容”[31]。党的十六届五中全会上，胡锦涛提出“建设社会主义新农村”战略，要求按照“生产发展、生活宽裕、乡风文明、村容整洁、管理民主”的要求，扎实推进社会主义新农村建设。进入全面建设小康社会阶段以后，胡锦涛在党的十七大报告中提出了全面建设小康社会的新要求，为 21 世纪中国反贫困事业提供了新的动力和目标方向。此外，胡锦涛在具体扶贫策略上坚持全方位扶贫开发的理念和政策，在农村视察和调研工作中始终强调做好扶贫帮困工作是一项重大的政治任务，要求建立全方位帮扶体系，改善人民生活条件，坚持开发式扶贫和社会保障相结合，坚持外部支持与自力更生相结合，坚持专项扶贫与行业扶贫、社会扶贫相结合[32]。

立足科学发展观与和谐社会建设，胡锦涛进一步发展了中国的扶贫思想，突出体现在：坚持以人为本，赋予了反贫困新的内涵；构建和谐社会，开拓了反贫困新的路径；建设全面小康社会，描绘了反贫困新的目标；实现科学发展，彰显了反贫困新的战略[33]。这些是这一阶段中国扶贫思想的主要内容，也是胡锦涛对马克思主义贫困理论中国化、完善中国扶贫思想的重要贡献。

四、新中国扶贫思想的丰富与创新

2011 年，第一个十年扶贫开发纲要完成。一方面，中国在经济社会发展过程中已经取得了举世瞩目的减贫成就，是全球首个实现联合国千年发展目标中贫困人口减半的国家。另一方面，相对贫困凸显、贫困地区经济社会发展总体水平不高，制约贫困地区发展的深层次问题没有得到根本解决等问题，依然是新阶段中国扶贫开发面临的新问题新挑战，扶贫开发进入新阶段。党的十八大以来，作为新一届中国领导集体的核心、世界上最大发展中国家的领袖，习近平高度重视农村扶贫开发，并在一系列考察和重要讲话中对扶贫开发工作做出全面部署和深刻阐述，形成了新时期扶贫开发的论述，推动了中国扶贫思想的创新和丰富。

习近平深刻阐述了新阶段扶贫开发的极端重要性与紧迫性。他在多次考察中反复强调扶贫开发的重大意义。包括“消除贫困、改善民生、实现共同富裕是社会主义的本质要求”[34]，“扶贫开发是我们第一个百年奋斗目标的重点工作，是最艰巨的任务”[35]等，强调扶贫是中国共产党坚持全心全意为人民服务根本宗旨的重要体现，是党和政府的重大职责，是全面建设小康社会的重要内容，是社会主义的本质要求。基于当前国际反贫困趋势以及中国经济社会转型发展的现实，习近平提出了实现中华民族伟大复兴的中国梦，体现出以人为本、全面发展、科学发展的特点，既丰富了反贫困的行动内容，也将扶贫开发上升至全党全社会共同努力的事业。2015 年 11 月 27 日，习近平在中央扶贫工作会议上强调：“脱贫攻坚战的冲锋号已经吹响。我们要立下愚公移山志，咬定目标、苦干实干，坚决打赢脱贫攻坚战，确保到 2020 年所有贫困地区和贫困人口一道迈入全面小康社会。”这对于党和国家从“四个全面”战略布局、“两个一百年”奋斗目标出发调整扶贫开发战略定位，进一步深化和推进扶贫开发理论体系发展提出了新要求。

不仅体现出习近平对扶贫开发的高度重视，也进一步明确了新阶段中国扶贫开发及脱贫攻坚的战略定位。

习近平提出并系统阐述精准扶贫、精准脱贫的思想和方略，这是中国扶贫思想的重大创新，体现了习近平在长期工作实践中对扶贫问题的深入深邃思考。三年多来，习近平多次在贫困地区调研及其他重要场合提及“精准扶贫”思想。2013年11月3日至5日，习近平在湖南湘西考察时，首次做出“实事求是、因地制宜、分类指导、精准扶贫”的重要指示，提出反对“一刀切”，要根据具体情况，灵活开展扶贫的工作思路。随后，习近平多次阐述精准扶贫：明确提出“扶贫开发贵在精准，重在精准，成败之举在于精准”，阐述“扶贫对象精准、项目安排精准、资金使用精准、措施到户精准、因村派人精准、脱贫成效精准”的“六个精准”，以及“通过扶持生产和就业发展一批，通过移民搬迁安置一批，通过低保政策兜底一批，通过医疗救助扶持一批”的精准扶贫、精准脱贫路径。2015年11月23日，习近平参加中央政治局会议时进一步提出把精准扶贫、精准脱贫作为基本方略。基于对中国贫困现状以及新阶段扶贫任务转变的认识，习近平在一系列考察、讲话中还阐述了一系列扶贫新思想新观点新要求。

总之，习近平对新时期中国扶贫开发极端重要性以及脱贫攻坚战略定位的阐述，建立精准扶贫、精准脱贫方略，提出内源扶贫、科学扶贫、精神脱贫、教育脱贫、生态脱贫、社会保障兜底脱贫等思想理念以及共建没有贫困的人类命运共同体的倡议，是他对马克思主义贫困理论中国化的突出贡献，赋予了中国扶贫思想新的时代内涵与特征，推动了中国扶贫思想的创新、丰富和发展，也为当前及未来阶段中国的扶贫开发指明了方向。

五、简短小结

中华人民共和国历届党和国家主要领导人在推进农村扶贫开发工作实践过程中，提出并不断继承和发展了中国扶贫思想体系。从毛泽东到习近平，中国领导人在各个阶段的扶贫探索中，结合不同的历史背景，提出和总结了不同历史时期中国扶贫开发的重大意义、战略地位、战略途径、实施模式等具体问题，不断丰富和创新了中国扶贫思想体系的理论内涵和时代特征。从理论溯源看，马克思主义贫困理论是中国扶贫思想形成的基础，共同富裕贯穿扶贫思想体系的核心。从理论内容上看，扶贫开发理论或思想要解决的根本问题是贫困的产生以及贫困的缓解和消除。围绕这些根本性问题，历届中国领导人针对贫困的产生、贫困现状以及中国开展扶贫开发的意义、主体、对象、目标、策略等问题进行了阐述，形成了相应观点和理念，为中国特色扶贫开发理论的形成发展以及马克思主义贫困理论的中国化做出了重大贡献。由此也推进了扶贫思想体系由奠基到发展，以至完善、创新的发展继替，以及中国扶贫理论和扶贫实践从追求平等、公平的救济式扶贫到促进区域发展、能力提升的开发式扶贫，再到嵌入国家发展战略、推动小康社会建设的综合性扶贫和攻坚阶段精准扶贫、精准脱贫等理念方式的阶段性演进。

注释

[1] 苗泉竹. 关注贫困化：马克思理论批判的着力点和理论发展的张力所在. 学术论坛，2005（7）.

[2] 马克思，恩格斯. 马克思恩格斯全集：第 42 卷. 北京：人民出版社，1979.

[3] [4] 马克思，恩格斯. 马克思恩格斯全集：第 23 卷. 北京：人民出版社，1972.

[5] [6] [7] 马克思. 资本论：第 1 卷. 北京：人民出版社，1975.

[8] 阿班·毛力提汗. 中国共产党反贫困理论与实践. 毛泽东邓小平理论研究，2006（11）.

[9] 毛泽东文集：第 7 卷. 北京：人民出版社，1999.

[10] 毛泽东选集：第 2 卷. 北京：人民出版社，1991.

[11] 鄂东北特别区委员会给中央的报告. 鄂豫皖苏区革命历史文件汇集：第 5 册. 中央档案馆，湖北省档案馆，河南省档案馆，安徽省档案馆，1986.

[12] [13] [14] 毛泽东著作选读：甲种本. 北京：人民出版社，1966.

[15] [16] [17] [19] [20] [21] 邓小平文选：第 3 卷. 北京：人民出版社，1993.

[18] 文建龙. 中央领导集体对新中国扶贫理论的贡献述评. 中共云南省委党校学报，2013（5）.

[22] 孙辉. 邓小平与江泽民反贫困思想之比较. 中共济南市委党校学报，2002（4）.

[23] [24] [25] 江泽民论有中国特色社会主义：专题摘编. 北京：中央文

献出版社，2002.

［26］江泽民. 推进经济结构战略性调整，进一步做好扶贫开发工作. 人民日报，2000-03-11.

［27］江泽民在中央扶贫开发工作会议上的讲话. 人民日报，2001-09-18.

［28］孙迪亮. 江泽民农村扶贫思想论析. 西北民族大学学报（哲学社会科学版），2005（1）.

［29］韩广富，何玲. 论江泽民农村扶贫开发思想的时代特征. 中共青岛市委党校青岛行政学院学报，2006（4）.

［30］施由明，刘清荣. 从毛泽东到胡锦涛：中国扶贫开发理论的不断深化. 农业考古，2007（6）.

［31］胡锦涛总书记关于构建社会主义和谐社会的有关论述. 党建，2005（5）.

［32］李志平，杨江帆. 胡锦涛农村扶贫思想论析. 山西农业大学学报（社会科学版），2014（1）.

［33］华正学. 胡锦涛同志对马克思主义反贫困理论中国化的新贡献. 毛泽东思想研究，2012（3）.

［34］习近平. 把群众安危冷暖时刻放在心上［DB/OL］. http：//news.xinhuanet.com/politics/2012-12/30/c_114206411.htm.

［35］习近平在云南考察工作时强调：坚决打好扶贫开发攻坚战［DB/OL］. http：//www.gov.cn/xinwen/2015-01/21/content_2807769.htm.

（《国家行政学院学报》2016年3月）

我国脱贫攻坚若干前沿问题研究

改革开放以来，随着经济持续快速发展，我国扶贫开发稳步推进，扶贫标准逐步提高，贫困人口逐步减少。1982 年，我国启动“三西”专项扶贫计划，拉开了有计划、有组织、大规模扶贫开发的序幕。1986 年，成立国务院贫困地区经济开发领导小组（1993 年改称国务院扶贫开发领导小组），认定贫困县，确定扶贫标准，设立财政专项扶贫资金。1994 年颁布《国家八七扶贫攻坚计划（1994—2000 年）》，2001 年和 2011 年，先后两次颁布实施《十年农村扶贫开发纲要》，至今累计减少农村贫困人口 7 亿多，为全球减贫事业做出了巨大贡献。

党的十八大以来，按照全面建成小康社会的部署和要求，以习近平总书记提出精准扶贫、精准脱贫为标志，我国扶贫开发进入脱贫攻坚的新阶段。党的十八届五中全会将农村贫困人口脱贫作为全面建成小康社会的底线目标进行安排部署，明确到 2020 年我国现行标准下农村贫困人口实现脱贫，贫困县全部摘帽，解决区域性整体贫困。2015 年 11 月，中央召开扶贫开发工作会议，颁布《中共中央　国务院关于打赢脱贫攻坚战的决定》（以下简称《决定》），全面部署“十三五”脱贫攻坚工作，要求举全党全国全社会之力，坚决打赢脱贫攻坚战。

目前，我国未来五年脱贫攻坚顶层设计已经完成，进入了省级二次顶层设计和各项政策措施在基层精准落实阶段。显然，打赢脱贫攻坚战不是一吹号就能解决的。近期看，每年减少贫困人口 1000 万以上，完成难度越来越大。从更长远看，到 2020 年解决目前 5000 多万贫困人口的脱贫问题，仅仅是解决了我国的绝对贫困问题，相对贫困问题依然存在甚至凸显，建成更高水平的小康社会还有很长的路要走，需要付出更艰巨的努力。从研究角度看，脱贫攻坚进程中必然出现各种各样的问题和挑战，针对这些需要解决的理论、实践问题，需要加大研究力度，着力发现规律、总结规律，为不断完善政策体系、提升扶贫脱贫成效提供决策参考。本文基于参与脱贫攻坚顶层设计研究以及大量的基层调研观察，从十个方面分析脱贫攻坚面临的前沿问题，以引起关注和重视。

一、关于扶贫开发的历史方位

全球 200 多个国家和地区有着不同发展道路的选择。不同发展道路的选择都有其道理。中国既然选择了中国特色社会主义道路，“最硬”的道理就是能够让全体人民实现共同富裕。因此，如果在发展进程中，一些地方、群体已经发展起来，但是还有相当数量贫困人口，这就无法证明道路选择的正确性。

从历史视角看，推进扶贫开发、打赢脱贫攻坚战具有多方面意义。

一是消除贫困、改善民生，实现共同富裕，是社会主义的本质要求，是我们党的重要使命。这说明了扶贫开发的极端重要性。既然是社会主义的本质要求，走社会主义道路，建设社会主义社会，最本质的要求就是重视扶贫开发。中国共产党取得执政地位依靠的是广大人民群众的支持和拥护，成为执政党以后，如果有相当数量的人民群众没有分享到发展成果，就会影响执政基础。

二是改革开放以来中国政府实施大规模扶贫开发，7 亿多农村贫困人口摆脱贫困，取得了举世瞩目的伟大成就，谱写了人类反贫困历史上的辉煌篇章。这是人类发展史上值得大书特书的事件。从全球贫困情况看，目前还有 8 亿多的贫困人口。换句话说，如果没有中国 7 亿多人脱贫，全球的贫困状况要比现在糟糕得多。

三是党的十八大以来中国政府把扶贫开发纳入“四个全面”战略布局，作为实现第一个百年目标最重要的工作，摆在更加突出的位置，大力实施精准扶贫、精准脱贫方略，不断开创扶贫开发事业的新局面。习近平总书记做出了“我国扶贫开发已经进入了啃硬骨头、攻坚拔寨的冲刺期”的重大判断，并强调指出，扶贫开发事业事关全面建成小康社会，事关人民福祉，事关巩固党的执政基础，事关国家长治久安，事关我国国际形象。这五个事关实际上很直观、很深刻地论述了扶贫开发、脱贫攻坚的极端重要性。

未来五年，5000 多万人的脱贫将成为国家经济社会发展的重要内容之一。全党全国全社会将动员起来，为贫困人口脱贫、为贫困地区发展做出新的努力。加强贫困问题研究，需要从历史方位，从全球、全人类发展和国家整体发展视角来认识。

二、关于脱贫标准

2015 年 11 月，中共中央、国务院印发《决定》，明确指出，贫困人口脱贫的标准是“两不愁，三保障”，也就是不愁吃、不愁穿，保障基本义务教育、基本医疗和住房安全。脱贫标准还有一个收入标准，就是农民人均纯收入以 2010 年不变价是 2300 元（加上物价指数到 2015 年底是 2855 元）。从贫困标准确定方法看，达到了 2800 多元的人均收入，就基本上能够达到保障不愁吃、不愁穿最基本的要求。但是，贫困家庭人均超过贫困标准，这个家庭是否实现脱贫，还需要看其义务教育、基本医疗、住房安全是否有保障。只有实现了“两不愁，三保障”，贫困人口才能脱贫。这是全面建成小康社会对贫困群体最起码的标准和要求。贫困人口是不是脱贫，不能简单地说超过了 2800 元就算脱贫了，最终的衡量标准是“两不愁，三保障”。如果一个家庭小孩上不起学肯定就不能算脱贫；如果家里面有成员患大病没法就医，因病负债也不能算脱贫；没有安全的住房，同样不能算脱贫。

关于脱贫的标准有两个需要讨论的问题：一是我国现行的脱贫标准是否比国际标准高，二是现行的脱贫标准能否达到全面建成小康社会的要求。

关于第一个问题。我国先后制定了三个贫困标准。1985 年制定的第一个标准是农民年人均纯收入为 206 元，加上物价指数，到 2000 年这个标准提高到 625 元，这一标准下的贫困人口是 3209 万。为了把更多的人纳入扶持的范围，2000 年确定低收入标准，农民年人均纯收入 865 元，这一标准下的贫困人口为 9000 多万。2008 年，中国政府把两个标准合并为一个标准，农民年人均纯收入 1196 元，贫困人口 4688 万。自 2011 年以来，随着消费价格指数等相关因素的变化，国家统计局逐年更新的国家贫困标准分别为年人均纯收入 2536 元、2625 元、2736 元、2800 元和 2855 元，相应的贫困人口数量分别降到12 238万、9899 万、8249 万、7017 万和 5575 万。在逐年更新扶贫标准时，国家统计局并不是简单使用全国平均的 CPI，而是适当考虑其他因素。例如，2011—2014 年扶贫标准年均增加 125 元，年均提高 5.43%。2015 年的扶贫标准相对 2014 年仅增加 55 元，提高了 1.96%。

从 1991 年开始，世界银行根据全球最贫穷国家的贫困线，制定了以美元表示的国际贫困线，用于监测全球的极端贫困状况，并根据“购买力平价转换系数”进行更新。从世界银行 1991 年制定第一个国际贫困线（1.01 美元）到 2016 年，已经更新了 3 次。世界银行于 2015 年用 2011 年购买力平价，对制定 1.25 美元标准时的 15 个国家的贫困线的平均数重新计算，得到每人每天 1.9 美元的国际贫困线标准。世界银行采用购买力平价计算的人民币兑美元的换算系数近年大体保持在 1∶3.5～1∶3.6。按此换算系数，我国 2014 年按现价计算的贫困标准为每人每年 2800 元，折合 777.78～800 美元，每人每天 2.13～2.19 美元。因此，按世界银行的标准，我国的农村贫困线实际上是高于他们提出的每人每天 1.9 美元的。也就是说，我国农村贫困标准实际上高于世界银行的每人每天 1.9 美元标准。这一点世界银行是认可的，也就是中国目前的贫困标准高于世界银行提出的国际贫困标准。

关于第二个问题。我国现行的贫困标准可以满足贫困人口维持生存的基本需要，即每人每天摄入 2100 大卡热量和 60 克左右蛋白质的要求，在此基础上还能保障一定数量的非食品支出。加上国家近年来在城乡全面实施免费教育、义务教育，在农村全面建立新农合和新农保制度，因此，我国现行贫困标准所代表的实际生活水平大致能达到 2020 年全面建成小康社会所要求的基本水平。

三、关于精准施策

精准扶贫、精准脱贫的核心是精准施策。习近平总书记 2013 年 11 月 3 日首次提出精准扶贫思想。随后，总书记多次论述精准扶贫、精准脱贫。特别是 2015 年 11 月 27 日在中央扶贫开发工作会议上，总书记发表了长篇讲话，深入阐述了精准扶贫、精准脱贫的方略，指出，精准扶贫、精准脱贫要解决好四个问题：扶持谁、谁来扶、怎么扶、如何退？提出了“五个一批”脱贫路径，通过发展产业脱贫一批，通过转移就业脱贫一批，通过教育脱贫一批，与生态保护结合脱贫一批，社会保障兜底脱贫一批。同时反复强调“六个精准”：对象识别精准、项目安排精准、措施安排精准、资金使用精准、因村派人精准、脱贫成效精准。精准扶贫、精准脱贫的核心都是精准施策。

精准施策的关键在于精准配置扶贫资源，对各种不同类型的贫困人口采取有针对性的帮助措施。精准扶贫、精准帮扶是关键，要逐村逐户分析致贫原因，真正做到一村一策、一户一方，对症下药。要按照贫困地区、贫困人口的不同情况分类指导、分类施策。“五个一批”的核心也是如何做到一村一策、一户一法。各地情况千差万别，需要因地制宜，探索多渠道、多样化的精准扶贫、精准脱贫路径。

精准扶贫绝对不是简单地给贫困户分钱，扶贫开发项目模式依然要坚持下去。在发展特色产业脱贫方面，贫困人口不能受益的主要原因，是扶贫项目缺乏有效到达贫困户的机制。一些产业扶贫项目也往往因为贫困户的技术、能力、资金等多方面的限制难以覆盖贫困户。这就要探索如何将贫困户纳入产业链中，解决贫困农户所面临的困难。各地有很多好的办法，需要总结、研究。

精准施策要处理好精准帮扶和片区发展的关系。随着贫困人口分布及其特征的变化，过去的区域发展带动扶贫方式解决了一些贫困共性的问题，但是它确实出现了一些不精准的问题。比如，研究发现，近几年的一些扶贫政策更多的是改善了贫困地区一部分贫困家庭的收入状况，但对大多贫困家庭影响不大。研究也发现，随着整个宏观经济环境的变化，特别是收入分配不平等程度的扩大，处于收入低端的贫困人口，越来越难以享受经济增长的好处。这就意味着经济增长的减贫效益下降，在经济增长减贫效益下降的背景下，必须处理好贫困地区区域开发和贫困人口精准帮扶的关系，通过创新扶贫开发的路径，实现扶贫方式由“大水漫灌”向“精准滴灌”转变，对贫困人口实施更加有针对性的扶持。总的来看这些年大规模的区域开发，面向致贫的共性的因素确确实实是改善了。但是贫困个性原因的解决存在针对性不高的问题。在这种状况下，针对致贫原因更加个性化、复杂化的贫困人口，肯定不能用“大水漫灌”的粗放方式来帮扶，必须对原来的一些做法进行反思和调整，完善扶贫方略，实现区域开发与脱贫更紧密的结合。区域开发不是不需要，但现阶段需要的是在区域开发的时候如何能够更有针对性地和每家每户的脱贫结合起来。要逐村逐户分析致贫原因，开准药方、对症下药，切实把脱贫攻坚转到精准扶贫的轨道上来，真正做到扶贫扶到人的身上，脱贫落到人的头上，提高脱贫攻坚的针对性、有效性。区域开发解决的是共性的贫困问题，精准扶贫到村到户解决的是个性的贫困问题，只有这两者结合起来才有可能真正让贫困人口脱贫。如果单解决个性的问题，共性的问题解决不了也是没有办法实现根本脱贫。

四、关于扶贫开发和社会保障结合

实施精准脱贫，有劳动能力的可以通过发展产业，建立稳定的收入来源实现脱贫。部分贫困人口可以通过转移就业，找到更好更高收入的工作也能脱贫。对于生存在一方水土养不活一方人的地方，资源条件恶劣，灾害频繁，生态脆弱，这些地方的人口只有通过搬迁解决。此外，可以通过教育脱贫，通过生态保护、公益岗位、加大生态补偿力度，开发生态产业脱贫。对于没有劳动能力的家庭只能通过社会保障兜底脱贫。

摆脱贫困，要把提高扶贫对象的自我发展能力放在优先位置，要激发内生动力，把能扶的都扶起来，这是扶贫开发的根本目标，也就是说最优先的是把具有发展能力的贫困户的积极性调动起来。对大多数贫困人口绝不能仅采取发钱养人的办法实现脱贫，必须让贫困人口明白，只有通过劳动实现脱贫致富，才能过上有尊严的生活。如果能扶的不去扶，简单把这些人都纳入低保兜底扶贫范围，就很可能陷入福利陷阱。这样财政可能会难以为继，社会的活力、动力也会受到损害。

中央要求到2020年要使建档立卡贫困人口中大概5000万左右通过产业扶持、就业、易地搬迁、教育支持、医疗救助等措施实现脱贫。如何提高扶贫对象的自我发展能力，最关键的是要投资育人，要通过发展教育和卫生教育事业帮助贫困群众提高身体素质、文化素质和教育水平。一是彻底阻断因病致贫，因病返贫。关键是让贫困人口看得起病，尤其是大病的时候也有救助。二是把提高人的素质作为脱贫减贫的治本之策，扶持要“扶智”也要“扶志”。三是提高贫困家庭劳动力的就业能力，这是帮助贫困人口摆脱贫困最见效的措施。

从每个贫困家庭致贫的具体原因看，在实施扶贫开发的同时，需要尽快实现最低生活保障制度和扶贫开发政策的有效衔接。中央要求，有2000多万完全或部分丧失劳动能力的贫困人口，需要通过全部纳入低保覆盖的范围，实现社保政策兜底扶贫。

实践证明，开发式扶贫始终是正确的扶贫方式，也是我国成功减贫的最根本经验。开发式扶贫始终把贫困人口能力开发放在首位，这种能力开发不仅是产业开发，还包括贫困人口能力开发、人力资源开发。

五、关于扶贫开发与生态保护并重

对贫困地区而言扶贫开发与生态保护并重具有特殊意义。贫困地区往往是生态脆弱的地区，很多地区贫困是因为过去掠夺开发、过度开发，破坏了生态环境。推进扶贫开发必须牢固树立“绿水青山就是金山银山”的理念，把生态保护放在优先的位置，探索生态脱贫的新政策。多年来，我国实施的退耕还林、退牧还草、草原生态保护等生态修复工程，都是把生态保护和带动农民增收很好结合的生态脱贫政策。

加大探索生态脱贫新途径。比如，对于贫困地区生态保护的转移支付力度，增加重点生态功能区的转移支付，国家财政已在逐步加大。我国划了四类功能区，其中禁止开发、限制开发的基本上都是重要的生态地区。这些地区主要是进行修复、恢复、保护性的开发，因而需要国家在转移支付上加大力度。

创新生态资金使用方式。利用生态补偿和生态保护工程的资金，使当地有劳动能力的部分贫困人口转为护林人员等生态保护人员，这也是一个路径和途径。当然在政策具体落实上、执行上怎么去安排，需要加强研究和设计。

完善森林草原湿地等生态补偿制度。提高补偿标准，让贫困地区农民在生态保护和修复中获得实惠。实际上当前保护区的补助标准非常低，所谓的补偿也主要是在制度上的一种设计。真正的实施过程中实际上还有很多问题需要解决，有很多问题没有解决好。我国应对气候变化从总体上讲行动还是很积极的。但是出于方方面面的限制，对于更大的全球气候变化应对，各方面的力度还非常有限，包括生态的补偿、跨区域的补偿、碳交易、碳税等。

一些贫困地区生态极度脆弱，不具备人类生存条件，在这类地区实施易地扶贫、移民搬迁是脱贫的最好办法，是最有效缓解贫困地区生态环境压力的战略举措。中央已经决定未来五年要异地扶贫搬迁 1000 万人。这意味着大量的投资，按设计及多年经验，大概人均投资 6 万元。也就是说，仅就易地扶贫移民搬迁而言，未来五年需要投入 6000 亿元，资金主要是通过国家发行债券和地方债、金融债解决。

未来五年，脱贫攻坚资金的投入不是最主要的问题，最主要的是怎么用好资金、怎么保证资金用到贫困人口的身上。比如，易地扶贫搬迁人均 6 万元并不是说每一个需要搬迁的贫困人口都补助 6 万元，而是要根据不同的情况而定。资金使用既要保证能建房又不能让贫困人口负债。贫困人口搬出来以后，基础设施、公共服务、产业扶持需要有相应的配套。中央明确，对居住在生存条件恶劣，生态环境脆弱，资源灾害频发地区的农村贫困人口要加快实施易地扶贫搬迁工程。扶贫搬迁往往是整村全部家庭的整体移民，涉及农户土地财产的利益关系调整，是一项极其复杂的系统工程。从全球看，移民搬迁主要是工程性的移民，而且移民后往往留下需要长期解决的后遗症。实际上移民是一种不得已的选择。从美国等发达国家移民历史看，一个移民家庭从移入到真正融入迁入的社区，需要最少三代人的努力和适应。首先是经济适应，其次是社会适应，再次是文化适应，最后是心理适应。因此，移民搬迁扶贫，搬容易，但是如何稳定下来需要一个过程。必须坚持群众自愿、积极稳妥的原则，因地制宜，选择搬迁安居的方式，完善搬迁后续扶持政策，确保搬迁对象可就业，稳定脱贫。做到搬得出、稳得住、能致富。

移民搬迁是生态保护的一项重要举措。这个举措的实施如何与扶贫开发有机结合，需要加强研究，完善相关政策。

六、关于扶贫开发工作格局

所谓工作格局指的是脱贫攻坚是全社会的共同责任，需要强化政府的责任，政府主导，市场、社会参与，政府、市场、社会协同发力。如果仅是政府起作用，那么这样的扶贫难以持续。只有政府、市场、社会协同发力，才能形成一个鼓励先富带动后富的氛围，构建专项扶贫、行业扶贫、社会扶贫互为补充的大扶贫格局。扶贫是政府应尽的义务、责任。然而在市场经济条件下，仅仅是政府的帮助，往往容易成为纯粹的“输血”方式，难以形成扶持对象的“造血”功能，激发扶贫对象的内生动力。这就需要市场的参与，以激发扶贫机制的活力。同时，在政府力所不及的很多领域，需要各类社会组织参与进来，以弥补政府功能的一些不足。从而构建更完善的大扶贫体系。

毋庸置疑，各级政府必须在扶贫开发中发挥主导作用。必须强化政府脱贫攻坚领导责任制，实行中央统筹，省、自治区、直辖市负总责，市、县抓落实的工作机制。在政府切实履行扶贫政治责任的同时，务必要发挥好市场的作用，通过建立有效的激励机制吸引更多的社会资源参与脱贫攻坚，走出一条依靠市场，发展市场经济带动群众脱贫致富的好路子。

当然，在实践中如何构建一个新的工作格局，有很多需要研究的空白点。比如说东、西部的扶贫协作，过去国家采取的是不平衡的区域发展战略，在这种战略的指导下东部发展起来了，中、西部也有一些地方发展起来了。但出现的另一个问题是，过去鼓励一部分地区、一部分人先富起来，这是大局。但是，到了一定的时候，这些先富起来的地区、先富起来的人要帮助落后地区的发展，这是邓小平同志强调的另外一个大局。现在，在第一个大局已经实现后，必须推动另一个大局实现，否则就难以走共同富裕的道路。1995 年开始，国家推动东、西部扶贫协作，实际上就是两个大局的体现。

但是，东、西部扶贫协作缺乏刚性的约束。中央要求东部地区帮扶投入的规模，由于没有量化要求落实得并不理想。协作机制上也没有新的突破。中央打赢脱贫攻坚战的决定中提出，要强化以企业合作为载体的扶贫协作。那么，如何以企业为载体，在机制上怎么设计，在政策上怎么配套，等等，实际上也有很大的政策空间。再如，要更多发挥县市作用，启动实施经济强县市和国家扶贫开发工作重点县结对子，实施携手奔小康行动。这是一个很美好的愿望，但如何具体推动，需要政府在研究基础上完善相关政策。

扶贫治困是中华民族的传统美德。怎么社会扶贫、怎么把社会动员起来一直是扶贫的一个短板。在未来的脱贫攻坚中要把这个短板补上来，同样也需要激活社会参与的活力。因此，需要构建一个好人有好报的社会氛围，让参与社会扶贫的单位、企业、个人政治上有荣誉，事业上有发展，社会上受尊重。在过去两年，两个民营企业树立了扶贫样板：一是万达集团，投资约 10 亿元在贵州丹寨县，整体帮扶该县整体脱贫。二是恒大集团，选择在贵州的大方县，未来五年投入 30 亿元，也是为了整体解决这个县的整体脱贫问题。需要研究的是，这样的模式并不是直接投钱，而是在探索、建立能够把外部支持和内部活力激发相结合的良性运作机制。实际上这种模式为民营企业、民营经济参与扶贫开发提供样板。国务院扶贫办、工商联联合推动民营企业“万企帮万村行动”，就是其中的例子。

七、关于扶贫资金投入保障

扶贫肯定离不开投入。既要增加投入，又要用好资金。中央财政专项扶贫资金总量实际上一直在增加，2015 年达到了 467 亿元，2016 年增加了 200 亿元，是中央财政预算支出中增幅最大的一项，与 2015 年比增加了 43.4%，体现中央脱贫攻坚的决心。在经济新常态下，财政收入下降的幅度比较明显。在这种状况下，扶贫资金增加了 200 亿元，实属不易。从过去看，扶贫资金如果按照中央财政收入的比重计算，实际上这些年一直在下降。1986 年到 2014 年从 2.44%下降到 0.67%，同期从占国内生产总值的比重由 0.18%下降到 0.07%。所以从资金总量投入看，实际上是很小的。如果按照大扶贫口径，直接对贫困地区、贫困村、贫困户的大口径，每一年大概投资 4000 亿元，与贫困地区和贫困人口发展需求相比，专项扶贫资金的投入仍然显得不足。尤其是各部门掌握的资金都是按各自的行业发展使用的，普遍存在“撒胡椒面”的现象，监管难度很大。一些资金的使用，对贫困地区和农村贫困人口的特惠倾斜也不够，无法有效形成合力。

扶贫资金量增加后，存在的最大问题就是分散使用。因为现在即便是按照最简单的“两不愁，三保障”的目标体系，只要是用于解决“两不愁，三保障”的资金，就是扶贫资金。要能够按照真正最需要的领域投入，就需要整合。比如，转移支付、各种民生专项支付、中央基建投资等，均需要向贫困地区倾斜。省级以下的各级政府在增加扶贫的投入时，需要下放资金管理审批权。

从投入来源看，金融是最具有活力、最可靠、最有可能大幅度增加投入的扶贫资金渠道。金融机构提供的普惠性金融服务依然不足，针对贫困人口的金融服务更加有限。真正的贫困户由于缺乏抵押、担保很难得到贷款的支持，贴息、贷款等政策优惠也难以惠及贫困农户。针对实际贫困地区贫困人口金融需求特点，金融服务机制也很难健全。这个现实不仅仅我国存在，也不仅仅贫困地区存在，我国广大农村地区、其他国家一样存在。道理很简单，银行本身是趋利的，肯定要考虑利益、利润，这无可厚非。那么，如何发挥政府的引导作用，特别是财政资金的杠杆和引导作用，撬动金融资金进入扶贫领域，这是顶层扶贫设计需要重点考虑的，因此，《决定》中关于金融扶贫的政策措施达到 20 条之多。其中，最核心的产品有三个：

一是扶贫小额信贷。对有发展产业意愿的建档立卡贫困户提供 5 万元以下或

3年以内免抵押免担保贷款，中央和地方财政贴息，县建立风险补偿基金，乡村干部和驻村工作队帮助审核项目，建立信用环境。

二是扶贫再贷款。所谓再贷款就是从人民银行拿出来资金再贷给商业银行，商业银行以优惠利率贷给贫困地区以及带动建档立卡贫困户脱贫的龙头企业，中央财政给予一定的贴息。

三是发行政策性的金融债。如2016年发行的金融债，其中3500亿元就用于易地扶贫移民搬迁，主要由中国农业发展银行负责。下一步整村推进产业发展、贫困地区基础设施建设等，也可以通过发行金融债的方式解决资金不足问题。

总之，金融扶贫政策是充足的。关键是在基层如何落地，如何确保每一项政策真正能够落到贫困户身上。金融资金传递链条的每一个环节都可能出现问题、难题，如何解决，都需要相关部门通过观察、研究，为政策完善提供参考依据。

八、关于发挥两个优势

所谓两个优势就是政治优势和制度优势，也就是中国共产党的领导和社会主义集中力量办大事。脱贫攻坚是我国特定时间特定背景下必须完成的“硬任务”。历史经验表明，必须发挥我国独特的政治优势和制度优势。在中国，中国共产党的领导力、号召力是无可替代、无可比拟的。社会主义集中力量办大事的制度优势，也是完成艰巨任务的根本保障。要更加科学发挥两个优势，确保效果最大化，就需要和国际治理体系、贫困治理体系相结合。

坚持党对脱贫攻坚的领导。具体是五级书记一起抓扶贫，发挥政府的主导作用。所谓五级书记一起抓扶贫是习近平总书记指出的省、市、县、乡、村五级书记在中央领导下抓脱贫攻坚。在我国治理体系下，一个地方只要是一把手重视的事情肯定是能够做好、有办法做好的。当然，如何把这样的优势真正落实好，而不是盲目的落实，需要良好的制度设计。

落实好贫困县的主体责任。县委书记、县长对脱贫攻坚的重视程度尤为关键。只有县委书记、县长把主要精力用在扶贫开发上，脱贫攻坚才有可能落地。因为县一级党政领导干部离贫困人口最近，最了解贫困人口的脱贫意愿和需求，知道如何组织好脱贫攻坚，如何把资源用好。为了让县委书记、县长把主要精力放在脱贫减贫上，国家设计了一系列制度，比如，关于对县级主要领导和领导班子的政绩考核加大脱贫攻坚、民生比重的制度；再比如，推行第三方的评估，脱贫成效不仅仅政府说了算，还需要群众说了算，社会认可，等等。这些过程，从研究角度讲，有很多观察、研究、总结的空间。

落实相关部门的行业扶贫责任。相关部门要把扶贫任务优先纳入行业规划并且优先实施。如果行业不积极，仅靠专项扶贫办是无法攻坚的。只有各行各业都在行业发展中，优先精准到村到户，优先把资源覆盖到贫困地区，优先把项目安排到贫困地区，才有可能形成脱贫攻坚合力。这就需要建立机制，需要贯彻治理理念和完善治理体系，也需要大量的基础性的观察、总结和研究。

落实驻村工作队和第一书记的帮扶责任，要求不脱贫不脱钩。中央组织向全国 16 万个村选派了第一书记，其中实现 12.8 万个贫困村全覆盖。驻村工作队和第一书记主要是和村“两委”一起加强对贫困村的领导、落实精准扶贫政策，确保精准脱贫取得更好成效。往贫困村派驻工作队和第一书记，不脱贫不脱钩，就是政治优势，也是制度优势，是打赢脱贫攻坚战的重要保障。这些第一书记、驻村工作队如何更好地发挥作用，是需要研究的前沿性问题。

九、关于扶贫开发能力建设

打赢脱贫攻坚战最关键的是要加强脱贫攻坚能力。需要注意的是，脱贫攻坚能力不仅仅是指扶贫系统的能力，还指国家贫困治理的能力，也就是国家治国理政能力的重要组成部分。如果在治国理政中对贫困人群和落后地区不能促进其加快发展，不能共享国家整体发展的成果，那么，这样的政策、治理体系就是不完美的，有重大缺陷。用体系视角分析，脱贫攻坚能力最少包含以下几个方面：

一是扶贫开发领导小组决策能力和监督管理能力。主要是如何更科学地发挥政治优势、制度优势，既要与减贫规律相适应，还要避免简单地运用行政方式、纯粹行政力量去推动。这就需要提高领导小组的决策监督能力，实际上代表着国家对贫困治理方面的能力。

二是各级扶贫开发领导小组的成员单位，也就是各种行业部门扶贫项目管理、监测、评估能力。国务院扶贫开发领导小组成员共有 46 个部委，基本上所有重要的部门负责人都是扶贫开发领导小组的成员。各个部门、各个成员扶贫能力全部激发出来，这是凝聚行业部门脱贫攻坚能力的基础。

三是基层扶贫部门和相关业务部门、乡镇政府的执行能力。就是说各种政策最终落实到乡到村，需要基层干部的执行能力。

四是村“两委”、驻村工作队、第一书记和建档立卡贫困户参与能力和自我发展能力。这应该是在脱贫攻坚中最需要建设的能力。如果仅有外界的帮扶，而没有把贫困村、贫困户的内生动力激发和内生动力培育放在突出位置，那么，从长远看，这样的扶贫难以成功，不可持续、不稳固。

五是私营企业、社会组织，公民、个人参与扶贫的专业能力。大扶贫格局构建需要社会的广泛参与。扶贫本身也是一种专业，各个方面参与扶贫需要专业支持。比如，企业履行社会责任就有很多方式，给钱给物是最简单的方式，通过基金会运作实现扶贫治困也是一种方式。类似的扶贫参与均需要相应的专业能力建设。

十、关于精准扶贫方略的落实

打赢脱贫攻坚战必须全面实施精准扶贫、精准脱贫方略。精准扶贫、精准脱贫方略落实的抓手是建设五个平台、完善五个机制、开展十大行动和实施十项精准扶贫工程。

建设五个平台。一是建设国家扶贫开发大数据平台。大数据平台是精准扶贫、精准脱贫工作的基础和前提。要提高数据质量，切实解决好“扶持谁”的问题。二是指导组建省级扶贫开发融资平台。在省一级设立扶贫开发融资主体，筹集资金用于脱贫攻坚。三是建设县级扶贫开发资金项目整合管理平台。以扶贫规划为引领，以重大项目为平台，以县为单位，整合财政、金融、社会资金用于脱贫攻坚。加强扶贫资金的管理，完善项目资金公告公示制度，提高资金使用效益和透明度。四是建设贫困村扶贫脱贫工作落实平台。充分发挥第一书记和驻村工作队的作用，加强村“两委”班子建设，做强基层工作平台，确保中央决策部署落实到户到人。五是建立社会扶贫对接平台。建设社会扶贫信息网，运用信息化手段实现扶贫脱贫需求与社会资源有效对接。

完善五个机制。一是强化领导责任机制，不断完善中央统筹、省负总责、市县抓落实的工作机制，层层签订落实脱贫攻坚责任，五级书记一起抓。二是完善考核机制，落实省级党委和政府扶贫开发工作成效考核办法，制定东西部扶贫协作、定点扶贫工作考核办法，指导地方完善对贫困县的考核办法。三是落实约束机制，从“必须作为”“禁止作为”“提倡作为”三个方面引导贫困县加强自我约束。四是建立贫困退出机制，对贫困人口、贫困县的退出制定具体办法，明确退出标准和程序，确保脱贫质量。五是建立脱贫成效评估机制，对脱贫攻坚政策落实和相关工作进行督查，开展第三方评估，发挥社会和舆论监督作用。

开展十大行动。组织动员行业部门，按照精准扶贫、精准脱贫的要求，改进行业扶贫工作。一是教育扶贫行动。出台特惠政策举措，从学前教育到高等教育，让贫困家庭子女都能享受公平有质量的教育；发展职业教育，努力阻断贫困代际传递。二是健康扶贫行动。出台特惠政策举措，从防病到治病，从新农合到大病保险到医疗救助，从改善医疗设施到培养医疗人才，为贫困地区贫困人口编织有力的保障网，着力解决因病致贫、因病返贫问题。三是金融扶贫行动。出台系列特惠金融政策，努力化解贫困户、扶贫龙头企业贷款难、贷款贵问题，支持贫困群众通过发展产业脱贫。发行金融债券，支持地方政府集中力量办大事。四是交通扶贫行动。出台特惠政策举措，支持贫困地区重大交通项目建设，重点帮助贫困村全面解决通村路、村组路硬化问题。五是水利扶贫行动。实施农村饮水安全巩固提升工程，解决贫困人口饮水安全问题。进一步加大对贫困地区农田水利、水资源开发利用与保护、水土保持生态治理、农村小水电等的支持力度。六是劳务协作对接行动。出台特惠政策举措，支持贫困人口转移就业，鼓励东部地区和大中城市吸纳贫困劳动力就业，提供配套服务，促进贫困人口通过转移就业脱贫。七是危房改造和人居环境改善扶贫行动。加快推进贫困地区农村危房改造，提高补助标准。加大贫困村生活垃圾处理、污水治理、改厕和村庄绿化美化力度，继续推进贫困地区农村环境连片整治。八是科技扶贫行动。完善农村科技特派员制度，选派科研机构、高校的涉农涉贫专业人员，到贫困村开展帮扶工作，提供技术指导。九是百县万村行动。组织 68 家央企帮扶，改善 100 个贫困老区县基础设施，解决 1 万个贫困村贫困群众的水、电、路等问题，实现率先脱贫。十是万企帮万村行动。组织万家以上民营企业与贫困村建立结对帮扶关系，不脱贫不脱钩。

实施十项精准扶贫工程。改革专项扶贫工作，因地制宜，因村因户因人施策。一是整村推进工程。改变建档立卡贫困村的基本生产生活条件，发展致富产业。二是职业教育培训工程。对参加中高等职业教育的贫困家庭子女加大扶持力度，提高转移就业成效。三是扶贫小额信贷工程。帮助贫困家庭发展生产。四是易地扶贫搬迁工程。解决一方水土养不活一方人的问题。五是电商扶贫工程。实施电商扶贫，打开贫困地区产品销路。六是旅游扶贫工程。将贫困地区的绿水青山变成群众增收的金山银山。七是光伏扶贫工程。增加贫困农户资产性收入，改善能源结构。八是构树扶贫工程。支持构树种植加工，大力发展草食畜牧业。九是贫困村创业致富带头人培训工程。加强培训，建设贫困村致富带头人队伍。十是龙头企业带动工程。支持龙头企业发展，建立企业与贫困户利益有效链接机制，促进贫困人口稳定增收。

参考文献

[1] 中共中央组织部干部教育局，国务院扶贫办行政人事司，国家行政学院教务部. 精准扶贫　精准脱贫. 北京：党建读物出版社，2015.

[2] 黄承伟. 精准发力打赢脱贫攻坚战. 中国国情国力，2016 (4).

[《中国农村研究·2016 年卷（上）》]

我国“十三五”脱贫攻坚的形势任务与战略部署

习近平总书记指出，消除贫困、改善民生、实现共同富裕，是社会主义的本质要求，是我们党的重要使命。全面建成小康社会，最艰巨的任务是脱贫攻坚，最突出的短板在于农村还有7000多万贫困人口。党的十八大以来，按照全面建成小康社会的部署和要求，以习近平总书记提出精准扶贫、精准脱贫为标志，我国扶贫开发进入脱贫攻坚的新阶段。党的十八届五中全会将农村贫困人口脱贫作为全面建成小康社会的底线目标进行安排部署，明确到2020年我国现行标准下农村贫困人口实现脱贫，贫困县全部摘帽，解决区域性整体贫困。2015年11月，中央召开扶贫开发工作会议，颁布《中共中央　国务院关于打赢脱贫攻坚战的决定》（以下简称《决定》），全面部署“十三五”脱贫攻坚工作，要求举全党全国全社会之力，坚决打赢脱贫攻坚战。本报告从我国扶贫开发的历史成就与基本经验、当前脱贫攻坚面临的形势、“十三五”脱贫攻坚的战略部署、当前脱贫攻坚进展与2016年重点工作安排四个方面，解读党中央、国务院关于脱贫攻坚的部署和要求。

一、我国扶贫开发的历史成就和基本经验

（一）我国扶贫开发的历史成就与国际贡献

改革开放以来，随着经济持续快速发展，我国扶贫开发稳步推进，扶贫标准逐步提高，贫困人口逐步减少。1982年，我国启动“三西”专项扶贫计划，拉开了有计划、有组织、大规模扶贫开发的序幕。1986年，国务院贫困地区经济开发领导小组成立（1993年改称国务院扶贫开发领导小组），认定贫困县，确定扶贫标准，设立财政专项扶贫资金。1994年颁布实施《国家八七扶贫攻坚计划（1994—2000年）》，2001年和2011年，先后两次颁布实施十年农村扶贫开发纲要，我国扶贫开发成就斐然。

按照中国政府1986年扶贫标准，1978—2010年，贫困人口从2.5亿减少到2688万。按照2011年国家扶贫标准，扶贫对象从16 567万减少到2015年的5575万。按照世界银行的贫困标准（每天1.25美元，2005年购买力平价），1981—2011年，全球贫困人口从19.38亿减少到10.11亿，全球贫困人口减少9.27亿。同期，中国的贫困人口由8.38亿减少到8417万（2011年），贫困人口减少7.53亿。世界银行的评价认为：“中国在如此短的时间里使如此多的人摆脱了贫困，对于全人类来说这是史无前例的。如果没有中国的扶贫努力，在20世纪的最后20年，发展中国家贫困人口数量不会有所减少。”联合国粮农组织总干事若泽·格拉齐亚诺·达席尔瓦2013年3月在新华网发表题为《中国成功减贫给世界的启示》的署名文章时说，中国的努力是使全球贫困和饥饿人口减少的最大因素。与此同时，我国贫困地区农民人均收入较快增长。2001年以来，重点县农民人均纯收入每年的增长幅度都超过全国农村平均水平。贫困地区的基础设施和公共服务水平明显提升，其中行政村通电、普及义务教育、农村最低生活保障、新型合作医疗等效果最为明显。

我国是第一个提前实现千年发展目标贫困人口减半的发展中国家。1990年到2011年，中国贫困人口减少了4.39亿，为全球减贫事业做出了巨大贡献。2004年以来，中国粮食产量连续11年增长，用占世界不足10%的耕地，养活了占世界近20%的人口。我国实现自身发展的同时，积极开展南南合作，先后为120多个发展中国家落实千年发展目标提供了力所能及的帮助。

我国的人类发展指数提升迅速，从1990年的0.502上升到2013年的0.719，

指数上升率高达43%，高出同期全球人类发展指数上升速度的25.4个百分点。目前，中国人类发展指数已经超过0.702的国际平均水平，并继续推动着全球人类发展指数的稳步提升。

（二）我国减贫经验为发展中国家提供可借鉴模式

联合国开发计划署署长海伦·克拉克曾撰文称："中国将她的人民从贫困中以前所未有的速度脱离了出来，呼吁各国分享中国的减贫经验。"中国的减贫与发展是在全球化的背景下，以经济发展为带动力量、以增强扶贫对象自我发展能力为根本途径，政府主导、社会帮扶与农民主体作用相结合，普惠性政策与特惠性政策相配套，扶贫开发与社会保障相衔接的中国特色扶贫开发道路，对发展中国家实现经济转型和消除贫困提供了可借鉴的模式。

中国减贫的基本经验包括：一是坚持改革创新，保持经济持续稳定增长，不断出台有利于贫困地区、贫困人口发展的社会政策，为大规模减贫奠定了基础、提供了条件。二是坚持政府主导，把扶贫开发纳入国家总体发展战略，作为战略性任务来推进，集中力量组织开展大规模的专项扶贫行动，针对特定人群组织实施妇女儿童、残疾人、少数民族发展规划。三是坚持开发式扶贫方针，用发展来带动减贫，把发展作为解决贫困的根本途径，同时注重调动扶贫对象的积极性主动性，提升其自身发展能力，发挥其脱贫的主体作用。四是坚持农业优先发展，实行统筹城乡经济社会发展的方略和工业反哺农业、城市支持农村与"多予少取放活"的方针，全面促进农村经济社会的发展，使贫困地区和农村贫困人口普遍受益。五是坚持基础设施建设，改善贫困地区的路、水、电、气、房等基础设施，为贫困人口创造良好发展环境。六是坚持动员社会参与，发挥社会主义制度优势，构建了政府、社会、市场协同推进的大扶贫格局。七是坚持普惠政策和特惠政策相结合，开发式扶贫制度和社会保障制度相衔接。在普惠政策的基础上，对贫困人口格外关注、格外关爱、格外关心，实施特惠政策；对贫困人口坚持做到"应扶尽扶，应保尽保"。

二、我国脱贫攻坚面临的新形势新挑战

作为世界上最大的发展中国家，我国一直是世界减贫事业的积极倡导者和有力推动者。我国承诺到2020年实现农村贫困人口全部脱贫，既是全面建成小康社会的必要条件，也是落实全球2030年可持续发展议程的重要一步，体现了中

国作为负责任大国的历史担当。当前，我国进入了全面建成小康社会的决胜阶段，扶贫开发进入了啃硬骨头、攻坚拔寨的冲刺期。我们必须清醒地认识到脱贫攻坚的严峻形势，客观分析脱贫攻坚面临的新形势新挑战。

（一）脱贫攻坚面临的主要困难

数量多。截至 2015 年底，我国还有贫困人口 5575 万，相当于中等人口规模国家的总人数；全国还有 14 个集中连片特殊困难地区、832 个贫困县、12.8 万个建档立卡贫困村。

难度大。经过多年的努力，容易脱贫的地区和人口已经基本脱贫了，剩下的贫困人口大多贫困程度较深，自身发展能力比较弱，越往后脱贫攻坚成本越高、难度越大。以前出台一项政策、采取一项措施就可以解决成百万甚至上千万人的贫困，现在减贫政策效应递减，需要以更大的投入实现脱贫目标。

时间紧。到 2020 年农村贫困人口要全部实现脱贫，意味着从 2016 年起平均每年至少要减贫 1000 万人。

易返贫。不少贫困户稳定脱贫能力差，因灾、因病、因学、因婚、因房返贫情况时有发生，新的贫困人口还会出现。

（二）脱贫攻坚面临的主要问题

脱贫攻坚面临新的环境。我国经济发展进入新常态后，经济下行压力在持续加大，贫困人口就业和增收难度增大，一些农民工因丧失工作重新陷入贫困，返贫压力加大。产业结构仍在调整过程中，传统产业扶贫带动效应减弱，一些新的产业尚在成长之中。面对新的环境，扶贫脱贫需要不断创新理念，探索结合生态保护脱贫、资产收益扶贫、光伏扶贫、电商扶贫、增加贫困人口在土地增值中的受益程度等新方式。

精准扶贫体制机制还不健全。建档立卡还存在人情因素、不正之风等的干扰，有些该进的没进、不该进的进了，有些该出的没出、不该出的出了；无论是专项扶贫，还是行业扶贫、社会扶贫，都还存在“大水漫灌”或缩小版“大水漫灌”现象，有的甚至“垒大户”“造盆景”。

扶贫开发责任还没有完全落到实处。有的地方特别是一些贫困县党委和政府没有把脱贫攻坚摆在首位，重县城建设轻农村发展、重区域开发轻贫困人口脱贫、重“面子工程”轻扶贫脱贫实效等现象仍然存在。有的地方以贫困为名要政策要资金，拿到政策资金后却大搞“政绩工程”，县城建设得富丽堂皇，而边远农村面貌依旧。有的行业部门缺乏支持脱贫攻坚的政策安排，针对贫困村、贫困户特惠政策少。

扶贫合力还没有形成。近几年，中央和省级财政投入扶贫的资金总量一直在增加，但同脱贫攻坚的需求相比仍显不足。各部门对扶贫投入呈现碎片化，资金使用分散，整合难度很大。基层最知道自己哪痛，却没法开方抓药，贫困县难以统筹整合资金用于脱贫攻坚，毕竟打酱油的钱不能买醋。财政扶贫资金分配和使用效率也有待提高。扶贫同农村低保、新农保、医疗救助、危房改造、教育救助等政策尚未有效衔接。社会扶贫缺乏有效可信的平台和参与渠道，潜力还没有充分激发出来。

贫困地区和贫困人口主观能动性有待提高。有的地方不注重调动贫困群众积极性、主动性、创造性，包办代替大包大揽的做法助长了“等、靠、要”思想。有些地方，驻村干部帮贫困户打扫庭院，贫困户却在打麻将。有的贫困户，国家给了种牛种羊，过几天就卖了吃了。俗话说“救穷不救懒”，穷固然可怕，但靠穷吃穷更可怕。

因地制宜分类指导还有待加强。一些扶贫项目缺乏充分调研论证，贫困群众参与少，属于拍脑袋决策、长官意志，设施建好就闲置、项目交付就成摆设。

三、“十三五”脱贫攻坚的战略部署

（一）明确总体目标

“十三五”脱贫攻坚的总体目标是：围绕全面建成小康社会和实现党的第一个百年奋斗目标，做到“两不愁，三保障”“一高于一接近”和“两个确保”。具体说就是，“到 2020 年，稳定实现农村贫困人口不愁吃、不愁穿，义务教育、基本医疗和住房安全有保障。实现贫困地区农民人均可支配收入增长幅度高于全国平均水平，基本公共服务主要领域指标接近全国平均水平。确保我国现行标准下农村贫困人口实现脱贫，贫困县全部摘帽，解决区域性整体贫困”。

实现上述目标，至少有三层含义：一是我国全面建成小康社会底线目标的实现，我国农村贫困人口与全国人民一道迈入了全面小康社会，这是全面建成小康社会的基本标志；二是我国绝对贫困问题得到历史性解决，具有里程碑意义；三是我国将提前 10 年实现联合国 2030 年可持续发展议程确定的减贫目标，继续走在全球减贫事业的前列。

（二）确定基本方略

就是精准扶贫、精准脱贫基本方略，核心内容是做到“六个精准”，实施“五个一批”。

“六个精准”是扶持对象精准、项目安排精准、资金使用精准、措施到户精准、因村派人精准、脱贫成效精准。通过贫困识别建档立卡，把贫困人口是谁、在哪里、什么原因致贫等搞清楚，解决“扶持谁”的问题；通过向贫困村选派第一书记和驻村工作队，强化一线扶贫力量，解决“谁来扶”的问题；通过引导贫困群众参与脱贫规划制定，做到项目跟着规划走，资金跟着项目走，项目资金跟着穷人走，因村因户因人分类施策，解决“怎么扶”的问题；通过明确贫困退出标准、程序和核查办法，严格规范贫困退出，确保贫困人口、贫困村、贫困县稳定脱贫、有序退出，解决“如何退”的问题。

“五个一批”是发展生产脱贫一批、易地扶贫搬迁脱贫一批、生态补偿脱贫一批、发展教育脱贫一批、社会保障兜底一批。“十三五”期间，重点通过发展产业脱贫3000万人左右，劳务输出脱贫1000万人左右，易地搬迁脱贫1000万人左右，低保兜底脱贫2000万人左右，推进教育脱贫、医疗保险和医疗救助脱贫、生态保护脱贫、资产收益脱贫。这是分类施策的工作思路，脱贫攻坚的实现途径。

实施精准扶贫、精准脱贫方略，标志着我国扶贫开发工作开始实现四个转变：一是创新扶贫开发路径，由“大水漫灌”向“精准滴灌”转变；二是创新扶贫资源使用方式，由多头分散向统筹集中转变；三是创新扶贫开发模式，由偏重“输血”向注重“造血”转变；四是创新扶贫考评体系，由侧重考核地区经济发展指标向主要考核脱贫成效转变。

（三）出台系列政策举措

加大财政投入。《决定》规定：“发挥政府投入在扶贫开发中的主体和主导作用，积极开辟扶贫开发新的资金渠道，确保政府扶贫投入力度与脱贫攻坚任务相适应。中央财政继续加大对贫困地区的转移支付力度，中央财政专项扶贫资金规模实现较大幅度增长，一般性转移支付资金、各类涉及民生的专项转移支付资金和中央预算内投资进一步向贫困地区和贫困人口倾斜。”“各省（自治区、直辖市）要根据本地脱贫攻坚需要，积极调整省级财政支出结构，切实加大扶贫资金投入。”

按照中央要求，2016年中央财政专项扶贫资金增加到670亿元，比2015年增长43.4%；省级财政专项扶贫资金预算达到400多亿元，比2015年增加50%以上。中央和省级财政专项扶贫资金投入创历史新高，第一次超过1000亿元，如果加上市县层面财政专项扶贫投入，规模将更大。在2016年地方政府债务中，国家将拿出600亿元用于支持脱贫攻坚。"十三五"时期，国家将向省级扶贫开发投融资主体注入约2500亿元资本金，用于易地扶贫搬迁。财政扶贫投入力度大大加强，但如果还是"大水漫灌"肯定不够用，如果是"精准滴灌"，这些钱还是能办不少事的。

加大金融支持。金融扶贫对贫困地区和贫困群众发展产业脱贫增收至关重要。《决定》提出了金融支持脱贫攻坚的一揽子政策，一共20条。扶贫小额信贷、扶贫再贷款、金融债是最重要的三个金融产品。第一，扶贫小额信贷。2014年底，扶贫办会同财政部、人民银行、银监会和保监会联合印发《关于创新发展扶贫小额信贷的指导意见》，为建档立卡贫困户提供"5万以下、3年以内、免担保免抵押、基准利率放贷、财政扶贫资金贴息、县建风险补偿金"的扶贫小额信贷产品，深受贫困农户欢迎和社会各界好评。目前已向贫困户发放贷款1200亿元。据建档立卡数据，有信贷需求的贫困户超过1000万户，按此推算，信贷规模将在5000亿元以上。第二，扶贫再贷款。《决定》明确，"设立扶贫再贷款，实行比支农再贷款更优惠的利率，重点支持贫困地区发展特色产业和贫困人口就业创业"。这个产品将主要针对带动建档立卡贫困户脱贫的企业和合作组织等，有关部门目前正在制定具体的实施意见。第三，金融债。《决定》规定，"由国家开发银行和中国农业发展银行发行政策性金融债，按照微利或保本的原则发放长期贷款，中央财政给予90%的贷款贴息，专项用于易地扶贫搬迁"。这项政策以后还可以拓展到贫困地区基础设施建设、产业扶贫等领域。这三个产品从规模上讲，都没有上限，只要贫困群众有需求，项目论证充分，都应满足。

强化土地政策。用好用活土地政策是一篇大文章，对财政扶贫投入是一个巨大的补充。《决定》规定，支持贫困地区调整完善土地利用总体规划。扶贫开发项目用地，新增建设用地计划指标优先保障、专项安排。土地整治项目资金优先向贫困地区倾斜。贫困县开展易地扶贫搬迁，城乡建设用地增减挂钩指标允许在省域范围内使用。在有条件的贫困地区，优先开展土地开发利用试点。

动员社会参与。社会扶贫始终是我国扶贫开发的重要组成部分，是我国政治优势和制度优势的重要体现。《决定》要求，“健全东西部扶贫协作机制”“健全定点扶贫机制”“健全社会力量参与机制”“鼓励支持民营企业、社会组织、个人参与扶贫开发，实现社会帮扶资源和精准扶贫有效对接”“吸纳农村贫困人口就业的企业，按规定享受税收优惠、职业培训补贴等就业支持政策。落实企业和个人公益扶贫捐赠所得税税前扣除政策”“通过政府购买服务等方式，鼓励各类社会组织开展到村到户精准扶贫”“实施扶贫志愿者行动计划和社会工作专业人才服务贫困地区计划”“鼓励有条件的企业设立扶贫公益基金和开展扶贫公益信托”“全面及时公开扶贫捐赠信息，提高社会扶贫公信力和美誉度”。

这些年社会扶贫初步形成了三个方面的基本框架，俗称“老三样”。第一，东西部扶贫协作，东部地区对口帮扶西部地区，这是中央根据邓小平同志“两个大局”、共同富裕战略思想做出的决策部署。目前，东部共有 9 个省（市）和 9 个大城市对口帮扶西部 10 个省（区、市），以及对口支援西藏、新疆和四省藏族地区。第二，定点扶贫，各级党政机关、国有企事业单位帮扶贫困县或贫困村。目前，中央层面共有 320 个单位帮扶 592 个重点县。第三，军队和武警部队扶贫，目前全军和武警部队已在地方建立了 2.6 万多个扶贫联系点。这三项工作一直在社会扶贫中发挥着示范引领作用。我们正在研究制定指导意见和考核办法，进一步深化、细化、具体化，推动帮扶工作向精准扶贫、精准脱贫转变。

动员民营企业、社会组织、公民个人扶贫，是下一步推进社会扶贫工作的重点，俗称“新三样”。现在社会上很多人发家致富后，帮扶穷人、回馈社会的愿望强烈，这方面潜力巨大。2014 年国家设立扶贫日，第一年扶贫日筹集捐款 50 亿元，2015 年就达到 100 亿元。社会扶贫除增加扶贫资源外，更为重要的意义还在于弘扬中华民族传统美德，改善社会风气，密切社会融合，促进社会和谐。下一步，中央和地方将着力从搭建平台、政策激励、宣传表彰、加强监管等方面完善社会参与机制，形成人人皆愿为、人人皆可为、人人皆能为的良好环境，最大限度地调动社会扶贫资源参与脱贫攻坚。

创造良好氛围。打赢脱贫攻坚战，需要造声势、鼓干劲、推典型。《决定》提出，要创新中国特色扶贫开发理论，提炼升华精准扶贫、精准脱贫的实践成果，为脱贫攻坚注入强大思想动力。加强贫困地区乡风文明建设，坚定贫困地区干部群众改变贫困落后面貌的信心和决心。扎实做好脱贫攻坚宣传工作，生动报道各地区各部门精准扶贫、精准脱贫的丰富实践和先进典型。建立国家扶贫荣誉制度，表彰对扶贫开发做出杰出贡献的组织和个人。

从 2016 年起，国家层面将推出一批脱贫先进典型，一批帮扶先进典型，一批扶贫系统先进典型，一批精准扶贫、精准脱贫成功案例。尽快出台国家扶贫荣誉制度。将通过一系列工作和活动，让有精神追求、有理想信念、为扶贫脱贫做出贡献的人成为社会楷模，在社会上得到尊重，努力营造社会良好氛围。

（四）完善组织保障体系

加强党的领导。这是扶贫开发取得伟大成就的根本经验，也是打赢脱贫攻坚战的根本保障。要充分发挥各级党委总揽全局、协调各方的领导核心作用，严格执行脱贫攻坚一把手负责制，省、市、县、乡、村五级书记一起抓。改进县级干部选拔任用机制，把扶贫开发工作实绩作为选拔使用干部的重要依据，脱贫攻坚期内贫困县正职领导保持稳定，对表现优秀、符合条件的可以就地提拔。加强贫困乡镇和村级领导班子建设，发挥基层党组织战斗堡垒作用。

层层落实责任。不断健全中央统筹、省负总责、市县抓落实的工作机制，层层签订脱贫攻坚责任书，逐级压实落实脱贫责任。中央统筹制定大政方针，出台重大政策举措，规划重大工程项目。省级抓好目标确定、项目下达、资金投放、组织动员、监督考核等工作。市（地）做好上下衔接、域内协调、督促检查工作。县级是脱贫攻坚的责任主体，具体抓好落实。中央和国家机关各部门、中央企事业单位也要按照职责和义务落实扶贫脱贫责任。

严格考核机制。用好指挥棒，引导贫困地区党政领导干部把主要精力放在脱贫攻坚上。落实中央对省级党委和政府扶贫开发工作成效考核办法，对各省脱贫成效开展考核。大幅度提高减贫指标在贫困县经济社会发展实绩考核指标中的权重。建立年度脱贫攻坚督查巡查制度。开展第三方评估。

落实约束机制。念好紧箍咒，从必须作为、禁止作为、提倡作为三个方面引导贫困县加强自我约束。贫困县严禁铺张浪费，严禁不切实际的形象工程、改扩建楼堂馆所，严格控制“三公”经费，严禁享乐主义、奢靡之风。贫困县各级领导干部必须树立勤俭节约、过紧日子、与贫困群众同甘共苦的思想。坚决杜绝穷县富衙、戴帽炫富之风。

规范退出机制。唱好进行曲，确保脱贫进度和质量。制定严格、规范、透明的贫困退出标准、程序和核查办法。贫困县摘帽后，攻坚期内政策不变。贫困人口退出后，在一定时期内继续享受扶贫相关政策，避免边脱贫、边返贫。贫困人口脱贫，以家庭人均纯收入和“两不愁，三保障”为主要衡量标准。贫困村、贫困县摘帽，以贫困发生率为主要衡量标准，中部地区是2%以下，西部地区是3%以下。

四、当前脱贫攻坚进展和2016年重点工作安排

（一）当前脱贫攻坚进展

2015年11月中央扶贫开发工作会议以后，各地各部门认真落实中央脱贫攻坚决策部署，取得了积极进展。

加强统筹协调。中央扶贫开发工作会议后，国务院扶贫开发领导小组召开了3次全体会议。国务院扶贫开发领导小组组长汪洋副总理主持召开工作会议5次、专题会议15次，赴贫困地区调研8次，紧锣密鼓安排部署、推进工作。国务院扶贫开发领导小组46个成员单位分赴各省（区、市）宣讲《决定》和中央扶贫会议精神，加深政策理解，推动工作落实。28个省召开脱贫攻坚工作会议，24个省（中西部22个省及山东、辽宁）层层签订脱贫攻坚责任书，21个省明确由党委和政府主要领导同志担任省级扶贫开发领导小组双组长，16个省强化了扶贫机构建设。

出台配套政策。中央出台《决定》重要政策举措分工方案、省级党委、政府扶贫开发成效考核、贫困退出机制、扶贫资金涉农资金整合意见、保持贫困县党政正职稳定、重大涉贫事件处置反馈机制等重要文件。即将出台脱贫攻坚督查巡查办法、东西部扶贫协作指导意见和考核办法、中央单位定点扶贫指导意见和考核办法、健全驻村帮扶工作机制等系列文件。国务院各部门制定或研究制定本行业支持脱贫攻坚的政策措施。24个省出台“1＋N”扶贫政策举措。

完善建档立卡。2014年，全国组织80多万人开展贫困识别，共识别12.8万个贫困村、2948万户贫困户、8962万贫困人口，包括家庭基本信息、致贫原因、帮扶需求、帮扶措施、帮扶责任人、帮扶效果等，并全部录入电脑，建立了全国统一的扶贫信息管理系统，使贫困从统计抽样测算的抽象数字第一次具体到户到人，为实施精准扶贫、精准脱贫方略奠定了坚实基础，也为中央出台“十三五”

脱贫攻坚政策措施提供了有力的数据支撑。2015 年，全国又组织 200 多万人开展建档立卡“回头看”，剔除识别不准的贫困人口 929 万，新识别补录贫困人口 807 万，建档立卡指标体系逐步完善，数据准确度进一步提高。

加强干部驻村帮扶。目前，全国共向建档立卡贫困村派驻工作队 12.8 万个，选派第一书记和驻村干部 48 万多人，基本实现了“两个全覆盖”。第一书记和驻村工作队在组织动员群众、宣传政策措施、开展贫困识别建档立卡、编制脱贫规划和年度计划、落实脱贫攻坚政策措施、发展特色产业脱贫和壮大集体经济、组织劳务输出脱贫、实施易地扶贫搬迁、监管扶贫资金项目、加强基层组织建设等方面发挥了重要作用。

管好用好扶贫资金。修改完善财政专项扶贫资金管理办法，建立了以结果为导向的财政扶贫资金分配机制。推动各省将扶贫项目资金审批权限下放到县，真正用于建档立卡贫困人口脱贫。2014 年下放项目资金超过 70%，2015 年增加到 80%以上。研究扶贫资金整合，国务院办公厅印发《关于支持贫困县开展统筹整合使用财政涉农资金试点的意见》。加强扶贫资金监管，建立扶贫资金项目公示公告制度，设立“12317”扶贫监督举报电话，督促指导各地加强审计整改落实，在全国开展集中整治和预防扶贫领域职务犯罪专项工作，对任何形式的挤占挪用、层层截留、虚报冒领、挥霍浪费行为，坚决从严惩处、决不姑息。

（二）2016 年重点工作安排

2016 年是“十三五”脱贫攻坚的开局之年，也是打赢脱贫攻坚战的首战之年。习近平总书记指示，脱贫攻坚年度战役要打好。李克强总理明确，2016 年再完成 1000 万人以上的脱贫任务。

完成年度减贫任务。2016 年减贫任务已经下达，国务院扶贫办已与各省（区、市）人民政府签订年度减贫责任书，对减贫成效进行考核评估。各地要逐级签订年度减贫责任书，落实到村到户到人，加大监督检查力度，确保完成脱贫 1000 万以上农村贫困人口的任务，力争超额完成。

编制专项规划。国家层面将加快编制“十三五”脱贫攻坚重点专项规划，把中央关于脱贫攻坚的决策部署和政策举措落实到专项规划中。各省（区、市）要编制省级“十三五”扶贫规划，细化落实中央关于脱贫攻坚的重大政策举措，变成具体可操作的项目。各行业部门在编制“十三五”行业专项规划时，要把行业脱贫攻坚内容纳入其中。

制定脱贫滚动规划。各省（区、市）要依据向中央签署的脱贫攻坚责任书，按照中央关于建立贫困退出机制的意见，确定今后五年贫困县摘帽和建档立卡贫困人口脱贫的滚动规划与年度计划，实现贫困人口、贫困村、贫困县在2020年以前有序退出、稳定脱贫，坚决防止拖延病、急躁症。

完善政策体系。《决定》分工方案，分解落实重要政策举措101条，明确中央和国家机关32个牵头部门和77个参与部门的责任。各部门要按照分工方案，确保在2016年8月前制定完成本部门本行业本领域的脱贫攻坚措施，打出政策组合拳。各地要针对不同的贫困问题，丰富完善“1＋N”政策体系，确保中央脱贫攻坚决策部署落地生根。

建设五个平台。为脱贫攻坚提供平台保障。一是国家扶贫开发大数据平台。把建档立卡数据录入电脑，实现信息化管理。这是精准扶贫、精准脱贫工作的基础和前提，五年以后就是共和国脱贫攻坚的历史档案。二是省级扶贫开发融资平台。这是筹措配置扶贫资源的机制保障，现在已经从易地扶贫搬迁开始做起，下一步还会拓展到基础设施和特色产业扶贫上来。三是县级扶贫开发资金项目整合管理平台。国家出政策，省里融资，县里落实。贫困县要以脱贫规划为引领，以重大项目为平台，整合资金用于脱贫攻坚。四是贫困村扶贫脱贫工作落实平台。派好管好用好贫困村第一书记和驻村工作队，加强村“两委”建设。这是我们在村里的扶贫办。穷人在哪里，扶贫的工作机构就延伸到哪里，具体抓落实。五是社会扶贫对接平台。利用“互联网＋”脱贫攻坚，使扶贫脱贫需求与社会帮扶资源进行直接对接，并探索众创、众包、众扶、众筹等新的扶贫模式。

开展十大行动。国务院扶贫办将配合有关部门，运用建档立卡成果，开展以到户到人为主的行业精准扶贫行动，分别是教育扶贫行动、健康扶贫行动、金融扶贫行动、交通扶贫行动、水利扶贫行动、劳务协作对接行动、危房改造和人居环境改善扶贫行动、科技扶贫行动、中央企业百县万村帮扶行动、民营企业万企帮万村行动。这十大行动，都要有具体的实施方案或指导意见。目前，有的已经启动，有的即将启动。

实施十项工程。改革专项扶贫工作，瞄准建档立卡贫困村和贫困户，因地制宜，因村因户因人施策。组织实施整村推进工程，职业教育培训工程，扶贫小额信贷工程，易地扶贫搬迁工程，电商扶贫工程，旅游扶贫工程，光伏扶贫工程，构树扶贫工程，贫困村创业致富带头人培训工程，扶贫龙头企业带动工程。这十项工程，多数已出台实施方案或工作意见，有的已经取得了初步成效。

（《时事报告大学生版》2016 年增刊，
2016—2017 学年上学期“形势与政策”专题讲稿）

中篇

思想体系与顶层设计

SIXIANG TIXI YU DINGCENG SHEJI

习近平扶贫论述纲要*

党的十八大以来，以习近平同志为核心的党中央高度重视扶贫开发工作，并摆在治国理政的突出位置，作为全面建成小康社会的底线任务，纳入“五位一体”总体布局和“四个全面”战略布局，做出打赢脱贫攻坚战的决策部署，全面实施精准扶贫和精准脱贫方略。习近平总书记亲自谋划、亲自推动、亲自督战，首提精准扶贫，系统阐述精准扶贫和精准脱贫思想及基本方略，就脱贫攻坚各个方面指明方向，做出部署，提出要求，形成了思想深邃、逻辑严密、内涵丰富的习近平扶贫论述，成为打赢脱贫攻坚战的科学指南和根本遵循。砥砺奋进五年来，在习近平扶贫论述引领下，全党全国全社会广泛动员，五级书记抓扶贫，改革创新完善脱贫攻坚体系，有力有序推进建档立卡、驻村帮扶、扶贫资金管理、考核评估等重点工作，深入推进各项扶贫政策措施精准落实，脱贫攻坚取得决定性进展，为中国特色社会主义进入新时代做出了积极贡献。习近平扶贫论述成为我国中国特色社会主义理论创新的最新成果，成为新时代中国特色社会主义思想的重要组成部分。打赢决胜全面小康社会

---

* 基金项目：2016 年马克思主义理论研究和建设工程重大项目（国家社会科学基金重大项目）《习近平总书记扶贫开发战略思想理论创新和实践创新研究》，项目号：2016MSJ054。教育部重大项目《贫困治理效果评估机制研究》，项目号：16JZD025。

背景下的脱贫攻坚战，必须深入贯彻党的十九大精神，始终用习近平扶贫论述武装头脑，指导实践，推动工作。深化习近平扶贫论述的理论创新和实践创新研究，加大培训、宣传力度，深刻领会习近平新时代中国特色社会主义思想的重要内容，意义重大，影响深远。本文从形成过程、时代背景、理论渊源、丰富内涵、精神实质、思维方法、实践创新、国际价值、历史贡献九个方面梳理和阐述学习、研究、领会习近平扶贫论述的初步体会，旨在为进一步深入研究习近平扶贫论述提供参考。

一、形成过程

实践是理论之源。马克思主义认为，每一历史时期的观念和思想也同样可以极其简单地由这一时期的生活经济条件以及由这些条件决定的社会关系和政治关系来说明。任何一种思想理论都有一个形成过程，这是符合马克思主义认识论的一般规律。习近平扶贫论述能够成为有效解决我国新时期贫困问题的指导思想，无疑与他的理想信念来自贫困农村有关，无疑与他始终作为人民一员的创造性思考有关。他曾深情回忆："15 岁来到黄土地时，我迷惘、彷徨；22 岁离开黄土地时，我已经有着坚定的人生目标，充满自信。作为一个人民公仆，陕北高原是我的根，因为这里培养出了我不变的信念：要为人民做实事!"这段饱含深情的话语，深刻地揭示了习近平扶贫论述形成的实践来源。习近平扶贫论述的形成，从实践层面看，既源于他个人成长经历和长期担任地方主要领导的实践探索，更源于他担任党的总书记后，在长期对贫困演变规律、扶贫开发经验教训的深刻思考的基础上，对我国脱贫攻坚的地位、目标、思路、路径、政策、机制、主体、保障体系等重点难点问题，就打赢攻坚战的方向和路径做出了重大判断，进行了系统深入阐述，形成了逻辑严密、内涵丰富的论述体系。其形成发展可以理解为经历了萌芽、实践、形成三个阶段。

一是萌芽于在梁家河插队时期。1969 年，习近平主动响应党的号召来到陕西省延安市延川县梁家河插队当知青。七年的插队农村生活，与黄土高原纯朴乡亲同吃同住同劳动的青春岁月，孕育了习近平对贫困群众的深厚感情，成为他长期重视关注贫困与反贫困的实践根源。这段经历让他深切了解到什么是中国的农村，什么是老百姓的喜怒哀乐，什么是中国的贫困地区和贫困大众。他对贫困大众的深情和担当，深深融入他的人生追求之中。历史唯物主义认为，社会存在决定社会意识，社会意识是社会存在的反映。梁家河的插队经历，形成了习近平扶贫论述的最初萌芽。

二是实践于先后担任河北正定县、福建厦门市、福建宁德地区、福建省、浙江省等地领导特别是主要领导职务时期。20世纪80年代他在河北正定工作时，走遍全县200多个村子，大刀阔斧地改革经济发展模式，大力推行家庭联产承包责任制，带领全县人民一举甩掉“高产穷县”的帽子。他在福建省、浙江省工作期间，始终重视和探索帮助落后地区、贫困群众摆脱贫困的有效模式，提出并实践“因地制宜”“自力更生”和“内生动力”等。组织开展造福工程、山海协作、向贫困村派驻第一书记等工作，帮助贫困群众脱贫致富。积极贯彻邓小平同志“两个大局”战略思想，开创东西部扶贫协作的“闽宁模式”。无论是从较为封闭的内陆还是到相对开放的沿海，从经济欠发达地区到发达地区，习近平始终把贫困群众的安危冷暖放在心头，深入思考和探索扶贫开发路径，其反贫困论述在《知之深、爱之切》《摆脱贫困》《展山海宏图创世纪辉煌——福建山海联动发展研究》《中国农村市场化研究》等系列著作中均有充分体现。

三是形成于担任党的总书记以后。党的十八大以来，习近平总书记第二次国内考察就去了河北省阜平县看真贫，发表重要讲话，提出了消除贫困是社会主义本质要求、两个“重中之重”、科学扶贫、内源扶贫、精神扶贫等重要思想。五年来先后30多次国内考察都涉及扶贫，连续五年新年国内首次考察都调研扶贫，14个连片特困地区基本都走遍了，多次发表涉及扶贫开发的重要讲话，主持或参加涉及扶贫开发的重要会议，以强烈的历史担当和改革创新精神，坚持问题导向和目标导向，破解扶贫开发深层次矛盾和问题，深刻阐述了“六个精准”的要求，“五个一批”的路径以及“扶持谁”“谁来扶”“怎么扶”“如何退”四个关键问题，标志着以精准扶贫为核心的习近平扶贫论述体系形成与成熟。

二、时代背景

习近平扶贫论述首先源自中国共产党执政的性质和宗旨以及全面建成小康社会的根本要求。全心全意为人民服务是我们党的宗旨，党团结带领人民矢志不渝地加快社会主义建设和改革，就是要让人民群众过上好日子。习近平“消除贫困、改善民生、逐步实现共同富裕，是社会主义的本质要求，是我们党的重要使命”的重要论述把扶贫开发、消除贫困提高到了新的高度。扶贫开发工作，体现着社会主义的根本价值追求和奋斗理想。2020年全面建成小康社会、实现第一个百年奋斗目标，兑现我们党对人民的庄严承诺，最艰巨的任务和最关键的环节是脱贫攻坚。

其次源自我国扶贫开发的实践和贫困特征及环境发生变化。整个社会主义建设发展史，从本质上说就是消除贫困、改善民生、实现共同富裕的历史。1949年中华人民共和国成立，剥削和压迫被消灭，社会主义制度确立，为消除贫困奠定了制度基础。党领导全国人民实行土地改革，对农业、手工业和资本主义工商业进行社会主义改造，开展大规模的社会主义建设，不断探索改善人民生活的道路，短时间内中国的落后面貌焕然一新，人民生活水平有了巨大提升。改革开放以来，改革释放了社会的活力，积累了物质的财富，为有组织、有计划、大规模的扶贫开发奠定了坚实的物质基础。20世纪80年代中期以来，我国实施有组织、有计划、大规模的扶贫开发，始终坚持把发展作为扶贫开发的基础，把开发作为解决贫困问题的手段，探索出一条政府主导、社会参与、自力更生、开发扶贫的中国式扶贫开发道路。但是，作为世界上最大的发展中国家，缩小城乡和区域发展差距依然是发展中面临的重大挑战。特别是贫困人口的结构和分布特征发生显著变化，绝对贫困大幅减少，支出性贫困、插花贫困和深度贫困问题凸显。全面建成小康社会、如期实现第一个百年奋斗目标，贫困问题是最大的短板。这一时期，我国综合实力的稳步提升，国家治理能力和治理体系的现代化水平明显提高，经济总量稳居世界第二，科技及其应用的发展日新月异，已经完全具备全面脱贫攻坚的整体实力，人、财、物等方面的积累为开展脱贫攻坚奠定了扎实的物质基础，也创造了物质条件。习近平在延续长期以来共产党人消除和缓解贫困的经验，基于当前中国发展的历史条件，将贫困问题摆到了治国理政的首要位置，做出了打赢脱贫攻坚战的伟大决定。伟大的实践孕育伟大的思想，共产党人长期以来消除贫困、为人民谋福利努力奋斗，为新时期的脱贫攻坚提供了深厚的历史基础，构成了习近平扶贫论述的实践来源。

再次源自我国正在走近世界舞台中心以及国际社会的期待。2015年9月，世界各国领导人在联合国峰会上通过了2030年可持续发展议程，该议程涵盖17个可持续发展目标，其中要求各国致力于消除一切形式的贫穷。我国作为人口最多的发展中国家，重视并积极稳妥地采取各项措施落实该议程。以脱贫攻坚方式，集全国之力在2020年解决绝对贫困问题，将继续保持我国扶贫开发的领先地位，充分体现了全球最大发展中国家履行大国责任的决心和承诺，为落实联合国可持续发展议程做出示范。

三、理论渊源

我们体会，习近平扶贫论述的理论渊源包括马克思主义贫困与反贫困理论、中国共产党历代领导人的扶贫思想和我国的优秀传统文化。

马克思关于无产阶级消除贫困共同富裕的思想是习近平扶贫论述的理论基点。马克思和恩格斯最早从制度层面关注和分析资本主义贫困问题。1842 年的《英国工人阶级状况》和《1844 年经济学哲学手稿》，揭露了资产阶级对无产阶级的残酷剥削，成为他们贫困思想的起点。同时，马克思区分并定义了绝对贫困和相对贫困。指出劳动者贫困源于资本、地租和劳动者的分离。生产过程中人与物的分离导致了贫困，即生产资料的贫困，其进一步衍生出劳动者的生活贫困、精神贫困和文化贫困等。马克思在《资本论》中对资本主义生产方式进行了解剖和理论批判，指出废除资产阶级的所有制，是实现共产主义、消灭贫困和剥削的手段。马克思和恩格斯关于贫困和反贫困的思想不仅确立了中国看待和分析贫困问题的唯物主义立场，也指出了消除贫困的根本路径和方向。马克思和恩格斯在对资本主义深刻批判基础上，阐述了物质贫困与精神贫困、绝对贫困与相对贫困等现象，并提出消除工人阶级贫困化现象、关心人的利益、促进“自由人联合体”、人的全面发展等思想，为当代中国共产党人探寻扶贫开发战略提供了重要的思想基础和理论支撑。

中国共产党历代领导人的扶贫思想是习近平扶贫论述形成发展的重要基础。我国扶贫开发过程中，历代党和国家领导人不仅推动扶贫开发取得巨大成就，也提出并不断丰富了中国特色扶贫开发道路和理论体系。毛泽东提出中国共产党是消除贫困的坚定领导力量，全体中国人民尤其农民群众是反贫困的主导力量；邓小平主张将农村经济发展、农民生活水平提高与中国经济发展、摆脱贫困紧密结合起来；江泽民提出“他扶”与“自扶”的有机统一，以及坚持开发式扶贫、坚持科技先行、坚持正确领导、坚持因地制宜、坚持可持续发展等“五个坚持”；胡锦涛提出“以人为本”的科学发展观及社会主义和谐社会建设等理论，指出扶贫开发是建设中国特色社会主义事业的一项历史任务，是构建社会主义和谐社会的一项重要内容等，这些为新时期习近平扶贫论述的形成发展奠定了理论基础。

我国博大精深的优秀传统文化为习近平扶贫论述提供了历史营养。优秀传统文化是中华民族的精神命脉，是最深厚的文化软实力。历史上，扶危济困、改善民生，建设小康社会是中国传统文化的内在追求。“仁爱”“民本”“兼爱”“大同”等社会思想，不仅蕴含了中国古代对于贫困与反贫困问题的基本看法，也为中国扶贫、救助、慈善思想的形成发展奠定了基础。不忘历史才能开辟未来，善于继承才能善于创新。习近平多次强调从我国历史中寻找有利于发展我国社会的良好经验和启示，其中就包含着扶贫领域的经验和智慧。习近平指出，对传统文化中适合于调理社会关系和鼓励人们向上向善的内容，我们要结合时代条件加以继承和发扬，赋予其新的含义。

四、丰富内涵

全面、系统、准确理解习近平扶贫论述体系及其丰富内涵，具有重要的理论实践意义。我们理解，习近平扶贫论述体系由九个方面的重要思想组成，每一个重要思想都包含丰富的内涵。

一是关于消除贫困是社会主义本质要求的思想。消除贫困、改善民生、实现共同富裕，是社会主义的本质要求，是我们党的重要使命。贫穷不是社会主义。如果贫困地区长期贫困，面貌长期得不到改变，群众生活长期得不到明显提高，那就没有体现我国社会主义制度的优越性，那也不是社会主义。这些论述体现着社会主义的根本价值追求和奋斗理想，是社会主义的题中应有之义。这一重要思想是对马克思主义价值观的坚守和捍卫，更是对它的发展。学习习近平扶贫论述，首先要从政党性质、执政责任、巩固制度的高度深刻理解深化认识，增强使命感责任感。

二是关于农村贫困人口脱贫是全面建成小康社会最艰巨任务的思想。小康不小康，关键看老乡，关键在贫困的老乡能不能脱贫。农村贫困人口如期脱贫、贫困县全部摘帽、解决区域性整体贫困，是全面建成小康社会的底线任务，是我们党向人民做出的庄严承诺。这些论述深刻指出，全面建成小康社会，不仅要从总体上、总量上实现小康，更重要的是让农村和贫困地区尽快赶上来，逐步缩小这些地区同发达地区的差距，让小康惠及全体人民。这是实现全面建成小康社会目标的现实需要，更是社会主义共同富裕目标的基础和前提。这一重要思想深刻阐述了扶贫开发工作的重要性、紧迫性，需要进一步增强做好扶贫开发工作的紧迫感，以更加明确的目标、更加有力的举措、更加有效的行动坚决打赢脱贫攻坚战，确保全面建成小康社会的成色。

三是关于科学扶贫的思想。推进扶贫开发、推动经济社会发展，首先要有一个好思路、好路子。继续加大贫困地区基础设施建设力度。把贫困地区孩子培养出来才是根本的扶贫之策。要因地制宜，发展特色经济。实行易地搬迁。扶贫开发要与生态环境保护相结合。编织好"社会安全网"。这些论述阐述了扶贫开发、脱贫攻坚的深刻内涵，为提高扶贫开发工作水平和效果指明了方向，提供了指南。这一重要思想，从提高扶贫工作科学性的角度出发，阐述了扶贫脱贫的总体思路和实现途径，体现出习近平作为党和国家领导人对国家贫困现状的深入了解，对扶贫开发历史经验教训的深刻总结，对现实做深入细致思考后的务实选择。

四是关于精准扶贫的思想。扶贫开发推进到今天这样的程度，贵在精准，重在精准，成败之举在于精准。要找准"穷根"、明确靶向，量身定做、对症下药，真正扶到点上、扶到根上。要坚持精准扶贫、精准脱贫。要打牢精准扶贫基础，通过建档立卡，摸清贫困人口底数，做实做细，实现动态调整。要提高扶贫措施有效性，核心是因地制宜、因人因户因村施策，突出产业扶贫，提高组织化程度，培育带动贫困人口脱贫的经济实体。扶贫小额信贷、扶贫再贷款等政策要突出精准。这些论述体现了党的十八大以来以习近平同志为核心的党中央对扶贫开发工作的新部署新要求，体现了现阶段我国以攻坚战方式解决贫困问题这一突出特征，更是对过去"大水漫灌"等不精准扶贫工作方式方法的根本性改革，目的就是进一步提高脱贫攻坚的精准度有效性。这一重要思想是习近平扶贫论述的核心。精准扶贫、精准脱贫思想，是打赢脱贫攻坚战的基本方略，是开展扶贫脱贫工作总的工作原则，体现的是精准性、实效性标准和要求。实施精准扶贫、精准脱贫，就是要真正把精准理念落到实处，变"大水漫灌"为"精准滴灌"，切实解决扶持谁、谁来扶、怎么扶、如何退的问题。

五是关于内源扶贫思想。脱贫致富贵在立志，只要有志气、有信心，就没有迈不过去的坎。贫困地区发展要靠内生动力，如果凭空救济出一个新村，简单改变村容村貌，内在活力不行，劳动力不能回流，没有经济上的持续来源，这个地方下一步发展还是有问题。干部群众是脱贫攻坚的重要力量，贫困群众既是脱贫攻坚的对象，更是脱贫致富的主体。要注重扶贫同扶志、扶智相结合，把贫困群众积极性和主动性充分调动起来，靠自己的努力改变命运。这些论述深刻指出，摆脱贫困首要意义并不仅仅是物质上的脱贫，还在于摆脱意识和思路的贫困。扶贫开发最为重要的是，要充分调动群众的积极性和主动性，增强群众战胜困难的信心，激发内生动力，提高自我发展能力，变“输血”为“造血”。这一重要思想深入阐述了激发内生动力的工作方向和重点，充分体现了人民群众是历史创造者的马克思主义唯物史观。贫困地区发展、扶贫开发工作必须尊重贫困群众的主体地位和首创精神，把激发扶贫对象的内生动力摆在突出位置。扶贫与扶志、扶智结合，就是要加强对贫困群众的思想发动，把教育作为扶贫开发的治本之策。把加强贫困村基层组织建设、发展村级集体经济、推进扶贫对象的组织化作为扶贫开发的重要内容。充分发挥第一书记、驻村工作队的作用，把贫困群众的积极性调动起来，把他们自力更生的精神激发出来，不断提高他们共享发展成果的能力。

六是关于社会扶贫思想。脱贫致富不仅仅是贫困地区的事，也是全社会的事。要健全东西部协作、党政机关定点扶贫机制，各部门要积极完成所承担的定点扶贫任务，东部地区要加大对西部地区的帮扶力度，国有企业要承担更多扶贫开发任务。扶贫开发是全党全国全社会的共同责任，要动员和凝聚全社会力量广泛参与。这些论述阐述了社会扶贫的重要作用及其不可替代性，对如何更加广泛地动员社会参与脱贫攻坚提出了新要求，为进一步发挥我们党的政治制度优势、加大社会扶贫工作力度、凝聚更大扶贫合力指明了方向。这一重要思想从扶贫是全党全国全社会的共同责任的高度，深入阐述了广泛动员社会力量的重大意义和基本途径。做好社会扶贫工作，对于弘扬中华民族扶贫济困的传统美德，培育和践行社会主义核心价值观，动员社会各方面力量共同向贫困宣战，具有重要战略战术意义。必须不断动员和凝聚各方面力量，构建大扶贫格局，形成脱贫攻坚的强大合力。

七是关于阳光扶贫思想。扶贫资金是贫困群众的“救命钱”，一分一厘都不能乱花，更容不得动手脚、玩猫腻。要加强扶贫资金阳光化管理，加强审计监管，集中整治和查处扶贫领域的职务犯罪，对挤占挪用、层层截留、虚报冒领、挥霍浪费扶贫资金的，要从严惩处。要把握好脱贫攻坚正确方向，防止层层加码，要量力而行、真实可靠、保证质量。要防止形式主义，扶真贫、真扶贫，扶贫工作必须务实。要实施最严格的考核评估，开展督查巡查，对不严不实、弄虚作假的，要严肃问责。这些论述的根本要求，是要把扶贫资金使用、扶贫脱贫的过程和结果置于阳光之下，切实做到脱贫过程扎实，脱贫结果真实，让扶贫资金使用和脱贫成效真正获得群众认可、经得起实践和历史检验。这一重要思想要求始终把纪律和规矩挺在前面，不断完善制度，加强监管，坚决惩治和预防扶贫领域违纪违法行为。大力改革财政扶贫资金使用管理机制，完善扶贫资金项目公告公示制度，确保贫困群众全程参与脱贫攻坚每一个步骤，发挥媒体监督、交叉考核监督、第三方评估的作用，确保扶贫资金使用、扶贫项目实施、脱贫验收过程公开透明，确实做到阳光化管理。

八是关于扶贫开发要坚持发挥政治优势和制度优势的思想。脱贫攻坚任务重的地区党委和政府要把脱贫攻坚作为“十三五”期间头等大事和第一民生工程来抓，坚持以脱贫攻坚统揽经济社会发展全局。要层层签订脱贫攻坚责任书、立下军令状。省对市地、市地对县、县对乡镇、乡镇对村都要实行这样的督查问责办法，形成五级书记抓扶贫、全党动员促攻坚的局面。要把贫困地区作为锻炼培养干部的重要基地。把脱贫攻坚实绩作为选拔任用干部的重要依据。这些论述表明，始终坚持党对脱贫攻坚的领导，充分发挥社会主义集中力量办大事的制度优势，这是我们最大的政治优势和制度优势，也是改革开放 30 多年来扶贫开发取得伟大成就的根本经验，是打赢脱贫攻坚战的根本保障。这一重要思想就是要充分发挥各级党委总揽全局、协调各方的领导核心作用，严格执行脱贫攻坚一把手负责制，省市县乡村五级书记一起抓。健全中央统筹、省负总责、市县抓落实的工作机制，层层签订脱贫攻坚责任书，逐级压实落实脱贫责任。严格考核，建立年度脱贫攻坚督查巡查制度，开展第三方评估，确保脱贫质量。

九是关于共建一个没有贫困的人类命运共同体的思想。消除贫困是人类的共同使命。中国在致力于自身消除贫困的同时，始终积极开展南南合作，力所能及地向其他发展中国家提供不附加任何政治条件的援助，支持和帮助广大发展中国家特别是最不发达国家消除贫困。在国际减贫领域积极作为，树立负责任大国形象，这是大账。要引导广大干部群众正确认识和看待这项工作。这些论述充分展现了习近平总书记作为大国领袖的全球视野和宽广胸怀，为我们在做好国内扶贫工作的同时，如何开展国际减贫合作，服务国家外交、援外大局以及“一带一路”等，发挥扶贫软实力在树立大国形象、增强我国在全球治理中的话语权中的特殊作用，明确了目标，指明了方向。这一重要思想深刻阐述了开展国际减贫合作，携手构建人类命运共同体的重大意义。我们要深刻理解、准确把握，更加有力有效、力所能及地深化国际减贫合作，为全球2030年可持续发展议程的推进，提出中国方案，贡献中国智慧，更加有效地促进广大发展中国家交流分享减贫经验，树立“我负责任”的大国形象。

五、精神实质

学习领会习近平扶贫论述的精神实质，集中体现在以下五个“始终体现”上。

一是始终体现以人民为中心的发展思想要求。现行标准下农村贫困人口全部脱贫、贫困县全部摘帽、解决区域整体贫困，是我们党向人民做出的庄严承诺，贯穿其中的主线就是以人民为中心的发展思想。贫困人口是人民的重要组成部分，是我们党最需要维护好、实现好、发展好其根本利益的弱势群体。兑现承诺，必须作为全党全国全社会的共同任务，充分发挥政治优势制度优势，坚决打赢脱贫攻坚战。党的十八大以来，党中央确定的“中央统筹、省负总责、市县抓落实”的管理体制得到了贯彻，四梁八柱的顶层设计全面形成，各项决策部署得到有效落实，各方面都行动起来了。但越往后脱贫难度越大。在决战决胜的关键时刻没有退路，这就更需要我们始终把以人民为中心的发展思想贯穿精准扶贫、脱贫攻坚全过程，一切工作都为消除贫困群众致贫因素而精准谋划，为满足贫困群众脱贫需求而精准帮扶。切实增强脱贫攻坚的紧迫感，撸起袖子加油干。

二是始终体现完善国家治理体系和治理能力现代化的要求。学习领会习近平扶贫论述，特别是关于科学扶贫、精准扶贫、内源扶贫、社会扶贫等思想，根本要求是以精准扶贫、精准脱贫方略为核心，从完善国家治理体系的高度凝聚脱贫攻坚合力，在实现脱贫攻坚目标的同时，按照完善国家治理体系的总体布局，建立健全贫困治理体系。习近平总书记强调，脱贫攻坚“要强化领导责任、强化资金投入、强化部门协同、强化东西协作、强化社会合力、强化基层活力、强化任务落实”。这“七个强化”，从整体入手，以战略思维谋全局，以系统思维聚合力，为更好地实施精准扶贫、打赢脱贫攻坚战提供了重要方法论指导。党的十八大以来，我国脱贫攻坚之所以取得巨大成就，主要就是因为创造和把握了“加强领导是根本、把握精准是要义、增加投入是保障、各方参与是合力、群众参与是基础”五条基本经验。这是更好推进精准扶贫、精准脱贫，确保如期实现脱贫攻坚目标的关键所在，也是完善我国贫困治理体系的重要内容，需要在工作中继续坚持、落到实处。“七个强化”实质上是对五条基本经验的再动员、再部署，指明了扶贫领域推进国家贫困治理体系和治理能力现代化的基本路径。

三是始终体现党的思想路线和群众路线的要求。习近平总书记反复强调，脱贫攻坚必须坚持精准扶贫、精准脱贫。从“六个精准”“五个一批”“四个问题”到“有的要下一番绣花功夫”，精准扶贫重要思想不断丰富发展，坚持精准扶贫、精准脱贫方略的要求不断提高。从本质上说，精准扶贫就是实事求是思想路线、党的群众路线的生动体现。深刻领会“坚持精准扶贫、精准脱贫”的重要论述，需要从实事求是思想路线、党的群众路线的高度，进一步增强深化精准扶贫的行动自觉。深化精准扶贫，就是要把各项中央决策部署、政策措施有效落实到贫困村、贫困户。深化精准扶贫是一个系统工程，打牢基础是前提，分类施策是基础，以“绣花功夫”提高扶贫措施有效性是核心，提高组织化程度是关键，培育贫困人口自我发展能力是根本，打好政策组合拳是保障，必须整体推进、全面发力。

四是始终体现全面从严治党的要求。“真扶贫、扶真贫、真脱贫”的要求贯穿习近平扶贫论述始终。习近平总书记指出，扶贫工作必须务实，脱贫过程必须扎实，脱贫结果必须真实。“三真”“三个必须”的重要论述，实质上是要求我们要从全面从严治党的高度进一步把握好脱贫攻坚正确方向。我们党的宗旨是全心全意为人民服务，最基本的要求就是要兑现承诺。如果精准扶贫不到位，搞层层加码，搞形式主义，导致虚假脱贫、数字脱贫，群众就会有大意见，就会对党和政府失去信任，就会影响执政党的公信力，甚至陷入所谓“塔西佗陷阱”。落实“三个必须”的要求，做到扶真贫、真扶贫、真脱贫，最根本的是要把全面从严治党要求贯穿脱贫攻坚全过程，特别是要严明党的政治纪律和政治规矩，不折不扣地落实党中央的决策部署。做到精准识别不漏穷人，实行动态管理；精准分类施策，确保精准性有效性；精准考核较真碰硬，确保脱贫质量；精准脱贫严格标准，防止急躁症、拖延病。切实防止形式主义，让脱贫成效真正获得群众认可、经得起实践和历史检验。开展督查巡查，对不严不实、弄虚作假的，要严肃问责。加强扶贫资金管理使用，对挪用乃至贪污扶贫款项的行为必须坚决纠正、严肃处理。

五是始终体现激发内生动力的要求。精准扶贫、精准脱贫是习近平扶贫论述的核心。能否实现精准扶贫、精准脱贫，激发内生动力是关键。内生动力从根本上说是党在基层的领导力号召力凝聚力不断提高的表现。贫困村基层组织以及贫困地区、贫困村、贫困群众是否建立内生发展动力，是实现精准脱贫的根本性标志，是精准扶贫的着力点，这也是习近平扶贫论述的核心精神。激发内生动力是深化精准扶贫的基础。首先要加强基层基础工作，从确保党在基层领导力的高度进一步把抓党建促脱贫落到实处。加强基层基础建设，就是要选好配强村“两委”班子，培养农村创业致富带头人，促进乡村本土人才回流，打造一支永远不走的工作队。其次要注重扶贫同扶志、扶智相结合。靠基层干部用精准的精神、精准的办法做好每一项工作。再次要推广运用参与式扶贫等方式方法，增强贫困群众对帮扶项目的拥有感、效益的获得感，建立正向激励引导机制，不断激发和培育贫困地区、贫困群众内生动力和自我发展能力。

六、思维方法

习近平扶贫论述有着科学的思想方法和工作方法的总遵循，充分彰显了解决改革发展基本问题的本领和智慧。习近平扶贫论述的思维方法有战略思维、系统思维、辩证思维、创新思维和底线思维。

战略思维。所谓战略思维就是善于把握事物发展总体趋势和方向的能力。做到既抓住重点又统筹兼顾，既立足当前又放眼长远，既熟悉国情又把握世情，在全局的掌控中推进各项工作。打赢脱贫攻坚战，是站在中华民族伟大复兴的“两个一百年”奋斗目标的战略高度，立足社会主义初级阶段国情，谋大局、谋长远、谋根本之举。把扶贫开发作为一项战略，把精准扶贫、精准脱贫作为一项方略，从中国国情特别是制度自身优势出发，构建省（自治区、直辖市）、市（地、州）、县、镇（乡）、村五级一起抓扶贫，层层落实责任制的治理格局，坚持分类施策、因人因地施策、因贫困原因施策、因贫困类型施策等一系列举措，充分说明习近平总书记对扶贫开发工作既有宏观定位和全局思考，又有细致入微的具体洞察和设计。

系统思维。扶贫是一个复杂的系统工程，习近平总书记就脱贫攻坚的目标、思路、路径、政策、机制、主体、工作要求等重点难点问题，进行了系统设计，指出推进扶贫开发、推动经济社会发展，首先要有一个好思路、好路子。要坚持从实际出发，因地制宜，理清思路、完善规划、找准突破口。提出“六个精准”

“五个一批”从整体上做好部署，强调打出政策组合拳，群众参与是基础，重视广大基层干部群众的首创精神，脱贫摘帽要坚持成熟一个摘一个，等等。这些论述，不仅把规划图设计好，而且把过河的“桥或船”都安排好。

辩证思维。善于抓住主要矛盾和关键问题，坚持“两点论”和“重点论”，具体问题具体分析。习近平总书记强调在扶贫攻坚工作中采取的重要举措，就是实施精准扶贫方略，找到“贫根”，对症下药，靶向治疗。强调注重抓“六个精准”，即扶持对象精准、项目安排精准、资金使用精准、措施到户精准、因村派人精准、脱贫成效精准，确保各项政策好处落到扶贫对象身上。这些措施，不仅抓住了当前扶贫脱贫的重点和关键，把握了我国社会矛盾的主要方面，而且具体问题具体分析，提出的各项政策主张符合实际，能够产生积极效果，充分显示出习近平总书记精准扶贫、精准脱贫思想始终贯穿的唯物辩证思维。

创新思维。习近平总书记指出，要改革创新扶贫开发体制机制特别是考核机制，贫困地区要把提高扶贫对象生活水平作为衡量政绩的主要考核指标。打赢脱贫攻坚战，需要着力消除体制机制障碍，建立并运用好更加协调、更有效率、更可持续的扶贫开发新体制、新机制，不断提升扶贫开发效果。特别是要改革考核方式，对贫困县由主要考核地区生产总值向主要考核扶贫开发工作成效转变，引导贫困地区党政领导班子和领导干部把工作重点放在扶贫开发上。要建立并实施最严格的考核评估、年度报告、督查巡查、严肃问责等制度。

底线思维。底线思维就是客观地设定最低目标，立足最低点，争取最大期望值的能力。在扶贫开发工作中增强底线思维能力，重在守底线，就是要织牢民生安全网的“网底”，围绕攻坚拔寨，围绕贫困村、贫困户，做到各项政策精准落实到位，靶向目标定位精确，不让任何一位同胞在全面建成小康路上掉队。同时，宁可把形势想得更复杂一点，把挑战看得更严峻一些，做好应付最坏局面的思想准备。

七、实践创新

党的十八大以来，习近平扶贫论述引领脱贫攻坚的壮丽实践，取得辉煌成就。习近平扶贫论述为中央做出脱贫攻坚决策部署指明了方向，提供了路线方针和基本原则，是脱贫攻坚四梁八柱顶层设计的指导思想，是精准扶贫、精准脱贫方略系统设计的科学指南，是地方推进脱贫攻坚的行动纲领。

在习近平扶贫论述指引下，中央形成了关于脱贫攻坚的决策部署——由四个部分有机构成的完整体系。一是目标任务，到2020年我国现行标准下农村贫困人口全部脱贫，贫困县全部摘帽，解决区域性整体贫困。二是基本方略，就是精准扶贫、精准脱贫，核心是做到“六个精准”、实施“五个一批”、解决“四个问题”。三是政策举措，国家出台财政、金融、土地、交通、水利、教育、健康等一系列超常规的政策举措，打出组合拳。四是组织保障，充分发挥政治优势和制度优势，强化组织领导、责任体系、监督检查、考核评估等一系列保障措施。

以习近平扶贫论述为指导，中央和地方层面全面完成了脱贫攻坚四梁八柱顶层设计——主要是建立了六大体系。一是建立脱贫攻坚责任体系。强化“中央统筹、省负总责、市县抓落实”的工作机制。中西部22个省份党政主要负责同志向中央签署脱贫攻坚责任书，立下军令状，县级党委和政府承担脱贫攻坚主体责任，同时强化了东西部协作、定点扶贫以及社会各界合力攻坚的责任。二是建立脱贫攻坚政策体系。中共中央办公厅、国务院办公厅出台13个《中共中央 国务院关于打赢脱贫攻坚战的决定》配套文件，各部门出台200多个政策文件或实施方案，各地相继出台和完善“1＋N”的脱贫攻坚系列文件，形成政策合力，很多“老大难”问题都有了针对性措施。三是建立脱贫攻坚投入体系。2013—2017年，中央财政专项扶贫资金累计投入2787亿元，平均每年增长22.7%；省级财政扶贫资金累计投入1825亿元，平均每年增长26.9%。安排地方政府债务1200亿元，用于改善贫困地区生产生活条件。财政涉农资金统筹整合使用出台扶贫再贷款政策，安排易地扶贫搬迁专项贷款3500亿元，截至2017年6月底扶贫小额信贷累计发放3381亿元。证券业、保险业、土地政策等助力脱贫攻坚力度都在明显加强。四是建立脱贫攻坚动员体系。确定10月17日为我国的扶贫日，设立全国脱贫攻坚奖，营造良好社会氛围。加大东西部扶贫协作力度，实施“携手奔小康”行动，加大中央单位定点扶贫、军队和武警部队帮扶、工会共青团妇联残联等群众团体帮扶力度。中央企业设立贫困地区产业投资基金，推进“百县万村”扶贫行动。2.6万家民营企业开展了“万企帮万村”行动。五是建立脱贫攻坚监督体系。把全面从严治党要求贯穿脱贫攻坚全过程各环节。中央出台脱贫攻坚督查巡查工作办法，8个民主党派中央在攻坚期内开展脱贫攻坚民主监督，国务院扶贫办设立“12317”扶贫监督举报电话，加强与纪检监察、财政、审计等部门和媒体、社会等监督力量的合作，把各方面的监督结果运用到考核评估和督查巡查中。六是建立脱贫攻坚考核体系。中央出台省级党委和政府扶贫开发工作成效考核办法，实行最严格的考核评估。

习近平扶贫论述为精准扶贫、精准脱贫方略落实提供行动指南。一是建档立卡摸清底数，解决“扶持谁”问题。为把真正的穷人找出来，国家不断推进建档立卡工作，经过三年的努力，建立起了全球最大的贫困人口管理系统，而且实现动态管理。我国的扶贫开发第一次做到了把扶贫政策精准落实到贫困村、贫困户。一些地方建立“一看二算三比四议五定”的工作程序，创新“一表一档一卡两单五簿五册”动态管理体系，不断推进精准识别精细化管理。二是各方参与合力攻坚，解决“谁来扶”问题。一方面，地方政府积极推进党建扶贫、干部驻村，既充实了扶贫工作队伍，实现了扶贫精准化、管理精细化，又加强了政府与人民群众的密切联系；既锻炼了干部，又激发了村民内生动力。另一方面，地方政府也通过创新东西部协作扶贫、社会力量参与扶贫的新机制、新模式，提升了脱贫攻坚合力。三是分类施策精准帮扶，解决“怎么扶”问题。一方面，地方政府贯彻实事求是思想路线，通过探索精准扶贫、精准脱贫新模式，实施资产收益扶贫、光伏扶贫、电商扶贫、信息化扶贫、生态扶贫，让一部分有发展能力的贫困人口成为市场主体，获得从市场获取财富的能力，也让一部分兜底贫困户获得分享市场积累成果的机会，实现稳定、长效脱贫。另一方面，地方政府通过精准施策的“绣花功夫”，真正把贫困地区自身优势发挥好，使贫困地区发展扎实建立在自身有利条件的基础上。四是完善贫困退出机制，解决“如何退”问题。一方面，地方政府严格落实中央有关精准脱贫的政策要求，对贫困人口、贫困村、贫困县退出的评定标准、审核程序和后续管理等方面做出明确规定，利用中央政府“早脱帽子早有好处、不脱帽子还有约束”的导向，对符合退出标准的贫困对象，强调“摘帽不摘政策”，继续实施未完成的扶贫项目，通过“扶上马送一程”，防止返贫、继续攻坚，巩固脱贫基础。另一方面，加强精准扶贫、精准脱贫过程中的监督考核，实行严格评估，高标准验收，坚决制止扶贫工作中的形式主义。

习近平扶贫论述引领脱贫攻坚取得辉煌成就。过去五年，是习近平扶贫论述普遍实践的五年。党中央明确目标任务、确定基本方略、打出政策组合拳、建立保障体系。五年来，精准扶贫、精准脱贫深入人心，各项决策部署得到较好落实；五级书记抓扶贫、全党动员促攻坚的良好态势已经形成，脱贫攻坚氛围十分浓厚。2013 年至 2016 年，全国贫困人口、贫困发生率大幅下降，累计脱贫 5564 万人，平均每年脱贫 1391 万人，贫困发生率从 2012 年底的 10.2%下降到 2016 年底的 4.5%，贫困地区群众生产生活条件明显改善，群众获得感、满意度明显提高，党的十九大报告充分肯定为："脱贫攻坚取得决定性进展。"党的十八大以来脱贫攻坚的伟大实践，不仅集中有效地解决了贫困群众和贫困地区的实际问题，而且在多个方面产生了重要影响。一是进一步彰显了中国共产党的执政宗旨和政治优势、制度优势。大批党员干部深入基层，发动群众、依靠群众，为贫困群众办实事，体现了全心全意为人民服务的根本宗旨。党群关系、干群关系更加密切，巩固了中国共产党的执政基础。二是进一步增强了我们的"四个自信"。在中国共产党的领导下，全党和社会各界全面动员，政府、市场、社会协同发力，贫困群众自力更生的精神有所焕发，中华民族扶贫济困的文化传统得到弘扬，先富帮后富，走出了中国特色扶贫开发路子，强化了当代中国的道路自信、理论自信、制度自信和文化自信。三是在实战中培养锤炼了一大批干部和人才，成为提升农村贫困治理水平，推动农村实现更好更快可持续发展的重要力量。

八、国际价值

我国一直致力于消除自身贫困与支持和帮助其他贫困国家摆脱贫困，是世界减贫事业的积极倡导者和有力推动者。习近平扶贫论述既指导中国减贫事业的发展，实现本国的减贫目标，又为其他国家更有效地减贫贡献中国智慧，具有全球性的减贫意义。

习近平扶贫论述的国际价值。一是加速马克思主义反贫困理论中国化进程。消除贫困，不断改善、提高人民群众的生活，是马克思主义政党一脉相传的宗旨。立党为公、执政为民，全心全意为人民服务是中国共产党的宗旨。消除贫困一直是中国共产党的重大历史使命。从中华人民共和国成立以来，我国几代领导集体一直重视中国贫困问题，以马克思主义贫困治理思想为指导，推动中国的贫困治理实践发展，并在扶贫开发实践中，不断发展和深化中国化的马克思主义反贫困思想。习近平扶贫论述一方面继承了马克思主义关于人的全面发展和共同富裕的思想，另一方面紧密结合时代的发展与变化，丰富和深化了马克思主义的反贫困思想，为马克思主义贫困治理学说的发展和研究做出了贡献。二是创新了国际贫困治理理论。20 世纪以来，随着贫困问题越来越受到人们的关注，国际上有关贫困问题的理论也逐渐丰富，从不同视角对贫困的根源进行解释，提出相应的贫困治理措施。习近平扶贫论述中精准扶贫、内源式扶贫、合力扶贫、制度扶贫等是从多种层面认识和构建了我国农村反贫困理论，具有很强的针对性、政策性和实践性。其中精准扶贫思想是中国新时期贫困治理和扶贫开发工作的指导性思想，科学地回答了“扶持谁”“谁来扶”“怎么扶”“如何退”等重大问题。中国作为最大的发展中国家，其贫困治理经验的积累对创新国际贫困治理理论具有重要的作用，对于推动广大发展中国家摆脱贫困具有很好的理论借鉴意义。三是彰显社会主义的制度魅力。西方贫困治理理论揭露的只是造成贫困问题的表象，未能触及贫困根源。中国脱贫攻坚成就显著，充分体现了中国特色社会主义制度的优越性。习近平总书记在国际公开场合多次阐述中国在扶贫开发事业中的成就及经验，中国主动承担在全球贫困治理中的责任，为其他发展中国家摆脱贫困提供经验借鉴与路径选择，进一步彰显了社会主义的制度魅力。

习近平扶贫论述在实践层面的国际价值。一是推动世界减贫事业的发展。我国到2020年实现现行标准下7000多万农村贫困人口脱贫、贫困县全部摘帽、解决区域性整体贫困的目标，这是中国历史上亘古未有的伟大跨越，为世界减贫事业做出很大的贡献，也是中国对人类社会的伟大贡献。二是提升中国的国际形象和影响力。在与广大发展中国家开展南南合作、共谋发展的过程中，习近平扶贫论述和中国减贫方案必将为全世界其他发展中国家的减贫实践提供有效经验、理论参考，从而为推进全球减贫事业发展做出更大贡献，这必定提升我国在全球治理中的影响力和话语权，增强中国的文化自信、理论自信和制度自信，彰显中国的大国责任意识，树立良好的国际形象。三是贡献全球贫困治理的中国方案。以习近平扶贫论述为指引，中国政府坚持精准扶贫、精准脱贫方略，逐步形成了一整套科学高效的贫困治理体系。其核心内容包括：发挥政治优势，层层落实脱贫攻坚责任；不断完善精准扶贫政策工作体系，切实提高脱贫成效；坚持政府投入的主体和主导作用，不断增加金融资金、社会资金投入脱贫攻坚；坚持专项扶贫、行业扶贫、社会扶贫等多方力量有机结合的大扶贫格局，发挥各方面的积极性；尊重贫困群众扶贫脱贫的主体地位，不断激发贫困村贫困群众内生动力。这一整套经过实践检验的减贫治理体系，不仅为打赢全面建成小康社会背景下的脱贫攻坚战提供了坚实的保障，也将为全球更有效地进行减贫治理贡献中国方案。

九、历史贡献

习近平扶贫论述作为当前我国打赢脱贫攻坚战的重要理论武器，其内涵实质丰富，理论特征鲜明，推动我国扶贫开发取得新成就新突破，开创了中国特色扶贫开发道路新局面。

习近平扶贫论述是马克思主义反贫困理论中国化的最新成果。习近平扶贫论述与马克思主义反贫困理论一脉相承，是马克思主义反贫困理论中国化的最新理论成果，是运用马克思主义基本立场观点方法解决中国具体问题的成功典范。受客观条件限制，马克思反贫困理论主要关注资本主义制度下城市工人阶级的贫困问题。习近平总书记在继承发展马克思主义反贫困理论的基础上，坚持运用马克思主义基本立场观点方法来分析我国贫困问题，对社会主义初级阶段下农村贫困问题特征、反贫困深层次矛盾问题以及系统治理贫困进行了深入思考，深化了对社会主义制度下农村贫困问题的认识，得出了符合辩证唯物主义和历史唯物主义的反贫困客观规律，体现了人类发展规律的新要求，形成了马克思主义反贫困的世界观和方法论，开创了社会主义制度下反贫困理论新境界，是马克思主义同中国特色社会主义制度下反贫困最新实践相结合的产物。

习近平扶贫论述是新时代中国特色社会主义思想的重要组成部分。党的十八大以来，习近平总书记围绕党在新形势下的治国理政，提出了一系列相互联系、相互贯通的新理念新思想新战略，涉及生产力和生产关系、经济基础和上层建筑各个环节，涵盖经济、政治、文化、社会、生态文明建设和党的建设各个领域，形成了一个系统完整、逻辑严密的科学理论体系——新时代中国特色社会主义思想，为中国未来指明了前进方向，提供了根本遵循。以习近平同志为核心的党中央把脱贫攻坚纳入“五位一体”总体布局和“四个全面”战略布局，将脱贫攻坚摆在治国理政的重要位置，将扶贫开发上升到国家战略的重要高度。我国脱贫攻坚是新时代中国特色社会主义思想在扶贫领域的伟大实践，取得的显著成效也充分表明了这一思想的重要理论和实践价值。同时，习近平扶贫论述也极大地拓展了治国理政思想的内涵，精准扶贫在实践中取得的成功也推动精准思维在治国理政中广泛运用。

习近平扶贫论述是中国特色扶贫开发理论的最新发展。中国特色扶贫开发事业是中国特色社会主义事业的重要组成部分，中国特色扶贫开发理论是中国特色社会主义理论体系的有机构成。习近平继承毛泽东、邓小平、江泽民、胡锦涛等党和国家的领导人扶贫开发思想，立足我国社会主义初级阶段的新变化，以回应“贫困不是社会主义，更不是共产主义”这一中国特色社会主义理论的核心命题为出发点，深刻揭示了当前我国贫困问题的新特征和反贫困存在的深层次矛盾和问题，创新了对我国贫困问题的认知，创造性地提出了精准扶贫、精准脱贫基本方略，重塑了我国反贫困的价值理念、工作模式、组织方式。习近平扶贫论述彰显了中国特色社会主义的政治优势和制度优势，有很强的思想性、战略性、前瞻性、指导性，极大地丰富了中国特色扶贫开发理论。

习近平扶贫论述是脱贫攻坚的根本遵循。习近平扶贫论述具有很强的系统性、完备性，为解决我国复杂多元贫困问题提供了一整套科学理论方法。精准扶贫、精准脱贫基本方略作为这一思想的有机组成部分，是部分与整体、局部与全局的关系，绝不能割裂开来认识，更不能将其剥离出来机械运用到实践中。因此，深入推进精准扶贫、精准脱贫，必须坚持以习近平扶贫论述为根本遵循，深刻理解这一思想的基本内涵和精神实质，才能确保精准扶贫精准脱贫基本方略在实践中发挥最大作用。

习近平扶贫论述是全球贫困治理的中国智慧。作为大国领袖，习近平以天下为己任，心系人类发展，“共建一个没有贫困、共同发展的人类命运共同体”，这一重要论述体现了习近平对反贫困重大战略意义认识的深化，彰显了大国领袖对于全球减贫事业的责任担当。尽管习近平扶贫论述是关于社会主义制度下反贫困的科学理论，但其中蕴含的对贫困问题的深刻认知、对贫困治理规律的准确把握、对精准扶贫精准脱贫的巨大创新，对全球贫困治理具有重要的借鉴意义。

深入研究习近平扶贫论述意义重大。有助于深刻领会习近平扶贫论述的理论体系框架，增强学理论用理论的自觉；有助于提升我国扶贫开发理论与实践的国际国内影响；有助于为构建新型贫困治理体系提供改革方案；还有助于丰富减贫研究理论和推动相关学科建设与发展。

参考文献

[1] 习近平. 决胜全面建成小康社会　夺取新时代中国特色社会主义伟大胜利：在中国共产党第十九次全国代表大会上的报告. 人民日报，2017-10-28

(01).

[2] 习近平. 习近平关于扶贫开发论述摘编. 中国扶贫（特刊），2015（24）.

[3] 黄承伟. 打赢脱贫攻坚战的行动指南. 红旗文稿，2017（16）.

（《福建论坛》2017年第1期）

习近平扶贫论述体系及其丰富内涵

党的十八大以来，以习近平同志为核心的党中央把扶贫开发摆到治国理政的重要位置，提升到事关全面建成小康社会、实现第一个百年奋斗目标的新高度，纳入经济社会发展全局进行决策部署。至 2016 年 4 月，习近平总书记国内考察 30 次，其中 18 次涉及扶贫、8 次把扶贫作为考察重点、连续 4 年的新年第一次国内考察都是到贫困地区，在重要会议、重要场合、关键时点，反复强调扶贫开发的重大意义，做出部署，提出要求。2012 年，党的十八大闭幕后不久，习近平总书记就到革命老区河北阜平，进村入户看真贫，提出了“两个重中之重”（“三农”工作是重中之重，革命老区、民族地区、边疆地区、贫困地区在“三农”工作中要把扶贫开发作为重中之重）、“三个格外”（对困难群众要格外关注、格外关爱、格外关心）、科学扶贫、内生动力等重要思想。2013 年，在湖南湘西十八洞村首次提出精准扶贫。2014 年，进一步提出精细化管理、精确化配置、精准化扶持等理念。2015 年，1 月到云南、2 月到陕西、6 月到贵州调研考察扶贫工作，在延安、贵阳两次召开扶贫座谈会。7 月后，先后主持召开中央财经领导小组会议、中央政治局常委会议、中央政治局会议研究脱贫攻坚工作。10 月，在党的十八届五中全会上亲自就“十三五”规划建议做说明，把脱贫攻坚作为重点说明的问题；在10月16日减贫与发展高层论坛会议上发表重要讲话，深刻阐述了中国共产党和中国政府的主张和部署。11月，在中央扶贫开发工作会议上发表重要讲话，系统阐述“六个精准”“五个一批”“四个问题”等重要思想，进一步完善了精准扶贫精准脱贫的基本方略，全面部署“十三五”脱贫攻坚工作。2016年，习近平总书记在考察重庆、江西和安徽，视察中央新闻单位，出席全国“两会”等多个重要场合中，继续高位推进，要求横下一条心，加大力度，加快速度，加紧进度，齐心协力打赢脱贫攻坚战。

三年多来，习近平总书记关于扶贫开发战略定位、战略重点、总体思路、基本方略、工作要求以及方式方法等一系列深刻而具体的论述，形成了系统的扶贫思想。这些思想充分体现了中国特色扶贫开发道路的理论创新和实践创新，贯彻了“创新、协调、绿色、开放、共享”的五大发展理念，精辟阐述了扶贫开发在国家发展全局中的重要地位和作用，体现了马克思主义世界观和方法论，是治国理政思想的重要组成部分，是中国特色社会主义理论体系的重要组成部分和新发展，是做好当前及今后一个时期脱贫攻坚工作的科学指南和根本遵循。同时，习近平扶贫论述还在发展中，随着全面建成小康社会的进程、脱贫攻坚战的深入，还会不断丰富和发展。

习近平扶贫论述内容丰富，思想深刻，博大精深，具有极强的思想性、理论性和指导性。按照中央部署，到2020年如期实现“我国现行标准下农村贫困人口实现脱贫，贫困县全部摘帽，解决区域性整体贫困”的脱贫攻坚目标，时间极紧、任务很重、难度非常大，以习近平扶贫论述来凝聚全党全国全社会共识，是打赢这场脱贫攻坚战的基础和前提。因此，全面、系统、准确理解习近平扶贫论述体系及其丰富内涵，具有重要的理论实践意义。

一、扶贫开发是社会主义本质要求的思想

习近平多次指出：“消除贫困、改善民生、实现共同富裕，是社会主义的本质要求，是我们党的重要使命。”“贫穷不是社会主义。如果贫困地区长期贫困，面貌长期得不到改变，群众生活长期得不到明显提高，那就没有体现我国社会主义制度的优越性，那也不是社会主义。”“做好扶贫开发工作，支持困难群众脱贫致富，帮助他们排忧解难，使发展成果更多更公平惠及人民，是我们党坚持全心全意为人民服务根本宗旨的重要体现，也是党和政府的重大职责。”“得民心者得

天下。从政治上说，我们党领导人民开展了大规模的反贫困工作，巩固了我们党的执政基础，巩固了中国特色社会主义制度。”这些论述表明，做好扶贫开发工作，支持困难群众脱贫致富，帮助他们排忧解难，使发展成果更多更公平惠及人民，并不是一项一般性的工作，而是体现着社会主义的根本价值追求和奋斗理想，是社会主义的题中应有之义。

社会主义从诞生之日起，便把消除贫困、实现社会公平作为自己的理想，马克思主义更是指出了实现这一理想的现实道路，从而将社会主义从空想变成科学，并付诸伟大的社会实践。邓小平提出社会主义本质理论，始终将“共同富裕”视为社会主义的根本特征和价值追求。

习近平扶贫论述是社会主义本质要求的思想，是对马克思主义价值观的坚守和捍卫，更是对它的发展。因为扶贫开发战略是将这种理想追求具体化、可操作化，实实在在地接地气、聚人气、得人心。同时，扶贫开发也是解决我国改革开放过程中遇到的新问题、新困难的重大举措。近年来，习近平不止一次深情地讲，中华人民共和国成立前，我们党是靠领导农民“打土豪、分田地”夺取政权的，让人民翻身解放做了主人。今天，我们党就是要带领人民“脱贫困、奔小康”，让农民过上好日子。我们只有让大量贫困人口摆脱贫困，过上体面而有尊严的生活，才能焕发出蕴藏在他们身上的巨大活力，为中国特色社会主义事业注入进一步改革发展的动力；才能进一步增强中国特色社会主义的凝聚力和向心力，增强和夯实党执政为民的社会基础和群众基础。说到底，扶贫开发搞得好不好，会影响“四个全面”战略布局的实施，影响到“两个一百年”奋斗目标和中国梦的进程。

正因为如此，习近平将扶贫开发工作视为“我们党坚持全心全意为人民服务根本宗旨的重要体现，也是党和政府重大职责”。学习习近平扶贫论述，首先要从政党性质、执政责任、巩固制度的高度深刻理解深化认识，增强使命感责任感。

二、农村贫困人口脱贫是全面建成小康社会最艰巨任务的思想

习近平多次强调：“小康不小康，关键看老乡，关键看贫困老乡能不能脱贫。”“全面建成小康社会、实现第一个百年奋斗目标，农村贫困人口全部脱贫是一个标志性指标。”“全面建成小康社会，关键是要把经济社会发展的‘短板’尽

快补上，否则就会贻误全局。全面建成小康社会，最艰巨的任务是脱贫攻坚，最突出的短板在于农村还有七千多万贫困人口。”“经过多年努力，容易脱贫的地区和人口已经解决得差不多了，越往后脱贫攻坚成本越高、难度越大、见效越慢。”“脱贫攻坚已经到了啃硬骨头、攻坚拔寨的冲刺阶段，所面对的都是贫中之贫、困中之困，采用常规思路和办法、按部就班推进难以完成任务。”“各级领导干部，特别是贫困问题较突出地区的各级党政主要负责同志，要认真履行领导职责，集中连片特殊困难地区领导同志的工作要重点放在扶贫开发上。‘三农’工作是重中之重，革命老区、民族地区、边疆地区、贫困地区在‘三农’工作中要把扶贫开发作为重中之重，这样才有重点。”“必须动员全党全国全社会力量，向贫困发起总攻，确保到二〇二〇年所有贫困地区和贫困人口一道迈入全面小康社会。”这些论述深刻指出，全面建成小康社会，不仅要从总体上、总量上实现小康，更重要的是让贫困人口和贫困地区尽快赶上来，逐步缩小这些地区同发达地区的差距，让小康惠及全体人民。这是实现全面建成小康社会目标的现实需要，更是社会主义共同富裕目标的基础和前提。

习近平关于农村贫困人口脱贫是全面建成小康社会最艰巨任务的思想，将扶贫开发工作置于全面建成小康社会中的战略布局中加以论述，既点明了扶贫开发工作的重要性，也强调了扶贫开发工作的紧迫性。全面建成小康社会最艰巨最繁重的任务在农村，特别是在贫困地区。扶贫开发已进入啃硬骨头、攻坚拔寨的冲刺期。形势逼人，形势不等人。这一思想要求贫困地区各级党委和政府要把扶贫工作摆到更加突出的位置，把脱贫作为全面建成小康社会的底线目标，对未来五年脱贫攻坚的艰巨性、复杂性、紧迫性有清醒认识和充分准备，从而进一步增强做好扶贫开发工作的紧迫感，以更加明确的目标、更加有力的举措、更加有效的行动打好扶贫攻坚战，确保贫困地区同全国一道进入小康社会。

三、科学扶贫思想

习近平指出：“推进扶贫开发、推动经济社会发展，首先要有一个好思路、好路子。”“加大基础设施建设力度。”“治贫先治愚，扶贫先扶智。教育是阻断贫困代际传递的治本之策。”“抓好教育是扶贫开发的根本大计。”“把贫困地区孩子培养出来，这才是根本的扶贫之策。”“要因地制宜，发展特色经济，不要在贫困地区大搞不符合当地实际的项目。”“对居住在‘一方水土养不起一方人’地方的贫困人口，要实行易地搬迁。”“扶贫开发要与生态环境保护相结合。”对各类困难群众，在确保他们享受国家各种普惠性政策的基础上，还要采取特惠性的支持，要编织好“社会安全网”。这些论述提示我们，理清思路、找准路子是做好扶贫开发工作的基础和前提。而理清思路、找准路子，必须坚持从实际出发，因地制宜，找准突破口。在具体扶贫开发的路径选择上，如加大贫困地区基础设施建设力度，抓好贫困地区教育，大力发展贫困地区特色经济，做好移民搬迁扶贫工作，扶贫开发与生态环境保护相结合，编织好“社会安全网”等重要论断，都为提高扶贫开发工作指明了方向，提供了指南。

习近平关于科学扶贫的思想，是从提高扶贫工作科学性的角度出发，阐述了扶贫开发的总体思路和实现途径，体现出党和国家领导人对国家现状的深入了解，对历史经验教训的深刻总结，对现实做深入细致思考后的务实选择。发展是甩掉贫困帽子的总办法，科学扶贫是科学发展的一种具体体现。而科学扶贫就是要在转方式、调结构、惠民生的方针指导下，遵循经济发展规律、社会发展规律和自然规律推进综合扶贫开发。就是要坚持因地制宜、科学规划、分类指导、因势利导，能做什么就做什么，绝不蛮干，绝不搞表面工作，一定要从实际出发，真正使老百姓得到实惠。要把扶贫开发同做好农业农村农民工作结合起来，同发展基本公共服务结合起来，同保护生态环境结合起来，向增强农业综合生产能力和整体素质要效益。

四、精准扶贫、精准脱贫思想

习近平深刻指出：“扶贫开发推进到今天这样的程度，贵在精准，重在精准，成败之举在于精准。搞大水漫灌、走马观花、大而化之、手榴弹炸跳蚤不行。”“总结各地实践和探索，好路子好机制的核心就是精准扶贫、精准脱贫，做到扶持对象精准、项目安排精准、资金使用精准、措施到户精准、因村派人精准、脱贫成效精准。”“扶贫开发成败系于精准，要找准‘穷根’、明确靶向，量身定做、对症下药，真正扶到点上、扶到根上。脱贫摘帽要坚持成熟一个摘一个，既防止不思进取、等靠要，又防止揠苗助长、图虚名。”“要增加资金投入和项目支持，实施精准扶贫、精准脱贫，因乡因族制宜、因村施策、因户施法，扶到点上、扶到根上。”“要把精准扶贫、精准脱贫作为基本方略。”这些论述体现了党的十八大以来中央对扶贫开发工作的新部署新要求，体现了现阶段我国扶贫战略最突出的特征，是对过去不精准扶贫工作方式方法的根本性改革，旨在进一步提高脱贫攻坚的精准度和有效性。

习近平最先提出精准扶贫概念，在多个重要场合阐述精准扶贫的内涵、要求、路径、保障措施并不断丰富发展，形成了精准扶贫、精准脱贫方略，这是我国扶贫开发方式的重大转变。精准扶贫、精准脱贫是一个系统工程，对象精准是前提和基础，项目、资金、措施、派人精准是措施和手段，成效精准是目标和落脚点。只有每个环节、每个步骤都精准，才能见到实效，才能实现精准脱贫。这一思想既是我们扶贫工作总的指导思想，也是扶贫工作总的工作原则、工作要求，体现的是精准性、实效性原则。精准扶贫、精准脱贫就是要真正把精准理念落到实处，变“大水漫灌”为“精准滴灌”，切实解决扶持谁、谁来扶、怎么扶、如何退的问题。

五、内源扶贫思想

习近平多次讲：“脱贫致富贵在立志，只要有志气、有信心，就没有迈不过去的坎。”“贫困地区发展要靠内生动力，如果凭空救济出一个新村，简单改变村容村貌，内在活力不行，劳动力不能回流，没有经济上的持续来源，这个地方下一步发展还是有问题。”“脱贫致富终究要靠贫困群众用自己的辛勤劳动来实现。”“树立‘宁愿苦干、不愿苦熬’的观念，自力更生、艰苦奋斗，靠辛勤劳动改变贫困落后面貌。”“扶贫既要富口袋，也要富脑袋。要坚持以促进人的全面发展的理念指导扶贫开发，丰富贫困地区文化活动，加强贫困地区社会建设，提升贫困群众教育、文化、健康水平和综合素质，振奋贫困地区和贫困群众精神风貌。”“帮钱帮物，不如帮建个好支部。”这些重要论述深刻指出，由于自然、历史等原因，贫困地区发展面临许多困难和问题，国家要继续加大支持、加大投入。同时，内因才是事物变化的依据。摆脱贫困首要意义并不仅仅是物质上的脱贫，还在于摆脱意识和思路的贫困。扶贫开发最为重要的是，要充分调动群众的积极性和主动性，增强群众战胜困难的信心，激发内生动力，提高自我发展能力，变“输血”为“造血”。

习近平关于内源扶贫的思想，深入阐述了激发内生动力的工作方向和重点。人民群众是历史的创造者。外因是变化的条件，内因是变化的根据，外因通过内因而起作用。贫困地区的发展、扶贫开发工作要特别尊重贫困群众的主体地位和首创精神，把激发扶贫对象的内生动力摆在突出位置。扶贫先扶智，要加强对贫困群众的思想发动，把教育作为扶贫开发的治本之策。把加强贫困村基层组织建设、发展村级集体经济、推进扶贫对象的组织化列为扶贫开发的重要内容。充分发挥第一书记、驻村工作队的作用，把贫困群众的积极性调动起来，把他们自力更生的精神激发出来，不断提高他们共享发展成果的能力。这一思想要求我们，要坚持人民群众的主体地位，进一步处理好贫困地区发展既要靠外部支持更要靠内生动力的关系，进一步重视激发贫困地区贫困群众内生动力，并不断提高贫困地区贫困群众的自我发展能力，帮助贫困群众靠自己双手改变命运、实现人生出彩。

六、社会扶贫思想

习近平多次强调："'人心齐，泰山移。'脱贫致富不仅仅是贫困地区的事，也是全社会的事。""要健全东西部协作、党政机关定点扶贫机制，各部门要积极完成所承担的定点扶贫任务，东部地区要加大对西部地区的帮扶力度，国有企业要承担更多扶贫开发任务。""扶贫开发是全党全社会的共同责任，要动员和凝聚全社会力量广泛参与。要坚持专项扶贫、行业扶贫、社会扶贫等多方力量、多种举措有机结合和互为支撑的'三位一体'大扶贫格局，强化举措，扩大成果。""要广泛调动社会各界参与扶贫开发积极性，鼓励、支持、帮助各类非公有制企业、社会组织、个人自愿采取包干方式参与扶贫。""鼓励支持各类企业、社会组织、个人参与脱贫攻坚。""要引导社会扶贫重心下沉，促进帮扶资源向贫困村和贫困户流动，实现同精准扶贫有效对接。"这些重要论述阐述了社会扶贫的重要作用及其不可替代性，对如何更加广泛地动员社会参与提出了新要求，为进一步做好社会扶贫工作指明了方向。

习近平关于社会扶贫的思想，从扶贫是全党全国全社会的共同责任的高度，深入阐述了广泛动员社会力量的重大意义和基本途径。减贫目标的实现是行业扶贫、专项扶贫、社会扶贫共同作用的结果，必须构建政府、市场、社会协同推进的大扶贫格局。各级党委、政府要不断加大扶贫开发力度，要更加广泛动员社会参与扶贫。做好社会扶贫工作，对于弘扬中华民族扶贫济困的传统美德，培育和践行社会主义核心价值观，动员社会各方面力量共同向贫困宣战，具有重要意义。社会扶贫就是要进一步动员东部地区加大对西部地区的帮扶力度，进一步动员各部门各单位积极完成所承担的定点扶贫任务，进一步引导国有企业承担更多扶贫开发任务，进一步鼓励、支持、帮助各类非公有制企业、社会组织、个人自愿采取多种形式参与扶贫。只有这样，才能更加广泛、更加有效地动员和凝聚各方面力量，构建大扶贫格局，形成脱贫攻坚的强大合力。

七、廉洁扶贫阳光扶贫思想

习近平指出："我不满意，甚至愤怒的是，一些扶贫款项被各级截留，移作他用。扶贫款项移作他用，就像救灾款项移作他用一样，都是犯罪行为。还有骗取扶贫款的问题。对这些乱象，要及时发现、及时纠正，坚决反对、坚决杜绝。"惠民资金、扶贫资金等关系千家万户，绝不允许任何人中饱私囊，对贪污挪用的不管涉及谁，发现一起，查处一起，绝不姑息。"扶贫资金是贫困群众的'救命钱'，一分一厘都不能乱花，更容不得动手脚、玩猫腻！要加强扶贫资金阳光化管理，加强审计监管，集中整治和查处扶贫领域的职务犯罪，对挤占挪用、层层截留、虚报冒领、挥霍浪费扶贫资金的，要从严惩处！"这些论述表明，帮助贫困地区改变落后面貌，帮助贫困群众实现"两不愁，三保障"目标，需要加大扶贫投入。扶贫资金是国家为了帮助贫困地区贫困群众摆脱贫困而安排的特殊投入，在一定程度上是贫困群众的"救命钱"，不仅要用在贫困地区贫困群众身上，还要用好、用出成效。

习近平关于廉洁扶贫阳光扶贫的思想，要求我们要始终把纪律和规矩挺在前面，不断完善制度，加强监管，坚决惩治和预防扶贫领域违纪违法行为。要改革财政扶贫资金使用管理机制，完善扶贫资金项目公告公示制度，建立健全贫困群众全程参与扶贫资金使用管理，项目实施、管理、监测、验收，发挥媒体监督、第三方评估的作用，确保扶贫资金使用、扶贫项目实施过程公开透明，确实做到阳光化管理。

八、扶贫开发要坚持发挥政治优势和制度优势的思想

习近平明确要求："凡是有脱贫攻坚任务的党委和政府，都必须倒排工期、落实责任，抓紧施工、强力推进。特别是脱贫攻坚任务重的地区党委和政府要把脱贫攻坚作为'十三五'期间头等大事和第一民生工程来抓，坚持以脱贫攻坚统揽经济社会发展全局。""要层层签订脱贫攻坚责任书、立下军令状。""要建立年

度脱贫攻坚报告和督查制度，加强督查问责，把导向立起来，让规矩严起来。”“省对市地、市地对县、县对乡镇、乡镇对村都要实行这样的督查问责办法，形成五级书记抓扶贫、全党动员促攻坚的局面。”“对贫困县党政负责同志的考核，要提高减贫、民生、生态方面指标的权重，把党政领导班子和领导干部的主要精力聚焦到脱贫攻坚上来。”“要把贫困地区作为锻炼培养干部的重要基地。”“把脱贫攻坚实绩作为选拔任用干部的重要依据。”这些论述表明，始终坚持党对脱贫攻坚的领导，充分发挥社会主义集中力量办大事的制度优势，这是我们最大的政治优势和制度优势，也是我们扶贫开发取得伟大成就的根本经验，是打赢脱贫攻坚战的根本保障。

习近平关于扶贫开发要坚持发挥政治优势和制度优势的思想，就是要充分发挥各级党委总揽全局、协调各方的领导核心作用，严格执行脱贫攻坚一把手负责制，省、市、县、乡、村五级书记一起抓。加强贫困县、乡镇和村级领导班子建设，发挥基层党组织战斗堡垒作用。要不断健全中央统筹、省负总责、市县抓落实的工作机制，层层签订脱贫攻坚责任书，逐级压实落实脱贫责任。要严格考核机制、落实约束机制、规范退出机制，引导贫困地区党政领导干部把主要精力放在脱贫攻坚上，加强自我约束，制定严格、规范、透明的贫困退出标准、程序和核查办法，建立年度脱贫攻坚督查巡查制度，开展第三方评估，确保脱贫质量。

九、共建一个没有贫困的人类命运共同体的思想

习近平在多个场合说：“中国是世界上最大的发展中国家，一直是世界减贫事业的积极倡导者和有力推动者。改革开放三十多年来，中国人民积极探索、顽强奋斗，走出了一条中国特色减贫道路。”“消除贫困是人类的共同使命。中国在致力于自身消除贫困的同时，始终积极开展南南合作，力所能及向其他发展中国家提供不附加任何政治条件的援助，支持和帮助广大发展中国家特别是最不发达国家消除贫困。”“中国将发挥好中国国际扶贫中心等国际减贫交流平台作用，提出中国方案，贡献中国智慧，更加有效地促进广大发展中国家交流分享减贫经验。”“维护和发展开放型世界经济，推动建设公平公正、包容有序的国际经济金融体系，为发展中国家发展营造良好外部环境，是消除贫困的重要条件。”“加强同发展中国家和国际机构在减贫领域的交流合作，是我国对外开放大局的重要组成部分。”“在国际减贫领域积极作为，树立负责任大国形象，这是大账。要引导

广大干部群众正确认识和看待这项工作。”这些论述充分展现了习近平作为大国领袖的全球视野和宽广胸怀，为我们在做好国内扶贫工作的同时，如何推进国际减贫合作，发挥扶贫软实力在树立大国形象、增强我国在全球治理中的话语权中的特殊作用，明确了目标，指明了方向。

习近平关于共建一个没有贫困的命运共同体的思想，深刻阐述了以下内涵：中国的减贫成就彰显了三个自信，是国家重要的软实力；开展减贫合作能够有效彰显中国人民重友谊、负责任、讲信义，能够充分呈现中华文化历来具有扶贫济困、乐善好施、助人为乐的优良传统；全球减贫需要更加有效的合作，需要在发展和减贫上协同推进；以减贫合作来推进扶贫外交具有重要和深远的意义。我们要深刻理解、准确把握，更加有力有效、力所能及地深化国际减贫合作，为全球2030年可持续发展议程的推进，提出中国方案，贡献中国智慧，更加有效地促进广大发展中国家交流分享减贫经验，树立“我负责任”的大国形象。

上述九个方面的思想，有机组成了习近平扶贫论述的理论体系。这一理论体系精辟阐述了扶贫工作在“五位一体”总体布局和“四个全面”战略布局中的重要地位和作用，深刻揭示了我国扶贫的基本特征和规律，明确了贫困地区全面建成小康社会的底线目标，强调了全党全国全社会扶贫济困的重大责任，为推动国际减贫事业指明了方向，是我们做好扶贫工作的科学指南和根本遵循。从国内看，打赢脱贫攻坚战，必须以习近平扶贫论述的理论为指导，深化全党全社会的扶贫共识，凝心聚力、合力攻坚。从国外看，重视习近平扶贫论述的国际传播，充分发挥其在推进全球减贫事业发展中的作用具有巨大的潜力和空间。

参考文献

习近平. 习近平关于扶贫开发论述摘编. 中国扶贫（特刊），2015（24）.

［《中南民族大学学报（人文社会科学版）》2016年第6期］

党的十八大以来
脱贫攻坚理论创新和实践创新总结*

改革开放以来，我国扶贫开发取得了举世瞩目的成就。但是，我国作为全球最大的发展中国家，贫困问题一直是国家经济社会发展进程中必须有效应对的重要挑战。特别是在全面建成小康社会的背景下，我国扶贫开发进入了新的历史时期。以习近平总书记2013年首次提出精准扶贫为起点，以党的十八届五中全会和中央扶贫开发工作会议决策部署为标志，扶贫开发进入脱贫攻坚新阶段。2013—2016年，我国扶贫开发取得了历史上最好的成就，为决胜脱贫攻坚战、如期实现第一个百年目标打下了坚实基础。显著成就取得的根本原因，在于习近平扶贫开发战略论述为脱贫攻坚提供了根本遵循，把我国扶贫开发理论创新提高到了新的历史高度。同时，在这一重要战略思想指引下，各地各部门不断深入推进脱贫攻坚的实践创新，确保了精准扶贫、精准脱贫方略的贯彻落实。回顾总结党的十八大以来脱贫攻坚的理论创新和实践创新，对于丰富发展中国特色扶贫开发理论、助力打赢脱贫攻坚战、凝练减贫治理的中国

* 基金项目：2016年马克思主义理论研究和建设工程重大项目（国家社会科学基金重大项目）《习近平总书记扶贫开发战略思想理论创新和实践创新研究》，项目号：2016MSJ054。教育部重大项目《贫困治理效果评估机制研究》，项目号：16JZD025。

经验具有重要意义。

一、习近平扶贫开发战略论述的形成发展，为脱贫攻坚提供了根本遵循，把我国扶贫开发理论创新提高到了新的历史高度

党的十八大以来，习近平总书记高度重视扶贫开发工作。在 2015 年减贫与发展高层论坛上，习近平总书记深情地说："40 多年来，我先后在中国县、市、省、中央工作，扶贫始终是我工作的一个重要内容，我花的精力最多。"20 世纪 60 年代末 70 年代初，习近平同志到陕西延川县梁家河村插队 7 年，品尝贫穷之苦，对中国"三农"和贫困问题有着深刻理解。80 年代，在河北正定工作，走遍全县 200 多个村子，大刀阔斧改革经济发展模式，大力推行家庭联产承包责任制，带领全县人民一举甩掉"高产穷县"的帽子。80 年代末 90 年代初，在福建宁德担任地委书记期间，探索创新扶贫开发，提出经济大合唱、弱鸟先飞、滴水穿石和脱贫首先要摆脱意识贫困、思路贫困等重要思想，形成《摆脱贫困》一书[1]。90 年代，在福建省委工作期间，组织开展造福工程、山海协作、向贫困村派驻第一书记等工作，帮助贫困群众脱贫致富。积极贯彻邓小平同志"两个大局"战略思想，开创东西部扶贫协作的"闽宁模式"。进入 21 世纪，在担任浙江省委书记期间，组织开展"百乡扶贫攻坚计划"和"欠发达乡镇奔小康工程"，强调要把握贫困的动态变化，讲求针对性，使投入的钱真正让贫困户受益。

党的十八大以来，习近平总书记把脱贫攻坚作为工作的重要内容，亲自挂帅、亲自出征、亲自督战。30 多次国内考察都涉及扶贫，连续 5 年新年国内首次考察都看扶贫，连续 3 年新年贺词都讲扶贫，基本走遍了连片特困地区。在阜平听取扶贫开发工作汇报，在延安主持召开陕甘宁革命老区脱贫致富座谈会，在贵阳主持召开涉及武陵山、乌蒙山、滇桂黔集中连片特困地区脱贫攻坚座谈会，在银川主持召开东西部扶贫协作座谈会，在太原召开深度贫困地区脱贫攻坚座谈会。在每年中央经济工作会议和全国"两会"期间都对做好脱贫攻坚做出重要指示，多次主持召开中央政治局会议、政治局常委会议、中央深改领导小组会议、中央财经领导小组等重要会议研究部署脱贫攻坚。在重要会议、重要场合系统阐述扶贫开发的重大意义和精准扶贫、精准脱贫的基本方略，分析存在问题困难，总结成功经验，指明前进方向。党的十八大以来，习近平总书记关于扶贫开发的重要讲话、重要论述、重要指示批示，形成了一个思想深邃、内涵丰富、逻辑严

密的思想体系，这就是习近平扶贫开发战略论述。

习近平扶贫开发战略论述的丰富内涵集中体现在以下九个方面的重要内容[2][3][4]：一是本质要求。消除贫困、改善民生、实现共同富裕，是社会主义的本质要求，是我们党的重要使命。我们共产党人从党成立之日起就确立了为天下劳苦人民谋幸福的目标，这就是我们的初心。二是艰巨任务。脱贫攻坚已经到了啃硬骨头、攻坚拔寨的冲刺阶段，所面对的都是贫中之贫、困中之困，采用常规思路和办法、按部就班推进难以完成任务。打赢脱贫攻坚战绝非朝夕之功，不是轻轻松松冲一冲就能解决的。脱贫攻坚本来就是一场硬仗，而深度贫困地区脱贫攻坚是这场硬仗中的硬仗。三是政治优势。脱贫攻坚任务重的地区党委和政府要把脱贫攻坚作为"十三五"期间头等大事和第一民生工程来抓，坚持以脱贫攻坚统揽经济社会发展全局。要层层签订脱贫攻坚责任书、立下军令状，形成五级书记抓扶贫、全党动员促攻坚的局面。四是精准扶贫。扶贫开发推进到今天这样的程度，贵在精准，重在精准，成败之举在于精准。扶持谁、谁来扶、怎么扶、如何退，全过程都要精准，有的需要下一番"绣花功夫"。五是改革创新。脱贫攻坚必须坚持问题导向，以改革为动力，以构建科学的体制机制为突破口，充分调动各方面积极因素，用心、用情、用力开展工作。六是内生动力。扶贫不是慈善救济，而是要引导和支持所有有劳动能力的人，依靠自己的双手开创美好明天。要注重调动贫困群众的积极性、主动性、创造性，注重培育贫困群众发展生产和务工经商的基本技能，注重激发贫困地区和贫困群众脱贫致富的内在活力，注重提高贫困地区和贫困群众自我发展能力。七是合力攻坚。脱贫致富不仅仅是贫困地区的事，也是全社会的事。坚持专项扶贫、行业扶贫、社会扶贫等多方力量有机结合的"三位一体"大扶贫格局，发挥各方面积极性。八是阳光扶贫。要加强扶贫资金阳光化管理，加强审计监管，集中整治和查处扶贫领域的职务犯罪，对挤占挪用、层层截留、虚报冒领、挥霍浪费扶贫资金的，要从严惩处。九是共建没有贫困的人类命运共同体。消除贫困是人类的共同使命。消除贫困依然是当今世界面临的最大全球性挑战。我们要凝聚共识、同舟共济、攻坚克难，致力于合作共赢，推动建设人类命运共同体，为各国人民带来更多福祉。

习近平扶贫开发战略理论把我国扶贫开发理论创新提高到了新的历史高度[5]。首先，习近平扶贫开发战略理论将扶贫开发作为关乎党和国家政治方向、根本制度和发展道路的大事，作为"五位一体"总体布局和"四个全面"战略布局以及实现第一个百年奋斗目标的底线任务，将其上升为国家战略，进一步明确和强化了扶贫开发的战略定位，把我们党所领导的反贫困实践推进到一个新的境界。其次，习近平精准扶贫、精准脱贫战略，是总书记基于长期实践经验及对扶贫开发问题深入思考的重大理论成果。这一战略是基于对中国扶贫开发实践不断进行科学总结和理论提升而逐步形成并不断完善的理论体系，是我国乃至全球减贫理论的重大创新，为我国脱贫攻坚及今后的扶贫开发事业提供了理论指导和发展方向，为扶贫思想的丰富发展做出了重大贡献。再次，习近平扶贫开发战略论述包括内源扶贫、科学扶贫、精神脱贫、教育脱贫、社保政策兜底脱贫等扶贫脱贫机制模式的深刻论述，丰富了党的十八大以来我国扶贫开发的时代内涵。这些扶贫内涵，客观反映了贫困演进的时代特征，反映了扶贫开发特定历史阶段的客观要求。不仅为推动脱贫攻坚的伟大实践提供了行动纲领，也为推动贫困与反贫困规律研究理论提炼指明了方向。最后，习近平扶贫开发战略论述中关于“共建一个没有贫困、共同发展的人类命运共同体”的重要思想，体现了总书记对于中国特色扶贫理论的进一步升华，是其对我国扶贫思想发展的另一个重大贡献，显示了中国对于世界减贫发展的责任意识和大国担当，受到国际社会的广泛赞誉。

总的看，习近平扶贫开发战略论述精辟阐述了扶贫开发工作在国家经济社会发展全局中的地位和作用，深刻揭示了我国扶贫开发的基本特征和演进规律，系统阐述了扶贫开发的重大理论和实践问题，重点强调了全党全社会扶贫济困的重大责任，也为推动国际减贫事业指明了方向。这些重要论述，充分体现了中国特色扶贫开发道路的理论创新和实践创新，深入贯彻了“创新、协调、绿色、开放、共享”的五大发展理念，深刻体现了马克思主义世界观和方法论，是习近平总书记治国理政新理念新思想新战略的重要组成部分，是中国特色社会主义理论体系的新发展，是做好脱贫攻坚工作的科学指南和根本遵循。

二、以习近平扶贫开发战略论述为指引，脱贫攻坚顶层设计基本完成，脱贫攻坚的实践创新不断深入推进

明确目标，为脱贫攻坚指明方向。党的十八届五中全会确定了到 2020 年脱贫攻坚的总体目标。这是一个多元化的目标体系，体现了贫困成因和脱贫的综合性。总的目标是农村贫困人口全部脱贫，贫困村全部出列，贫困县全部摘帽，解决区域性整体贫困。具体包括：现行扶贫标准（2300 元农民年人均纯收入，

2010 年不变价）以下农村贫困人口稳定实现“两不愁，三保障”，即不愁吃、不愁穿，保障义务教育、基本医疗和住房安全。832 个国家扶贫工作重点县和连片特困地区县，实现农民人均可支配收入增长幅度高于全国平均水平，基本公共服务主要领域指标接近全国平均水平。如期实现脱贫攻坚目标，是全面建成小康社会、实现第一个百年奋斗目标最艰巨的挑战，也是须确保完成的底线任务和标志性指标。到 2020 年，完成脱贫攻坚目标任务，将意味着贫困人口和贫困地区同全国一道全面进入小康社会，具有标志性意义；意味着我国绝对贫困问题得到历史性解决，具有里程碑意义；意味着我国提前 10 年实现联合国 2030 年可持续发展议程确定的减贫目标，具有国际意义。

创新机制，为脱贫攻坚提供制度支撑。按照党中央、国务院决策部署，以习近平扶贫开发战略论述为根本遵循，为落实《中共中央　国务院关于打赢脱贫攻坚战的决定》（以下简称《决定》），国务院扶贫开发领导小组和有关部门逐步建立了脱贫攻坚责任、政策、投入、动员、监督、考核六大体系，为打赢脱贫攻坚战提供制度保障[6]。一是创新脱贫攻坚责任落实机制，这是打赢脱贫攻坚战的基础和前提。按照“中央统筹、省负总责、市县抓落实”体制机制，出台脱贫攻坚责任制实施办法，构建各负其责、合力攻坚的责任体系。明确中央国家机关 76 个有关部门任务分工。中西部 22 个省份党政主要负责同志向中央签署脱贫攻坚责任书，立下军令状。贫困县党政正职攻坚期内保持稳定。二是创新脱贫攻坚政策供给机制，这是打赢脱贫攻坚战的基本保障。截至 2017 年 8 月，中共中央办公厅、国务院办公厅出台 12 个《决定》配套文件，各部门出台 173 个政策文件或实施方案，各地也相继出台和完善“1＋N”的脱贫攻坚系列文件[7]，涉及产业扶贫、易地扶贫搬迁、劳务输出扶贫、交通扶贫、水利扶贫、教育扶贫、健康扶贫、金融扶贫、农村危房改造、土地增减挂钩指标、资产收益扶贫等，很多“老大难”问题都有了针对性措施。三是创新脱贫攻坚投入及使用管理机制，这是打赢脱贫攻坚战的核心保障。坚持政府投入的主体和主导作用，增加金融资金投放，确保扶贫投入力度与打赢脱贫攻坚战要求相适应。2013—2017 年，中央财政安排专项扶贫资金从 394 亿元增加到 861 亿元，累计投入 2822 亿元；省级及以下财政扶贫资金投入也大幅度增长。安排地方政府债务 1200 亿元，用于改善贫困地区生产生活条件。安排地方政府债务 994 亿元和专项建设基金 500 亿元用于易地扶贫搬迁。金融扶贫力度明显增大，“十三五”期间，将发放易地扶贫搬迁专项贷款超过3500亿元。截至2017年6月底，扶贫小额信贷累计发放3381亿元，共支持了855万贫困户，贫困户获贷率由2014年底的2%提高到2016年底的29%[8]。国家还出台了扶贫再贷款政策，证券业、保险业、土地政策等助力脱贫攻坚的力度都在明显加强。四是创新脱贫攻坚动员机制，这是打赢脱贫攻坚战的动力保障。发挥社会主义制度集中力量办大事的优势，动员各方面力量合力攻坚。加大东西部扶贫协作力度，调整完善结对关系，实现对全国30个民族自治州帮扶全覆盖，明确京津冀协同发展中北京、天津两市与河北省张家口、承德和保定三市的扶贫协作任务，实施东部267个经济较发达县（市、区）结对帮扶西部434个贫困县的“携手奔小康”行动。加强定点扶贫工作，320个中央单位定点帮扶592个贫困县，军队和武警部队定点帮扶3500多个贫困村。动员中央企业设立贫困地区产业投资基金、开展“百县万村”扶贫行动。动员2.6万家民营企业开展“万企帮万村”行动。设立全国脱贫攻坚奋进奖、贡献奖、奉献奖、创新奖，表彰脱贫攻坚模范，加大宣传动员力度，营造良好舆论氛围。五是创新脱贫攻坚监督机制，这是打赢脱贫攻坚战的效率保障。把全面从严治党要求贯穿脱贫攻坚全过程各环节。中央出台脱贫攻坚督查巡查工作办法，对各地落实中央决策部署开展督查巡查。中央巡视把脱贫攻坚作为重要内容。8个民主党派中央分别对应8个贫困人口多、贫困发生率高的省份，在攻坚期内开展脱贫攻坚民主监督。加强与纪检监察、财政、审计等部门和媒体、社会等监督力量的合作，把各方面的监督结果运用到考核评估和督查巡查中。六是创新脱贫攻坚考核机制，这是打赢脱贫攻坚战的质量保障。中央出台省级党委和政府扶贫开发工作成效考核办法，实行最严格的考核评估制度。中央对综合评价好的通报表扬，并在中央财政专项扶贫资金分配上给予奖励；对综合评价较差且发现突出问题的，约谈党政主要负责同志；对综合评价一般或发现某些方面问题突出的约谈分管负责同志。考核结果送中央组织部，作为对省级党委、政府主要负责人和领导班子综合考核评价的重要依据。对被约谈的省份开展巡查，对其他中西部省份开展督查。

坚持精准扶贫、精准脱贫基本方略，着力创新完善解决“四个问题”的制度体系。一是完善贫困识别制度，切实解决好“扶持谁”的问题。2014年，全国组织80多万人进村入户，共识别12.8万个贫困村，2948万户贫困户，8962万贫困人口，基本摸清了我国贫困人口分布、致贫原因、脱贫需求等信息，建立起了全国统一的扶贫开发信息系统。经过2015年至2016年的建档立卡“回头看”，

2017年组织各地完善动态管理，建档立卡使我国贫困数据第一次实现了到村到户到人，为中央制定精准扶贫政策措施、实行最严格考核制度和保证脱贫质量打下了基础。二是增强基层力量强化驻村帮扶，切实解决好“谁来扶”的“最后一公里”问题。中央要求，每个贫困村都要派驻村工作队，每个贫困户都要有帮扶责任人，实现全覆盖。全国共选派77.5万名干部驻村帮扶，中央组织部组织开展抓党建促脱贫攻坚工作，选派19.5万名优秀干部到贫困村和基层党组织薄弱涣散村担任第一书记[9]。第一书记和驻村干部履行教育发动、引导指导群众，激发群众内生动力，推动各项精准扶贫政策措施落地落实等职责。三是强化分类施策对症施策，切实解决好“怎么扶”的问题。发展生产和转移就业脱贫一批，支持有劳动能力的贫困人口通过自身劳动开创美好生活。易地搬迁脱贫一批，支持生存环境恶劣地区的贫困人口通过有组织有计划搬迁，建设新家园。生态补偿脱贫一批，结合重点生态区建设为贫困人口提供护林员等生态岗位就业机会。发展教育脱贫一批，加大贫困地区教育投入力度，防止因学致贫和因贫辍学。社会保障兜底一批，对贫困人口中完全或部分丧失劳动能力的人进行兜底保障。加强医疗保险和医疗救助，防止因病致贫返贫。四是建立脱贫认定机制，切实解决好“怎么退”的问题。建立贫困退出机制，明确规定贫困县、贫困人口退出的标准、程序和后续政策。指导各地制定脱贫滚动规划和年度计划，实施贫困县和贫困村有序退出。各省（区、市）签订年度减贫责任书，层层分解任务，落实到县到村到户到人。对贫困退出开展考核评估检查，建立第三方评估机制，开展扶贫成效和群众满意度调查，防止数字脱贫、虚假脱贫，确保脱贫质量。脱贫退出后，在攻坚期内继续享受原有扶贫政策。

创新重点区域聚焦机制，着力破除革命老区、民族地区、边疆地区、连片特困地区等贫困地区发展瓶颈。一是加强基础设施建设。全面推进贫困村村级道路建设，提高贫困村村级道路建设补助标准。优先实施建档立卡贫困村通村道路硬化，推动一定规模的自然村（贫困村）通公路，重点实施较大规模人口的撤并建制村村级道路硬化。加快实施具有支撑特色产业发展能力的资源路、旅游路、产业路建设。实施百万公里农村公路建设工程。实施贫困村通客车线路生命安全防护工程建设。改造危桥，拓宽不能满足安全通客车要求的窄路基路面。继续支持贫困地区县城公路客运站、乡镇客运站、建制村招呼站建设。全面实施农村饮水安全巩固提升工程，建设一批集中供水工程，对分散性供水和水质不达标的，因地制宜实施提升改造工程。推进贫困村农田水利、土地整治、中低产田改造和高标准农田建设，在贫困地区大力实施小型农田水利、“五小水利”工程等建设。加快实施农网改造升级工程和电网建设改造行动计划，重点推进国家扶贫开发工作重点县、集中连片特困地区以及革命老区的农村电网改造升级，解决电压不达标、架构不合理、不通动力电等问题。加强贫困村网络通信设施建设，实施“宽带乡村”试点工程，推进贫困地区公路沿线、集镇、行政村、旅游景区4G网络覆盖建设。二是加大农村危房改造和人居环境整治力度。重点解决建档立卡贫困户、低保户、分散供养特困人员、贫困残疾人四类家庭的基本住房安全问题。提高危房补助标准。推进贫困村饮用水源保护、生活污水和垃圾处理、畜禽养殖污染治理等人居环境工作。全面推进农村生活垃圾治理，启动农村生活垃圾专项治理，建村庄保洁制度。开展村庄卫生厕所改造，解决贫困村人畜混居问题等。三是推进实施区域发展与脱贫攻坚规划。建立和完善片区联系工作机制，全面落实片区联系单位牵头责任。启动实施赣闽粤原中央苏区、左右江、大别山、陕甘宁、川陕等重点贫困革命老区振兴发展规划，支持沂蒙、湘鄂赣、太行、海陆丰等欠发达革命老区加快发展。启动实施革命老区振兴发展行动、民族地区奔小康行动、《兴边富民行动“十三五”规划》。推进贫困地区深度融入“一带一路”建设、京津冀协同发展建设、长江经济带发展建设。

创新特殊贫困群体帮扶机制，促进妇女、儿童、老年人、残疾人等特殊群体中的贫困人口稳定脱贫。一是制定实施《国家贫困地区儿童发展规划（2014—2020年）》，建立健全留守儿童关爱服务体系、儿童救助和帮扶机制。制定实施《国务院关于加强农村留守儿童关爱保护工作的意见》《国务院办公厅关于加强流浪未成年人救助保护工作的意见》。二是根据贫困妇女发展需求，开展针对性的种养殖、乡村旅游、家政服务、手工编织、农村电商等妇女培训项目，着力提高贫困妇女脱贫能力。制定实施《关于在脱贫攻坚战中开展“巾帼脱贫行动”的意见》。推进小额贷款促进贫困家庭妇女脱贫。支持贫困村、贫困户因地制宜发展传统手工业，引导贫困妇女打造妇女特色手工品牌。实施妇女健康扶贫。三是健全养老保险制度，建立健全农村贫困老人关爱服务体系。支持各地农村幸福院等社区养老服务设施建设和运营，开展留守老年人关爱行动。完善农村贫困老人救助供养的制度。四是制定实施《贫困残疾人脱贫攻坚行动计划（2016—2020年）》《残疾预防和残疾人康复条例》，建立健全残疾人社会救助制度，促进残疾人就业增收，制定实施解决贫困残疾人基本住房问题。

创新精准扶贫模式，不断拓展精准脱贫有效路径。党的十八大以来，各地在摸清贫困底数的基础上，从致贫原因出发，因地制宜、因人施策，实施发展产业脱贫、转移就业脱贫、易地搬迁脱贫、生态保护扶贫、资产收益扶贫、教育扶贫、健康扶贫、兜底保障等政策与工程，不断探索和拓展脱贫攻坚的有效途径。

在发展产业脱贫方面，编制《农业行业扶贫开发规划（2011—2020年）》《全国林业扶贫攻坚规划（2013—2020年）》《全国优势特色经济林发展布局规划（2013—2020年）》，出台《贫困地区发展特色产业促进精准脱贫指导意见》，支持贫困县建成一批对贫困户脱贫带动能力强的特色产品加工、服务基地，贫困乡镇、贫困村特色产业增加值显著提升，贫困户自我发展能力明显增强。实施乡村旅游扶贫工程，开展乡村环境综合整治专项行动、旅游规划扶贫公益专项行动、乡村旅游后备厢和旅游电商推进专项行动、旅游行业万企万村帮扶专项行动、百万乡村旅游创客专项行动、金融支持旅游扶贫专项行动、旅游扶贫模式创新推广专项行动、旅游扶贫人才素质提升专项行动等八大行动。大力发展电商扶贫，引导苏宁、京东等大型电商企业和电商平台针对贫困地区开辟“原产地直采＋自营”等农产品上行绿色通道，扶持注册地为贫困县的网上商店。采取以奖代补、政府购买服务等方式，扶持贫困村电商服务站点建设、电商扶贫示范网店建设、电商扶贫人才培养、县乡村农村物流配送体系、仓储配送中心建设。支持贫困村青年、妇女、残疾人依托电子商务就业创业。实施农村青年电商培育工程。截至2016年底，428个贫困县启动了电商扶贫试点，261个贫困县被列为电子商务进农村综合示范县。

在转移就业脱贫方面，各级政府通过不断完善就业服务制度，加强就业平台和信息化建设，为贫困地区农村富余劳动力免费提供职业指导、职业介绍、岗位信息等基本公共就业服务。贫困地区各级政府将劳务协作作为就业扶贫的重点内容，建立健全劳务协作和对接机制，积极推动经济发达地区与劳动力资源丰富的地区建立劳务协作，带动农村劳动力转移就业。东西部扶贫协作省市建立定期联系制度，促进贫困劳动力与企业精准对接，帮助贫困劳动力实现就业和稳定就业。采取措施强化技能培训，扶持返乡创业，维护就业权益。

在易地搬迁脱贫方面，制定专项规划，大幅度加大资金投入，确保建档立卡搬迁人口住房建设。按照“规模适宜、功能合理、经济安全、环境整洁、宜居宜业”的原则，建设安置区（点）配套基础设施。按照“缺什么补什么”和“适当留有余地”的原则，建设和发展搬迁人口基本公共服务设施。各地立足安置区资源禀赋，根据不同搬迁安置方式，统筹整合财政专项扶贫资金和相关涉农资金，发展扶贫产业就业，多种方式实现搬迁群众稳定脱贫。

在生态保护扶贫方面，国家重大生态工程政策向贫困地区倾斜，制定实施《新一轮草原生态保护补助奖励政策实施指导意见（2016—2020年）》，在内蒙古等8个省（区）实施草原生态保护补助奖励，在河北等5个省实施草畜平衡奖励。按照“谁受益、谁补偿”原则，在贫困地区开展了生态综合补偿试点。健全各级财政森林生态效益补偿标准动态调整机制。提高国有、集体和个人的国家级公益林补偿标准。鼓励获益地区与保护地区建立横向补偿机制，探索碳汇交易等市场化补偿机制。实施生态公益岗位脱贫行动，通过购买服务、专项补助等方式，利用生态补偿和生态保护工程资金使当地有劳动能力的部分建档立卡贫困人口转变为护林员、草管员、护渔员、护堤员等生态保护人员。

在资产收益扶贫方面，一是支持贫困地区在不改变用途的情况下，将财政专项扶贫资金和其他涉农资金投入设施农业、养殖、乡村旅游等项目形成的资产折股量化给贫困村和贫困户，尤其是丧失劳动劳力的贫困户，帮助其增加财产性收入。二是鼓励和引导贫困户将已确权登记的土地承包经营权入股企业、合作社、家庭农（林）场，分享经营收益。积极推进农村集体资产、集体所有的土地等资产资源使用权作价入股，形成集体股权并按比例量化到农村集体经济组织，分红收益主要用于村内公益项目建设和扶贫开发。三是实施光伏扶贫工程。采取村级光伏电站或集中式光伏电站方式，保障每位扶贫对象（重点是无劳动能力贫困户）户均年收益达到3000元以上。促进“光伏＋农业”“光伏＋旅游业”等产业发展和清洁能源使用，实现扶贫、产业结构调整、生态环境保护综合效益。四是开展水电矿产资源开发扶贫试点。创新贫困地区水电、矿产资源开发占用农村集体土地补偿方式，将入股分红作为征地补偿的新方式。合理确定以土地补偿费量化入股的农村集体土地数量、类型和范围，将核定的土地补偿费作为资产入股试点项目，形成集体股权。农村集体经济组织为股权持有者，其成员为集体股权受益主体，建档立卡贫困户为优先受益对象。

在教育扶贫方面，实施学前教育三年行动计划和资助政策，改善农村义务教育薄弱学校基本办学条件，推进乡村教师队伍建设，实施面向贫困地区定向招生专项计划。继续实施农村义务教育学生营养改善计划，建立起覆盖学前教育到研究生教育各个学段的学生资助政策体系，促进教育公平和社会公平。加快民族教育发展。

在健康扶贫方面，国家卫生与计划生育委员会会同国务院扶贫办等 14 个部委，联合发布《关于实施健康扶贫工程的指导意见》，建立农村贫困人口医疗兜底保障机制，提高基本医疗保险补助标准和报销比例，大病保险和医疗救助制度防大病、兜底线作用进一步增强。推动医疗资源向贫困地区流动，协调安排全国 889 家三级医院对口帮扶所有贫困县的 1149 家县级医院，近万名城市三级医院医生在贫困县县级医院进行蹲点帮扶。启动实施助理全科医生培训，支持中西部地区和东部贫困地区招收助理全科医生，进一步解决贫困地区人才短缺、技术薄弱等问题。加强村级卫生服务体系建设。组织对建档立卡农村贫困人口进行全面摸底调查，逐户、逐人、逐病核实核准农村贫困人口患病情况，建立了健康扶贫管理数据库。组织对大病和慢性病贫困患者进行“三个一批”（实施大病集中救治一批、慢病签约服务管理一批、重病兜底保障一批）分类救治。

在最低生活保障兜底方面，在低保对象认定中将建档立卡贫困人口作为重点，及时将符合条件的纳入农村低保，实施政策性兜底保障。进一步推进农村最低生活保障制度与扶贫开发政策有效衔接，从政策、对象、标准、管理等方面加强制度衔接，强化兜底脱贫。推进农村低保规范化管理，进一步加强和改进最低生活保障工作，对低保家庭中的残疾人、老人、未成年人等重点救助对象增发低保金，提高救助水平。加强残疾人社会救助工作，将生活困难、靠家庭供养且无法单独立户的成年无业重度残疾人按照单人户纳入农村低保范围。确保特困人员救助供养，完善临时救助制度。

三、党的十八大以来脱贫攻坚取得显著成就，奠定了决胜脱贫攻坚战的坚实基础，为全球减贫治理贡献了中国方案

党的十八大以来，在以习近平同志为核心的党中央坚强领导下，脱贫攻坚的顶层设计基本形成，精准扶贫、精准脱贫方略深入人心，五级书记抓扶贫、全党动员促攻坚的良好态势已经形成，各项决策部署得到较好落实，取得了脱贫攻坚显著的阶段性成就。

农村贫困人口大幅减少。按现行国家农村贫困标准测算，全国农村贫困人口由 2012 年的 9899 万减少到 2016 年的 4335 万，累计减少 5564 万，年均减少贫

困人口 1391 万；全国农村贫困发生率由 2012 年的 10.2%下降到 2016 年的 4.5%，下降 5.7 个百分点，平均每年下降 1.4 个百分点[10]（图 1）。

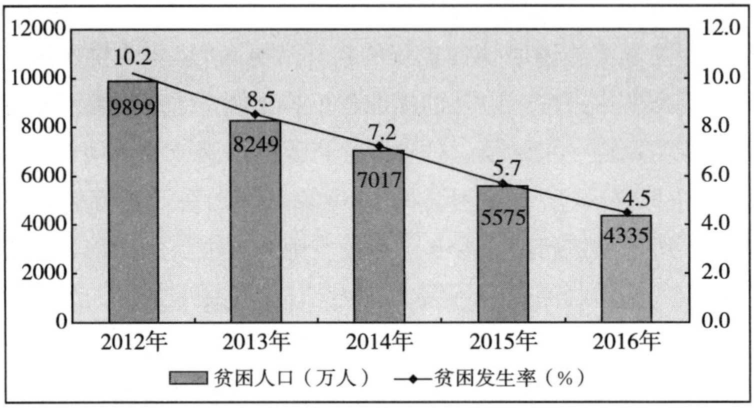

图 1 2012—2016 年全国农村贫困人口变化趋势

贫困地区农村居民收入稳步增长。2013—2016 年贫困地区农村居民人均收入连续保持两位数增长，年均名义增长 12.8%，扣除价格因素，年均实际增长 10.7%，比全国农村平均水平高 2.7 个百分点[11]。其中，2016 年，贫困地区农村居民人均可支配收入为 8452 元，名义水平是 2012 年的 1.6 倍；扣除价格因素，实际水平是 2012 年的 1.5 倍（图 2）。横向考察，贫困地区农村居民人均可支配收入与全国农村的差距在不断缩小，2016 年贫困地区农村居民人均可支配收入是全国农村平均水平（12 363元）的 68.4%，比 2012 年提高了 6.2 个百分点。

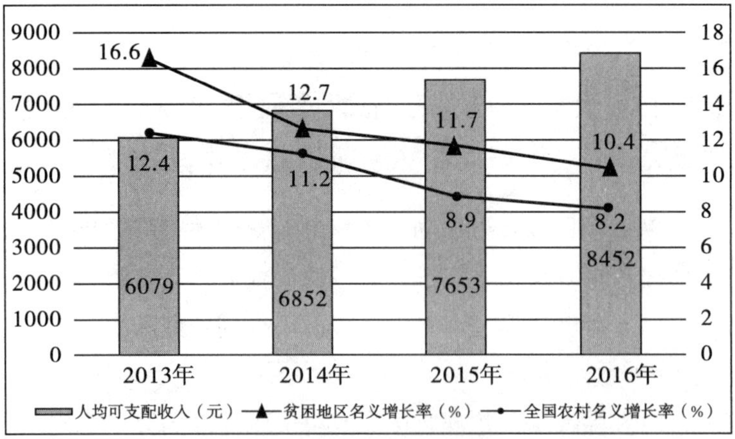

图 2 2013—2016 年贫困地区农村居民收入增长情况

贫困人口生产生活条件切实改善。一是基础设施水平明显提升（表 1）。二是人居条件切实改善。2016 年，贫困地区农村居民户均住房面积为 137.2 平方米，比 2012 年增加 19.1 平方米。

表 1 2012—2016 年贫困地区基础设施条件

指标名称	2012 年	2013 年	2014 年	2015 年	2016 年
通电话的自然村比重（%）	93.3	93.3	95.2	97.6	98.2
通有线电视信号的自然村比重（%）	69.0	70.7	75.0	79.3	81.3
通宽带的自然村比重（%）	38.3	41.5	48.0	56.3	63.4
主干道路面经过硬化处理的自然村比重（%）	—	59.9	64.7	73.0	77.9
通客运班车的自然村比重（%）	—	38.8	42.7	47.8	49.9

数据来源：国家统计局。

居住在竹草土坯房的农户比重为 4.5%，比 2012 年下降 3.3 个百分点；居住在钢筋混凝土房或砖混材料房的农户比重为 57.1%，比 2012 年上升 17.9 个百分点。饮水安全不断提高。2016 年与 2013 年相比，贫困地区农村饮水有困难的农户比重为 12.1%（比 2013 年下降 6.9 个百分点），使用管道供水的农户比重为 67.4%（比 2013 年提高 13.8 个百分点），使用经过净化处理自来水的农户比重为 40.8%（比 2013 年提高 10.2 个百分点）。居住设施不断改善，与 2012 年相比，2016 年贫困地区农村居民独用厕所的农户比重为 94.2%（提高 3.2 个百分点），使用卫生厕所的农户比重为 31.0%（提高 5.3 个百分点），使用清洁能源的农户比重为 32.3%（上升 14.6 个百分点）[12]。

贫困地区基本公共服务显著提升。一是教育文化状况明显改善（表 2）。

表 2 贫困地区农村教育文化情况

指标名称	2012 年	2016 年	提高（百分点）
16 岁以上成员均未完成初中教育农户比（%）	18.2	16.0	−2.2
所在自然村上幼儿园便利的农户比重（%）	—	79.7	12.1 *
所在自然村上小学便利的农户比重（%）	—	84.9	6.9 *
有文化活动室的行政村比重（%）	74.5	86.5	12

注：带 * 是与 2013 年相比提高的百分点。

数据来源：国家统计局。

二是医疗卫生水平显著提高（表3）。

表3 2012—2016年贫困地区农村医疗卫生条件

指标名称	2012年	2013年	2014年	2015年	2016年
拥有合法行医证医生/卫生员的行政村比重（%）	83.4	88.9	90.9	91.2	90.4
所在自然村有卫生站的农户比重（%）	—	84.4	86.8	90.3	91.4
拥有畜禽集中饲养区的行政村比重（%）	16.0	23.9	26.7	26.9	28.0
饮用水经过集中净化处理的自然村比重（%）	—	27.7	34.4	39.2	44.7
所在自然村垃圾能集中处理的农户比重（%）	—	29.9	35.2	43.2	50.9

数据来源：国家统计局。

三是社会保障水平全面提升。2016年，农村低保制度与扶贫开发政策有效衔接工作进一步推进，全国有农村低保对象2635.3万户4586.5万人，全国农村低保平均标准为每人每年3744元，比2015年增长17.8%；全国农村特困人员救助供养496.9万人，比上年减少3.9%；全年各级财政共支出农村特困人员救助供养资金228.9亿元，比上年增长9.0%[13]。

脱贫攻坚的综合社会效应开始显现。精准扶贫、精准脱贫方略实施以来，各级干部深入贫困地区帮助贫困群众，促进了干群关系融洽，坚实了党的群众基础和执政基础；社会各界互帮互助，改善了社会风气，促进了社会和谐，巩固了社会稳定；贫困群众高度认可扶贫政策，对扶贫成效满意度高，对党和政府满含感恩之心。在政府主导发挥制度优势，东西部扶贫协作、定点扶贫力度不断加大的同时，民营企业、社会组织和广大公众积极主动参与脱贫攻坚，促进了中华民族扶贫济困传统美德的弘扬，汇聚更大脱贫攻坚合力。截至2017年6月底，进入“万企帮万村”精准扶贫行动台账管理的民营企业有3.43万家，精准帮扶3.57万个村（其中建档立卡贫困村2.56万个）的538.72万建档立卡贫困人口；产业投入433.48亿元，公益投入91.2亿元，安置就业41.7万人，技能培训44.2万人[14]。大量公益组织积极开展的有关扶贫开发的活动或项目，在生存扶贫、技术扶贫、教育扶贫、幸福工程、人口扶贫、合作扶贫、文化扶贫、实物扶贫以及环境扶贫方面卓有成效。广大公众积极参与慈善事业、实现扶贫济困，2016年全年共接收社会捐赠款827亿元，比上年增长26.4%，全年有1165.8万人次困难群众受益[15]，其中在2014—2016年每年10月17日国家扶贫日前后，募集的扶贫资金就达到250多亿元。

中国减贫成效为全球减贫做出重大贡献。按照现行农村贫困标准测算，从1978年到2016年，全国农村贫困人口减少7.3亿，贫困发生率从1978年的97.5%下降至2016年的4.5%。按照每人每天1.9美元的国际极端贫困标准，根据世界银行发布的最新数据，1981年至2013年中国贫困人口减少了8.5亿，占全球减贫总规模的69.3%[16]。联合国开发计划署2015年发布的《联合国千年发展目标报告》明确指出，中国“在全球减贫中发挥了核心作用”，“由于中国的进步，东亚的极端贫困率从1990年的61%下降到了2015年的仅有4%”[17]。

精准扶贫为全球减贫治理提供可资借鉴经验。习近平总书记把我国脱贫攻坚的成功经验精辟概括为：加强领导是根本，把握精准是要义，增加投入是保障，各方参与是合力，群众参与是基础。这些经验实质上就是一整套经过实践检验的减贫治理体系，这将为全球更有效地进行减贫治理提供中国方案。

加强领导，就是发挥政治优势，落实责任。坚持党对脱贫攻坚的领导，严格执行脱贫攻坚一把手负责制，省、市、县、乡、村五级书记一起抓，发挥好基层党组织在脱贫攻坚中的战斗堡垒作用。强化中央统筹、省负总责、市县抓落实的工作机制，层层落实脱贫攻坚责任。

把握精准，就是不断完善精准扶贫政策工作体系，切实提高脱贫成效。做到“六个精准”，实施“五个一批”，完善建档立卡，强化驻村帮扶，因村因户因人分类施策，扶到点上、扶到根上。完善政策体系，打好组合拳，发挥政策叠加效应。对贫困群众格外关注、格外关爱、格外关心，出台特惠扶持政策，丰富完善中央和地方“1＋N”政策体系。加大督促检查和考核评估，确保各项政策有效落实落地，确保脱贫人口实现“两不愁，三保障”，坚决防止虚假脱贫。

增加投入，就是坚持政府投入的主体和主导作用，不断增加金融资金、社会资金投入脱贫攻坚。2013—2017年，中央财政累计安排财政专项资金2787亿元，年均增长22.7%。统筹整合使用财政涉农资金，撬动金融资本和社会帮助资金投入扶贫开发。创新扶贫小额信贷产品，支持贫困农户发展产业和投资创业。设立扶贫再贷款，实行比支农再贷款更优惠的利率。鼓励和引导商业性、政策性、开发性、合作性等各类金融机构加大对扶贫开发的金融支持。

各方参与，就是坚持专项扶贫、行业扶贫、社会扶贫等多方力量有机结合的“三位一体”大扶贫格局，发挥各方面的积极性。建设国家扶贫开发大数据平台、省级扶贫开发融资平台、县级扶贫开发资金项目管理平台、贫困村扶贫脱贫工作落实平台和社会扶贫对接平台。开展健康扶贫、教育扶贫、金融扶贫等十大精准扶贫行动，实施贫困村提升、扶贫小额信贷工程等十项精准扶贫工程。提高东西部扶贫协作水平，加强党政机关定点扶贫，推进军队和武警部队帮扶，开展多党合作脱贫攻坚行动，动员民营企业、社会组织、个人参与脱贫攻坚，形成社会合力。

群众参与，就是尊重贫困群众扶贫脱贫的主体地位，不断激发贫困村贫困群众内生动力。充分发挥贫困村党员干部的引领作用，抓好以村党组织为核心的村级组织配套建设。培育具有较强经营创业能力、适应扶贫开发和新农村建设的致富带头人，充分发挥其示范作用。弘扬自力更生、艰苦奋斗精神，激发贫困群众脱贫奔小康的积极性、主动性、创造性，提升其自我组织能力、自我发展能力和参与市场竞争的能力。

四、挑战与展望

精准扶贫、精准脱贫依然面临诸多挑战。挑战之一：难度越来越大，脱贫攻坚任务依然艰巨。截至2016年底，全国农村贫困人口还有4335万，到2020年平均每年需减少贫困人口近1100万，越往后脱贫成本越高、难度越大。而且深度贫困地区攻坚任务重。西藏和四省藏族地区、南疆四地州、四川凉山、云南怒江、甘肃临夏等深度贫困地区，生存环境恶劣，致贫原因复杂，交通等基础设施和教育、医疗公共服务缺口大。此外，因病致贫占比高，贫困人口中因病致贫比例2016年为44%，解决这些人的贫困问题，成本更高，难度更大。挑战之二：一些地方精准扶贫还没有真正落地。贫困识别不够精准，简单算收入、“搞摆平”，仍有一些符合条件的贫困人口未纳入建档立卡。帮扶措施不够精准，存在缩小版的“大水漫灌”。贫困退出不够精准，有的地方算账脱贫、突击脱贫。有的脱贫基础脆弱，存在返贫风险。挑战之三：部分贫困群众内生动力不足。有的地方为图省事、赶进度，大包大揽、送钱送物，“干部干、群众看”，不注重提高贫困人口的自我发展能力。不少贫困群众安于现状，单纯依靠外界帮扶被动脱贫。或习惯“等靠要”，依赖政策不愿脱贫。挑战之四：扶贫资金使用管理有待加强。贪污、挤占、挪用等老问题仍时有发生，资金闲置滞留等新问题逐步显现，资金使用效率提高仍有较大空间。挑战之五：扶贫政策实施存在盲区。对贫困县与非贫困县、贫困村与非贫困村的贫困人口在扶持政策上不一致，造成部分非贫困县非贫困村的群众不满意。建档立卡贫困户得到的政策支持比较多，而接近扶贫标准的边缘户得到政策支持很少，造成部分农户心理不平衡。部分脱贫户自我发展能力较弱，脱贫质量不高、稳定性不强，脱贫后扶持政策减弱，极易返贫。

应对上述挑战，需要以习近平扶贫开发战略论述为指导，继续推进脱贫攻坚理论创新和实践创新，不断深化精准扶贫、精准脱贫。第一，坚持目标标准不动摇。按照"到2020年，现行标准下贫困人口实现脱贫，贫困县全部摘帽，解决区域性整体贫困"的总目标，始终坚持"两不愁，三保障"脱贫标准，实事求是，确保贫困人口科学合理有序退出。第二，不断夯实精准扶贫基础。实现建档立卡动态管理，把符合标准的贫困人口以及返贫人口全部纳入。充分发挥第一书记和驻村工作队作用。选好用好脱贫致富带头人，培养"不走的工作队"。加强扶贫资金项目监管，提高资金使用效益。第三，聚焦深度贫困精准发力。精确瞄准，倒排工期，拿出超常举措，加大对深度贫困地区深度贫困村和因病致贫贫困户的支持力度。第四，求真务实严格考核。纠正形式主义问题，严防弄虚作假，不断提高贫困识别、帮扶、退出精准度。建立脱贫攻坚大数据平台，推进信息共享。严格实施扶贫开发工作成效考核，认真开展第三方评估和省际交叉考核。通过组织年度脱贫攻坚督查巡查，推动政策措施落地，督促问题整改落实，确保脱贫成果经得起历史和实践检验。第五，加强宣传教育。认真总结党的十八大以来脱贫攻坚的实践和成就，广泛宣传脱贫攻坚先进典型，及时推广精准扶贫精准脱贫经验，激励社会各界更加关注、支持和参与脱贫攻坚。

注释

［1］习近平. 摆脱贫困. 福州：福建人民出版社，2014.

［2］习近平关于扶贫开发论述摘编. 中国扶贫（特刊），2015（24）.

［3］刘永富. 坚决打赢脱贫攻坚战. 人民日报，2016-10-20.

［4］黄承伟. 打赢脱贫攻坚战的行动指南：学习领会习近平扶贫开发战略思想. 红旗文稿，2017（16）.

［5］黄承伟. 论习近平扶贫开发战略思想的时代贡献. 党政研究，2017（5）.

［6］刘永富. 国务院关于脱贫攻坚工作情况的报告［R/OL］.［2017-

08－29. http://www.npc.gov.cn.

［7］刘永富. 中国特色扶贫开发道路的新拓展新成就. 人民日报，2017－09－04（7）.

［8］刘永富. 国务院关于脱贫攻坚工作情况的报告［R/OL］.［2017－08－29］. http://www.npc.gov.cn.

［9］刘永富. 中国特色扶贫开发道路的新拓展新成就. 人民日报，2017－09－04（7）.

［10］［11］［12］国家统计局. 精准脱贫成效卓著　小康短板加速补齐——党的十八大以来经济社会发展成就系列之六［EB/OL］.［2017－07－05］. http://www.stats.gov.cn.

［13］［15］民政部. 2016年社会服务发展统计公报［EB/OL］.［2017－08－03］. http://www.mca.gov.cn.

［14］全国工商联. 鼓励民营企业到贫困地区产业扶贫［EB/OL］.［2017－08－04］. http://www.scfpym.gov.cn.

［16］国家统计局. 精准脱贫扶贫成效卓著　小康短板加速补齐——党的十八大以来经济社会发展成就系统之六［EB/OL］.［2017－07－05］. http://www.stats.gov.cn.

［17］联合国. 千年发展目标报告. 2015：15.

［《中国农业大学学报（社会科学版）》2017年第5期］

打赢脱贫攻坚战的行动指南

——学习领会习近平扶贫论述

党的十八大以来，习近平总书记高度重视扶贫开发工作，在重要会议、重要场合、关键时点，就扶贫开发提出一系列新思想新观点，做出一系列新决策新部署，形成了新时期扶贫论述，为打赢脱贫攻坚战提供了行动指南和根本遵循。

习近平扶贫论述源于他本人40多年来从农村到县、市、省、中央始终牵挂贫困群众的扶贫情结，源于他一以贯之、一心为民的公仆情怀和长期实践，源于他对全面建成小康社会、实现中华民族伟大复兴的使命担当。这些重要思想，是中国特色扶贫开发道路的理论创新和实践创新，是治国理政新理念新思想新战略的重要组成部分。

到2020年如期实现“我国现行标准下农村贫困人口实现脱贫，贫困县全部摘帽，解决区域性整体贫困”的脱贫攻坚目标，时间极紧、任务很重、难度非常大。打赢这场脱贫攻坚战的基础和前提，就是必须以习近平扶贫论述凝聚共识，形成全党全国全社会合力攻坚的局面。因此，深入学习领会贯彻习近平扶贫论述的丰富内涵、精神实质，具有重要的理论和实践意义。

一、习近平扶贫论述的丰富内涵

习近平扶贫论述是一个思想深邃、内涵丰富、逻辑严密的体系，包括以下八个方面的内容：

一是本质要求。“消除贫困、改善民生、实现共同富裕，是社会主义的本质要求，是我们党的重要使命。”“脱贫攻坚任务重的地区党委和政府要把脱贫攻坚作为‘十三五’期间头等大事和第一民生工程来抓，坚持以脱贫攻坚统揽经济社会发展全局。要层层签订脱贫攻坚责任书、立下军令状，形成五级书记抓扶贫、全党动员促攻坚的局面。”

二是艰巨任务。“脱贫攻坚已经到了啃硬骨头、攻坚拔寨的冲刺阶段，所面对的都是贫中之贫、困中之困，采用常规思路和办法、按部就班推进难以完成任务。”

三是精准扶贫。“扶贫开发推进到今天这样的程度，贵在精准，重在精准，成败之举在于精准。”

四是改革创新。“脱贫攻坚必须坚持问题导向，以改革为动力，以构建科学的体制机制为突破口，充分调动各方面积极因素，用心、用情、用力开展工作。”

五是内生动力。“扶贫不是慈善救济，而是要引导和支持所有有劳动能力的人，依靠自己的双手开创美好明天。”

六是合力攻坚。“脱贫致富不仅仅是贫困地区的事，也是全社会的事。”

七是阳光扶贫。“要加强扶贫资金阳光化管理，加强审计监管，集中整治和查处扶贫领域的职务犯罪，对挤占挪用、层层截留、虚报冒领、挥霍浪费扶贫资金的，要从严惩处。”

八是携手减贫。“消除贫困是人类的共同使命。消除贫困依然是当今世界面临的最大全球性挑战。我们要凝聚共识、同舟共济、攻坚克难，致力于合作共赢，推动建设人类命运共同体，为各国人民带来更多福祉。”

以上八个方面的重要内容，精辟阐述了扶贫开发工作在我国经济社会发展全局中的重要地位和作用，深刻揭示了我国扶贫开发的基本特征和规律，明确了贫困地区在我国全面建成小康社会的底线目标，强调了全党全社会扶贫济困的重大责任，同时也为推动国际减贫事业指明了方向。

二、习近平扶贫论述的精神实质

一是始终体现以人民为中心的发展思想要求。消除贫困是社会主义的本质要求，脱贫攻坚是全面建成小康社会的“底线任务”，现行标准下农村贫困人口全部脱贫、贫困县全部摘帽、解决区域整体贫困，是我们党向人民做出的庄严承诺，贯穿其中的主线就是以人民为中心的发展思想。贫困人口是人民的重要组成部分，是我们党最需要维护好、实现好、发展好其根本利益的弱势群体。习近平总书记反复强调，脱贫攻坚是底线任务，是必须完成的任务。必须作为全党全国全社会的共同任务，充分发挥政治优势制度优势，坚决打赢脱贫攻坚战。

党的十八大以来，党中央确定的“中央统筹、省负总责、市县抓落实”的管理体制得到了贯彻，四梁八柱的顶层设计基本形成，各项决策部署得到落实，各方面都行动起来了。实践再次证明，我国是中国共产党领导的社会主义国家，具有政治优势和制度优势，只要充分发挥好这两个优势，就没有办不成、办不好的事。但是，我们也必须充分认识打赢脱贫攻坚战的艰巨性。今后几年，我国脱贫攻坚面临着十分艰巨的任务，而且越往后脱贫难度越大，因为剩下的大都是条件较差、基础较弱、贫困程度较深的地区和群众。在决战决胜的关键时刻是没有退路的，这就更需要我们始终把以人民为中心的发展思想贯穿精准扶贫、脱贫攻坚全过程，一切工作都为消除贫困群众致贫因素而精准谋划，为满足贫困群众脱贫需求而精准帮扶。要切实增强脱贫攻坚的紧迫感，撸起袖子加油干。

二是始终体现完善国家治理体系和治理能力现代化的要求。党的十八届三中全会明确，全面深化改革的总目标是坚持和完善中国特色社会主义制度，推进国家治理体系和治理能力现代化。学习领会习近平扶贫论述，特别是关于科学扶贫、精准扶贫、内源扶贫、社会扶贫等思想，根本要求是以精准扶贫、精准脱贫方略为核心，从完善国家治理体系的高度凝聚脱贫攻坚合力，在实现脱贫攻坚目标的同时，按照完善国家治理体系的总体布局，建立健全贫困治理体系。习近平总书记强调，脱贫攻坚“要强化领导责任、强化资金投入、强化部门协同、强化东西协作、强化社会合力、强化基层活力、强化任务落实”。这七个强化，从整体入手，以战略思维谋全局，以系统思维聚合力，为更好实施精准扶贫、打赢脱贫攻坚战提供了重要方法论指导。

党的十八大以来，我国脱贫攻坚之所以取得巨大成就，主要就是因为创造和把握了“加强领导是根本、把握精准是要义、增加投入是保障、各方参与是合力、群众参与是基础”等五条基本经验。这是更好推进精准扶贫精准脱贫、确保如期实现脱贫攻坚目标的关键所在，也是完善我国贫困治理体系的重要内容，需要在工作中继续坚持、落到实处。

习近平总书记提出的“七个强化”实质上是对五条基本经验的再动员、再部署，指明了扶贫领域推进国家贫困治理体系和治理能力现代化的基本路径。就整体而言，我国脱贫攻坚的顶层设计已经于 2016 年基本完成，政策体系、工作体系、责任体系、社会动员体系、考核评估体系等已初步建立并不断完善。下一步主要是抓好落实，按照习近平总书记“七个强化”的要求，坚持好五条基本经验，让各项体制机制政策释放出精准带动贫困人口脱贫的活力和效益。

三是始终体现党的思想路线和群众路线的要求。精准扶贫、精准脱贫是习近平扶贫论述体系中内容最丰富的重要思想，是习近平总书记对人类减贫理论突出的重大贡献。习近平总书记反复强调，脱贫攻坚必须坚持精准扶贫、精准脱贫。要打牢精准扶贫基础，通过建档立卡，摸清贫困人口底数，做实做细，实现动态调整。要提高扶贫措施有效性，核心是因地制宜、因人因户因村施策，突出产业扶贫，提高组织化程度，培育带动贫困人口脱贫的经济实体。要组织好易地扶贫搬迁，加大扶贫劳务协作，落实教育扶贫和健康扶贫政策，加大政策落实力度，加大财政、土地等政策支持力度，加强交通扶贫、水利扶贫、金融扶贫、教育扶贫、健康扶贫等扶贫行动，突出扶贫小额信贷、扶贫再贷款等政策的精准要求。从“六个精准”“五个一批”“四个问题”，到“有的要下一番绣花功夫”，精准扶贫重要思想不断丰富发展，坚持精准扶贫、精准脱贫方略的要求不断提高。

从本质上说，精准扶贫就是实事求是思想路线、党的群众路线的生动体现。深刻领会“坚持精准扶贫、精准脱贫”的重要论述，需要从实事求是思想路线、党的群众路线的高度，进一步增强深化精准扶贫的行动自觉。深化精准扶贫，就是要把各项中央决策部署、政策措施有效落实到贫困村、贫困户。深化精准扶贫是一个系统工程，打牢基础是前提，分类施策是基础，以“绣花功夫”提高扶贫措施有效性是核心，提高组织化程度是关键，培育贫困人口自我发展能力是根本，打好政策组合拳是保障，必须整体推进、全面发力。

四是始终体现全面从严治党的要求。“真扶贫、扶真贫、真脱贫”的要求贯穿习近平扶贫论述始终。习近平总书记指出，扶贫工作必须务实，脱贫过程必须扎实，脱贫结果必须真实。习近平总书记关于“三真”“三个必须”的重要论述，实质上是要求我们要从全面从严治党的高度进一步把握好脱贫攻坚正确方向。“三真”“三个必须”的要求，不仅是扶贫脱贫工作的重要指导，也是党和国家一切工作必须坚持的重要原则。我们党的宗旨是全心全意为人民服务，最基本的要求就是要兑现承诺。如果精准扶贫不到位，搞层层加码，搞形式主义，导致虚假脱贫、数字脱贫，群众就会有大意见，就会对党和政府失去信任，就会影响执政党的公信力，甚至陷入所谓“塔西佗陷阱”。

落实“三个必须”的要求，做到扶真贫、真扶贫、真脱贫，最根本的是要把全面从严治党要求贯穿脱贫攻坚全过程，特别是要严明党的政治纪律和政治规矩，不折不扣地落实党中央的决策部署。做到精准识别不漏穷人，实行动态管理；精准分类施策，确保精准性有效性；精准考核较真碰硬，确保脱贫质量；精准脱贫严格标准，防止急躁症拖延病。切实防止形式主义，让脱贫成效真正获得群众认可、经得起实践和历史检验。开展督查巡查，对不严不实、弄虚作假的，要严肃问责。加强扶贫资金管理使用，对挪用乃至贪污扶贫款项的行为必须坚决纠正、严肃处理。

五是始终体现激发内生动力的要求。精准扶贫、精准脱贫是习近平扶贫论述的核心。能否实现精准扶贫、精准脱贫，激发内生动力是关键。内生动力从根本上说是党在基层的领导力、号召力、凝聚力不断提高的表现。贫困村基层组织以及贫困地区、贫困村、贫困群众是否建立内生发展动力，是实现精准脱贫的根本性标志，是精准扶贫的着力点，这也是习近平扶贫论述的核心精神。

激发内生动力是深化精准扶贫的基础。首先要加强基层基础工作，从确保党在基层领导力的高度进一步把抓党建促脱贫落到实处。习近平总书记要求，加强基层基础建设，就是要选好配强村“两委”班子，培养农村致富带头人，促进乡村本土人才回流，打造一支永远不走的工作队。要充实一线扶贫工作队伍，发挥贫困村第一书记和驻村工作队作用，在实战中培养锻炼干部，打造一支能征善战的干部队伍。其次要注重扶贫同扶志、扶智相结合。精准扶贫关键在精准，如何做到全过程精准，最关键的是靠基层干部用精准的精神、精准的办法做好每一项工作。再次要推广运用参与式扶贫等方式方法，增强贫困群众对帮扶项目的拥有感、效益的获得感，做好宣传发动工作，建立正向激励引导机制，不断激发和培育贫困地区、贫困群众内生动力和自我发展能力。

（《红旗文稿》2017 年第 16 期）

决不能让困难地区和困难群众掉队

习近平总书记高度重视扶贫开发工作。党的十八大以来，习近平总书记多次就扶贫工作发表重要讲话，深刻阐述了新时期扶贫开发的极端重要性及其战略定位，提出了科学扶贫、精准扶贫、精准脱贫、内源扶贫、精神脱贫、教育脱贫、生态脱贫、社保政策兜底脱贫等重要思想理念，对扶贫开发提出了一系列新思想新部署新要求，全面、系统、深入阐述了精准扶贫精准脱贫的方略，并在国际上倡议共建一个没有贫困、共同发展的人类命运共同体。这些思想丰富了中国扶贫开发思想的时代内涵，为中国的扶贫开发指明了方向，为打赢脱贫攻坚战和今后扶贫开发工作提供了行动指南和根本遵循。

一、强调扶贫开发的极端重要性

党的十八大以来，习近平总书记多次深入贫困地区调研，就扶贫开发工作发表了一系列重要讲话，尤其阐述了新时期扶贫开发的极端重要性。早在2012年，他在河北阜平考察时就强调："消除贫困、改善民生、实现共同富裕是社会主义的本质要求。"明确了改善民生是扶贫开发的基本目的，突出了党的宗旨以及中国特色社会主义在中国扶贫开发中的实践体现。随后，他在云南调研以及中央政治局会议上继续强调扶贫开发工作的紧迫感，提出要"真抓实干，不能光喊口号，决不能让困难地区和困难群众掉队”。2015 年中央扶贫工作会议上，习近平总书记再次强调，脱贫攻坚已经到了啃硬骨头、攻坚拔寨的冲刺阶段，必须以更大的决心、更精准的举措、超常规的力度，众志成城实现脱贫攻坚目标，绝不能落下一个贫困地区、一个贫困群众。

与此同时，习近平总书记还多次强调扶贫开发对“三农”发展、地区发展以及民族发展的重要性。他指出：“‘三农’工作是重中之重，革命老区、民族地区、边疆地区、贫困地区在‘三农’工作中要把扶贫开发作为重中之重，这样才有重点。”这一论述，不仅强调了“把解决好‘三农’问题作为全党工作的重中之重”的思想，且明确界定了扶贫开发是“老、少、边、穷”地区“三农”工作的重中之重，进一步明确了“老、少、边、穷”地区经济和社会发展的战略重点。中国目前的小康是不完全的、发展很不平衡的小康，地区发展差异及城乡经济文化水平呈现较大差异，东部与西部地区，沿海与内地发展很不平衡。只有贫困地区和人民脱离贫困和实现富裕，才可能全面建成小康社会。因此，在全面建成小康社会决胜阶段，贫困地区与贫困群众必然要成为重点关注对象，要与全国人民共同前进，不能掉队。

总之，扶贫开发的战略地位和作用是由社会主义的本质要求决定的，是由党的性质和宗旨决定的。习近平总书记将扶贫开发与党和政府的职责、党的根本宗旨以及全面建成小康社会目标要求和社会主义的本质要求相结合，深刻阐述中国现阶段扶贫开发的极端重要性和紧迫性，并进一步指出当前扶贫开发工作的重中之重，为进一步明确扶贫开发的战略定位、制定扶贫开发政策措施及具体工作机制奠定了思想基础，对全党全国全社会增强扶贫开发责任感、使命感、紧迫感具有重要的理论和实践指导作用。

二、明确扶贫开发的战略定位

明确扶贫开发工作的战略定位不仅是扶贫开发极端重要性的现实要求，也是习近平总书记基于全球反贫困趋势以及中国经济社会发展进行重大战略调整的理论回应。在国际反贫困日益深入、中国进入全面建成小康社会决战决胜阶段的时代背景下，中国的贫困现状及扶贫任务均发生深刻变化。这对于我国进一步深化和推进扶贫开发理论体系发展提出了新要求。

党的十八大以来，习近平总书记提出并形成了中国梦的重要思想和治国理政新理念新思想新战略。中国梦的核心目标可以概括为“两个一百年”奋斗目标，即到中国共产党成立100年时全面建成小康社会，到中华人民共和国成立100年时建成富强、民主、文明、和谐的社会主义现代化国家，最终实现中华民族的伟大复兴。从内容上讲，消除贫困是中国梦的重要内容。实现中华民族伟大复兴的中国梦，在一定意义上就是消除贫困，实现共享发展，达到共同富裕。这是一个全面、协调、可持续的发展格局，是经济、政治、文化、社会和生态文明都得到协调发展的科学架构，充分体现了以人民为中心的发展理念，丰富了中国扶贫开发的行动内容，进一步明确了党领导的扶贫开发战略的目标定位和内容设计。

2014年10月17日，习近平总书记对中国首个“扶贫日”做出重要批示，指出设立“扶贫日”对于动员社会各方面力量共同向贫困宣战，继续打好扶贫攻坚战的重要意义，并进一步号召全党全社会继续共同努力，形成扶贫开发工作的强大合力。2015年初，在中央党校县委书记研修班学员座谈会上，他再次重申了国家对扶贫开发的决心和要求，表示中央将采取切实措施推进扶贫开发工作，党和国家要把抓好扶贫开发工作作为重大任务，贫困地区各级领导干部更要心无旁骛、聚精会神抓好这项工作，团结带领广大群众通过顽强奋斗早日改变面貌。这些论述不仅体现了党和国家对于扶贫工作的高度重视，而且将扶贫开发作为关乎党和国家政治方向、根本制度和发展道路的大事，作为“四个全面”战略布局和实现第一个百年奋斗目标的艰巨任务，将其上升为国家战略，进一步明确了扶贫开发工作的战略定位。

三、丰富扶贫开发工作的时代内涵

扶贫开发工作的时代内涵，是由时代特征决定的，并反映出扶贫开发处于特定历史阶段的客观要求。目前，我国仍处于社会主义初级阶段，贫困地区经济社会发展总体水平不高，制约贫困地区发展的深层次问题还没有得到根本解决，截至2016年仍有5500多万人没有脱贫，这些都是新时期我国扶贫开发工作面临的挑战。因此，必须加大投入力度，把集中连片特殊困难地区作为主战场，把稳定解决扶贫对象温饱、尽快实现脱贫致富作为首要任务，坚持政府主导，坚持统筹发展，注重增强扶贫对象和贫困地区自我发展能力，注重解决制约发展的突出问题，努力推动贫困地区经济社会加快发展。据此，习近平总书记在一系列考察、讲话中形成了科学扶贫、内源扶贫、精准扶贫、精准脱贫、精神脱贫、教育脱贫、生态脱贫、社保政策兜底脱贫等思想理念，阐明了中国扶贫工作的时代内涵。

在长期实践探索、认真思考的基础上，习近平总书记提出了科学扶贫的理念，将求真务实、群众路线在扶贫工作中予以体现，要求领导干部坚持中国共产党实事求是的思想路线，对扶贫工作进行科学思考和科学论证，制定从本地现实出发，既合乎经济效益又合乎社会效益，既产生近期效益又顾及长远发展的扶贫战略政策，选准发展的路子。在贫困地区考察调研中，他多次提出内源扶贫的思想，强调扶贫对象和贫困地区内在生产力在扶贫开发中的重要性，并将贫困地区和贫困对象是否具备内生发展动力作为扶贫开发目标能否实现的根本标志。

精神脱贫是习近平总书记关于扶贫开发工作的灵魂精髓。早在《摆脱贫困》一书中，他就提出和强调精神文明建设是贫困地区脱贫致富的重大内容。精神脱贫也从另一层面反映出贫困地区发展教育的重要性。2012 年，他在河北阜平考察扶贫开发工作时就指出："治贫先治愚。要把下一代的教育工作做好，特别是要注重山区贫困地区下一代的成长。下一代要过上好生活，首先要有文化，这样将来他们的发展就完全不同。义务教育一定要搞好，让孩子们受到好的教育，不要让孩子们输在起跑线上。古人有'家贫子读书'的传统。把贫困地区孩子培养出来，这才是根本的扶贫之策。"2015 年"两会"期间，他在参加广西代表团审议时指出："要帮助贫困地区群众提高身体素质、文化素质、就业能力，努力阻止因病致贫、因病返贫，打开孩子们通过学习成长、青壮年通过多渠道就业改变命运的扎实通道，坚决阻止贫困现象代际传递。"在 2015 年减贫与发展高层论坛上，他再次强调："授人以鱼，不如授人以渔。扶贫必扶智，让贫困地区的孩子们接受良好教育，是扶贫开发的重要任务，也是阻断贫困代际传递的重要途径。"这些论述进一步厘清了教育与贫困的关系，为扶贫开发指出了明确方向。

此外，习近平总书记提出的"绿水青山就是金山银山""发展是甩掉贫困帽子的总办法""社保政策兜底脱贫"等思想和论断，全面阐述了生态脱贫、发展扶贫以及兜底脱贫的观点和理念。这些思想理念，不仅构成了中国精准扶贫实现路径、扶贫机制模式，也丰富了新阶段中国扶贫开发的时代内涵。

四、提出精准扶贫、精准脱贫的方略

习近平总书记对中国扶贫开发工作的科学总结和理论提升，最重要的体现是提出和完善了精准扶贫、精准脱贫的理论和方略。2003 年，时任浙江省委书记的习近平同志参加省人大温州代表团讨论时，就已经提出了具体问题具体分析、“真扶贫、扶真贫”的观点。党的十八大以来，他又多次在贫困地区调研及其他重要场合提及“精准扶贫”思想。2013 年，习近平总书记在湖南湘西考察时做出了“实事求是、因地制宜、分类指导、精准扶贫”的重要指示，首次提出“精准扶贫”思想；2014 年，中共中央办公厅、国务院办公厅印发《关于创新机制扎实推进农村扶贫开发工作的意见》等文件，将建立精准扶贫工作机制作为六项扶贫创新机制之一，对精准扶贫工作机制的顶层设计提出了明确要求；2015 年，习近平总书记在云南、贵州调研时进一步阐述了精准扶贫思想，明确提出：“扶贫开发贵在精准，重在精准，成败之举在于精准。”他还提出了“扶贫对象精准、项目安排精准、资金使用精准、措施到户精准、因村派人（第一书记）精准、脱贫成效精准”的“六个精准”要求。他特别指出，要坚持因人因地施策，因贫困原因施策，因贫困类型施策，区别不同情况，做到对症下药、精准滴灌、靶向治疗，不搞“大水漫灌”、走马观花、大而化之。要因地制宜研究实施“四个一批”的扶贫攻坚行动计划，即通过扶持生产和就业发展一批，通过移民搬迁安置一批，通过低保政策兜底一批，通过医疗救助扶持一批，实现贫困人口精准脱贫。在中央扶贫开发工作会议上，他再次强调：“精准扶贫是为了精准脱贫。”

精准扶贫、精准脱贫已成为中国当前和未来阶段农村贫困治理的指导思想，而理论及实践工作者的进一步探讨，将不断深化和发展这一扶贫方略，并对精准扶贫、精准脱贫实践机制的不断创新提供有益参考，推动精准扶贫、精准脱贫方略的深入发展。

五、倡议“共建一个没有贫困、共同发展的人类命运共同体”

习近平总书记关于中国扶贫思想贡献的另一个重要方面是其对中国减贫与世界减贫关系的深刻思考。他提出要积极推动中国与国际社会特别是其他发展中国家的减贫合作与交流，倡议“共建一个没有贫困、共同发展的人类命运共同体”，显示出大国领袖的宽广视野、责任意识和全人类情怀。在 2015 年减贫与发展高层论坛上，他总结和分享了中国特色的减贫道路、基本经验，阐述了精准扶贫方略，不仅为中国减贫工作指明了方向，也为发展中国家提供了示范和指导。他还深刻阐释了中国扶贫开发与国际减贫发展的紧密联系，倡议“共建一个没有贫困、共同发展的人类命运共同体”，显示了中国在推动中国减贫与世界减贫共同发展的决心和愿望。在国家发展问题上，他又强调指出，大家一起发展才是真发展，可持续发展才是好发展；国际社会要以 2015 年后发展议程为新起点，共同走出一条公平、开放、全面、创新的发展之路，努力实现各国共同发展；中国以落实 2015 年后发展议程为己任，团结协作，推动全球发展事业不断向前。这一讲话向国际社会发出了明确、有力的积极信号，即中国将高举和平、发展、合作、共赢的旗帜，实现中国梦与争取世界人民福祉有机结合起来，同时又显示了中国对于世界减贫发展的责任意识和大国担当。

总之，习近平总书记关于中国扶贫开发的一系列新思想新观点新要求，不仅是对中国特色扶贫开发道路和经验举措的总结和提升，也是对共同富裕思想以及中国经济社会发展现状进行的深入思考和理性判断，为中国当前及今后一段时期扶贫开发指明了方向、提供了行动指南和根本遵循，必将推动新时期中国扶贫工作的进一步深化拓展。

（《红旗文稿》2016 年第 10 期）

全面决胜脱贫攻坚的根本遵循

党的十八大以来，习近平总书记高度重视扶贫开发工作。2013年11月首次提出精准扶贫重要思想。2015年三次发表重要讲话，系统阐述精准扶贫方略，并在2015年11月的中央扶贫工作会议上确定打赢脱贫攻坚战的基本方略：精准扶贫、精准脱贫。2017年2月21日，习近平总书记在主持中共中央政治局第三十九次集体学习时指出，农村贫困人口如期脱贫、贫困县全部摘帽、解决区域性整体贫困，是全面建成小康社会的底线任务，是我们做出的庄严承诺。他强调要集中力量攻坚克难，更好推进精准扶贫、精准脱贫，确保如期实现脱贫攻坚目标。习近平总书记的重要讲话，为更好地实施精准扶贫、精准脱贫方略，确保如期实现脱贫攻坚目标指明了前进方向、提供了根本遵循。

更好地实施精准扶贫，必须深刻领会脱贫攻坚是“底线任务”“庄严承诺”的重要论述，进一步增强决战决胜的政治责任感。习近平总书记指出，脱贫攻坚是底线任务，是必须完成的任务。党的十八大以来，党中央确定的“中央统筹、省负总责、市县抓落实”的管理体制得到了贯彻，四梁八柱的顶层设计基本形成，各项决策部署得到落实，各方面都行动起来了。实践再次证明，我国是中国共产党领导的社会主义国家，具有政治优势和制度优势，只要充分发挥好这两个优势，就没有办不成、办不好的事。但是，我们必须充分认识打赢脱贫攻坚战的艰巨性。今后几年，我国脱贫攻坚面临着十分艰巨的任务。越往后脱贫难度越大，因为剩下的大都是条件较差、基础较弱、贫困程度较深的地区和群众。在决战决胜的关键时刻是没有退路的，必须进一步增强脱贫攻坚的紧迫感，撸起袖子加油干。

更好地实施精准扶贫，必须深刻领会“七个强化”和五条基本经验的重要论述，从完善国家治理体系的高度进一步凝聚脱贫攻坚合力。欲攻坚克难须集中力量，欲精准脱贫须精准扶贫。“要强化领导责任、强化资金投入、强化部门协同、强化东西协作、强化社会合力、强化基层活力、强化任务落实。”习近平总书记提出的“七个强化”，从整体入手，以战略思维谋全局，以系统思维聚合力，为更好实施精准扶贫、打赢脱贫攻坚战提供了重要方法论指导。党的十八大以来，我国脱贫攻坚之所以取得巨大成就，主要是因为创造和把握了“加强领导是根本、把握精准是要义、增加投入是保障、各方参与是合力、群众参与是基础”五条基本经验。这是更好推进精准扶贫、精准脱贫，确保如期实现脱贫攻坚目标的关键所在，也是完善我国贫困治理体系的重要内容，需要在工作中继续坚持、落到实处。习近平总书记这次提出的“七个强化”就是对五条基本经验的再动员、再部署，指明了推进国家贫困治理体系和治理能力现代化的基本路径。脱贫攻坚的顶层设计已经于2016年基本完成，政策体系、工作体系、责任体系、考核评估体系等已初步建立并不断完善。下一步主要是抓好落实，让各项体制机制政策释放出精准带动贫困人口脱贫的活力和效益。抓好顶层设计的基层落实，就是要按照习近平总书记“七个强化”的要求，坚持好五条基本经验。

更好地实施精准扶贫，必须深刻领会“坚持精准扶贫、精准脱贫”的重要论述，从实事求是思想路线、党的群众路线的高度进一步提高深化精准扶贫的自觉。习近平总书记强调，要坚持精准扶贫、精准脱贫。要打牢精准扶贫基础，通过建档立卡，摸清贫困人口底数，做实做细，实现动态调整。要提高扶贫措施有效性，核心是因地制宜、因人因户因村施策，突出产业扶贫，提高组织化程度，培育带动贫困人口脱贫的经济实体。要组织好易地扶贫搬迁，加大扶贫劳务协作，落实教育扶贫和健康扶贫政策，加大政策落实力度，加大财政、土地等政策支持力度，加强交通扶贫、水利扶贫、金融扶贫、教育扶贫、健康扶贫等扶贫行动，扶贫小额信贷、扶贫再贷款等政策要突出精准。这些重要论述丰富和发展了精准扶贫重要思想，对坚持精准扶贫、精准脱贫方略提出了更高要求，指明了前进方向。从本质上说，精准扶贫就是实事求是思想路线、党的群众路线的生动体现。深化精准扶贫，就是要把各项中央决策部署、政策措施有效落实到贫困村、贫困户。深化精准扶贫是一个系统工程，打牢基础是前提，分类施策是基础，提高扶贫措施有效性是核心，提高组织化程度是关键，培育贫困人口自我发展能力是根本，打好政策组合拳是保障，必须整体推进。

更好地实施精准扶贫，必须深刻领会“三个必须”的重要论述，从全面从严治党的高度进一步把握好脱贫攻坚正确方向。习近平总书记指出，扶贫工作必须务实，脱贫过程必须扎实，脱贫结果必须真实。“三个必须”的要求，不仅是扶贫脱贫工作的重要指导，实际上也是党和国家一切工作必须坚持的重要原则。党的宗旨是全心全意为人民服务，最基本的要求就是要兑现承诺。如果精准扶贫不到位，搞层层加码，导致虚假脱贫、数字脱贫，群众就会有大意见，对党和政府就会失去信任。落实“三个必须”的要求，最根本的是严明党的政治纪律和政治规矩，不折不扣地落实党中央的决策部署。切实防止形式主义，做到扶真贫、真扶贫，让脱贫成效真正获得群众认可、经得起实践和历史检验。实施最严格的考核评估，开展督查巡查，对不严不实、弄虚作假的，要严肃问责。加强扶贫资金管理使用，对挪用乃至贪污扶贫款项的行为必须坚决纠正、严肃处理。

更好地实施精准扶贫，必须深刻领会“加强基层基础工作”的重要论述，从确保党在基层领导力的高度进一步把抓党建促脱贫落到实处。习近平总书记要求，加强基层基础建设，就是要选好配强村“两委”班子，培养农村致富带头人，促进乡村本土人才回流，打造一支永远不走的工作队。要充实一线扶贫工作队伍，发挥贫困村第一书记和驻村工作队作用，在实战中培养锻炼干部，打造一支能征善战的干部队伍。要注重扶贫同扶志、扶智相结合。这些重要论述深化了精准扶贫、精准脱贫方略的思想内涵。精准扶贫关键在精准，如何做到全过程精准，最关键的是靠基层干部用精准的精神、精准的办法做好每一项工作。实现精准脱贫，不仅仅是暂时的脱贫，更主要的是要实现稳定脱贫，最根本的是要建立和发展贫困人口的自我发展能力，把扶贫与扶志、扶智结合起来。

（《学习时报》2017 年 5 月 1 日第 1 版）

论习近平扶贫论述的时代贡献*

党的十八大以来，以习近平同志为核心的党中央把扶贫开发纳入“五位一体”战略布局和“四个全面”战略布局进行部署，摆在治国理政的突出位置。习近平总书记始终把脱贫攻坚作为工作重点内容，就脱贫攻坚发表一系列重要讲话、多次做出重要指示批示，形成了新时期扶贫论述。

习近平扶贫论述始终贯穿马克思主义的立场、观点、方法，以其丰富的思想内涵、深刻的精神实质，充分体现了中国特色扶贫开发道路的理论创新和实践创新，贯彻了“创新、协调、绿色、开放、共享”的新发展理念，是习近平总书记治国理政新理念新思想新战略的重要组成部分，是中国特色社会主义理论体系的新发展，是做好脱贫攻坚工作的科学指南和根本遵循。

一、习近平扶贫论述丰富和发展了中国特色扶贫开发理论

习近平扶贫论述的形成发展有其深刻的时代背景。从国内看，

* 基金项目：2016年马克思主义理论研究和建设工程重大项目（国家社会科学基金重大项目）《习近平总书记扶贫开发战略思想理论创新和实践创新研究》，项目号：2016MSJ054。

农村贫困人口全部脱贫是全面建成小康社会必须完成的底线任务，贫困问题新的特征、新的变化需要更有效的解决办法。从国际看，顺应全球减贫发展趋势及全球 2030 年可持续发展议程，我国需要积极响应，继续为全球减贫事业、人类社会发展做出更大贡献。习近平扶贫论述源于习近平多年来从农村到县、市、省、中央矢志不渝探索扶贫开发的实践积淀，充分体现了他“看真贫、扶真贫、真扶贫”一以贯之的为民情怀和一定要兑现脱贫承诺的历史担当。党的十八大以来，习近平扶贫论述显现了巨大指导作用，指导脱贫攻坚取得巨大成就。短短 4 年，5564 万中国人（相当于一个欧洲大国的人口总数）摆脱贫困。未来 3 年，还将有 4335 万人脱贫。世界银行等国际机构认为，中国精准扶贫的理论和实践表明，良好的政治愿景、科学的扶贫战略、适宜的政策措施，实现整体脱贫是完全可能的。中国的成功实践，对推进世界减贫事业具有重要贡献。

首先，习近平扶贫论述将扶贫开发作为关乎党和国家政治方向、根本制度和发展道路的大事，作为“五位一体”总体布局和“四个全面”战略布局以及实现第一个百年奋斗目标的底线任务，将其上升为国家战略，进一步明确和强化了扶贫开发的战略定位，把我们党所领导的反贫困实践推进到一个新的境界。

其次，习近平精准扶贫、精准脱贫论述，是习总书记基于长期实践经验及对扶贫开发问题深入思考的重大理论成果。这一思想是基于对中国扶贫开发实践不断进行科学总结和理论提升而逐步形成并不断完善的理论体系，是我国乃至全球减贫理论的重大创新，为我国脱贫攻坚及今后的扶贫开发事业提供了理论指导和发展方向，为扶贫思想的丰富发展做出了重大贡献。

再次，习近平扶贫论述包括内源扶贫、科学扶贫、精神脱贫、教育脱贫、社保政策兜底脱贫等扶贫脱贫机制模式的深刻论述，以及由此形成的脱贫攻坚责任体系、政策体系、投入体系、动员体系、监督体系、考核评估体系组成的四梁八柱顶层设计，丰富了党的十八大以来我国扶贫开发的时代内涵。这些扶贫内涵，客观反映了贫困演进的时代特征，反映了扶贫开发特定历史阶段的客观要求。不仅为推动脱贫攻坚的伟大实践提供了行动纲领，也为推动贫困与反贫困规律研究理论提炼指明了方向。

最后，习近平扶贫论述中关于“共建一个没有贫困、共同发展的人类命运共同体”的重要思想，体现了习总书记对于中国特色扶贫理论的进一步升华，是其对我国扶贫思想发展的另一个重大贡献，显示了中国对于世界减贫发展的责任意识和大国担当，受到国际社会的广泛赞誉。

总之，习近平扶贫论述不仅是对中国特色扶贫开发道路的丰富和发展，还是其基于共同富裕思想以及我国经济社会发展现状进行的深入思考和理性判断，为我国当前及今后一段时期扶贫开发指明了方向、提供了行动指南和基本遵循，为新阶段中国扶贫思想的进一步深化拓展奠定了基础，也为全球减贫治理提供了中国方案。

二、习近平扶贫论述是精准扶贫、精准脱贫方略系统设计的科学指南

精准扶贫、精准脱贫是脱贫攻坚的基本方略。这一方略的顶层设计是在习近平扶贫论述指导下完成的，也必然以习近平扶贫论述为指导付诸行动。精准扶贫、精准脱贫方略是由核心内容、实现路径、根本要求、保障体系和落实行动等子系统耦合而成的体系。

第一，精准扶贫的核心内容就是通过“六个精准”解决“四个问题”，二者之间存在内在逻辑关系。解决第一个问题“扶持谁”必须以实现“扶持对象精准”为前提。如何实现扶贫对象精准？只有通过把贫困户、贫困村识别出来，建档立卡。就是说，扶贫对象精准、建档立卡、解决扶持谁的问题三者互动形成一套体系，这套体系要求把贫困人口识别出来，这就是精准扶持的基础。解决第二个问题“谁来扶”，就需要向贫困村派第一书记、派驻村工作队。要发挥好第一书记、驻村工作队的作用，就必须做到“因村派人精准”，否则派去的人就流于形式。那么，解决谁来扶的问题、选派第一书记和派驻村工作队、因村派人精准三者之间也形成内在逻辑关系，这实质上就是贫困治理体系的一个组成部分。解决第三个问题“如何扶”问题，必须实现项目、资金、措施的精准，这就需要建立一套规划制定、选准项目、用好资金的治理体系。解决第四个问题“怎么退”也一样，需要通过开展有效的贫困退出考核评估，从而实现“脱贫成效精准”。可见，“六个精准”通过一系列方法措施，实现“四个问题”的解决，相互间相互影响，构成一套治理体系。

第二，“五个一批”的精准扶贫实现路径是一种思想。既然是思想，就不能

形而上学地理解为“一二三四五”，从而把现有贫困人口脱贫计划简单分成五个一批。实际上，以“五个一批”思想为指导，《中共中央　国务院关于打赢脱贫攻坚的决定》中，列举了发展特色产业、劳务输出、易地搬迁、加强教育、医疗保险、医疗救助、生态保护、资产收益、农村低保兜底等精准扶贫、精准脱贫路径。关于脱贫方式，总书记具体列出了九种，并指出有十几种脱贫方式。“五个一批”思想要求我们，要根据不同情况来创新扶贫方式。

第三，精准扶贫、精准脱贫的根本要求在于以创新来实现转变，并且通过转变的定型建立贫困治理体系。一是创新扶贫开发路径，目标就是改变过去“大水漫灌”，向“精准滴灌”转变。二是创新扶贫资源使用方式，目的是由多头分散向统筹集中转变。在总书记这一思想指导下，国务院印发了《关于整合使用扶贫资金和涉农资金的意见》，目前贫困县都实现了整合，也就是说目前每年的扶贫资金和相当部分的涉农资金，完全由县一级党委、政府根据脱贫攻坚的需求进行整合、使用，解决了扶贫资金“买酱油的钱”不能“打醋”的问题。总书记要求，扶贫任务重的地方要以脱贫攻坚统揽经济社会发展全局，绝不是空话。因为这是有抓手、可努力实现的。只要精心整合资源，用好一系列脱贫攻坚政策，就能较好地促进地方的整体发展，就有可能实现地方良性治理的转变。三是创新扶贫开发的模式，目的是改变由偏重“输血”向注重“造血”转变。四是创新考核评估体系，目的是要实现从考核扶贫过程向考核脱贫成效转变。有些地方扶贫考核太注重过程，重点放在填表数据准不准、填错了如何问责等形式上，这就违背了考核的真正目的和作用。目前中央对省级党委政府扶贫开发成效考核是四个方面内容七个指标，简单明了，突出结果导向。工作是否扎实，完全可以反映出来。至于考核中，存在个别农户得到了帮扶却说没有等现象，需要我们反思原因。有农户方面的原因，但更多的可能是我们工作没做好，特别是长期累积下来一些问题影响了农户的主观判断。这也从另一方面要求我们理解把握精准扶贫、精准脱贫，要有整体、系统性思维。

第四，精准扶贫、精准脱贫方略以完整的保障体系做支撑。保障体系包括观念转变、政策措施、组织保障、能力建设等方面，相互间形成一套体系。如果观念不转变，还停留在过去的观念，就难以实现精准扶贫。比如一个村有 100 户，识别出了 50 户是贫困户。这 50 户贫困户致贫的原因肯定不一样，因此，如果按传统的方式，发展扶贫产业，比如所有贫困户都发展养羊，表面上是开展精准扶贫，实际上这只是缩小版的“大水漫灌”。道理很简单，因为50户贫困户其致贫原因各异，不可能仅仅或全部依靠养羊一项措施就解决全部的贫困问题。只有逐户分析，因户施策，才能实现精准滴灌。政策保障也是一个体系，不仅仅是财政投入政策，还包括金融支持、土地政策、社会参与、营造氛围等多种政策，整合考虑、运用，才能形成综合政策效应。比如，“营造氛围”看起来没有含金量，但实际上脱贫攻坚对于贫困县就是一个宣传着力点。只要把精准扶贫精准脱贫氛围营造起来，干部群众作风转变过来，内生动力激发出来，各种投资、商机肯定随之而来。因为真正的精准扶贫，不仅仅是贫困村贫困户问题，而是事关全县干部的作风是不是实事求是，群众路线是不是充分体现。有了实事求是、有了群众路线的充分实践，这样的县肯定能发展更好。因为精准扶贫通过作风、观念转变营造了良好氛围、形象。财政投入、金融政策、土地政策、社会支持等，需要统筹考虑、系统设计、综合生效，这就叫统揽全局。脱贫攻坚，完成既定贫困人口脱贫仅仅是其基础部分，但是远远不够。这就需要用习近平扶贫论述武装头脑，把原来狭隘的扶贫理念转过来，认识上跟上去。

第五，精准扶贫、精准脱贫体系中的组织保障包括加强党的领导、层层落实责任、严格考核机制、约束机制、退出机制，是一整套相互关联，为精准扶贫、精准脱贫实施提供组织保障的体系。不仅仅包括签订责任状、五级书记一起抓等方面，而且更需要从体系上、整体上把握和实施，这样才能形成整体性效果，避免形式主义、功利主义。

第六，精准扶贫、精准脱贫能力保障实际上是一个能力建设体系。能力的保障绝对不是某一个方面能力，而是各个利益相关者的能力所构成的能力组合。各种有效的培训是提高、培养能力的基础性手段，必须加强。精准扶贫、精准脱贫的能力建设至少包括扶贫领导小组的决策监督能力，各行业部门扶贫项目的设计、实施管理、评估能力，扶贫系统的执行管理、协调、督查、考核评估、总结宣传能力，社会组织、企业参与脱贫攻坚的能力，第一书记、驻村工作队的精准扶贫能力，贫困村村“两委”干部、创业致富带头人带领群众脱贫致富的能力，贫困户自我发展、自我管理能力，等等。必须让广大干部特别是领导干部学习理解习近平扶贫论述，理解中央做出决策部署的理论和实践依据，这样才能增加各方面参与的主动性，更有自觉性和创新性。

第七，精准扶贫、精准脱贫方略实施需要一系列落实行动载体。这些载体不是一项或几项措施，而是一系列的精准扶贫行动组合。一是建设五个平台：国家扶贫开发大数据平台、省级扶贫开发融资平台、县级扶贫开发资金项目管理平台、贫困村扶贫脱贫工作落实平台、社会扶贫对接平台。二是开展十大行动：健康扶贫、教育扶贫、金融扶贫、交通扶贫、水利扶贫、劳务协作、危房改造、科技扶贫、中央企业百县万村帮扶、民营企业万企帮万村行动。三是实施十项工程：整村推进、职业教育培训、扶贫小额信贷工程、易地扶贫搬迁、电商扶贫、旅游扶贫、光伏扶贫、构树扶贫、贫困村创业致富带头人培训、扶贫龙头企业带动工程。

三、习近平扶贫论述是地方推进脱贫攻坚的行动纲领

这一贡献体现在地方如何把习近平扶贫论述贯彻落实到推进本区域脱贫攻坚的实践中。这里以三个案例，从不同层面展现了习近平扶贫论述的指导作用和成效。

省级案例：贵州省。贵州的扶贫工作被中央领导评价为脱贫攻坚的省级样板。党的十八大以来贵州的扶贫工作许多方面走在全国前面，为全国树立了样板。近些年，贵州的减贫速度要比国家平均速度快很多，贵州的经济发展速度也一直排在西部省区的前列，这样一个没有多少平地、发展难度要比其他地方都要大的省，为什么能够实现经济较快发展和大规模减贫同步，其中做法经验值得总结。2016 年，国务院扶贫办组织有关专家从十个方面总结了贵州学习贯彻落实习近平扶贫论述基本经验（详见社科文献出版社《脱贫攻坚省级样板——贵州精准扶贫精准脱贫模式研究》一书）：把扶贫开发作为全省第一民生工程，着力完善精准扶贫体系，广泛动员社会参与精准扶贫，积极参与生态保护脱贫新路径，创新财政金融精准扶贫机制，深化党建扶贫，大力建设新型产业扶贫体系，有力有序推进易地扶贫搬迁，完善社会保障托底扶贫，片区发展精准扶贫到村到户有机结合，等等。贯穿这十个方面的根本要素就是始终以习近平扶贫论述为指导。

县级案例：兰考县。兰考 2017 年 3 月宣布脱贫摘帽，成为全国贫困县脱贫摘帽的样板。兰考是焦裕禄精神诞生地，是习近平总书记开展群众路线实践活动的联系点。兰考整县脱贫，既有特殊性，更有普遍性。国务院扶贫办全国扶贫宣传教育专家团队对兰考脱贫摘帽做法经验进行总结，总结的主线就是习近平扶贫

论述的兰考实践。总结发现，兰考实践习近平扶贫论述的做法经验主要是：以脱贫攻坚统揽经济社会发展全局，推进脱贫攻坚的改革创新，以“绣花功夫”落实“六个精准”，探索产业精准扶贫新机制，实现精准扶贫的新模式，拓展精准扶贫新方式，抓党建引领脱贫攻坚，建立健全稳定脱贫长效机制，等等。以此为基础，提炼出贫困县实现脱贫摘帽的启示，对于其他贫困县推进脱贫攻坚、实现脱贫摘帽无疑具有可学可借鉴的价值。

村级案例：十八洞村。十八洞村是湖南省湘西州花垣县的一个苗族贫困村，是习近平总书记2013年11月考察并提出精准扶贫论述的地方。该村近几年发展很快，变化也很大，全村的人均纯收入从2013年的1668元增加到2016年的8313元，增加幅度很大。而且，横向对比，各方面对该村的投入并不是很多，这就说明十八洞村在实践总书记的精准扶贫论述中形成的经验模式具有可借鉴的意义。其中，最主要的经验就是按照总书记的要求，科学扶贫、精准扶贫，激发内生动力，创新扶贫方式，发展农家乐旅游、水果种植、养殖等特色产业，改善基础设施和公共服务。

实践充分表明，习近平扶贫论述体现了马克思主义世界观和方法论，是高度的政治性、理论性、系统性与针对性、指导性、实践性的有机统一，充分体现了党的执政理念，充满着真挚的为民情怀和务实的思想作风，必将在脱贫攻坚砥砺前行中继续完善、不断深化，为解决新问题、应对新挑战、制定新战略指明方向。

参考文献

[1] 习近平. 习近平关于扶贫开发论述摘编. 中国扶贫（特刊），2015（24）.

[2] 习近平. 习近平谈治国理政. 北京：外文出版社，2014.

[3] 习近平. 摆脱贫困. 福州：福建人民出版社，2014.

[4] 中共中央宣传部. 习近平总书记系列重要讲话读本. 北京：学习出版社，2016.

[5] 陈二厚，董峻，侯雪静. 庄严的承诺　历史的跨越：党的十八大以来以习近平同志为核心的党中央引领脱贫攻坚纪实［EB/OL］.［2017-05-23］. http://news.xinhuanet.com/politics/2017-05/21/c_1121009267.htm.

[6] 刘永富. 坚决打赢脱贫攻坚战. 人民日报，2016-10-20.

［7］黄承伟．习近平扶贫思想体系及其丰富内涵．中南民族大学学报（人文社会科学版），2016（6）．

［8］黄承伟．全面决胜脱贫攻坚的根本遵循．学习时报，2017－05－01．

（《党政研究》2017年第5期）

深刻领会习近平精准扶贫方略
坚决打赢脱贫攻坚战

2013年11月，习近平总书记在湖南省湘西州十八洞村考察时首次提出“精准扶贫”概念，指出“扶贫要实事求是，因地制宜。要精准扶贫，切忌喊口号，也不要定好高骛远的目标”。之后，习近平总书记多次对精准扶贫做出重要论述，精准扶贫思想不断丰富和完善，精准扶贫成为我国脱贫攻坚的基本方略。根据国务院扶贫办党组安排，我近几年具体负责习近平总书记扶贫论述的学习、研究、宣传工作，努力做了一些工作，积累了初步的学习体会。特别是结合“两学一做”学习教育、推进“两学一做”常态化制度化，结合全国精准扶贫、精准脱贫的伟大实践，对总书记精准扶贫方略的认识和理解不断深化。借这次党课的宝贵机会，我想从习近平精准扶贫方略的时代背景、形成发展、思想体系、价值意义、实践成效、存在问题、深化对策等七个方面做一交流，旨在为进一步学习、研究、宣传习近平总书记扶贫论述特别是精准扶贫方略提供参考。不对之处，请批评指正。

一、关于习近平精准扶贫方略的时代背景

习近平总书记高度重视扶贫开发。担任总书记的第二次国内考

察，就到贫困县阜平查看贫困状况，发表重要讲话，提出了一系列扶贫开发战略思想。2013年底，首次提出精准扶贫重要思想。我理解，精准扶贫思想的提出，其深刻的时代背景至少包括以下三个方面。

（一）共产党执政的初心和全面建成小康社会的底线目标

自成立以来，中国共产党在领导中国人民进行新民主主义革命，建设社会主义新中国，实行改革开放进程中，始终坚持着紧密联系群众、全心全意为人民服务、实事求是、与时俱进的“初心”。习近平总书记指出：“坚持不忘初心、继续前进，就要统筹推进‘五位一体’总体布局，协调推进‘四个全面’战略布局，全力推进全面建成小康社会进程，不断把实现‘两个一百年’奋斗目标推向前进。”“十三五”时期，是我国实现第一个百年奋斗目标即到2020年全面建成小康社会的关键时期。“我们不能一边宣布实现了全面建成小康社会目标，另一边还有几千万人口生活在扶贫标准线以下。如果是那样，就既影响人民群众对全面小康社会的满意度，也影响国际社会对全面建成小康社会的认可度。所以‘十三五’时期经济社会发展，关键在于补齐‘短板’，其中必须补好扶贫开发这块‘短板’。”党的十八大以来，以习近平同志为核心的党中央高度重视扶贫开发工作，把扶贫开发摆到治国理政的重要位置，上升到事关全面建成小康社会、实现第一个百年奋斗目标的新高度。打赢脱贫攻坚战，消除绝对贫困，实现现行标准下农村贫困人口全部脱贫，贫困县全部摘帽，解决区域性整体贫困，是全面建成小康社会的底线任务。

（二）经济发展带动减贫效果弱化

我们知道，长期以来，我国实施的是政府主导、市场和社会共同参与的扶贫开发模式。其中以市场主体为牵引的经济增长为农村持续大规模减贫提供了强劲动力，成为重要推动力量。从减贫过程看，1978—1985年农村经济的快速发展，使得上亿贫困人口解决了温饱问题，摆脱了贫困。之后，随着市场经济发展和大规模农村劳动力向城镇非农就业转移，贫困农户非农收入快速增加，保持了农村大规模减贫的持续进程。2008年国际金融危机爆发后，特别是我国进入经济增长新常态后，经济增长带动减贫效益下降。经济增长的主体产业（新业态）的益贫性低，农业的规模经营和资金密集趋势也在逐步增强，通过劳动力转移、农业经营增收脱贫的局限性逐步明显。与此同时，社会转型步入各类利益冲突、社会矛盾多发期。经济增长变缓，弱化了经济发展对社会结构性矛盾的正向作用。提升农村扶贫效益，有效解决贫困地区、贫困人口突出问题，是促进共同发展，彰显执政为民理念，营造共谋共富社会氛围，将社会负能量转化为社会治理建设性力量的有效路径。

（三）贫困治理困境与贫困固化趋势增强

一般来说，在政府、社会、市场多元贫困治理格局中，某一方力量的变化都会改变贫困治理格局，带来治理困境问题。当经济增长带动减贫强劲时，政府贫困治理中存在的一些问题以及减贫效益不高，并不会对减贫大局产生较大影响。但当经济带动减贫弱化后，如果公共力量特别是政府贫困治理能力问题仍未根本性解决，就会影响到减贫进程及效果乃至格局，比如导致贫困结构化问题等。长期以来，我国政府贫困治理中扶贫瞄准偏离问题一直没能很好解决，不少扶贫项目粗放“漫灌”、针对性不强等问题还比较普遍。我国扶贫标准提高后，贫困人口规模较大幅度增加。其中相当一部分剩余贫困人口贫困程度深、致贫原因复杂、自我发展能力弱、返贫现象突出。这些贫困人口较难通过经济增长带动实现脱贫，政府传统扶贫治理方式效果已经十分有限。而这些贫困人口问题能否有效解决，将会影响到全面建成小康社会目标的如期实现，甚至是通过贫困代际传递造成贫困固化。

二、关于习近平精准扶贫方略的形成与发展

习近平精准扶贫方略的形成有其实践基础，是来源于实践、指导实践，又在实践检验中逐步发展完善。

（一）习近平精准扶贫的提出

20 世纪 80 年代末期，习近平同志在福建宁德工作期间提出了“弱鸟先飞”“滴水穿石”“四下基层”等许多发展理念、观点和方法。其中不乏精准扶贫的理念，如因地制宜发展经济是“弱鸟”先飞且飞得快和高的重要途径等。2012 年底，习近平总书记在河北省阜平县考察扶贫开发工作时指出“推进扶贫开发、推动经济社会发展，首先要有一个好思路、好路子。要坚持从实际出发，因地制宜，理清思路、完善规划、找准突破口……要做到宜农则农、宜林则林、宜牧则牧，宜开发生态旅游，则搞生态旅游，真正把自身比较优势发挥好，使贫困地区发展扎实建立在自身有利条件的基础之上”。理清发展思路，因地制宜找准发展思路的论述，表明这一阶段习近平精准扶贫方略已处于萌芽时期。

2013年11月，习近平总书记在湖南湘西考察时首次提出“精准扶贫”概念，他指出扶贫要实事求是，因地制宜。要精准扶贫，切忌喊口号，也不要定好高骛远的目标。2014年10月的首个“扶贫日”，习近平总书记做出重要批示：“各级党委、政府和领导干部对贫困地区和贫困群众要格外关注、格外关爱……加大扶持力度，善于因地制宜，注重精准发力，充分发挥贫困地区广大干部群众能动作用，扎扎实实做好新形势下扶贫开发工作，推动贫困地区和贫困群众加快脱贫致富步伐。”2014年11月初，在福建调研时习近平总书记指出：“当年苏区老区人民为了革命和新中国的成立不惜流血牺牲，今天这些地区有的还比较贫困，要通过领导联系……加快科学扶贫和精准扶贫……”这表明习近平总书记将精准扶贫视为扶贫开发方式的新要求。

在习近平精准扶贫方略指引下，我国精准扶贫实践不断深入推进。2013年底中共中央办公厅、国务院办公厅印发《关于创新机制扎实推进农村扶贫开发工作的意见》，提出以建立精准扶贫工作机制为核心的六项机制创新和十项重点工作。围绕该文件相关部委出台了《关于改进贫困县党政领导班子和领导干部经济社会发展实绩考核工作的意见》、《关于印发〈建立精准扶贫工作机制实施方案〉的通知》（以下简称《通知》）、《关于印发〈扶贫开发建档立卡工作方案〉的通知》（以下简称《方案》）等政策配套政策文件。特别是《通知》和《方案》的出台，将精准扶贫要求落实到行动与实施层面。

（二）习近平精准扶贫方略的发展与完善

2015年、2016年，习近平精准扶贫方略逐步上升为国家扶贫开发战略，并不断丰富和完善。2015年2月，习近平总书记主持召开陕甘宁革命老区脱贫致富座谈会，向参会市县委书记提出“如何打好扶贫攻坚战、加快改善老区老百姓生活”等四个问题，并指出“各级党委和政府要增强使命感……贯彻精准扶贫要求，做到目标明确、任务明确、责任明确、举措明确，把钱真正用到刀刃上，真正发挥拔穷根的作用”。2015年6月，习近平总书记在贵州召开部分省区市党委主要负责同志座谈会上进一步指出：“扶贫开发贵在精准，重在精准，成败之举在于精准。各地都要在扶持对象精准、项目安排精准、资金使用精准、措施到户精准、因村派人（第一书记）精准、脱贫成效精准上想办法、出实招、见真效。……要因地制宜研究实施‘四个一批’的扶贫攻坚行动计划，即通过扶持生产发展一批，通过移民搬迁安置一批，通过低保政策兜底一批，通过医疗救助扶持一批，实现贫困人口精准脱贫。”

2015年11月27—28日，中央扶贫开发工作会议召开，习近平总书记发表长篇重要讲话，系统阐述精准扶贫、精准脱贫方略，标志着习近平精准扶贫方略的形成。会后，中共中央、国务院颁布《中共中央 国务院关于打赢脱贫攻坚战的决定》（以下简称《决定》），要求各级党委和政府要把扶贫开发工作作为重大政治任务来抓，实施全党全社会共同参与的脱贫攻坚战。2016年12月，国务院印发《“十三五”脱贫攻坚规划》（以下简称《规划》），提出要按照党中央、国务院决策部署，坚持精准扶贫、精准脱贫基本方略，坚持精准帮扶与区域整体开发有机结合，大力推进实施一批脱贫攻坚工程。《规划》系统阐述了“十三五”时期脱贫攻坚工作的指导思想、目标，以及产业发展脱贫等多项贫困人口和贫困地区脱贫的具体路径和方法。为贯彻落实《决定》，中央及有关部门先后出台了100多个政策文件，表明我国以习近平精准扶贫方略为指导的脱贫攻坚顶层设计的“四梁八柱”基本完成。

三、关于习近平精准扶贫方略的思想体系

我体会，习近平精准扶贫方略的思想体系主要由其哲学基础、政治基础和丰富内涵构成。

（一）习近平精准扶贫方略的哲学基础

实事求是和从实际出发。实事求是是毛泽东同志对党的思想路线的概括与体现，要求从实际出发，探究事物发展的客观规律。脱贫进入攻坚阶段，中央对我国扶贫开发提出了更高要求（扶贫脱贫“不落一人”），同时扶贫形势出现了新的变化（经济带动减贫效益下降），这就需要在农村贫困治理中坚持实事求是和从实际出发原则，从实际出发，探析贫困现象的客观实在，探寻消除贫困的良方。习近平总书记指出：“发展是甩掉贫困帽子的总办法，贫困地区要从实际出发，因地制宜，把种什么、养什么、从哪里增收想明白，帮助乡亲们寻找脱贫致富的好路子。”

普遍联系与统筹兼顾。贫困问题的产生是并非仅贫困个体自身的原因，也与资源的拥有和利用、社会制度安排等相关。这就要求我们要用整体的角度去看待贫困和反贫困，既要从贫困者自身角度提出扶贫方案，也要看到贫困对社会发展全局的影响，将扶贫纳入经济社会发展的规划之中，统筹安排，形成整体联动。

习近平总书记指出："我常讲，没有贫困地区的小康，没有贫困人口的脱贫，就没有全面建成小康社会。……所以，'十三五'时期经济社会发展，关键在于补齐'短板'，其中必须补好扶贫开发这块'短板'。"

对立统一与重点论。对立统一规律是唯物辩证法的核心规律，包含了事物发展中矛盾双方的统一性与斗争性，矛盾的普遍性与特殊性，矛盾双方发展的不平衡性。从矛盾学说来看，矛盾是普遍存在的，又具有特殊性，不同事物的矛盾各有特点，不同的矛盾和矛盾的不同方面在事物发展过程中的地位和作用各自不同，即主要矛盾和次要矛盾、矛盾的主要方面和次要方面；重点论强调分析和解决矛盾必须抓住主要矛盾、矛盾的主要方面，不能"眉毛胡子一把抓"。习近平总书记指出，抓扶贫开发，既要整体联动、有共性的要求和措施，又要突出重点、加强对特困村和特困户的帮扶。

（二）习近平精准扶贫方略的政治基础

我国农村贫困人口规模大，贫困程度深、致贫原因复杂。在脱贫攻坚阶段，扶贫干预主体多元、资源投入大，有序、有效推进脱贫攻坚系统工程，需要强有力的组织领导力。党和政府领导和主导、多元力量参与是我国贫困治理的重要特色。党的坚强领导和社会主义制度集中力量办大事的优势，是习近平精准扶贫思想的重要政治基础，是形塑现有扶贫治理体制机制重要保障。要将政治的稳定和优势，转化为我国扶贫开发的规划性和持续性优势。20 世纪 90 年代中期以来，我国实施了《国家八七扶贫攻坚计划（1994—2000 年）》《中国农村扶贫开发纲要（2001—2010 年）》《中国农村扶贫开发纲要（2011—2020 年）》，以及长期坚持实施具有共同富裕性质的东西部扶贫协作和定点扶贫，体现了我国在贫困干预上的政治优势和制度优势。脱贫攻坚阶段，脱贫任务重的省份把脱贫攻坚作为"十三五"期间头等大事和第一民生工程来抓，省、市、县、乡、村五级书记一起抓扶贫，党政一把手向中央签订脱贫攻坚责任书、立下军令状，层层落实责任，实行严格责任制度。同时，向贫困村派出第一书记和驻村工作队，把脱贫攻坚任务落实到"最后一公里"，不脱贫不脱钩。

（三）习近平精准扶贫方略的丰富内涵

习近平精准扶贫的核心是从实际出发，找准扶贫对象，摸清致贫原因，因地制宜，分类施策，开展针对性帮扶，实现精准扶贫、精准脱贫。从扶贫工作开发的内容看，习近平精准扶贫方略的内容集中体现在习近平对"扶持谁""谁来扶"

“怎么扶”“如何退”四个核心问题的阐述上。

1. 解决“扶持谁”问题。习近平总书记指出：“要坚持精准扶贫、精准脱贫。……要解决好‘扶持谁’的问题，确保把真正的贫困人口弄清楚，把贫困人口、贫困程度、致贫原因等搞清楚，以便做到因户施策、因人施策。”解决“扶持谁”的问题，要求实现“扶持对象精准”，具体工作内容为精准识别和精准管理。2013年底，中共中央办公厅、国务院办公厅印发《关于创新机制扎实推进农村扶贫开发的意见》提出由国家统一制定识别办法，并按照县为单位、规模控制、分级负责、精准识别、动态管理的原则，开展贫困人口识别、建档立卡和建立全国扶贫信息网络系统等工作。2014年5月，国务院扶贫办等中央部门联合印发关于建档立卡、建立精准扶贫工作机制等文件，对贫困户和贫困村建档立卡的目标、方法和步骤、工作要求等做出部署。2014年4—10月，全国组织80万人深入农村开展贫困识别和建档立卡工作，共识别12.8万个贫困村、8962万贫困人口，建立起全国扶贫开发信息系统。2015年8月至2016年6月，全国动员近200万人开展建档立卡“回头看”，补录贫困人口807万，剔除识别不准人口929万。较好地解决了“扶持谁”的问题。

2. 解决“谁来扶”问题。习近平总书记指出：“要解决好‘谁来扶’的问题，加快形成中央统筹、省（自治区、直辖市）负总责、市（地）县抓落实的扶贫开发工作机制，做到分工明确、责任清晰、任务到人、考核到位。”近年来，我国建立起脱贫攻坚责任体系。中央出台《省级党委和政府扶贫开发工作成效考核办法》，脱贫攻坚任务重的省份的党政主要负责人向中央签署脱贫责任书，层层签订脱贫责任书、立下军令状，形成省、市、县、乡、村五级书记抓扶贫工作格局。要求普遍建立干部驻村帮扶制度，其间全国共选派77.5万名干部驻村帮扶、19.5万名优秀干部到贫困村和基层组织薄弱涣散村担任第一书记，解决扶贫“最后一公里”难题。东西部扶贫协作深化，结对关系调整完善。东部267个经济较强县（市、区）结对帮扶西部406个贫困县，中央层面共有310个单位定点帮扶592个贫困县，实施“百县万村”行动、“万企帮万村”等社会扶贫。

3. 解决“怎么扶”问题。习近平总书记指出：“要解决好‘怎么扶’的问题……要按照贫困地区和贫困人口的具体情况，实施‘五个一批工程’。”“要提高扶贫措施有效性，核心是因地制宜、因人因户因村施策。……要突出产业扶贫，防止产业选择盲目跟风，提高组织化程度，培育带动贫困人口脱贫的经济实体。”推进精准帮扶工作是解决“怎么扶”问题的重点，实现“项目安排精准、资金使用精准、因村派人精准”。瞄准建档立卡贫困对象，建立需求导向的扶贫行动机制，深入分析致贫原因，逐村逐户制定帮扶计划，专项扶贫措施与精准识别结果和贫困人口发展需求相衔接。2015 年 11 月，中央印发《中共中央　国务院关于打赢脱贫攻坚战的决定》（以下简称《决定》）进一步阐明精准扶贫、精准脱贫方略，中共中央办公厅、国务院办公厅出台 11 个《决定》配套文件。2016 年 12 月，国务院印发《“十三五”脱贫攻坚规划》。自实施精准扶贫以来，中央和国家机关各部门共出台 100 多个政策文件或实施方案，各地方相继出台和完善“1+N”的脱贫攻坚系列文件。需求导向、导员参与、有效对接的扶贫脱贫帮扶体系业已形成。

4. 解决“如何退”问题。习近平总书记指出：“精准扶贫是为了精准脱贫……一要设定时间表，实现有序退出……既要防止拖延病，又要防止急躁症。二要留出缓冲期，在一定时间内实行摘帽不摘政策……三要实行严格评估，按照摘帽标准验收……四要实行逐户销号，做到脱贫到人……脱没脱贫，要同群众一起算账，要群众认账。”2016 年 4 月，中共中央办公厅、国务院办公厅印发《关于建立贫困退出的意见》对贫困户、贫困村、贫困县退出的标准、程序和相关要求做出细致规定，为贫困人口退出提供制度保障。严格实施考核评估制度，组织开展省级党委和政府扶贫工作成效考核，就各地贫困人口识别和退出准确率、因村因户帮扶工作群众满意度、“两不愁，三保障”实现情况等开展第三方评估；结合收集的情况和各省总结，按照定性定量相结合、第三方评估数据与部门数据相结合、年度考核与平时掌握情况相结合的原则，对各省（自治区、直辖市）脱贫攻坚成效开展综合分析，形成考核意见；对综合评价好的省份通报表扬，对综合评价较差且发现突出问题的省份，约谈党政主要负责人，对综合评价一般或发现某些方面问题突出的省份，约谈分管负责人。将考核结果作为省级党委、政府主要负责人和领导班子综合考核评价的重要依据。

四、关于习近平精准扶贫方略的价值意义

在学习领会习近平总书记的扶贫论述过程中，我深深体会到，习近平精准扶贫方略的时代价值和意义，既体现在指导国内精准扶贫理论创新、顶层设计、基

层实践上，也体现在为全球减贫治理提供中国方案上。

（一）习近平精准扶贫方略的国内价值

1. 扶贫理论创新的指导思想。党的十八大以来，我国扶贫开发步入攻坚拔寨重要时期，贫困问题的复杂性、艰巨性前所未有，扶贫理论创新迫切。习近平精准扶贫方略的理论指导价值体现在建构综合性扶贫治理、内生型反贫困理论等方面。习近平总书记强调，要将条件差、基础弱、贫困程度深的深度贫困地区和贫困人口作为扶贫开发的重点，分类施策，实施“五个一批”扶贫开发路径，要因地制宜，因人因户因村施策。这就要求在反贫困理论创新中探索综合性扶贫理论：在深刻认识贫困问题复杂性的基础上，既要注重分析致贫的共性要素，以共性要素为依据，因地制宜探索多层次扶贫脱贫路径，又要考虑到贫困个体致贫的具体因素，开展多层次、精细化的针对性帮扶。习近平总书记指出：“防止返贫和继续攻坚同样重要，已经摘帽的贫困县、贫困村、贫困户，要继续巩固，增强‘造血’功能，建立健全稳定脱贫长效机制。”“要加强贫困村‘两委’建设……深入推进抓党建促脱贫攻坚工作，选好配强村‘两委’班子，培养农村致富带头人，促进乡村本土人才回流，打造一支‘不走的扶贫工作队’。”贫困人口实现自我发展是扶贫的根本，要把扶贫与扶志、扶贫与扶智相结合，激发内生发生动力，建立长效脱贫机制。这就要求扶贫理论创新要将贫困地区和贫困人口的内生发展摆在更加突出的位置，着力探讨培育贫困群众内源发展的治理机制，为实现贫困人口自我发展提供理论依据。

2. 脱贫攻坚实践创新的行动指南。脱贫攻坚时期，农村贫困人口规模庞大，贫困程度深，致贫因素复杂，返贫现象较为突出，并呈现出结构化趋势。贫困问题的解决，除了要下更大的决心和投入更多的资源外，更迫切需要合理、有效的贫困治理新方略。习近平精准扶贫方略中的“扶真贫、真扶贫、真脱贫”要求为脱贫攻坚阶段扶贫开发明确了工作目标；“六个精准”论述为扶贫工作方式转变提供了方向和着力点，“五个一批”脱贫路径论述为扶贫工作指明了工作重点任务；对“扶持谁、谁来扶、怎么扶、如何退”问题的阐述为扶贫开发体制机制创新、建构等都具有极大的指导价值。

（二）习近平精准扶贫方略的国际价值

习近平总书记指出，在实践中，我们形成了不少有益经验，概括起来主要是加强领导是根本、把握精准是要义、增加投入是保障、各方参与是合力、群众参与是基础。这些经验弥足珍贵，要长期坚持。我理解，习近平精准扶贫方略的国际减贫价值体现在以下方面：

一是以实施综合性扶贫策略回应发展中国家贫困问题的复杂化和艰巨性。从全球范围看，致贫原因多元化、差异化是普遍存在，贫困问题复杂性增加，单一力量或单一减贫措施面对复杂贫困问题时很难取得突破性成绩。在贫困治理中，以扶贫对象需求为导向，分类施策，采取针对性扶贫措施，使扶贫资源供给与扶贫对象需求有效衔接。注重扶贫的综合性与精准度相结合，制定综合性扶贫脱贫思路，实施精准扶贫和实现精准脱贫。

二是发挥政府在减贫中的主导作用，以回应全球经济增长带动减贫弱化的普遍趋势。习近平精准扶贫方略中将加强政府引导和主导作用作为减贫成效提升的根本。在精准扶贫实践中，我国政府主导了贫困瞄准、贫困干预、脱贫成效评估等减贫全过程。除不断加大投入之外，通过“中央统筹、省负总责、市（地）县抓落实”管理机制提升政府扶贫整体效能，激发强大的扶贫动能，构筑多元主体参与扶贫格局。

三是自上而下与自下而上结合的贫困识别机制，解决了贫困瞄准的世界难题。总体而言，国际的贫困识别方法主要有自上而下的识别方法（如个体需求评估法）和自下而上的贫困识别方法（如以社区为基础的瞄准方法），且在单独运用中都存在一定的局限性。贫困的识别是一项专业性强、复杂性高的技术性工作。基层干部往往难以胜任贫困识别的专业性工作。同时贫困规模庞大的情况下，采用一家一户的家计调查的贫困识别成本高、耗时长，且难以排除贫困变动对识别精准的干扰。采取统计部门抽样测算贫困规模、自上而下逐级分解贫困指标的方法较好保证了贫困识别的科学性。通过农户自愿申请、民主评议等自下而上的识别机制，能提高贫困识别的群众参与度和监督效果，较好保障贫困识别的真实性。在习近平精准扶贫方略指导下，我国逐步形成和完善了自上而下（指标规模控制、分级负责、逐级分解）与自下而上（村民民主评议）相结合的精准识别机制，对国际减贫瞄准方法的完善具有积极的意义。

五、关于习近平精准扶贫方略的实践成效

2013年底起，以《关于创新机制扎实推进农村扶贫开发的意见》为标志，我国开始实施精准扶贫。以《关于打赢脱贫攻坚战的决定》为标志，在全国范围

全面实施精准扶贫、精准脱贫方略。至2016年底，我国精准扶贫取得显著成效。

一是农村贫困人口大幅减少，贫困发生率持续下降。按现行国家农村贫困标准（农民人均纯收入2300元/年）测算，全国农村贫困人口由2012年的9899万减少至2016年的4335万，累计减少5564万，平均每年减少1391万；全国农村贫困发生率由2012年的10.2%下降至2016年的4.5%，下降5.7个百分点，平均每年下降1.4个百分点。内蒙古、广西、贵州、云南、西藏、青海、宁夏、新疆等民族八省区农村贫困发生率从2012年的21.1%下降到2016年的9.4%，累计下降11.7个百分点，年均下降2.9个百分点。贫困规模从2012年的3121万人减少到2016年的1411万人，累计减少1710万人，下降幅度为54.8%。

二是贫困地区农村居民收入保持快速增长，增速持续高于全国农村平均水平。2016年，贫困地区农村居民人均可支配收入8452元，名义水平是2012年的1.6倍；扣除价格因素，实际水平是2012年的1.5倍。2013—2016年贫困地区农村居民人均收入连续保持两位数增长，扣除价格因素，年均实际增长10.7%。其中，扶贫开发工作重点县农村居民人均可支配收入8355元，是2012年的1.65倍；扣除价格因素影响，实际水平是2012年的1.52倍，是2010年的2倍，扶贫开发工作重点县农村居民收入提前实现翻番目标。2013—2016年，贫困地区农村居民人均可支配收入年均实际增速比全国农村平均水平高2.7个百分点。扶贫开发工作重点县年均实际增长11.1%，比全国农村平均水平高3.1个百分点。2016年贫困地区农村居民人均可支配收入是全国农村平均水平的68.4%，比2012年提高了6.2个百分点。农村居民就业机会增多，工资性收入占比提高。2016年贫困地区农村居民人均工资性收入2880元，与2012年相比，年均增长16.5%，占可支配收入的比重为34.1%，比2012年提高4.1个百分点。统计数据显示，困地区农村居民人均收入对传统农业依赖下降，收入来源日益多元化。

三是贫困地区农村居民生活消费水平持续提高，质量不断改善。2016年贫困地区农村居民人均消费支出7331元，与2012年相比，年均增长11.7%，且连续4年保持两位数增长，扣除价格因素，年均实际增长9.6%。消费结构明显优化，吃饭穿衣支出占比下降。居住条件不断改善，2016年贫困地区农村居民户均住房面积为137.2平方米，比2012年增加19.1平方米。耐用消费品升级换代，传统耐用消费品拥有量稳步提高。

四是贫困地区农村生活条件得到改善，教育文化医疗水平明显提高。（1）基础设施条件不断完善。截至 2016 年，贫困地区通电的自然村接近全覆盖；通电话的自然村比重达到 98.2%，比 2012 年提高 4.9 个百分点；通有线电视信号的自然村比重为 81.3%，比 2012 年提高 12.3 个百分点；通宽带的自然村比重为 63.4%，比 2012 年提高 25.1 个百分点。2016 年，贫困地区村内主干道路面经过硬化处理的自然村比重为 77.9%，比 2013 年提高 18 个百分点；通客运班车的自然村比重为 49.9%，比 2013 年提高 11.1 个百分点。（2）教育文化状况明显改善。2016 年，贫困地区农村居民 16 岁以上家庭成员均未完成初中教育的农户比重为 16%，比 2012 年下降 2.2 个百分点；79.7%的农户所在自然村上幼儿园便利，84.9%的农户所在自然村上小学便利，分别比 2013 年提高 12.1 个百分点和 6.9 个百分点；有文化活动室的行政村比重为 86.5%，比 2012 年提高 12 个百分点。（3）医疗卫生水平显著提高。2016 年，贫困地区农村拥有合法行医证医生或卫生员的行政村比重为 90.4%，比 2012 年提高 7.0 个百分点；91.4%的户所在自然村有卫生站，比 2013 年提高 7.0 个百分点。

五是我国为全球减贫做出重大贡献。按照现行农村贫困标准测算，从 1978 年到 2016 年，全国农村贫困人口减少 7.3 亿，贫困发生率从 1978 年的 97.5% 下降至 2016 年的 4.5%。按照每人每天 1.9 美元的国际极端贫困标准，根据世界银行发布的最新数据，1981 年至 2013 年中国贫困人口减少了 8.5 亿，占全球减贫总规模的 69.3%，为全球减贫做出重大贡献。联合国开发计划署 2015 年发布的《联合国千年发展目标报告》明确指出，“中国在全球减贫中发挥了核心作用”。中国精准扶贫的新理论、新实践也为全球减少贫困提供了中国范例。

六、关于精准扶贫、精准脱贫方略实施存在的困难问题

总体上看，以精准扶贫、精准脱贫为基本方略的脱贫攻坚战进展顺利。但是，大家知道，在最困难、条件最差的地区，做最精准的事，困难可想而知。因此，深入推进精准扶贫、精准脱贫，举措落实、政策见效、工作开展还需要一个过程，困难不能低估，问题不能回避。目前各地实践看，精准扶贫、精准脱贫方略实施，存在以下困难问题：

一是没有完全精准瞄准硬骨头。对于深度贫困地区、深度贫困群体的瞄准需

要采取更有效的措施。深度贫困地区主要是自然条件恶劣，基础设施和公共服务欠账较多，贫困发生率高，脱贫难度大的地区。12.8 万个建档立卡贫困村也是难啃的硬骨头，这些村居住着 60%的贫困人口，大部分贫困村基层组织功能弱化，无人管事；人才严重流失，无人干事；村集体经济薄弱，无钱办事；基础设施滞后，陈规陋习严重，发展基础不牢。深度贫困群体主要是因病致贫返贫群体。截至 2016 年底，全国还有 4335 万贫困人口。建档立卡数据显示，贫困人口中因病致贫比例从 2015 年的 42%上升到 2016 年的 44%。

二是工作中仍存在不严不实不精准问题。表现在脱贫计划脱离实际。有的地方违背客观实际，层层加码提前脱贫时间，患了“急躁症”。有的地方认为贫困人口不多，脱贫任务不重，按时完成没有问题，犯了“拖延病”。有的政策措施缺乏针对性、操作性，没有有效落实。有的把脱贫工作“文件化”“会议化”“表格化”，有的把大量资金用在垒大户、堆盆景、制作精美挂图展板上。有的驻村干部不驻村、假驻村，帮扶措施没到位。有的甚至在考核评估中弄虚作假，搞乔装打扮，组织群众统一答复口径，试图在考核评估中蒙混过关。在贫困识别上，有的地方“搞摆平”，人为割裂低保与扶贫，导致一定数量符合条件的贫困人口未纳入建档立卡。在精准帮扶上，有的表面看帮扶到户到人，实质上还搞一刀切，是缩小版的“大水漫灌”。在贫困退出上，有的算账脱贫，有的突击脱贫，有的一兜了之，脱贫质量不高。

三是扶贫资金使用管理存在不精准问题。贪污、挤占、挪用等老问题仍时有发生。在乡村两级尤为突出。中央纪委监察部 2016 年通报的扶贫领域突出问题 325 起，有 86%涉及乡村干部。资金闲置滞留等新问题逐步显现。随着扶贫投入增多，权限下放到县，一些地方能力未及时跟上，项目规划不科学不合理，接不住、整不动、用不好。2016 年资金闲置问题占到审计发现问题的三分之二。资金使用公开透明不够，群众和社会不知道。在老百姓眼里，投向“三农”的钱，涉及农民的事，都和扶贫有关，这方面的监管亟待加强。

四是精准扶贫主体（贫困群众）内生动力不足问题。从帮扶工作来看，有的地方为图省事、赶进度，大包大揽、送钱送物，“干部干、群众看”，造成养懒汉现象。从贫困群众来看，有的穷怕了不敢想，安于现状，单纯依靠外界帮扶被动脱贫。有的穷惯了“等靠要”，靠穷吃穷，依赖政策不愿脱贫。如果不能充分发动贫困群众，扶贫就只是治标不治本，帮扶效果就很难可持续。

七、关于如何进一步深化精准扶贫、精准脱贫

2017年是精准扶贫、精准脱贫的深化之年。2月21日，习近平总书记主持中央政治局第39次集体学习。该次学习以更好地实施精准扶贫为主题，总书记发表重要讲话，对精准扶贫、精准脱贫提出新的更高要求。3月，习近平总书记在“两会”期间提出“绣花式”精准扶贫重要思想。3月31日，总书记主持中央政治局听取2016年度省级党委、政府扶贫开发工作成效考核情况汇报，对严格考核、确保精准退出做出新部署。6月23日，总书记在山西太原主持召开深度贫困地区脱贫攻坚座谈会，研究破解深度贫困问题之策。习近平总书记上述重要论述，丰富发展了精准扶贫思想，为深化精准扶贫、精准脱贫指明了方向，提供了根本遵循。我们要认真学习、深刻领会、贯彻落实到实践中。

（一）坚持目标标准，确保完成任务

脱贫的标准就是“两不愁，三保障”，不能盲目提高，也不能降低标准，时限就是2020年，不能急躁，也不能拖延。从当前情况看，按照现有的政策力度和工作力度，只要真抓实干，是可以实现脱贫目标的。一要调整完善脱贫攻坚滚动规划和年度计划。贫困县一般应在2019年前摘帽，贫困人口应在2020年如期脱贫。低保兜底尽量往后靠，对那些确实不能依靠自身努力脱贫的，到最后才低保兜底。脱贫规划要有合理时序，既要防止急躁，又要防止拖延。二要保持脱贫攻坚政策的稳定。包括贫困县党政正职稳定、驻村帮扶、东西部扶贫协作、党政机关定点扶贫，2020年前都不变。三要在做好贫困县贫困村脱贫攻坚的同时，高度重视非贫困县非贫困村的脱贫攻坚，防止出现死角。

（二）坚持问题导向，解决困难问题

针对当前突出困难和问题，一要集中力量攻坚。要进一步瞄准深度贫困地区、贫困村、因病致贫贫困户，这是我们要攻的“坚”。加大对典型的深度贫困地区的基础设施和公共服务建设支持力度。组织实施贫困村提升工程，培育壮大集体经济，完善基础设施，打通脱贫攻坚政策落实“最后一公里”。落实健康扶贫政策，降低因病致贫贫困户医疗费用支出，进一步解决大病和慢性病治疗、救助问题，减轻贫困家庭医疗负担。二要抓好考核发现问题整改。纠正不严不实不精准，特别是要纠正形式主义，严防弄虚作假。要通过教育培训等措施，增强基层扶贫干部“绣花”能力，提高贫困识别、帮扶、退出精准度。

（三）坚持基本方略，打牢精准基础

一要完善建档立卡，摸准贫困底数。准确识别贫困户是很难的，农村基础薄弱、情况复杂、人口流动性大，再加上人情社会、落后观念等因素，难度更大。精准永远在路上。下一步，要把符合建档立卡条件的贫困人口全部纳入，只要是贫困人口，不管什么原因、什么类型，都应纳入，做到不落一人。与此同时，还要对 2014 年以来的脱贫人口的返贫情况进行调研，探索建立稳定脱贫的长效机制。二要规范驻村帮扶，增强基层力量。中央要求，每个贫困村都要派驻村工作队，每个贫困户都要有帮扶责任人，实现全覆盖。第一书记和驻村干部积极帮助群众出主意干实事，推动各项扶贫措施落地落实，打通精准扶贫“最后一公里”。国家层面应出台指导意见，各地要加强驻村干部管理，加强贫困村“两委”建设，选好配强村“两委”班子，培养一支永远不走的工作队。三要强化资金监管，提高使用效益。将继续加强纪检、检察、审计、财政监督和群众、社会监督，特别是把乡村两级组织作为重点，加大惩处力度，保持高压态势。全面推进贫困县财政涉农资金统筹整合，加大指导督促检查，提高扶贫资金使用效率和效益。进一步完善扶贫资金公告公示制度，提升扶贫资金项目的透明度。

（四）坚持从严考核，倒逼真抓实干

考核是全面从严治党在脱贫攻坚领域的重要体现，是倒逼各地抓好落实、检验脱贫质量的重要手段。要按中央要求，继续实行最严格的考核评估制度，坚决防止虚假脱贫、数字脱贫、一兜了之等敷衍了事、不实不准、弄虚作假行为，倒逼各地落实脱贫攻坚工作责任，把求真务实的导向立起来，把真抓实干的规矩严起来，确保脱贫结果经得起历史和实践的检验。

（五）坚持改革创新，建立带贫机制

随着脱贫攻坚深入推进，难题和矛盾还会不断出现，必须结合实际，创新扶贫工作方式。鼓励基层探索试点，建立容错纠错机制，对探索中出现的问题，及时纠正。对涉及长远的问题，思想观念、陈规陋习等，也需要改革。这需要一个过程。

（六）坚持典型引路，总结推广经验

要总结党的十八大以来精准扶贫的实践和成就，总结各项工作成功经验，总结产业扶贫、劳务脱贫、易地扶贫搬迁和教育、健康扶贫等重点工作的典型范例。继续开展全国脱贫攻坚奖评选表彰活动，及时发现表彰全国脱贫攻坚模范。建立扶贫先进典型台账，及时推广好的经验做法。脱贫攻坚，不仅仅是脱贫攻坚，还涉及经济社会发展各方面。不能就扶贫而扶贫，还有农村基层组织建设、集体经济、管理水平、思想观念等。

（《人民网》2017 年 8 月 23 日）

脱贫攻坚贵在精准

贫困问题，是全面建成小康社会的“拦路虎”，也一直是习近平总书记心底最深的牵挂。他曾说：“我到过中国绝大部分最贫困的地区……他们的生活存在困难，我感到揪心。他们生活每好一点，我都感到高兴。”党的十八大以来，以习近平总书记提出精准扶贫、精准脱贫为标志，我国扶贫开发进入脱贫攻坚的新阶段。党的十八届五中全会将农村贫困人口脱贫作为全面建成小康社会的底线目标进行安排部署，到 2020 年让全国人民一个不落都过上小康生活。

一、脱贫攻坚为什么要精准

改革开放以来，随着经济持续快速发展，我国扶贫开发稳步推进，扶贫标准逐步提高，贫困人口逐步减少。我国是第一个提前实现联合国千年发展目标中贫困人口减半的国家。按照世界银行的贫困标准，1981 年至 2011 年，全球贫困人口从 19.38 亿减少到 10.11 亿，全球贫困人口减少 9.27 亿。同期，中国的贫困人口由 8.38 亿减少到 8417 万，贫困人口减少 7.53 亿。此后，按照 2011 年国家扶贫标准，扶贫对象从16 567万人减少到 2015 年的 5575 万人。世界银行的评价认为，“中国在如此短的时间里使如此多的人摆脱了贫困，对于全人类来说这是史无前例的”。

在取得巨大成就的同时，我们也要看到，长期以来我国扶贫开发中还存在着较为粗放的“大水漫灌”问题，主要包括：

1. 贫困人口底数不清、情况不明。我国农村贫困人口数量是国家统计局根据全国 20 万户住户调查得出的抽样调查数据推算出来的，这对于研究贫困人口规模、分析贫困发展趋势比较科学，但在具体扶贫工作中无法弄清楚“谁是贫困人口”“致贫原因何在”“如何针对性帮扶”等问题，导致一些真正的贫困户得不到有效的帮扶。

2. 扶贫资金和项目指向不准。以扶贫搬迁工程为例，居住在边远山区、地质灾害隐患区等地的贫困户，“一方水土养不活一方人”是扶贫开发难啃的硬骨头之一。移民搬迁是较好的出路，但是，因为补助资金少，享受扶贫资金补助搬出来的多是经济条件相对较好的农户，最贫困的家庭根本搬不起。新村扶贫、产业扶贫、劳务扶贫等项目，受益多的主要也还是贫困户中的中高收入者。

3. 贫困县不愿“摘帽”。2011 年 12 月 6 日，邵阳《新闻在线》发出一篇报道：“11 月 29 日，从中央扶贫开发工作会上传来好消息，我市隆回、城步、邵阳、新宁、新邵、绥宁、洞口、武冈 8 个县市成功列入国家武陵山集中连片扶贫攻坚重点县。”当时，许多网友对于文中的“成功列入”“好消息”等措辞表示难以接受。国家级贫困县的设立曾经对我国稳定群众生活、缩小和缩短与富裕地区的差距、促进整个国民经济的发展发挥了有效的积极作用。但是，由于“贫困县”的帽子可以带来政策上的诸多“好处”，导致很多贫困县不愿“摘帽”，甚至“戴帽炫富”“争戴贫困帽”，这在实际上已经阻碍了我国扶贫开发工作的进一步深入开展。

当前，我国进入了全面建成小康社会的决胜阶段，扶贫开发进入了啃硬骨头、攻坚拔寨的冲刺期。实施脱贫攻坚战略部署，还面临着一些困难和问题，主要包括：一是数量多。截至 2015 年底，我国还有贫困人口 5575 万，相当于中等人口规模国家的总人数；全国还有 14 个集中连片特殊困难地区、832 个贫困县、12.8 万个建档立卡贫困村。二是难度大。经过多年的努力，容易脱贫的地区和人口已经基本脱贫了，剩下的贫困人口大多贫困程度较深，自身发展能力比较弱，越往后脱贫攻坚成本越高、难度越大。以前出台一项政策、采取一项措施就可以解决成百万甚至上千万人的贫困，现在减贫政策效应递减，需要以更大的投入实现脱贫目标。三是时间紧。到 2020 年农村贫困人口要全部实现脱贫，从今年起平均每年要减贫 1000 万人以上。四是易返贫。不少贫困户稳定脱贫能力差，因灾、因病、因学、因婚、因房返贫情况时有发生，新的贫困人口还会出现。

“十三五”脱贫攻坚的总体目标要求：“到 2020 年，稳定实现农村贫困人口不愁吃、不愁穿，义务教育、基本医疗和住房安全有保障。实现贫困地区农民人均可支配收入增长幅度高于全国平均水平，基本公共服务主要领域指标接近全国平均水平。确保我国现行标准下农村贫困人口实现脱贫，贫困县全部摘帽，解决区域性整体贫困。”换句话说，我国全面建成小康社会，一个都不能少，一户都不能落。要实现这一目标，就必须变“大水漫灌”为“精准滴灌”，实施精准扶贫、精准脱贫战略。

二、脱贫攻坚如何做到精准

为解决这些困难和问题，我国制定了精准扶贫、精准脱贫的基本方略，核心内容是做到“六个精准”，实施“五个一批”。因人因地施策，因贫困原因施策，因贫困类型施策，区别不同情况，做到对症下药、“精准滴灌”、靶向治疗，不搞“大水漫灌”、走马观花、大而化之。

“六个精准”，包括扶持对象精准、项目安排精准、资金使用精准、措施到户精准、因村派人精准、脱贫成效精准。通过贫困识别建档立卡，把贫困人口是谁、在哪里、什么原因致贫等搞清楚，解决“扶持谁”的问题；通过向贫困村选派第一书记和驻村工作队，强化一线扶贫力量，解决“谁来扶”的问题；通过引导贫困群众参与脱贫规划制定，做到项目跟着规划走，资金跟着项目走，项目资金跟着穷人走，因村因户因人分类施策，解决“怎么扶”的问题；通过明确贫困退出标准、程序和核查办法，严格规范贫困退出，确保贫困人口、贫困村、贫困县稳定脱贫，有序退出，解决“如何退”的问题。

1. 对象精准。精准识别、建档立卡，是打赢脱贫攻坚战的基础。关键要通过群众评议、入户调查、公告公示、抽查检验等手段，把贫困人口识别出来。

“田应杰，土家族，危房，2 亩地、1 亩田，家有 4 口人，1 个儿子读大学，1 个儿子读高中……”这是贵州省印江县朗溪镇昔蒲村的贫困户登记表。如今，贵州每一户贫困农户都有类似这样一个信息资料袋。里面记录着贫困户的基本信息、收支情况、住房情况、生产生活情况，以及致贫原因、帮扶对策等信息。

陕西省丹凤县商镇壩子村通过发扬基层民主为贫困户建档立卡，保证了贫困户认定的相对公平公开。实际操作中，每个村民小组选出评议小组，其中群众代表必须超过60%。评议小组入户调查村民收入，村里汇总后从低到高排序，结果张榜公布，上报乡里和县里前再公示两次。如无异议，把收入低的确定为贫困户。如有异议，就召开群众代表会议，村民互比收入，互揭家底，达成共识。贫困户名单每年调整一次，村民先填申请表，评议小组入户调查核实，再开村民小组会议确定调整名单。

2. 项目安排精准。扶贫项目安排精准，是做到“六个精准”的重要一环，也是确保扶贫资金使用精准、措施到户精准、脱贫成效精准的重要保证。

截至2015年底，湖北省发放易地扶贫搬迁贷款18亿元，贷款主要用于易地扶贫搬迁安置房建设以及相关的水、电、路、气、网等配套基础设施建设项目，贷款对象必须是建档立卡贫困户，贷款期限是一般不超过20年，最长不超过30年，且贷款利率分情况进行调整确定，尽最大可能在每一个环节保证项目安排精准。

3. 资金使用精准。在脱贫攻坚的宏大目标之下，无论怎样增加投入，资金总是有限的，“宝贵的弹药”容不得一丝浪费，要真正用到刀刃上。

河南省兰考县爪营乡栗西村贫困户齐美枝等村民2015年拿到了4000元的扶贫资金，钱怎么花成了头等大事。驻村工作队和村干部多次走访后得知，多数贫困户最希望能在家门口打工，既有稳定收入，还能照应农活和老人孩子。恰好，该村一个小老板想开一家玻璃门窗厂，驻村工作队队长和村支书便找其商议，能否让贫困户以集资的形式入股，既为贫困户找到脱贫门路，又部分解决了新厂的资金问题。双方一拍即合，玻璃门窗厂很快成立运营起来。对有劳动能力的贫困户，厂里优先选用；无劳动能力的，每年固定分红。如今，齐美枝在这个厂打工，每个月能挣2000多元，每半年还有一次股金分红，能再分2000元左右。

4. 措施到户精准。贫困户致贫原因多种多样，扶贫政策也应多样化、有针对性，从而做到因人施策，实现扶真贫、真扶贫。

65岁的周宗华是四川省南充市鄢家乡石坝子村的村民，由于患有颈椎、腰椎等疾病，家庭生活比较困难，因此被列入扶贫帮扶对象。针对老人的实际情况，鄢家乡专门为其量身定制了山羊养殖帮扶计划，送给他几只幼羊，并安排乡畜牧站的专业技术人员上门指导，老人看到了脱贫的希望。像周宗华一样，鄢家乡给 419 名贫困群众都建立了精准扶贫台账，而且每个帮扶计划经过反复研究，并针对贫困户的实际情况制订，最后都得到了贫困户的认可。

5. 因村派人精准。农村富不富，关键看支部；支部强不强，全靠领头羊。习近平总书记在指示精准扶贫工作中多次强调“因村派人要精准”，说的就是要选准派强第一书记。

贵州省黔西县林泉镇营脚村是一个远近闻名的贫困村，黔西县扶贫办驻村干部赵阳到营脚村任第一支书后，带领村“两委”班子、村民小组长，在走访调研、土壤取样的基础上，组织村委、村民代表 10 人，到临近市县考察学习中药材种植技术，最终决定发展菊花种植。在黔西县扶贫办的指导下，营脚村以“公司＋基地＋支部＋农户”的形式流转土地 700 余亩种植菊花。贫困户黄朝礼家的 10 亩土地全部流转，每年不仅能领取土地流转费 4500 元，还能赚到12 000元的工资收入。现在，营脚村的目标是扩大种植规模，引导有条件的农户发展乡村旅游，搞农家乐产业，把营脚村打造成宜居宜游宜发展的现代农村，争取全村 111 户 441 人贫困户在 2016 年全部脱贫。

6. 脱贫成效精准。习近平总书记强调，“坚持精准扶贫、精准脱贫，重在提高脱贫攻坚成效”。“识真贫、扶真贫、真扶贫”最终要看实效。

2016 年 3 月 30 日，安徽省民营企业“千企帮千村”精准扶贫行动动员会在合肥召开。会上，芜湖市广济医院代表与芜湖市无为县襄安镇沈马村代表现场签署了帮扶协议。广济医院结合本院医疗技术、医疗条件、人才等优势，在今后四年多时间里，组织沈马村卫生室人员培训、购置赠送医疗器材、派医院专家到当地乡村坐诊，组织当地 65 岁以上老人来广济医院免费体检，慰问当地特困户、残疾人和孤寡老人等系列帮扶活动。在这个过程中，安徽省工商联、省扶贫办等机构积极建立帮扶台账，跟踪帮扶进度，及时掌握企业的帮扶投入和帮扶对象的脱贫进度，做到帮扶成效精准。截至 7 月底，安徽省村企、户企结对已达 900 多对。

“五个一批”，“十三五”期间，重点通过发展产业脱贫 3000 万人左右，劳务输出脱贫 1000 万人左右，易地搬迁脱贫 1000 万人左右，低保兜底脱贫 2000 万人左右，推进教育脱贫，医疗保险和医疗救助脱贫，生态保护脱贫，资产收益脱贫。这是分类施策的工作思路，脱贫攻坚的实现途径。

1. 通过发展产业脱贫一批。重点支持贫困村、贫困户发展种养业和传统手工业，实施贫困村“一村一品”产业推动行动和“互联网＋”产业扶贫，实施电商扶贫、光伏扶贫、乡村旅游扶贫工程，实现3000万以上贫困人口脱贫。

光伏扶贫主要是在住房屋顶和农业大棚上铺设太阳能电池板，“自发自用、多余上网”。也就是说，农民可以自己使用这些电能，并将多余的电量卖给国家电网。通过分布式太阳能发电，每户人家都将成为微型太阳能电站。山西西部的大宁县是国家级贫困县。几年前，国家统计局的一份抽样调查报告显示，包括大宁县在内的山西省国家级贫困县被调查农户中，39.9%仍以柴草作为生活的主要燃料，50.0%使用煤炭，只有7.8%使用清洁燃料。2015年，大宁县三多乡川庄村安装了100千瓦分布式薄膜太阳能电站。这一光伏扶贫电站占地面积5.5亩，年发电量约15万千瓦时，每年收益约15万元，给贫困家庭带来巨大的经济收益。此外，汉能薄膜太阳能地面电站所提供的清洁电力，将会逐步改变当地贫困人口以烧煤甚至是烧柴为主要燃料的生活方式。

2. 通过劳务输出脱贫一批。加大职业技能提升计划和贫困户教育培训工程实施力度，确保贫困家庭劳动力至少掌握一门致富技能。实施劳务对接工程，加强就业指导与服务，通过与区外劳务需求对接引导青壮年劳动力输出，实现1000万人转移就业脱贫。

劳务输出是青海省海东市的主导产业之一，为农民增收致富开拓了一条新路子。近年来，海东市通过劳务输出达到了输出一批、发展一批、稳定一批、脱贫一批的目的，逐步形成了具有地方和民族特色的“化隆牛肉拉面”“循化撒拉人家”“新疆金秋采棉”“海西采摘枸杞”等特色劳务经济和创业品牌。比如，海东市群众在全国270多个大中城市开办的拉面馆数量达2.3万家，从业人员达15.2万人，拉面经济及相关产业营业收入达150亿元，实现纯收入50亿元。截至2015年，海东市共向青海省内外转移输出农村劳动力52.1万人（次），完成省、市下达任务51万人（次）的102%。

3. 通过异地搬迁脱贫一批。对“一方水土养不活一方人”地区约1000万贫困人口实施异地搬迁，支持新建住房及配套基础设施、公共服务设施，依托小城镇、工业园区提供更多就业机会，提高贫困人口自我发展能力，实现有业可就、稳定脱贫。

陕西省镇安县地处秦岭深处，贫困人口5.77万，有3万多人需要通过移民搬出大山，才可能实现脱贫。移民小区建在山脚下，地势平坦，整齐漂亮，但有很多人却不愿意住。镇安县政府实地调研后发现，因为搬到移民小区，用水得交费，买菜要花钱，可很多中老年人根本找不到工作，没有稳定的收入，所以又搬回了山上。了解到这一情况后，当地政府开出了“药方”。移民小区附近，刚刚开发了一个云盖寺古镇，是陕西省33个文化旅游名镇之一，县里要求，古镇的企业招工时，必须有40%的贫困户。同时，针对家里有老人的情况，移民小区还会新建一个日间照料中心，年轻人白天出门打工，老人可以送到这里，取暖聊天，并由政府提供免费午餐。这些举措让异地搬迁扶贫取得了实实在在的效果。

4. 通过低保兜底脱贫一批。对无法依靠产业扶持和就业帮助脱贫的家庭实行政策性保障兜底，将所有符合条件的贫困家庭纳入低保范围，做到应保尽保。

重庆市潼南区实行农村低保标准和扶贫标准“两线合一”的办法，发挥低保兜底作用，帮助贫困家庭脱贫。贫困户只需向当地镇街人民政府提出申请，经各镇街人民政府筛查、入户调查、审核、公示和上报等程序后，符合条件的贫困户就可纳入农村低保予以保障，每人每月最高可领取低保费230元。年逾六十的吉整东是建卡贫困户，他和妻子常年患病，由于年老体弱，老两口基本没什么经济收入，家中也没有任何积蓄。考虑到其情况，村里为吉整东申报了农村低保。政府每年给的低保费有2760元，加上家里平时种的三分菜地能收入2000多元，养的鸡鸭有1000多元，吉整东脱贫在望。截至2015年底，全区享受低保兜底的建卡贫困户有1994户4680人，成功实现脱贫。

5. 推进教育脱贫，医疗保险和医疗救助脱贫，生态保护脱贫，资产收益脱贫等。

新疆和田地区洛浦县是国家级贫困县，自提出全县脱贫摘帽的目标以来，洛浦县职业技术学校，扛起了教育脱贫的责任。结合当地实际，在深入调研的基础上，洛浦县职业技术学校加大投入并新增了畜牧兽医、园林技术、建筑工程技术、电子商务等专业，逐步建立起与当地经济相匹配的专业体系。同时，构建起社会主义核心价值观教育、国家通用语言教育、实践技能教育三年不断线人才培养模式。现在，洛浦县职业技术学校的招生年年爆满，甚至有些学生从高中退学到这里来学习。有人给算了一笔账：如果一家有一个孩子读职业学校，毕业后一个月挣3000元，一年就是3万多元。这让全家都看到了脱贫致富的希望。

三、当前脱贫攻坚进展

在脱贫攻坚基本方略的指导下，我国出台了一系列政策举措，主要包括：

1. 加大财政投入。按照中央要求，2016年中央财政专项扶贫资金增加到

670亿元，比上年增长43.4%；省级财政专项扶贫资金预算达到400多亿元，比上年增加50%以上。中央和省级财政专项扶贫资金投入创历史新高，第一次超过1000亿元，如果加上市县层面财政专项扶贫投入，规模将更大。在2016年地方政府债务中，国家将拿出600亿元用于支持脱贫攻坚。“十三五”时期，国家将向省级扶贫开发投融资主体注入约2500亿元资本金，用于易地扶贫搬迁。财政扶贫投入力度大大加强，但如果还是“大水漫灌”肯定不够用，如果是“精准滴灌”，这些钱还是能办不少事的。

2. 加大金融支持。金融扶贫对贫困地区和贫困群众发展产业脱贫增收至关重要。2014年底发布的《关于创新发展扶贫小额信贷的指导意见》提出，为建档立卡贫困户提供“5万以下、3年以内、免担保免抵押、基准利率放贷、财政扶贫资金贴息、县建风险补偿金”的扶贫小额信贷产品，深受贫困农户欢迎和社会各界好评。目前已向贫困户发放贷款1200亿元。据建档立卡数据，有信贷需求的贫困户超过1000万户，按此推算，信贷规模将在5000亿元以上。

3. 强化土地政策。用好用活土地政策是一篇大文章，对财政扶贫投入是一个巨大的补充。《中共中央　国务院关于打赢脱贫攻坚战的决定》（以下简称《决定》）规定，支持贫困地区调整完善土地利用总体规划。扶贫开发项目用地，新增建设用地计划指标优先保障、专项安排。土地整治项目资金优先向贫困地区倾斜。贫困县开展易地扶贫搬迁，城乡建设用地增减挂钩指标允许在省域范围内使用。在有条件的贫困地区，优先开展土地开发利用试点。

4. 动员社会参与。社会扶贫始终是我国扶贫开发的重要组成部分，是我国政治优势和制度优势的重要体现。这些年社会扶贫初步形成了三个方面的基本框架，俗称“老三样”。一是东西部扶贫协作，东部地区对口帮扶西部地区，这是中央根据邓小平同志“两个大局”、共同富裕战略思想做出的决策部署。目前，东部共有9个省（市）和9个大城市对口帮扶西部10个省（区、市），以及对口支援西藏、新疆和四省藏族地区。2016年7月，习近平总书记在银川市主持召开全国东西部扶贫协作座谈会，发表重要讲话，指出东西部扶贫协作充分体现了我们党的政治优势和社会主义制度优势，必须坚持下去。东西部扶贫协作必须精准聚焦，提高水平。二是定点扶贫，各级党政机关、国有企事业单位帮扶贫困县或贫困村。目前，中央层面共有320个单位帮扶592个重点县。三是军队和武警部队扶贫，目前全军和武警部队已在地方建立了2.6万多个扶贫联系点。

5. 动员民营企业、社会组织、公民个人扶贫，是下一步推进社会扶贫工作的重点，俗称“新三样”。现在社会上很多人发家致富后，帮扶穷人、回馈社会的愿望强烈，这方面扶贫潜力巨大。2014 年国家设立扶贫日，第一年扶贫日筹集捐款 50 亿元，2015 年就达到 100 亿元。社会扶贫除增加扶贫资源外，更为重要的意义还在于，弘扬中华民族传统美德，改善社会风气，密切社会融合，促进社会和谐。下一步，中央和地方将着力从搭建平台、政策激励、宣传表彰、加强监管等方面完善社会参与机制，形成人人皆愿为、人人皆可为、人人皆能为的良好环境，最大限度地调动社会扶贫资源参与脱贫攻坚。

6. 创造良好氛围。打赢脱贫攻坚战，需要造声势、鼓干劲、推典型。从 2016 年起，国家层面将推出像“太行山上的新愚公”李保国那样的一批帮扶先进典型、一批脱贫先进典型、一批扶贫系统先进典型、一批精准扶贫精准脱贫成功案例，出台国家扶贫荣誉制度。通过一系列工作和活动，让有精神追求、有理想信念、为扶贫脱贫做出贡献的人成为社会楷模，在社会上得到尊重，努力营造社会良好氛围。

2015 年 11 月中央扶贫开发工作会议以后，目前，各地各部门在认真落实中央脱贫攻坚决策部署方面，取得了积极进展：

1. 加强统筹协调。中央扶贫开发工作会议后，国务院扶贫开发领导小组召开了 3 次全体会议。国务院扶贫开发领导小组 46 个成员单位分赴各省区市宣讲《决定》和中央扶贫会议精神，加深政策理解，推动工作落实。28 个省召开脱贫攻坚工作会议，24 个省（中西部 22 省及山东、辽宁）层层签订脱贫攻坚责任书，21 个省明确由党委和政府主要领导同志担任省级扶贫开发领导小组双组长，16 个省强化了扶贫机构建设。

2. 出台配套政策。中央出台《决定》重要政策举措分工方案、省级党委、政府扶贫开发成效考核、贫困退出机制、扶贫资金涉农资金整合意见、保持贫困县党政正职稳定、重大涉贫事件处置反馈机制等重要文件。即将出台脱贫攻坚督查巡查办法、东西部扶贫协作指导意见和考核办法、中央单位定点扶贫指导意见和考核办法、健全驻村帮扶工作机制等系列文件。国务院各部门制定或研究制定本行业支持脱贫攻坚的政策措施，24 个省出台“1＋N”扶贫政策举措。

3. 完善建档立卡。2014 年，全国组织 80 多万人开展贫困识别，共识别 12.8 万个贫困村、2948 万户贫困户、8962 万贫困人口，包括家庭基本信息、致贫原因、帮扶需求、帮扶措施、帮扶责任人、帮扶效果等，全部录入电脑，建立起了全国统一的扶贫信息管理系统，使贫困从统计抽样测算的抽象数字第一次具体到户到人，为实施精准扶贫、精准脱贫方略奠定了坚实基础，也为中央出台“十三五”脱贫攻坚政策措施提供了有力的数据支撑。2015年，全国又组织200多万人开展建档立卡“回头看”，剔除识别不准的贫困人口929万，新识别补录贫困人口807万人，建档立卡指标体系逐步完善，数据准确度进一步提高。

4. 加强干部驻村帮扶。目前，全国共向建档立卡贫困村派驻工作队12.8万个，选派第一书记和驻村干部48万多人，基本实现了“两个全覆盖”。第一书记和驻村工作队在组织动员群众、宣传政策措施、开展贫困识别建档立卡、编制脱贫规划和年度计划、落实脱贫攻坚政策措施、发展特色产业脱贫和壮大集体经济、组织劳务输出脱贫、实施易地扶贫搬迁、监管扶贫资金项目、加强基层组织建设等方面发挥了重要作用。

5. 管好用好扶贫资金。修改完善财政专项扶贫资金管理办法，建立了以结果为导向的财政扶贫资金分配机制。推动各省将扶贫项目资金审批权限下放到县，真正用于建档立卡贫困人口脱贫。2014年下放项目资金超过70%，2015年增加到80%以上。研究扶贫资金整合，国务院办公厅印发《关于支持贫困县开展统筹整合使用财政涉农资金试点的意见》。加强扶贫资金监管，建立扶贫资金项目公示公告制度，设立“12317”扶贫监督举报电话，督促指导各地加强审计整改落实，在全国开展集中整治和预防扶贫领域职务犯罪专项工作，对任何形式的挤占挪用、层层截留、虚报冒领、挥霍浪费行为，坚决从严惩处、决不姑息。

精准扶贫、精准脱贫方略的根本要求

党的十八大以来，以习近平同志为核心的党中央把脱贫攻坚摆到治国理政的重要位置，动员全党全国全社会力量，打响了决胜全面小康社会的脱贫攻坚战。习近平总书记亲自挂帅、亲自出征、亲自督战，在多个重要场合、重要会议、重要时点反复强调脱贫攻坚，提出了一系列新思想新观点，做出了一系列新决策新部署，形成了内涵丰富、思想深刻、体系完整的习近平扶贫论述，成为打赢脱贫攻坚战的科学指南和根本遵循，成为习近平新时代中国特色社会主义思想的重要组成部分。

精准扶贫思想是习近平扶贫论述的核心内容，是精准扶贫、精准脱贫基本方略顶层设计及全面落实的行动纲领。精准扶贫、精准脱贫方略是具有内在逻辑特征的贫困治理体系，由核心内容、实现路径、根本要求、保障体系和落实行动等各相互作用、相互促进的子系统耦合而成。从近年各地精准扶贫实践看，不能准确理解和把握精准扶贫、精准脱贫方略的根本要求，仍然是扶持不精准、脱贫不稳定、内生动力没有得到真正激发等问题的根本原因。换言之，准确理解和把握精准扶贫、精准脱贫方略的根本要求，成为领会贯彻习近平扶贫论述，全面落实精准扶贫，实现脱真贫、真脱贫目标的关键。

精准扶贫、精准脱贫基本方略是扶贫理念的重大创新，充分体现了目标导向与问题导向相统一、战略性与可操作性相结合的方法论。做到“六个精准”（扶持对象精准、项目安排精准、资金使用精准、措施到户精准、因村派人精准、脱贫成效精准）是基本要求；实施“五个一批”（发展生产脱贫一批、易地搬迁脱贫一批、生态补偿脱贫一批、发展教育脱贫一批、社会保障兜底一批）是实现途径；解决“四个问题”（扶持谁、谁来扶、怎么扶、如何退）是关键环节；推进贫困治理体系和治理能力现代化是主要目标，其根本要求就是通过四个方面创新实现四个方面的转变，不断推进贫困治理体系和治理能力的现代化。

一、创新传统扶贫开发路径

扶贫开发路径是扶贫资源的组织和使用形式。精准扶贫、精准脱贫工作面对的是“贫中之贫、困中之困”深度贫困人口，通过传统的扶贫开发路径很难使深度贫困人口如期实现脱贫。因此，脱贫攻坚必须在“怎么扶”上采取“超常规手段”，按照精准要义，推进扶贫开发措施创新和扶贫开发路径整合创新。

开发式扶贫的减贫逻辑在于通过贫困干预促进扶贫对象形成自我发展能力，最终依靠贫困人口自身努力而解决贫困问题。传统开发式扶贫的对象为有劳动能力、有发展意愿的贫困人口，但目前剩余贫困人口中因病等致贫占了相当大的比例，国家将丧失劳动能力的贫困人口纳入到扶贫范畴，给予重点扶持。而这些贫困人口是很难通过传统的开发式扶贫来摆脱贫困的。因此，需要创新传统扶贫开发措施：一是对无法依靠产业扶持和就业帮助脱贫的家庭实行政策性保障兜底。二是在不改变用途的情况下，将财政专项扶贫资金和其他涉农资金投入设施农业、养殖、光伏、水电、乡村旅游等项目形成的资产折股量化给丧失劳动能力的贫困户，实施资产收益扶贫。三是通过“公司＋农户”等组织联结方式、实施“互联网＋扶贫”的电商扶贫新路径，较好地解决贫困农户农产品市场对接和市场开拓问题。四是把易地扶贫搬迁与发展特色农林产业、发展劳务经济、发展现代服务业、发展资产收益扶贫、社会保障兜底等不同的扶贫举措结合起来，实现精准脱贫。五是各地把村集体经济发展状况作为衡量贫困村退出的重要指标，促进建立健全稳定脱贫长效机制。

二、创新传统的扶贫资源使用方式

扶贫开发效益不高与扶贫资源使用方式有关。“资金跟着项目走”是我国扶贫资源自上而下传递的重要形式和途径。在政府扶贫治理体系中，尽管扶贫资金使用存在多部门资源整合制度，但仍坚持“渠道不乱、用途不变、各负其责、各记其功”的原则，扶贫资源使用仍然由各部门决定。扶贫资源多头分散管理使用，很容易造成扶贫资源重复投入，降低扶贫资源投入的效益与效率。随着贫困人口分布越发分散，开发式扶贫的区域瞄准的目标偏离增大，扶贫资源在项目执行中易于流向非贫困人口，丧失劳动能力的贫困人口往往被排除在扶贫资源使用之外。

创新传统扶贫资源使用方式，首先要通过改革，建立扶贫资源使用由多头分散向统筹集中转变的机制。目前财政资金整合的主要方式是中央和省、市级有关部门仍按照原渠道下达，资金项目审批权限完全下放到贫困县，贫困县坚持目标导向和问题导向，依据本地脱贫攻坚规划，统筹安排相关涉农资金，并交由县级相关部门具体安排落实。将项目审批权下放到贫困县，由县级政府依据脱贫攻坚计划和脱贫攻坚任务，统筹安排使用扶贫资源，较好地解决了部门分割下扶贫资源使用多头分散的弊端，有利于降低甚至消除扶贫资源重复、浪费使用。

其次要创新扶贫资源竞争性使用的机制制度。2017 年 3 月，财政部等部委颁布《中央财政专项扶贫资金管理办法》将扶贫资金资源使用的成效作为分配的重要依据，逐步形成了“真干真支持、大干大支持、少干少支持”的扶贫资源竞争性使用的政策激励。一些地方把具备操作条件的项目（如产业发展项目）立项权下放到乡镇（乡镇执行、县扶贫办监督），同时以贫困村为单位，实施扶贫对象（含扶贫对象通过与大户、合作社、龙头企业等）通过竞争方式（由各竞争方提出项目方案，比较每一单位产业扶贫资金使用所能够产生的扶贫绩效，包括覆盖的贫困人口数量、增收幅度等）使用项目资金。促进扶贫资源在“最后一公里”使用中“真干真支持、大干大支持、少干少支持”，提高扶贫资源使用效率。

三、创新传统扶贫开发管理模式

精准扶贫的精准实现是要实施精细化扶贫开发管理模式。通过构建大扶贫格局，政府、市场、社会各方面力量协同与合力推进，促进扶贫政策措施与贫困人口需求相衔接，构建精细化帮扶政策体系、实施体系和责任体系，确保扶贫资源要瞄准贫困村和贫困户。同时，实施精细化脱贫管理，制定贫困退出标准和程序，组织各方面力量参与贫困人口脱贫的认定、监督等工作，实现扶贫对象有序退出。

建立科学的贫困识别方法和扶贫对象有进有出的动态管理机制，做到扶持对象精准和扶真贫，这是扶贫开发模式向精细化贫困治理转变的基础。2014 年 4—10 月，全国组织 80 万人进村入户，共识别 12.8 万个贫困村 8962 万贫困人口，建立起全国统一的扶贫开发信息系统；2015 年 8 月至 2016 年 6 月，全国动员了近 200 万人开展建档立卡“回头看”，补录贫困人口 807 万，剔除识别不准人口 929 万，贫困人口精准度进一步提高；2017 年 2 月，各地对 2016 年脱贫不实的问题开展自查自纠；2017 年 6 月，各地完善动态管理，把已经稳定脱贫的贫困户标注出去，把符合条件遗漏在外的贫困人口和返贫的人口纳入进来，确保应扶尽扶。建档立卡使我国扶贫开发第一次实现贫困信息精准到户到人，第一次逐户分析致贫原因和脱贫需求，第一次构建起全国统一的扶贫开发信息系统，为实施精准扶贫、精准脱贫基本方略，出台“五个一批”政策举措提供了数据支撑，扣好脱贫攻坚工作的“第一颗扣子”。

贫困精准干预要求扶贫措施与贫困人口脱贫发展需求精准对接。致贫原因的复杂性和差异化，要求扶贫政策多元化、扶贫措施体系化。精准扶贫实施以来，我国逐步完善了贫困精准干预的政策体系。中央和国家机关各部门出台 200 多个政策文件或实施方案。各地相应出台和完善了“1＋N”的精准扶贫和脱贫攻坚系列文件，内容涉及产业扶贫、易地搬迁、劳务输出、交通扶贫、水利扶贫、教育扶贫、健康扶贫、金融扶贫、农村危房改造等。普遍建立驻村工作队（组）制度，选派有较高政治素质、能力较强，特别是有培养前途的中青年干部实施驻村帮扶工作，做到每个贫困村都有驻村工作队，每个贫困户都有帮扶责任人。驻村帮扶人员深入农村协助村“两委”摸清贫困底数，分析致贫原因，制订帮扶计划，协调帮扶资源，统筹安排使用帮扶资金，监督帮扶项目实施，帮助贫困户、贫困村脱贫致富，不脱贫、不脱钩，建立扶贫资源精准传递“管道”。

严格实施考核评估制度，组织开展省级党委和政府扶贫工作成效考核，就各地贫困人口识别和退出准确率、因村因户帮扶工作群众满意度、“两不愁，三保障”实现情况等开展第三方评估；结合收集的情况和各省总结，按照定性定量相结合、第三方评估数据与部门数据相结合、年度考核与平时掌握情况相结合的原则，对各省（自治区、直辖市）脱贫攻坚成效开展综合分析，形成考核意见；对综合评价好的省份通报表扬，对综合评价较差且发现突出问题的省份，约谈党政主要负责人，对综合评价一般或发现某些方面问题突出的省份，约谈分管负责人。将考核结果作为省级党委、政府主要负责人和领导班子综合考核评价的重要依据。

四、创新扶贫考核评估方式

在行政管理体制中，干部考核对干部起到导向作用、鞭策作用和激励作用，是干部做事的“指挥棒”。在较长时期，贫困地区党政领导班子和领导干部的实绩考核与其他地区基本相同，即以地区生产总值（地区 GDP）、投资等经济指标为核心内容。在以经济增长为主要考核内容的考核机制下，贫困地区党政干部对扶贫投入的积极性明显低于对促进经济增长的投入。扶贫工作并未列入贫困地区党政领导班子和党政干部的核心工作，即使是在贫困地区扶贫考核边缘化也比较明显。实施精准扶贫、精准脱贫方略后，扶贫治理手段的精确性提高，精细化增强，对扶贫开发考核也提出新要求。

一是将扶贫开发作为贫困地区经济社会发展实绩考核的主要内容。将提高贫困人口生活水平、减少贫困人口数量和改善贫困地区生产生活条件等作为干部工作和政绩考核的主要指标，有效引导贫困地区党政领导班子和领导干部把工作重心放到扶贫开发上，增强贫困地区发展内生动力和活力，带动贫困群体持续稳定增收，努力实现脱贫攻坚目标。同时，注重贫困地区发展的特殊性和主体功能定位，加大生态文明建设考核指标内容和权重，引导贫困地区政府和干部正确处理经济发展、资源开发与环境保护的关系，促进贫困地区经济发展、扶贫成效明显、经济社会发展与人口资源环境相协调。强化扶贫开发考核结果在干部工作考核的运用，最大限度地杜绝“数字脱贫”“被脱贫”“假脱贫”现象发生。

二是创新扶贫考核机制。首先，创新贫困县党委和政府扶贫考核机制。贫困地区党政领导班子和领导干部考核由主要考核地区生产总值向主要考核扶贫开发成效转变。对限制开发区域和生态脆弱区的贫困县要取消地区生产总值考核。将提高贫困人口生活水平和减少贫困人口数量作为主要指标。实施分类考核，将贫困地区考核分为限制开发区域和生态脆弱区的贫困县考核和一般贫困县考核两类。实施综合性考核，将扶贫成效、经济发展、基本生产生活条件和公共服务、扶贫投入与管理、党的建设、组织领导、群众满意度等内容作为考核的重要维度。合理设置考核指标权重，大幅提高扶贫开发成效考核指标权重。考核工作由省扶贫开发领导小组统筹，省委组织部、省扶贫办牵头组织实施。其次，创新省级党委和政府扶贫考核机制。根据中共中央办公厅、国务院办公厅印发的《省级党委和政府扶贫开发工作成效考核办法》，省级扶贫开发考核内容包括减贫成效、精准识别、精准帮扶、扶贫资金等方面内容。为保障考核评估的客观性和公正性，要开展第三方评估。考核结果报中央，作为省级党委、政府主要负责人和领导班子综合评价的重要依据。

党的十八大以来，在习近平精准扶贫方略指引下，在全国范围内全面实施精准扶贫、精准脱贫方略，在多个方面取得显著成效。农村贫困人口大幅减少，贫困发生率持续下降；贫困地区农村居民收入增速持续高于全国农村平均水平，生活质量不断改善；贫困地区基础设施公共服务水平明显提高，农村生活条件得到改善。更为重要的是，通过上述四个方面的改革创新，逐步实现了扶贫方式、扶贫资源使用、扶贫管理模式、扶贫考核评估体系的形成与完善，基本建立了“扶持谁、谁来扶、怎么扶、如何退”问题解决的体制机制，农村贫困治理体系和治理能力现代化不断深入推进，这既是精准扶贫、精准脱贫方略的根本要求，也是精准扶贫、精准脱贫的重要目标。

（《中华儿女》2017 年第 21 期）

深化精准扶贫的路径选择*

——学习贯彻习近平总书记近期关于脱贫攻坚的重要论述

党的十八大以来，以习近平同志为核心的党中央把脱贫攻坚作为全面建成小康社会的突出短板和底线目标。“全面建成小康社会，最艰巨最繁重的任务在农村，特别是在贫困地区。没有农村的小康，特别是没有贫困地区的小康，就没有全面建成小康社会。”“我们不能一边宣布实现了全面建成小康社会目标，另一边还有几千万人口生活在扶贫标准线以下。如果是那样，就既影响人民群众对全面小康社会的满意度，也影响国际社会对全面建成小康社会的认可度。所以‘十三五’时期经济社会发展，关键在于补齐‘短板’，其中必须补好扶贫开发这块‘短板’。”贫困地区和贫困人口成为全面建成小康社会的重点和难点。为此，中央把扶贫开发提升到事关全面建成小康社会，实现第一个百年奋斗目标的新高度，纳入“五位一体”总体布局和“四个全面”战略布局，摆到治国理政的重要位置，以前所未有的力度部署和推进。四年来，脱贫攻坚成绩显著。2013 年至 2016 年每年农村贫困人口减少都超过 1000 万，累计脱贫 5500 多

---

* 基金项目：2016 年马克思主义理论研究和建设工程重大项目（国家社会科学基金重大项目）《习近平总书记扶贫开发战略思想理论创新和实践创新研究》，项目号：2016MSJ054。

万人；贫困发生率从2012年底的10.2%下降到2016年底的4.5%，下降5.7个百分点；贫困地区农村居民收入增幅高于全国平均水平，贫困群众生活水平明显提高，贫困地区面貌明显改善。

从脱贫攻坚战开始一年多实践，顶层设计的政策措施在基层真正落实、产生效果，客观上需要一个过程，扶贫脱贫中原有的困难和问题许多依然还没有得到很好解决，在基础薄弱的农村贫困地区按照精准要求打脱贫攻坚战，难度和挑战之大前所未有。客观上，连片特困地区、革命老区、民族地区、边疆地区等脱贫攻坚重点区域分布广、贫困程度深、脱贫难度极大。贫困村基层组织功能普遍弱化，无人管事；贫困村人才流失严重，无人干事；贫困村集体经济薄弱，无钱办事。贫困村基础设施滞后，发展基础不牢。全国还有4335万贫困人口，都是贫中之贫、困中之困。因病、因学致贫返贫问题突出。工作中，一方面存在不精准问题，表现在贫困识别不准、扶贫举措不准、脱贫质量不高。另一方面一些地方形式主义问题严重。用形式主义的做法代替扎实的工作，填报各类表格五花八门，信息不共享，大量时间消耗在纸面上。此外，扶贫资金使用管理中违纪违规、闲置滞留、监管不力等问题依然存在。贫困群众内生动力不足。这些问题，是全面实施精准扶贫、精准脱贫方略过程中产生的，也只有在深化精准扶贫中逐一解决。

如何在脱贫攻坚中认识和解决好上述问题和挑战？习近平总书记近期发表了一系列关于脱贫攻坚的重要讲话，为深化精准扶贫指引了方向。这些重要论述的主题，就是如何深化精准扶贫，确保脱贫攻坚沿着正确的方向前进，如期实现脱贫攻坚目标。2016年12月1日，中央政治局常委会议专题听取脱贫攻坚首战之年的情况汇报，总书记发表重要讲话，强调要坚持脱贫攻坚目标，要解决突出问题，要狠抓精准扶贫落地，要激发内生动力，要从严考核监督，要在脱贫攻坚中培养锻炼干部。12月8日，总书记在督查巡查报告和克服形式主义报告上做出长篇批示，要求凝心聚力、一步一个脚印地狠抓落实。12月14日，总书记在中央经济工作会议上对深入推进脱贫攻坚做出明确部署。12月31日，总书记在新年贺词中，用六分之一篇幅讲脱贫攻坚，并向奋战在脱贫攻坚一线的同志们致敬。2017年1月24日，总书记专程到河北张家口调研脱贫攻坚。2月21日，总书记主持中央政治局第39次集体学习，把“我国脱贫攻坚形势和更好实施精准扶贫”作为主题。总书记总结了脱贫攻坚的五条经验，强调要充分认识打赢脱贫攻坚战的艰巨性，要坚持精准扶贫、精准脱贫，要加强基层基础工作，要把握好脱贫攻坚正确方向。“两会”期间，总书记在参加代表团审议和看望政协委员时，都强调要抓好脱贫攻坚，号召所有贫困地区的领导干部都要坚守岗位，要保证人员的稳定。要求改进脱贫攻坚动员和帮扶方式，扶持谁、谁来扶、怎么扶、如何退，全过程都要精准，有的需要下一番“绣花功夫”。3 月 23 日和 3 月 31 日，总书记分别主持召开中央政治局常委会议和中央政治局全体会议，听取 2016 年省级党委和政府扶贫开发工作成效考核情况汇报，审定考核结果。总书记发表重要讲话，强调要发挥考核指挥棒作用，推广先进典型经验，坚决纠正问题，不断完善考核工作。

习近平总书记在上述场合发表的关于脱贫攻坚的一系列重要论述，深刻指出，推进脱贫攻坚顶层设计精准落地并如期产生效果，解决好精准扶贫、精准脱贫实践中存在和出现的各类问题，必须深化精准扶贫，这就为深化精准扶贫指明了方向，提供了根本遵循。我认为，深化精准扶贫，必须以习近平总书记扶贫论述为指导，着力把握处理好以下六个方面的辩证关系。

一、脱贫攻坚目标的当前与长远

《中共中央　国务院关于打赢脱贫攻坚战的决定》明确，“十三五”时期我国脱贫攻坚的总体目标是到 2020 年，稳定实现农村贫困人口不愁吃、不愁穿，义务教育、基本医疗和住房安全有保障；实现贫困地区农民人均可支配收入增长幅度高于全国平均水平，基本公共服务领域主要指标接近全国平均水平。确保我国现行标准下农村贫困人口实现脱贫，贫困县全部摘帽，解决区域整体性贫困问题。从全面建成小康社会的角度看，脱贫攻坚当前目标或者说底线任务是到 2020 年农村贫困人口如期脱贫、贫困县全部摘帽、解决区域整体性贫困问题。在现行扶贫标准下，农村贫困人口全部脱贫，也意味着我国绝对贫困现象的消除。

脱贫攻坚的长远目标，是指 2020 年之后我国脱贫攻坚的目标。随着精准扶贫、精准脱贫方略的深入实施，到 2020 年脱贫攻坚当前目标将如期实现，我国将进入一个至少在统计上不会存在年纯收入低于 2300 元（2010 年不变价）贫困标准线的贫困群体，即我国农村的绝对贫困将在统计上消失。但是，由于农村人口的极大脆弱性和兜底保障的效果限制，部分脱贫人口收入仍有可能由于各种风险掉至2300元的标准下，也就是说，部分地区、部分贫困人口脱贫的稳定性并不强。换言之，即使在统计上宣布2020年我国消除了农村绝对贫困现象，但仍然会有极少数贫困人口的存在。另外，从区域均衡发展来看，贫困地区与其他地区仍存在较大的发展差距，贫困地区农村人口收入仍低于甚至远低于全国农民人均纯收入水平，基本公共服务主要指标仍难以超过全国平均水平。

打赢脱贫攻坚战，不仅意味着脱贫攻坚当前目标的实现，也要为长远目标缓解打下基础。为此，在脱贫攻坚期实施精准扶贫方略，在帮助贫困人口实现“两不愁，三保障”的目标，实现贫困县摘帽的同时，还需要做好以下三项工作：第一，进一步优化贫困地区的发展环境，使市场在资源配置中起决定性作用，促进贫困地区加快发展和农村人口收入稳步提高，实现脱贫人口稳定脱贫和缩小区域发展差距；第二，不断提升贫困地区的教育、医疗卫生等公共服务建设水平，为贫困地区群众提供更为优质的公共服务产品，进一步促进基本公共服务均等化；第三，进一步完善由政府和社会协力构筑的社会保护安全网，逐步提高农村居民最低生活保障水平。

二、精准扶贫的理想与现实

精准扶贫、精准脱贫是坚决打赢脱贫攻坚战的基本方略，其理想目标和本质要求就是要做到“六个精准”，实现因乡因族制宜、因村施策、因户施法，实现“扶真贫”“真扶贫”“真脱贫”。实现“扶真贫”包含了两层意思：一是通过精准识别和建档立卡工作将真正贫困人口纳入扶贫对象之中，扶贫对象中不存在非贫困人口；二是真正贫困的农村人口全部被纳入贫困人口建档立卡，不存在部分甚至是极少数的贫困人口被排斥于扶贫对象框定之外。实现“真扶贫”也包含了两层意思：一是政府、社会等各类扶贫资源较为顺畅且完整地传递到扶贫对象，基本不存在扶贫资源漏出现象；二是扶贫措施与贫困识别结果实现有效衔接，扶贫资金使用安排能够很好地满足不同类型贫困农户的脱贫致富需求，扶贫资金使用达到一个较高效益水平。实现“真脱贫”，是指要严格按照退出标准和程序退出扶贫对象（贫困户、贫困村、贫困县），贫困退出农户和村庄必须达到退出标准要求，不存在没有达到脱贫标准而“被退出”以及达到脱贫标准后“不退出”的现象。

但是，精准扶贫的现实是，从贫困人口精准识别、精准帮扶到精准退出都存在不少困难和挑战。一是在精准识别层面，政府的控制力，基层社区干部的组织能力和操作技术，民主评议技巧等都有待提升。比如民主评议的识别机制所识别出来的贫困户无法对经济困难程度进行比较，与扶贫标准下的贫困户统计结果也会存在较大差异。精准识别面临贫困群体的恶意排斥、过失排斥等挑战。二是在精准帮扶层面，现实中存在帮扶资源、扶贫供给与扶贫对象需求不能最有效匹配等问题；通过脱贫成效精准实现“真脱贫”在现实操作中因透明度不足、急功近利等因素容易出现“数字脱贫”问题。三是在具体的扶贫技术层面，由于贫困社区的产业发展规模小，持续性差，缺少长期维系和发展的制度支持与资源供给；缺少足够的人力资本开展精准扶贫与社区治理工作，劳动力缺乏；社会资源的系统化支持不足，存在政府单兵作战的倾向，未能充分利用市场组织和社会组织的作用，不利于精准扶贫的持续有效发展。因而，围绕“扶真贫”“真扶贫”“真脱贫”的理想目标，政府的扶贫政策措施不断完善，但在实践中的现实结果与政策设计中的理想目标仍然有一定的差距。

深化精准扶贫必须处理好精准扶贫理想和现实的关系。一是继续完善精准扶贫识别机制，将基层政府的组织动员技巧与社会组织的社区参与技巧有机结合起来，推动民主评议机制的科学化和规范化，提高精准扶贫的群众认同度。二是继续拓宽精准帮扶的专业方法，在已有的产业扶贫、易地扶贫搬迁等经验的基础之上，争取更多的社会资源，做好已有扶贫措施的科学评估工作，真正实现因地制宜，精准分类施策。三是做好扶贫考核工作，把握脱贫攻坚的正确方向，倒逼各地抓好落实，但也要做到保证质量，量力而行。四是做好人才储备工作，扶贫干部的培训，社区扶贫精英的培育，社区居民文化素质和产业发展水平的提升，都需要列入日常扶贫工作中，真正发挥好基层人力资本的扶贫作用。

三、顶层设计的理论与实践

党的十八大以来，党中央对扶贫开发做出新的部署，围绕精准扶贫、精准脱贫方略全面实施，中央各部委共出台 129 个政策文件，脱贫攻坚顶层设计的四梁八柱基本完成。各省（区、市）在落实中央政策中不断完善和丰富“1＋N”的扶贫脱贫政策体系。顶层设计从理论上看很完善。但是，把顶层设计落实到贫困村、贫困户的扶贫脱贫实践并产生效果，需要做大量的落实工作，需要不断创新工作思路与扶贫方式，深化精准扶贫实践。

落实精准扶贫、精准脱贫的理论和政策的关键在于相关的主体（相关组织和个人）对精准扶贫工作的有效执行或参与。就执行而言，县级及以下相关组织和个人将是政策的实施主体，省、市相关组织及个人是重要主体。科学制定考核办法，形成相关执行主体的激励和惩罚措施，是确保扶贫政策落实和实现目标的重要方式。对精准扶贫、精准脱贫政策执行成绩突出的给予相应的奖励（如给予组织项目资金奖励，给予个人择优提拔重用等），对执行不力或是违规的相关主体采取限期整改、约谈、问责等不同惩戒措施，是经实践证明的有效措施。就参与主体而言，扶贫对象、社会力量是重要参与主体。实现扶贫对象深度参与到精准扶贫脱贫之中，既要扶贫措施对接好贫困人口的脱贫发展需求，也要在精准扶贫实施中确保扶贫对象的知情权、发言权等权益和利益（即扶贫对象获益），激发其参与的积极性和主动性。促进社会力量参与的关键在于通过不断完善社会组织参与机制，构筑社会力量参与脱贫攻坚的制度化路径，动员和引导其有序参与脱贫攻坚，形成扶贫合力。

推动精准扶贫理论和实践的有效结合需要采取多元化的复合措施。第一，构建贫困村、贫困户稳定脱贫基础，着力激发内生动力。通过“合作户（贫困户与少量的社会精英或者是龙头企业）＋农民合作社＋基地＋企业（公司）”，即农户自愿组织农民合作社，产生的利益部分上缴医疗保险、社会保险、建立养老院、分红、发展基金，从根上解决贫困，贫困农民持续脱贫、永不返贫。第二，培育新型职业农民，着力解决就业问题。由于农村的教育比较薄弱，因此要让农民接受科技致富的观念，成立新型的合作经济组织，发展现代化农业的经济实体。农业合作社要培养职业农民新理念，只要成为劳动力，不分年龄大小，都要进行培训，有针对性、时效性地对农民开展农业技能培训，构建多渠道、多元化、多层次、多形式的技能教育体系，使部分农民成为有文化、有思路的精英农民，甚至成为龙头企业带领人，带领参与合作的贫困户脱贫。第三，提高扶贫政策知晓率，着力释放政策效应。让干部、群众能充分了解各项扶贫政策，更好地落实帮扶措施，多措并举提升扶贫政策知晓率。通过在醒目位置张贴标语、横幅大力宣传扶贫工作，县乡干部积极主动开展扶贫政策宣传。根据贫困户的需求对接相应的政策，向贫困户讲明白政策内容、标准、申请流程等。第四，推进扶贫供给侧结构性改革，着力让贫困人口分享改革红利。从我国当前的农业供给侧看，贫困地区发展特色产业仍面临一些困难。比如生产技术水平总体较低，生产效率不高，组织化程度低，缺乏根据资源条件进行统一规划和合理布局的能力，市场发育不成熟，基础设施落后，等等。因此，做好产业精准扶贫并推动农业供给侧结构性改革，需要加大贫困地区体制改革和机制创新。根据各地的资源条件和比较优势完善产业规划和布局，差异化发展特色产品，提高产业发展的效率，增强抗风险能力。大力培育有竞争力的新型市场主体，让市场主体根据市场经济的规律来主导特色产业发展。在改善贫困地区基础设施，提升农业科技水平，创新互联网扶贫模式等方面进行有效探索，把贫困地区的发展潜力激发出来，把风险和成本降下去，使特色产业发展的成果能更多惠及贫困家庭。第五，实施好新型土地流转工作，着力提高贫困人口组织化程度。把组建农民合作社摆在优先位置，将分散化的合作户有机地整合在一起，有效降低企业与数量庞大的单个合作户进行交易的市场成本，减少或避免单个农户的自然风险和市场风险所带来的损失。

四、扶贫脱贫的主体与客体

精准扶贫是一项复杂的系统工程，并且是在贫困社区与外部扶贫援助力量互动合作中展开的。在精准扶贫实施过程中，各级政府部门、企业、社会组织、驻村工作队、村干部、扶贫对象等不同主体都参与其中。理想的扶贫过程应该是一个贫困户在政府的帮助下主动脱贫的过程，在这一过程中必然存在着一定的主客体关系。扶贫脱贫政策及行动的出发点和落脚点是扶贫对象（贫困村、贫困户），扶贫对象也是贫困治理多元主体中最为重要的参与主体。但是，在扶贫资源的外部性，扶贫决策主导权的外部性，扶贫措施与贫困农户发展需求等因素影响下，扶贫对象往往容易成为扶贫脱贫多元治理“场域”中的客体。从中央政府、地方政府、扶贫对象关系分析看，精准扶贫中存在着多重主客体关系，其中最主要的有两种：一是在中央政府扶贫过程中，中央政府是扶贫活动的实施者，处于主体地位，贫困户是受扶贫的对象，处于客体地位，于是中央政府与贫困户之间存在主客体关系；二是贫困户改善生存环境即主动脱贫的过程，贫困户是脱贫活动的行为主体，其生存环境是脱贫活动的客体，贫困户与其生存环境之间存在主客体关系。可见，贫困户是扶贫脱贫成败的关键性因素，既是受扶的客体，又是脱贫的主体。

在我国现行扶贫体制机制实际运行中，扶贫资金资源主要来自中央政府。中央财政扶贫资金由中央政府投向地方政府（主要是指县级政府），地方政府在扶贫资金资源的使用上有最终决定权。这样就形成了中央政府与地方政府之间的主客体关系。在实际工作中，地方政府与贫困户之间存在的主客体关系，取代了中央政府与贫困户之间本应该存在的主客体关系，于是地方政府取代贫困户而成为脱贫主体，贫困户成为纯粹的受扶对象，其主体地位作用难以得到独立体现。中央政府投入大量扶贫资金资源其目的主要是帮助贫困户尽快脱贫，而地方政府的目的一般都是为了加快地方发展、增强区域经济实力，希望由此所产生的带动和辐射作用来实现贫困人口的减少和贫困村、贫困户生产生活条件的改善。

深化精准扶贫需要把握处理好扶贫脱贫的“主体”和“客体”关系。一是政府等外部扶贫主体要转变传统的扶贫观念，把扶贫对象放在真正的治理主体位置上，将扶贫资源的决策权和话语权切实交给贫困村、贫困户，即给扶贫对象赋权。二是积极开展能力建设，以能力建设为先导，不断提升扶贫对象的发展能力和贫困社区的组织化水平，促进扶贫对象在扶贫脱贫中发挥更大的主观能动作用。三是协调好政府、市场、社会三维主体的相互联系和转化，建立起政策支持性、资源市场化、内生增长性的减贫能力体系，达到不同主体相互促进、内源与外源相互补充、短期与长期共同关注的健康型减贫治理体系。

五、政府市场社会的协同与动员

20 世纪 80 年代中期至 90 年代末期，政府和市场成为我国农村大规模减贫的主要推动力量。尽管社会组织等社会力量也参与了农村扶贫开发行动，但发挥的作用较为有限。进入 21 世纪特别是党的十八大以来，随着我国经济社会的快速发展，社会组织也发展迅速，社会力量在农村贫困治理中的作用日益明显。2013 年底，中共中央办公厅、国务院办公厅印发的《关于创新机制扎实推进农村扶贫开发工作的意见》（中办发〔2013〕25 号）中明确提出要构建政府、市场、社会协同推进的大扶贫格局，在全国范围内整合配置扶贫开发资源，形成扶贫开发合力。

在政府、市场、社会合力扶贫中，政府在扶贫资源规模、扶贫干预稳定性上具有优势，社会组织等具有精细化、能力建设突出等优势，市场主体（企业）具有资源配置优化和效率优势。在以往的扶贫开发中，三者在农村贫困治理中的“合力”较多，但合作较少，各自在扶贫领域边界比较明显。比如市场主体主要专注于产业扶贫领域，政府主要专注于整村推进等综合性扶贫，社会力量主要专注于能力建设。新的脱贫攻坚形势下，“扶贫开发是全党全社会的共同责任，要动员和凝聚全社会力量广泛参与”，“全党全社会要继续共同努力，形成扶贫开发工作强大合力”。总的要求是要打破政府、市场、社会扶贫的边界，深化政府、市场、社会在贫困治理中的合作路径。

在全党全国全社会参与脱贫攻坚新形势下，建立健全政府、市场、社会的合作合力推进扶贫攻坚的制度化路径是促进三者扶贫“协同”和“动员”的重要方式，即在深化合作中实现精准扶贫、精准脱贫主体的“协同”与“动员”。一是加快培育扶持扶贫类社会组织，完善政府购买扶贫服务体制机制，提升社会组织参与精准扶贫的合法性，扩大社会组织的社会资源，发挥社会组织的技术优势，提高社会组织参与精准扶贫的深度，促进政府与社会组织合作的制度化、常态化。二是深化政府与市场主体在扶贫脱贫的合作机制，如探索政府与企业在扶贫领域的 PPP 合作模式。推动市场有价值的使用土地资源，发展农村小微企业等形式充实农村市场经济，扶植发展农村小额金融，激活农村区域市场经济；大力推广“社区发展基金”机制、转移贫困地区人口市场，社会和市场因地制宜，大力培育小微企业，大力发展农村经济。三是强化市场与社会扶贫合作，加强社会组织等社会机构规范管理，促进市场主体与社会性机构在扶贫资金、技术等方面深度协同。四是健全东西部扶贫协作，开展多层次扶贫协作，建立精准对接机制，鼓励东西部按照当地主体功能定位共建产业园区，推动东部人才、资金、技术向贫困地区流动。五是健全党政机关定点扶贫机制，明确定点扶贫目标，制定各单位定点帮扶工作年度计划，建立考核评价机制，完善定点扶贫牵头联系机制。

六、精准脱贫的绝对与相对

扶贫对象精准退出是实施精准扶贫、精准脱贫的重要内容。2016 年 4 月，中共中央办公厅、国务院办公厅印发了《关于建立贫困退出机制的意见》，对扶贫对象退出的标准和程序进行了详细规定。其中将贫困户人均纯收入稳定超过扶贫标准且吃穿不愁，义务教育、基本医疗、住房安全有保障作为贫困人口退出标准，将贫困发生率（原则上贫困村发生率降至 2%以下，西部地区降至 3%以下）作为主要衡量贫困村脱贫的主要标准，并统筹考虑村内基础设施、基本公共服务、产业发展、集体经济收入等综合因素。虽然贫困村和贫困精准脱贫的标准仍不够具体明确（如何更具体地界定吃穿不愁），但相关标准在收入维度的确定性也体现出当前精准脱贫某种意义上的“绝对性”，即达到了脱贫标准可以确定贫困户退出。

值得注意的是，脱贫攻坚时期的扶贫对象大规模退出是在超常规的扶贫资源投入和扶贫举措中实现的。尽管扶贫建档立卡退出农户处于贫困线之上，但其自我发展能力较弱，抵御风险能力低。在脱离扶贫扶持政策资源后，一旦遇上灾害很容易重新掉入贫困陷阱。可见，精准脱贫也具有一定意义上的相对性，即在动态过程中建档立卡退出农户并不意味着长久脱贫。而且，绝对贫困的消除并不等于贫困问题不再存在，依然还有相对贫困问题。这就是精准脱贫的绝对和相对关系。

深化精准扶贫需要把握和处理好精准脱贫的绝对和相对关系。首先，从精准脱贫的绝对性来看，培育扶贫对象内生发展能力和强化对低收入群体的社会保护机制，是进一步深化精准扶贫、精准脱贫的两个重要方面。内生发展能力的形成使贫困农户在脱离外部扶贫支持的情况下仍能实现提高和不断发展，乃至走向生活富裕而避免了重新落入贫困陷阱。其次，强化社会保护机制建设，能为农村脱贫人口建立一张严密的安全网。使得脱贫人口遭遇突如其来的“天灾人祸”时，能获得有效的社会支持，避免重新掉入贫困之中。再次，在超常规措施推动下的精准扶贫、精准脱贫要为减缓相对贫困问题打下基础。相对贫困将更多具有社会属性的因素（如社会参与、家庭收入、风俗习惯等）考虑在贫困标准的测量中。显然，减缓相对贫困需要更多关注收入的平等分配、社会剥夺、经济发展成果的全民共享等问题。最后，更多利用市场规避经营风险、建立风险基金制度、引导经营主体参与商业投保和合作保险、建立合同约束机制以及提升农户素质等手段，降低产业经营和管理风险。更广泛应用互联网和电子商务等先进技术和营销手段，降低因信息不对称、销售渠道狭窄等因素造成的风险和不确定性，减少受冲击的脆弱性，提高贫困治理实效。

[《南京农业大学学报（社会科学版）》2017 年第 4 期]

“五个一批”精准扶贫方略视阈下多维贫困治理研究*

一、引言

由于致贫原因的复杂性和多维性[1]，面对救济式和开发式扶贫后的剩余贫困人口居住分散、人口流动性大、个人自我发展能力不均衡、所处外部环境不同等因素，导致扶贫任务多元化。因应社会经济变化趋势及其相应的贫困演变规律，2013 年习近平总书记高屋建瓴地提出了精准扶贫思想，为打赢脱贫攻坚战和全面建成小康社会提供了战略指引。“精准扶贫”思想内容丰富，涵盖了精准识别、精准帮扶、精准管理和精准考核等贫困治理的全流程。其中，“精准帮扶是对识别出来的贫困户和贫困村，深入分析致贫原因，落实帮扶责任人，逐村逐户制定帮扶计划，集中力量进行扶持”[2]。为实现精准帮扶，需要在脱贫措施上实现精准化。2015 年习近平总书记在“减贫与发展高层论坛”上明确提出了“五个一批”的精准脱贫措施，即“发展生产脱贫一批”“易地搬迁脱贫一批”“生态补偿脱贫

* 基金项目：2016 年马克思主义理论研究和建设工程重大项目（国家社会科学基金重大项目）《习近平总书记扶贫开发战略思想理论创新和实践创新研究》，项目号：2016MSJ054。教育部重大项目《贫困治理效果评估机制研究》，项目号：16JZD025。

一批”“发展教育脱贫一批”和“社会保障兜底一批”。“五个一批”脱贫举措并非扶贫措施的任意组合，而是建构于对贫困人口致贫原因精准识别之上，是在精准分析贫困治理相关理论的基础上，结合我国贫困治理实践提出的扶贫措施。笔者拟通过对“五个一批”精准扶贫思想剖析，探索思想背后的理论含意，从理论到实践论证其在贫困治理实践中的科学性和有效性。

二、“五个一批”精准扶贫思想的理论来源

“五个一批”精准扶贫思想的提出建构于对过去大规模扶贫开发模式的反思和对贫困治理理论的发展基础之上，特别是多维贫困治理理论所内含的致贫原因的多维性分析和治理主体的多元化问题，为“五个一批”提供了坚实的理论基础。

1．“五个一批”精准扶贫思想归因于贫困的多维性。“精准扶贫”不同于传统的救济式和区域开发式的扶贫思路，其精准性首先体现在“扶贫政策和措施要针对真正的贫困家庭和人口，通过对贫困人口有针对性的帮扶，从根本上消除导致贫困的各种因素和障碍，达到可持续脱贫的目标”[3]。其中，对致贫原因的多维性分析是题中之意，在此基础上形成具有针对性的多维贫困治理措施。传统上，贫困被视为是经济贫困的一维概念，“只要人们的货币收入高于贫困线，那么其在所有其他方面的福利水平都可以得到满足”[4]，这种一维性的贫困概念，主要适用于社会经济发展水平不高，人们的生活在广度和深度上都主要集中在生理需求的阶段。但是，随着社会经济发展和社会分工的推进，个人需求层次越发多元化，因此，贫困在表现形式上也出现层次性。当人们自身的能力不能满足自身需求的时候，就出现了获得食物、住房、医疗和教育等“可行能力”[5]受限的问题，从而使贫困概念从一维性向多维性变迁，即“贫困意味着福利的丢失，是一个多维的概念，除收入外，它还包括许多非货币的维度，如教育、健康、住房以及公共物品的获得等”[6]。在此基础上，贫困治理技术或手段的多维性也成为必然选择。当然，此时的贫困多维性不仅局限于个人的微观层面，还体现在贫困的中观和宏观要素方面。“五个一批”精准扶贫思想一方面从个人的微观视角考察了个人及家庭贫困的原因，并对症下药，如“发展生产脱贫一批”“发展教育脱贫一批”和“社会保障兜底一批”主要通过“制定贫困地区特色产业发展规划，出台专项政策，统筹使用涉农资金，重点支持贫困村、贫困户因地制宜发展

种养业和传统手工业等；加快实施教育扶贫工程，让贫困家庭子女都能接受公平、有质量的教育，阻断贫困代际传递；完善农村最低生活保障制度，对无法依靠产业扶持和就业帮助脱贫的家庭实行政策性保障兜底”[7]。通过精准分析导致个人和家庭微观层面贫困因素，分别从产业、教育和社会保障三个维度开展精准帮扶，“针对贫困家庭的致贫原因，因户和因人制宜地采取有针对性的扶贫措施，消除致贫的关键因素和脱贫的关键障碍”。

2. 贫困治理中的环境变量与“五个一批”精准扶贫思想的相关性。“易地搬迁脱贫一批”“生态补偿脱贫一批”从贫困的外部环境入手，突出了环境决定论或生态论观点。地理环境决定论强调地理空间环境对社会经济文化以及政治制度的产生和发展产生重要的作用，如孟德斯鸠强调“人类受多种事物的支配，就是：气候、宗教、法律、施政的准则、先例、风俗、习惯”。其中，“气候的影响是一切影响中最有力的影响”[8]。虽然地理环境决定论在某些方面夸大了地理环境对社会、制度等建构的影响，但是地理环境决定论并非否定其他因素在社会发展过程中的作用，只是指明了在分析社会、文化、政治制度的时候，不可以忽视地理环境因素的重要作用，“地理环境决定论也没有否定生产力中人的社会历史作用……相反地理环境决定论，还从物、从劳动对象、从自然地理环境的社会历史作用的高度认识和详细阐述上，丰富了历史唯物主义”[9]。地理环境对贫困的影响，主要可以通过以下两种方式。

一是作为生存条件的地理环境。由于贫困地区多位于自然条件相对艰苦的区域，“我国 14 个集中连片的特困地区内，居住着绝大多数民族地区的农村贫困人口，基本生存的自然条件差、基础设施落后”[10]。这种恶劣的自然环境限制了民族地区贫困人口自然资源边际效益的递增，导致在社会经济活动过程中产生了大量的沉淀成本。

二是作为生产力要素的地理环境。地理环境不仅作为外部环境因素影响着人类历史的发展，同时，也作为生产力要素的一部分，参与人类生产力创造活动。汪晓文等基于空间贫困视角，分析了地理环境因素作为生产力要素对甘肃地区贫困产生造成的影响，由于甘肃所处的地理位置位于干旱少雨且自然灾害频发的地段，限制了土地和自然环境作为生产力要素所能产生的经济效益，从而限制了当地贫困人口的脱贫努力绩效[11]。地理环境作为自变量影响着贫困形成，因此，在精准扶贫过程中，需要将其吸纳到扶贫系统工程中。通过精准识别贫困地区致贫的原因，分析不利的地理环境因素并对症下药，因地制宜、分类施策，进而做到“真扶贫、扶真贫、真脱贫”。如在“易地搬迁脱贫一批”和“生态补偿脱贫一批”中，提出“对居住在生存条件恶劣、生态脆弱、自然灾害频发等地区的农村贫困人口，加快实施易地扶贫搬迁工程；国家实施的退耕还林还草、天然林保护、防护林建设、石漠化治理、防沙治沙、湿地保护与恢复、坡耕地综合整治、退牧还草、水生态治理等重大生态工程，在项目和资金安排上进一步向贫困地区倾斜，提高贫困人口参与度和受益水平”。

3. 治理理论突出贫困人口在贫困治理中的参与性。在认识到贫困原因的多维性的同时，如何消除贫困，对于此问题，基本的共识在于在减贫中引入“治理”理念，通过治理主体的多元化、治理手段多层次性和治理向度的双向性等，改变传统的单主体的单向度减贫及“大水漫灌式”减贫，实现减贫领域福利多元的供给。罗茨强调治理的多中心性，“政府的任务是使社会政治活动具有能动性，鼓励出现多种多样的解决问题和分配服务的安排”[12]。斯托克从政府和其他权力主体之间的关系入手，认为“治理认定，办好事情的能力并不在于政府的权力，不在于政府下命令或运用其权威。政府可以动用新的工具和技术来控制和指引，而政府的能力和责任均在于此”[13]。在治理的基础上，王名则认为社会共治是实现全面深化改革重要的路径，其认为社会共治强调主体的多元化、协商民主的运行机制以及社会共享的奋斗目标[14]。可见，治理理论只要传统的对标管理，强调政府与其他治理主体共享社会治理的目标，应用到减贫领域，则强调贫困治理不同于传统的政府垄断减贫资源，减贫的实践路径也主要依靠科层制的组织体系，由上而下单向度向下供给减贫制度，物质资源及人力资源等，贫困治理则强调贫困治理的多维性，即减贫不再仅仅是政府以县为单位，给贫困县政策和支持，更多的通过在精准识别的基础上，因户施策和因人施策。例如，“五个一批”强调贫困人口在贫困治理中的主体性作用，在发展生产和易地搬迁中都将贫困人口能力建设作为重点。

4. 脱贫的根本标志在于贫困人口的内源性发展。“政府扶贫对于解决大面积、集中性贫困问题卓有成效，市场扶贫则在专业性和效率方面更有优势。”[15]但是，随着通过区域开发实现减贫目标现实基础的弱化，缺少贫困人口自主性参与的扶贫政策出现了“内卷化”风险，即脱贫和返贫的反复，贫困标签的资源化，贫困人口内生动力的缺失等。如何调动贫困人口的内生动力，实现贫困家庭和贫困地区的内源性发展是精准扶贫新时期实现全面脱贫的关键。内源性发展理论出现在20世纪70年代，是建立在对传统外源性开发理论或现代化理论批判的基础之上，强调地区居民在经济发展、环境教育、医疗、社会福利和文化等方面发展中的主体性作用。在贫困治理语境下，“农村贫困治理的终极目标在于，通过多种有效的扶贫手段和扶贫项目，贫困地区最终能够走上内源性的发展路径……通过外源性发展要素的激励实现内源性发展，是当前农村贫困治理中的难点，也是检验农村贫困治理成效的关键指标”[16]。

三、“五个一批”扶贫思想的鲜明特征及实现路径

改革开放以来，我国在扶贫过程中，根据宏观社会经济发展状况和中观区域需求等因素，形成了完整的扶贫模式，即在扶贫区域选择方面，构建以区域瞄准为选择机制；在扶贫公共政策制定方面，形成以政府为主导的制度供给格局；在扶贫主体方面，组建以政府为主，其他市场和社会主体为辅的扶贫团队；在扶贫措施方面，形成以救助和开发为特点的扶持措施。这种扶贫模式，在我国改革开放初期、《八七扶贫攻坚计划（1994—2000年）》和第一个《中国农村扶贫开发纲要（2001—2010年）》实施期间，有效地从面上减少了我国贫困人口的总量，一定程度上增强了政府的贫困治理能力和扶贫人口的脱贫能力。根据制度变迁理论，当外部环境或组织内部需求发生变化，制度出现以“内卷化”为特点的路径依赖和以“迭代”为特点的制度变迁，当制度作为因变量，面对外部社会经济形式和内部贫困人口需求的变化，制度变迁成为新时期扶贫工作的主要方向。

通过顶层设计的方式，我国的扶贫政策实现了向精准扶贫的制度变迁。习近平总书记从扶贫对象精准、项目安排精准、资金使用精准、措施到户精准、因村派人精准、脱贫成效精准六个方面对精准扶贫的内容进行了精辟论述，为精准扶贫理论的可操作化实现提供了指引。其中，“项目安排精准”主要体现在扶贫对象精准识别出来之后，根据每个贫困户致贫原因的不同，有针对性地安排扶贫项目，“由于致贫原因的综合性和差异性，扶贫项目也必须是综合性的，需要短期和长期扶持项目相结合，项目在贫困之间也会有明显的差异”[17]。为此，习近平总书记提出“五个一批”扶贫战略思想。

1. 产业扶贫：构建脱贫的发展机制。虽然阿玛蒂亚·森提出了多维贫困理论，拓展了贫困治理内涵与外延，但是，经济贫困依然是贫困治理的主要议题，

针对经济性贫困，产业发展是主要路径。为此，“五个一批”精准扶贫思想首先阐述了“发展生产脱贫一批”的扶贫理念，强调“制定贫困地区特色产业发展规划，出台专项政策，统筹使用涉农资金，重点支持贫困村、贫困户因地制宜发展种养业和传统手工业等”。在推进产业发展扶贫过程中，精准化是关键，主要体现在产业布局因地区而异、因村而异，充分尊重贫困村和贫困户在产业选择中的自主权，避免了政府由于垄断扶贫政策供给和扶贫产业规划所导致扶贫工作与贫困村、贫困户能力不匹配的问题。根据内源性发展理论，贫困人口是脱贫的主力军，构建起内源性脱贫愿望和能力是外部扶贫主体的主要工作。但是，随着社会分工及个人在专业知识方面的短板，为实现内源性发展，需要对贫困人口进行组织化训练，这种组织化主要体现为农业合作社和农业产业链构建。由于合作社是一种基于特殊专业的集体组织，不同于综合性合作社，难以在组织内部产生内聚力，社员的集聚更多地依赖于现实利益，因此，传统的合作社容易对贫困户形成集体排斥。当精准扶贫与合作社组合在一起之后，合作社除了传统的集体行动功能之外，还被赋予了贫困治理的特殊使命，“一方面，将产业扶贫专项资金和精准扶贫项目对接农民合作社，遴选吸纳贫困农户数量较大、帮助贫困农户持久脱贫效果显著的合作社作为重点扶持对象；另一方面，将扶持合作社发展的专项资金也与精准扶贫的治理目标相结合，鼓励合作社降低门槛，承担起帮扶贫困农户的社会责任，吸纳贫困农户加入合作社，以组织化载体实现贫困的市场化机制治理”[18]。此外，政府积极推动在贫困地区引入市场化机制，培育龙头企业，形成完整的产业链，“政府主导下市场化扶贫形式是多种多样的，既有传统的产业扶贫、劳务输出扶贫、金融扶贫等模式，也有近年来出现的政府与社会资本合作、政府购买服务、资产收益扶贫、科技扶贫等新形式”。

2. 易地扶贫搬迁和生态扶贫：构建脱贫的可持续生态机制。在生态环境脆弱的地区，致贫的原因更多地体现在脆弱的生态环境和恶劣的地理环境等，“由于自然环境先天脆弱和资源不合理利用所导致的生态贫困，极易衍生出其他贫困，如收入贫困、人类贫困、信息贫困，严重影响着区域的可持续发展”[19]。在我国，贫困地区很多处于生态环境脆弱地区，“国家扶贫重点县均位于我国的生态脆弱地区，且均呈现出不同程度的生态脆弱性。其中，10％的扶贫重点县呈现中度生态脆弱性，38％的县呈现极强的生态脆弱性，52％的县呈现强度生态脆弱性”[20]。于是在精准扶贫推进过程中，需要准确识别不同的致贫原因，对于因自然环境而导致的贫困人口脱贫能力弱的问题，需要尊重自然环境的发展规律。对此，“五个一批”扶贫思想正是基于环境决定论的理念，强调环境对人类活动的客观作用，对于就地脱贫困难的情况，通过“易地搬迁脱贫一批”；对于生态环境脆弱的地区，通过“生态补偿脱贫一批”。其中，“易地搬迁脱贫一批”主要是“对居住在生存条件恶劣、生态环境脆弱、自然灾害频发等地区的农村贫困人口，加快实施异地扶贫搬迁工程”。“生态补偿脱贫一批”强调“国家实施的退耕还林还草、天然林保护、防护林建设、石漠化治理、防沙治沙、湿地保护与恢复、坡耕地综合整治、退牧还草、水生态治理等重大生态工程，在项目和资金安排上进一步向贫困地区倾斜，提高贫困人口参与度和受益水平”。

3. 教育扶贫：构建脱贫的家庭赋能机制。“发展教育脱贫一批”强调通过实施教育扶贫工程，让贫困家庭子女都能接受公平有质量的教育，阻断贫困代际间传递。根据生命周期理论，作为社会人的社会成员其在生命发展不同阶段受到的影响具有向下一阶段传递的特性，即生命周期具有内在关联性，阻断贫困在代际间的传递更多地需要关注对贫困家庭子女受教育权利，只有在贫困家庭子女的生命发展早期阶段提前介入，通过国家教育经费向贫困地区和基础教育倾斜，才能实现教育对受教育对象的增能，进而增加贫困家庭子女在未来的发展阶段能够获得摆脱贫困的知识和技能。此外，“发展教育脱贫一批”也是通过对贫困家庭人力资本的一种投资。根据舒尔茨提出的人力资本理论，农村贫困问题的根源不在于传统农业生产要素配置效率的低下，也不在于传统要素的储蓄和投资率低于最优水平，而在于缺少对农民人力资源的投入，因此，摆脱贫困需要向贫困的农民及贫困农民子女的教育进行投资，“向农民孩子投资的收益率如何呢？除了始终完全依靠传统农业要素的社会，以及拒绝利用经济刺激和机会去实现农业现代化的社会，初等教育的收益大概是很高的。除了某些例外，尽管教育的内容有缺点而且人民的寿命较短，收益率仍然是高的”[21]。

4. 社会保障扶贫：构建脱贫社会安全网机制。“社会保障兜底一批”作为“五个一批”的最后内容，承担着拾遗补阙、兜底性功能，其作用的对象主要集中在“对无法依靠产业扶持和就业帮助脱贫的家庭”，通过产业发展、易地搬迁、生态补偿和教育脱贫等方式，到 2020 年能够实现现行贫困标准下贫困人口中的大部分人脱贫，对于剩余的属于完全或部分丧失劳动能力的人群，需要通过社会保障政策兜底的方式，保证贫困群众一个不掉队。

四、“五个一批”精准扶贫思想的兰考实践

“五个一批”精准扶贫思想为贫困治理提供了顶层设计，如何将思想转为具体的实践，是检验精准扶贫的标准，也是精准扶贫思想的题中之意。河南兰考案例为“五个一批”精准扶贫思想做了很好的注释。

第一，“三位一体”产业发展扶贫。“三位一体”强调政府、市场和社会共同参与兰考的精准扶贫进程。在推进贫困治理过程中，即明确不同权力主体之间的权力边界，同时通过授权和构建以信任为基础的社会网络，形成协同式贫困治理机制。首先，兰考县在扶贫过程中强化了党和政府在扶贫中的领导地位，通过驻村工作队和党建工作，实现政府在农村社区的有效嵌入，构建了县—乡—村的纵向的扶贫资源传递渠道，从而为实现精准扶贫打下了坚实的组织基础。其次，通过减税、补贴、资金扶持等激励机制，充分发挥市场组织在农村社区贫困治理中的作用，解决农村社区劳动力过剩问题。再次，通过组建农村合作社和特色种养业和传统手工业等方式赋权和赋能，增强贫困人口的脱贫意愿和能力，实现内源性发展。

第二，“焦裕禄精神”下的生态扶贫。兰考县生态环境脆弱，在焦裕禄精神的鼓舞和感召下，兰考县始终把加快林业发展、改善生态环境作为生态扶贫的主要内容。尤其是在建设生态文明的基础上，为推动林业效益的最大化，突显林业在全县“三年脱贫、七年小康”作用，围绕林业生态县建设，实现林业以短期经济效益为主向生态与经济效益并重转变；围绕林业种植结构调整，实现单纯木材生产向多元化发展转变；围绕加强林业队伍建设，实现由管理型向轻管理重服务的发展方式转变；围绕发展壮大林产工业，实现林业产业向县域经济主导产业转变等成为有效的政策选择[22]。这种以生态保护为出发点的扶贫方式，正是“五个一批”中“生态补偿脱贫一批”的最好注释。

第三，教育扶贫阻断贫困代际传递。贫困地区受限于自身发展能力和资源禀赋，在产业发展和教育发展的选择项中，更容易倾向于对前者的资源投入，余广俊通过对兰考的农村社区教育问题的调研发现，教育经费不足制约农村教育发展；农村教育结构不尽合理，导致要素间的功能失衡；农村经济和农民收入增长放缓，缺乏推动和支持农村教育持续发展的能力；农村教育资源广泛，但优质教育资源不足[23]。为此，兰考县在精准扶贫理念指导下，认识到教育对于贫困家

庭脱贫效果的可持续方面具有重要的意义。通过建档立卡贫困家庭学生进行学习和生活补助以及发展职业教育等方式，实践了“发展教育脱贫一批”的精准扶贫思想。

第四，社会保障兜底构筑精准脱贫最后防线。正如阿玛蒂亚·森所强调的，贫困在于能力贫困，由于贫困人口中存在发展能力差异，对于那些因身体健康、家庭、年龄等因素造成的脱贫能力低下的人群，社会保障政策是实现贫困人口全面脱贫的最后保障。兰考县提出：对脱贫能力差的贫困群众，实行政策兜底，着力推动扶贫政策与城乡低保、五保供养、临时救助、医疗救助等政策的无缝衔接、良性互动、协调发展，确保脱贫道路上不落一村、不漏一户、不少一人。在兜底的政策设计方面，包括精准设计低保政策、精准设计临时救助政策、整合医疗资金、特困对象救助等内容，为实现政策靶向的精准化，构建了动态管理机制、评估纠错机制、精准脱贫验证机制等。

兰考在实践精准扶贫思想过程中，认识到贫困治理的多维性，通过前期对致贫原因的精准识别，在精准帮扶阶段，将多维贫困治理思想内化于扶贫公共政策的设计中，根据兰考在产业、教育、生态、社会保障等方面的短板，分别制定不同的政策，并通过农村社区内生动力激活和外部资源下沉的机制，确保了兰考顺利实现了全面脱贫的目标。

五、结论与讨论

“五个一批”精准扶贫思想为本文分析提供了理论依据。本文基于对收入之外的贫困多维性客观事实的分析，指出精准扶贫与传统扶贫模式的一个最大变化在于承认贫困不再仅仅是物质的贫困，更多的是发展能力的贫困，因此，在扶贫措施的精准化方面，需要对症下药。对于具有发展能力的贫困户，政府可以改变传统的单兵作战的模式，尝试将市场组织和社会组织卷入贫困治理之中，实现治理主体的多元化，发挥市场组织和社会组织在信息捕获、个性化定制、贫困人口赋能等方面的优势；对于因自然环境限制，难以通过发展产业方式实现脱贫的“生态贫困户”需要通过易地搬迁和生态补偿的方式，实现贫困户脱贫和环境可持续发展的双重目标；为有效阻断贫困在代际间的传递，教育扶贫是最为有效的机制，也是实现全面脱贫后的建成小康社会的重要基石；对于通过上述几种方式难以适用的贫困群体，则需要通过社会保障兜底的方式，保障贫困人口基本生存权利。

"五个一批"精准扶贫思想并不是扶贫政策的随机组合，而是一种动态的组合，每个贫困地区可以根据自身的现实需求进行政策的重组和选择，其重要的时代意义不在于具体化了精准帮扶手段，而是阐明了贫困的多维性，警示扶贫不再是单一工具的使用，传统的"大水漫灌"式扶贫降低了公共资源的有效性，因此，需要将多维贫困治理内化于思想和政策中，实现扶真贫和真扶贫。

河南兰考2017年宣布脱贫摘帽，其成功实践为"五个一批"精准扶贫思想的实践提供了范例。本文分析发现，"五个一批"扶贫思想在实践中能够很好地嵌入微观情景之中，不仅增强了政府治理贫困的能力，同时，通过市场化机制和公益慈善机制成功地实现了贫困治理主体的多元化。此外，通过赋权和赋能，增强了贫困家庭的自我发展的内生动力，这些措施不仅实现了兰考成功实现整体脱贫的攻坚目标，同时为全面建成小康社会提供了方法论指导。

注释

[1] Sen，A. K.. Poverty：An Ordinal Approach to Measurement. Econometrica，1976，44 (2).

[2] 黄承伟，覃志敏. 我国农村贫困治理体系演进与精准扶贫 [J]. 开发研究，2015 (2).

[3] 汪三贵，郭子豪. 论中国的精准扶贫 [J]. 贵州社会科学，2015 (5).

[4] 丁建军. 多维贫困的理论基础、测度方法及实践进展 [J]. 西部论坛，2014 (1).

[5] Sen，A. K. Well-being，Capability and Public Policy. Economisti E Annali Di Economia，1994，53 (7/9).

[6] 陈立中. 转型时期我国多维度贫困测算及其分解. 经济评论，2008 (5).

[7] 新华网. 中共中央国务院关于打赢脱贫攻坚战的决定. [EB/OL]. [2016-01-18]. http://www.china.com.cn/.

[8] 孟德斯鸠. 论法的精神：上册 [M]. 北京：商务印书馆，1961.

[9] 宋正海. 地理环境决定论与历史唯物主义 [J]. 华中师范大学学报（自然科学版），1996 (2).

[10] 宋才发. 民族地区精准扶贫基本方略的实施及法制保障探讨 [J]. 中央

民族大学学报（哲学社会科学版），2017（1）.

［11］汪晓文，何明辉，李玉洁. 基于空间贫困视角的扶贫模式再选择：以甘肃为例［J］. 甘肃社会科学，2012（6）.

［12］R. A. W. 罗茨. 新的治理［J］. 马克思主义与现实，1999（5）.

［13］格里·斯托克. 作为理论的治理：五个论点［J］. 国际社会科学杂志，1999（1）.

［14］王名，李健. 社会共治制度初探［J］. 行政论坛，2014（5）.

［15］宫留记. 政府主导下市场化扶贫机制的构建与创新模式研究：基于精准扶贫视角［J］. 中国软科学，2016（5）：156.

［16］向家宇. 贫困治理中的农民组织化问题研究：以S省三个贫困村的农民组织化实践为例［D］. 华中师范大学，2014.

［17］汪三贵，刘未. “六个精准”是精准扶贫的本质要求：习近平精准扶贫系列论述探析［D］. 毛泽东邓小平理论研究，2016（1）.

［18］赵晓峰，邢成举. 农民合作社与精准扶贫协同发展机制构建：理论逻辑与实践路径［D］. 农业经济问题，2016（4）.

［19］王艳慧，钱乐毅，陈烨烽，等. 生态贫困视角下的贫困县多维贫困综合度量［D］. 应用生态学报，2017（8）.

［20］北京师范大学中国扶贫研究中心课题组. 中国绿色减贫指数研究. 经济研究参考［D］，2015（10）.

［21］舒尔茨. 改造传统农业［M］. 梁小民译. 北京：商务印书馆，2011.

［22］张汉超. 兰考转变林业发展方式，推动县域经济发展［J］. 农民致富之友，2016（3）.

［23］余广俊. 河南省兰考县农村教育问题调研报告［J］. 陕西理工学院学报，2009（1）.

［《河海大学学报（哲学社会科学版）》2017年第5期］

东西部扶贫协作的实践与成效*

1996年5月，党中央为加快西部贫困地区扶贫开发进程，缩小东西部发展差距，促进共同富裕，确定北京、上海、天津、辽宁、山东、江苏、浙江、福建、广东、大连、青岛、宁波、深圳9个东部省市和4个计划单列市与西部10个省区开展扶贫协作。同年10月，中央扶贫开发工作会议进一步做出部署，东西部扶贫协作正式启动。20年来，东西部有关省市党委、政府坚持从两个大局、逐步实现共同富裕的战略高度认识和推动这项工作，开展了多层次、多形式、宽领域、全方位的扶贫协作，逐步形成了以政府援助、企业合作、社会帮扶、人才支持为主要内容的工作体系，涌现了闽宁协作、沪滇合作、粤桂协作等各具特色的东西部帮扶模式，为我国扶贫开发做出了贡献。2016年7月20日，习近平总书记在银川主持召开东西部扶贫协作座谈会，发表重要讲话，回顾总结我国东西部扶贫协作和对口支援的实践，全面安排部署“十三五”东西部扶贫协作和对口支援工作，对扎实推进中央脱贫攻坚决策部署提出明确要求，开启了东西部扶贫协作的新阶段。

---

* 基金项目：2016年马克思主义理论研究和建设工程重大项目（国家社会科学基金重大项目）《习近平总书记扶贫开发战略思想理论创新和实践创新研究》，项目号：2016MSJ054。

一、新时期东西部扶贫协作工作的根本遵循

习近平总书记高度重视扶贫开发工作，在重要会议、重要场合、关键时点，就扶贫开发提出一系列新思想新观点，做出的一系列新决策新部署，形成了习近平扶贫论述，为打赢脱贫攻坚战提供了行动指南和根本遵循。习近平总书记关于扶贫的论述内涵丰富、逻辑严密，包括本质要求、艰巨任务、制度优势、精准扶贫、改革创新、内生动力、合力攻坚、阳光扶贫、携手减贫等方面的重要内容，精辟阐述了扶贫开发工作在国家经济社会发展全局中的地位和作用，深刻揭示了扶贫开发的基本特征和规律，明确了贫困地区全面建成小康社会的底线目标，强调了全党全社会扶贫济困的重大责任，为推动国际减贫事业指明了方向。其中，习近平总书记关于做好东西部扶贫协作工作的重要论述，是其扶贫论述的重要组成部分，蕴含着丰富的思想内涵。我们的领会主要体现在以下方面：

东西部扶贫协作必须长期坚持。习近平总书记指出："东西部扶贫协作和对口支援，是推动区域协调发展、协同发展、共同发展的大战略，是加强区域合作、优化产业布局、拓展对内对外开放新空间的大布局，是实现先富帮后富、最终实现共同富裕目标的大举措，必须长期坚持下去。"这一论述是我们党坚持两个大局、共同富裕思想的新发展。"两个大局"是小平同志在20世纪80年代提出来的，即"全国要集中力量让东部地区、条件好的地区先富起来，西部地区服从这个大局，支持东部地区加快发展。东部地区发展到一定阶段，富裕以后，要帮助带动西部地区共同发展，才能实现共同富裕"。东西部扶贫协作正是推进共同富裕的重大举措。

东西部扶贫协作要明确方向和重点的思想。习近平总书记在银川会议讲话中明确指出，把实现西部地区现行标准下的农村贫困人口脱贫作为主要目标，并强调，东西部扶贫协作要更加注重产业带动，更加注重劳务对接，更加注重人才支持。这些重要论述为我们推进协作扶贫指明了方向、明确了重点。各类协作方式只是实现目标的手段，脱贫才是目的。产业协作要注重市场导向，政府主动搭台，企业自主唱戏，尊重产业发展规律，从贫困地区资源条件出发，发挥已经形成的产业优势，带动贫困人口参与、脱贫。劳务协作要注重提高输出地和输入地对接的精准度，增强就业培训的针对性。要把人才支援摆在更加突出的位置，加大双向挂职、两地培训、人才选派等方面的力度，不断提高水平。

东西部扶贫协作要始终坚持“精准”的思想。习近平总书记强调，东西部扶贫协作要按照精准扶贫、精准脱贫要求开展工作。协作扶贫举措要真正瞄准贫困人口，因地制宜，因户因人施策。协作扶贫项目要围绕解决“五个一批”重点难点问题，瞄准短板领域和薄弱环节，统筹推进、精准施策，促进解决“两不愁，三保障”。协作扶贫力量要进一步向基层倾斜落实，广泛建立多层次结对关系，提高协作帮扶的精准度和成效。区域发展要围绕精准发力。

东西部扶贫协作要广泛动员社会力量的思想。习近平总书记指出，现在社会各界对脱贫攻坚十分关注，支持和参与脱贫攻坚的愿望强烈，热情很高。要进一步健全社会扶贫动员机制，进一步创新社会扶贫参与方式，进一步落实社会扶贫支持政策，调动企业、社会组织、公民个人的积极性，形成支持西部贫困地区脱贫攻坚的强大合力。

二、党的十八大以来东西部扶贫协作的新实践新成效

习近平总书记关于东西部扶贫协作的重要论述，为新时期东西部扶贫协作工作注入了强大思想动力，提供了根本遵循。各地各部门以习近平扶贫论述为引领，贯彻落实中央关于打赢脱贫攻坚战的决定和中央扶贫开发工作会议精神，以前所未有的力度，展开了东西部扶贫协作新实践，取得了新的成效。

东西部扶贫协作工作呈现了新的特点。总体上，新阶段的东西部扶贫协作工作主题更加鲜明，聚焦脱贫攻坚，坚持实施精准扶贫、精准脱贫基本方略；任务更加明确，主要围绕开展产业合作、组织劳务协作、加强人才支援、加大资金支持、动员社会参与五个方面开展具体帮扶，各项措施都要聚焦建档立卡贫困人口；重点更加突出，调整结对关系突出对民族地区、贫困程度深的难点地区的支持，将京津冀纳入扶贫协作体系，携手奔小康行动也聚焦到县和县的帮扶，县县结对，加强帮扶；保障更加有力，要求帮扶双方的主要领导亲自关心、亲自部署，每年要到扶贫协作地区互动，共同研究东西部扶贫协作规划。同时，建立了考核制度、督查巡查制度，东西部扶贫协作已经纳入国家脱贫攻坚考核范围。

在东西部扶贫协作相关政策举措落实中体现出许多新的变化：一是结对关系得到新调整。在维持东西部原有体制、对口帮扶原有结对关系、东西部和对口支援原有的管理体系三个不变的基础上，对西部贫困程度深的地区适当增加帮扶力量，实现了对 30 个少数民族自治州的全覆盖。对东部经济下行压力较大，自身

帮扶任务较重的省份适当调减任务。落实了京津冀一体化扶持贫困地区发展的任务。二是东部和西部加强合作形成合力有新的加强。强调东西部扶贫协作，扶贫是主题，协作是重点。要求东西扶贫双方党政主要领导要亲自抓，两地每年定期走访、定期互动。强调东部地区承担的是帮扶责任，西部地区承担的是脱贫攻坚主体责任。东部要围绕产业、就业、人才、资金、社会动员等，把力量组织好，输送到西部地区。西部省份要把各方面资源整合到一起，形成合力来推动脱贫攻坚。西部是责任主体，要主动对接。三是“携手奔小康”行动得到有效落实。“携手奔小康”是习近平总书记亲自安排、亲自部署、提出要求的一项活动，要求东部组织经济相对发达县和西部贫困县结对，围绕解决贫困人口脱贫和区域发展开展工作，主题是“携手奔小康”。到 2020 年要实现贫困县全部摘帽、贫困人口全部脱贫。在具体内容上，主要围绕产业合作，提供就业岗位，增加教育、文化、医疗、卫生、社会等方面人才支援，通过多种方式增加资金支持，把“携手奔小康”行动做得更实更细，更有实效。

一年来，东西部扶贫协作工作取得了新成效。

一是健全了协作机制，制度基础进一步夯实。中共中央办公厅、国务院办公厅印发了《关于进一步加强东西部扶贫协作工作的指导意见》，国务院扶贫开发领导小组制定了东西部扶贫协作考核办法，各相关部门出台了支持协作的配套政策措施，有扶贫协作任务的地方因地制宜出台了实施意见。东西部各省区市成立了由党政主要领导为组长的领导机构，建立了党政高层联席会议制度，广泛开展高层互访、调研规划、签署协议等多种形式对接。据统计，2016 年东西部省级负责同志互访对接是 2015 年的 3 倍，有力地推动了扶贫协作。

二是优化了结对关系，帮扶责任进一步明确。完善省际结对帮扶，实现了对 30 个民族自治州结对帮扶的全覆盖，加强了云南、四川、甘肃、青海等西部深度贫困市州的帮扶力量，落实了北京、天津与河北的扶贫协作任务，体现了对深度贫困地区的特殊帮扶。推进县乡村结对帮扶，东部 267 个经济较发达县，与西部地区 434 个贫困县开展“携手奔小康”行动。

三是强化了帮扶措施，帮扶力量进一步增强。资金支持明显增加，2016 年东部各省市财政援助资金近 30 亿元，比上年翻了一番。2017 年投入资金额继续增加。人才支援不断强化，协作双方互派近千名优秀干部挂职锻炼，较 2015 年大幅增长。对扶贫协作地区教育、科技、医疗卫生等领域的人才支持力度也不断加大。社会帮扶积极推进，“万企帮万村”行动组织引导民营企业参与东西部扶贫协作，东部省市广泛动员企业、社会组织和个人到西部地区开展捐资助学、医疗救助、支农支教、志愿服务等扶贫活动，凝聚起强大合力。

四是拓展协作方式，协作路径进一步深化。产业合作不断深化，2016 年以来，东部省市共引导 2500 多家企业到西部地区投资，实际投资超过千亿元。劳务协作全面开展，完善劳务输出对接机制，多种形式带动大量西部地区贫困人口在东部实现就业。协调优质企业在西部地区设立“扶贫车间”，就近就地吸纳就业，有效增加贫困人口务工收入。

三、推动东西部扶贫协作再上新台阶的对策建议

东西部扶贫协作作为中国特色扶贫开发道路的重大创新，应该也能够为打赢脱贫攻坚战发挥更大作用。当前，全面建成小康社会进入决战决胜关键时期，打赢脱贫攻坚战对做好东西部扶贫协作提出了新的更高要求。

一要深化认识，提高自觉性主动性。东西部扶贫协作抓得实不实、成效好不好关系脱贫攻坚整体进展，关系我们党对全体人民的庄严承诺能否兑现，也是对东西部各省牢固树立“四个意识”的重要检验，是对中国特色社会主义政治制度优势的有力说明。只有提高政治站位，各地各有关部门才能够把思想统一到党中央的决策部署上来，切实增强责任感和紧迫感，提高扎实做好各项工作的自觉性主动性。

二要精准聚焦，提高帮扶精准性有效性。可以在完善省际结对关系的基础上，着力推动县与县精准对接、结对帮扶，探索乡镇、行政村之间结对帮扶。在工作实践中，按照精准扶贫的理念要求，制定个性化的精准帮扶行动，实施方案细化到每个村镇、每个项目，确保帮扶方案接地气、能执行、出效果。在帮扶过程中，与所在地的建档立卡工作，精准识别、精准帮扶、精准管理、精准考核等各环节相互衔接，建立结对帮扶、精准扶贫工作流程和机制，不断增强帮扶效果。提高东西部扶贫协作的精准性有效性，必须瞄准深度贫困地区、深度贫困群体。习近平总书记指出：“对东西部扶贫协作和对口支援、中央单位定点帮扶的对象在深度贫困地区的，要在资金、项目、人员方面增加力度。东部经济发达县对接帮扶西部贫困县‘携手奔小康’和民营企业‘万企帮万村行动’，都要向深度贫困地区倾斜。”各有关省市要拿出倾斜支持的具体办法和举措，集中优势兵

力打好深度贫困地区攻坚战。

三要强化对接，提高协作的互补性内生性。加强对东西部扶贫协作的组织领导，结对双方党政领导干部多到对口帮扶的地方调研，及时研究解决扶贫协作中的困难和问题。实践证明，领导同志精力的投入，干部人才的援助，是保证扶贫有力度、协作上水平的关键。要探索完善帮扶项目与贫困群众脱贫需求对接机制和平台，推动因地制宜、因户因人精准施策。解决西部贫困地区脱贫攻坚中的各种难题，既要更好发挥政府作用，又要使市场在资源配置中起决定性作用。加强产业合作要坚持市场导向，把握好供需关系，推动东部产业向西部梯度转移，让东部地区在带动西部贫困地区发展的同时也能拓展自身产业发展空间，努力实现互利双赢、共同发展。坚持以东部之长补西部之短，以东部先发优势促西部后发效应，从而激活西部贫困地区发展的内生动力。

四要严格考核监督，提高协作的规范性真实性。东西部扶贫协作是一项极为严肃、极其重大的政治任务。按照《东西部扶贫协作考核办法》，从 2017 年开始，脱贫攻坚期内每年对协作双方工作情况进行考核。该办法明确了考核内容、考核程序、考核标准和考核结果运用等方面。开展较真碰硬，开展考核，目的是树立求真务实的导向，激励先进，鞭策后进，促进帮扶工作的水平和实效的不断提高。

（《改革》2017 年第 8 期）

聚焦精准发力 决战决胜深度贫困

2017年6月23日，习近平总书记在深度贫困地区脱贫攻坚座谈会上指出，脱贫攻坚本来就是一场硬仗，而深度贫困地区脱贫攻坚是这场硬仗中的硬仗。强调要重点研究解决深度贫困问题，以解决突出制约问题为重点，强化支撑体系，加大政策倾斜，聚焦精准发力，攻克坚中之坚，确保深度贫困地区和贫困群众同全国人民一道进入全面小康社会。近日，国务院扶贫开发领导小组印发《关于学习贯彻深度贫困地区脱贫攻坚座谈会精神的通知》指出，习近平总书记在这次座谈会上的重要讲话，立意深远、主题鲜明，是总书记扶贫论述的最新成果，是我们统筹做好脱贫攻坚全局工作和重点破解深度贫困问题的根本遵循和行动指南。

提高政治站位、凝聚共识，是决战决胜深度贫困的基本前提。深度贫困地区脱贫攻坚事关党和国家事业全局，事关全面建成小康社会大局，事关新形势下党的宗旨践行和政治承诺兑现。深度贫困地区、深度贫困问题解决不彻底，脱贫攻坚战就难以说取得全胜，全面建成小康社会的任务就难以实现，人民群众的获得感也会受到影响。当前，我们在看到脱贫攻坚进展顺利的同时，也必须看到，全国仍然有4300多万贫困人口。深度贫困地区，贫困发生率高，人均可支配收入低，经济薄弱、生态脆弱、基础设施和社会事业发展滞后等多种致贫因素和区域特征交织叠加，构成了脱贫攻坚战“硬仗中的硬仗”“短板中的短板”。习近平总书记主持召开深度贫困地区脱贫攻坚座谈会，集中研究破解深度贫困之策，就是要对脱贫攻坚形势发出警醒。这就要求我们旗帜鲜明地讲政治，牢固树立“四个意识”，坚决把深度贫困地区脱贫攻坚摆在更加突出的位置，进一步增强责任感和使命感，增强战略自信和定力，利用成功经验，坚持问题导向，更加扎实有力地推进深度贫困地区脱贫攻坚。

坚持基本方略、聚焦精准发力，是决战决胜深度贫困的方法路径。习近平总书记在深度贫困地区脱贫攻坚座谈会上强调，加快推进深度贫困地区脱贫攻坚，要按照党中央统一部署，坚持精准扶贫、精准脱贫基本方略，深度贫困地区区域发展必须围绕精准扶贫发力。习近平总书记的重要指示，进一步明确了在脱贫攻坚进入破解深度贫困的新阶段，必须结合深度贫困地区自身特点，采取更加切实有效的办法，用“绣花功夫”深化精准扶贫。一是继续强化精准识别，实施“靶向治疗”。科学识别深度贫困地区，既要注意识别革命老区、民族地区、边疆地区等区域性整体深度贫困，也要注意识别因灾、因病、因残、年老等家庭性个体深度贫困，精准识别才能找准发力点。还要科学识别致贫原因，是由于产业发展水平低、基础设施不足、社会事业滞后，还是由于资源匮乏、环境脆弱、自然灾害频发等。强化精准识别，是聚焦深度贫困精准发力的基础。二是继续推进精准施策，下足“绣花功夫”。必须从深度贫困地区的每个贫困村、每个贫困户、每个贫困人口的实际情况出发，因村因户因人施策，按照“五个一批”的路径，下足“绣花”的细功夫。尤其是在脱贫资源有限的情况下，新增脱贫举措要向深度贫困地区集中，各类惠民项目要向深度贫困地区倾斜，新增涉农资金要集中整合用于脱贫攻坚项目。深度贫困地区的区域发展也要紧紧围绕精准扶贫发力，要重点发展贫困人口能够受益的产业，交通建设项目要尽量向进村入户倾斜，水利工程项目要向贫困村和小型农业生产倾斜，生态保护项目要提高贫困人口的参与度和受益水平。三是继续加强精准管理，做到“精准滴灌”。要集中资金、项目、政策等脱贫资源，切实加大投入。坚持中央统筹、省负总责、市县抓落实的管理体制，坚持党政一把手负总责的责任制，各级按照自身事权推进工作，确保人员、责任、工作、效果到位。要实行阳光操作，对脱贫资源建立严格的管理制度，坚决防止“跑冒滴漏”，确保资金资源使用成效。

多元主体参与、凝聚强大合力，是决战决胜深度贫困的重要保障。习近平总书记强调，要通过多种形式，积极引导社会力量广泛参与深度贫困地区脱贫攻坚。坚持党政一把手负总责的工作责任制，坚持专项扶贫、行业扶贫、社会扶贫等多方力量、多种举措有机结合和互为支撑的“三位一体”大扶贫格局。构建多方合作的大扶贫格局，凝聚起攻坚深度贫困的强大合力，这既是我们长期以来扶贫开发工作的经验总结，是中国特色社会主义优越性的重要体现，更是新阶段新形势下，攻克“贫中之贫”“困中之困”的重要保障。一是继续加强组织领导，发挥政府在扶贫工作中的主导作用。坚持党政一把手负总责的工作责任制，实行党委领导、政府指挥、部门联动、社会参与，使脱贫攻坚真正成为一把手工程。建立完善多级督导考核机制，把脱贫成效作为贫困地区党政主要领导干部奖惩任用的重要依据。进一步强化和落实责任。加大财政投入力度，扩大扶贫资金规模，各部门安排的惠民项目要向深度贫困地区倾斜，财政资金尤其要向深度贫困地区倾斜。二是继续创新机制聚焦精准，调动更广泛的社会力量参与深度贫困地区脱贫攻坚。加强宣传动员，在全社会形成帮扶贫困尤其是深度贫困地区脱贫的舆论氛围。对东西部扶贫协作和对口支援、中央单位定点帮扶的对象在深度贫困地区的，要在资金、项目、人员方面增加力度。东部经济发达县结对帮扶西部贫困县“携手奔小康行动”和民营企业“万企帮万村行动”，都要向深度贫困地区倾斜。对于参与扶贫的机构组织和个人，要在政策、项目、人才、资金等方面加强支持，为他们拓展扶贫空间，创设良好的投资与发展环境。三是继续发挥好金融资金的引导和协同作用，构建多元化的金融扶贫产品供给体系。积极引导和鼓励商业金融机构和政策性金融机构向深度贫困地区延伸金融服务，同时大力发展地区性的农村互助合作金融；适度给予金融支持深度贫困地区扶贫开发贷款利差补贴、财政优惠、信用担保和专项支持以及倾斜的货币政策和差别存款准备金率；通过政府购买服务、贷款贴息、设立产业发展基金等有效方式，充分发挥财政资金引导作用和杠杆作用，撬动更多金融资本、社会帮扶资金参与深度贫困地区脱贫攻坚。四是继续整合扶贫资源，形成协调一致的长效大扶贫机制。结合深度贫困地区脱贫攻坚的特点和需要，以脱贫攻坚重大扶贫项目为平台，按照“统一规划、各司其职、捆绑使用、用途不变、各记其功、形成合力”的原则，将各类涉农扶贫资金整合起来，集中力量办大事。深度贫困地区新增涉农资金要集中整合用于脱贫攻坚项目。

扶贫扶志扶智结合、培育内生动力，是决战决胜深度贫困的根本目标。习近平总书记在深度贫困地区脱贫攻坚座谈会上强调，深度贫困地区要加大内生动力培育力度，坚持扶贫同扶智、扶志相结合，改进工作方式方法，教育和引导贫困群众通过自己的辛勤劳动脱贫致富，提高贫困地区和贫困群众的自我发展能力。习近平总书记的重要论述，指出了在深度贫困地区脱贫攻坚上，必须解决好志气的贫困、思想的贫困、知识的贫困等问题，这是实现扶贫从“输血”向“造血”根本转变的必要条件，是改变贫困群众“等靠要”思想及行为的重要保障，对于激发和培育深度贫困地区、深度贫困群体发展的内生动力具有重要指导意义。一是继续坚持“扶贫先扶志”，不断增强贫困群众自我发展的信心和意愿。贫穷并不可怕，可怕的是穷不思进取、“人穷志短”，可怕的是信心和志气的缺乏。“弱鸟有望先飞，至贫可能先富”，但能否真正做到“先飞”“先富”，还要看贫困群众脑子里有无“人穷志不穷”的意识。在脱贫攻坚战中，如果扶贫不扶志，扶贫的目的就难以达到，即使一度脱贫，也可能会再度返贫。这就需要我们加强对深度贫困地区贫困群众的教育和引导，帮助他们在思想上树立起脱贫致富的信心、自我发展的决心、苦干实干的恒心。二是继续坚持“扶贫必扶智”，不断提升贫困地区的社会文化和教育水平。深度贫困地区，往往是社会文化封闭、教育落后的地区，文化教育的落后又造成这些地区发展滞后，由此形成了物质贫困和知识匮乏的恶性循环怪圈。贫困地区实现脱贫致富，最长久、最根本的动力在教育，教育是拔除穷根、阻止贫困代际传递的重要途径。决战决胜深度贫困，必须加强智力扶贫，加大教育支持力度，让深度贫困地区的孩子都能接受公平有质量的教育，不让他们输在人生的起跑线上。加大对这些地区贫困群众的教育培训力度，提高他们的文化水平、知识视野、劳动技能，增强他们的自我发展能力。三是继续完善创新贫困地区脱贫激励机制，不断激发深度贫困地区贫困群众的内生动力。多采用公益岗位、生产奖补、劳务补助、以工代赈等方式对贫困群众进行扶持，在扶贫的过程中激发出他们自我发展的意识。及时总结各地在激励贫困群众自力更生、避免甚至消除“等靠要”消极思想等方面的典型案例，深入云南省镇雄县芒部镇松林村总结其中行之有效的好思路、好方法、好机制，采取多种方式交流推广。通过有效的激励机制等手段，激发出贫困群众发展的内生动力。

打赢脱贫攻坚战已经进入决战决胜关键时期，打赢深度贫困地区脱贫攻坚这场“硬仗”中的“硬仗”，更是关键中的关键。只要我们深入学习贯彻习近平总书记扶贫论述特别是关于深度贫困地区脱贫攻坚的重要论述，不断强化支撑体系、加大政策倾斜，不断激发贫困地区贫困群众的苦干实干精神和发展内生动力，就一定能攻克坚中之坚，确保深度贫困地区和贫困群众同全国人民一道进入全面小康社会。

（《中国扶贫》2017 年第 16 期）

把脱贫开发作为经济发展的新增长点

7月18日至20日，中共中央总书记、国家主席、中央军委主席习近平在宁夏调研考察。在永宁县闽宁镇原隆村，习近平总书记实地察看了闽宁合作开展移民搬迁安置和脱贫产业发展情况，并就当地扶贫脱贫工作给予了重要指示。

一、我国脱贫工作的实施现状

党的十八大以来，我国脱贫扶贫工作在取得了显著的成果，这主要表现在：

第一，党的十八大以来，党中央、国务院高度重视扶贫开发工作，习近平总书记多次深入贫困地区研究扶贫问题，发表了一系列重要讲话，提出一系列新思想、新观点和新要求，形成新时期扶贫开发的战略思想。

第二，从政策上确定和实施精准扶贫战略。精准扶贫战略，最主要的就是改变过去的扶贫方式，从不精准到精准，从“大水漫灌”到“精准滴灌”。2013年底出台的《创新机制扎实推进农村扶贫开发工作的意见》，其核心就是对精准扶贫与各种体制机制改革提出了要求，还明确部署推进十项重点工作。

第三，经过多方推动，全国已经形成合力脱贫攻坚局面。这主要表现在构建一把手抓扶贫机制，同时，各地纷纷出台“1＋N”的政策体系，即根据一个基本文件，配套出台若干个政策文件。

截至目前，贫困人口的收入明显增长，增长速度高于全国平均增长速度；贫困地区的基础设施有了明显改善，按照习近平总书记“六个精准”“五个一批”的要求，目前已经初步建起了一个包含将近3000万户9000万人和覆盖12.8万个贫困村的大数据，为进一步推进精准脱贫奠定了基础。当然，这一过程仍存在一些问题，突出表现在四个方面：第一，目前我国还有7000万贫困人口。这相当于一个中等国家的人口规模，要实现全部脱贫的难度可想而知。另外，脱贫有个规律，越是偏远的贫困地区脱贫难度越大，因为所处的环境、基础条件和资源条件等都比较差。第二，在脱贫攻坚的过程中，由于农村人口流动，特别是青壮年劳动力到城里打工，村里只剩下妇女、儿童和老人，这样会带来新的贫困问题。第三，在扶贫开发工作当中，在政策上还存在一些落实不到位的地方，投入上也存在一些不足，没有真正把贫困人口的脱贫放在最重要的位置。第四，从贫困人口的脱贫能力来看，相对还是较弱。因病致贫、因学致贫、因灾返贫、因市场风险返贫等都是目前需要解决的难题。

二、正确理解脱贫工作的目标

世界银行在20世纪80年代提出了国际贫困标准，而2005年的标准是一个人每天收入或生活费低于1.25美元就是贫困人口。我国的贫困标准同样是不断调整的，2010年，一个人年收入低于2300元就属于贫困人口，到2014年，这个标准调整为2800元。现在的7000万贫困人口主要是农民。

同时，我们衡量贫困的标准不是单一的，还包含其他标准。比如，贵州省在识别贫困户的时候，一看房，二看粮，三看读书郎，四看劳动力强不强，也就是劳动力有没有、有几个、处于什么年龄段。综合评价后，就可以比较准确地识别出贫困人口群体。

我们脱贫的总目标是：到2020年，全部农村贫困人口在现行标准下实现全部脱贫。要实现“两个确保”，即确保所有贫困人口都脱贫，确保所有贫困县都摘帽。要做到“六个精准”，即扶贫对象精准、项目安排精准、资金使用精准、措施到户精准、因村派人精准、脱贫成效精准。

习近平总书记指出，精准扶贫要实施“五个一批”工程，即发展生产脱贫一批、易地搬迁脱贫一批、生态补偿脱贫一批、发展教育脱贫一批、社会保障兜底一批。这不是形而上学的“五个一批”，需要各地根据不同情况，因地制宜来推动。另外，新的政策要求切实解决好几个问题，首先是帮不帮的问题，这个得要精准识别，此外还有谁来帮和怎么帮的问题。

三、转变保障机制，形成经济增长点

目前，脱贫攻坚一个显著的特点就是改变原有社会保障机制，注重扶贫开发。习近平总书记也曾指出，要把扶贫开发作为新常态下经济发展的新增长点。在具体的实施措施上，则分为以下几个方面。

第一，加大对贫困地区贫困村、贫困户的投入。包括基础设施、公共服务的投入，以及贫困人口收入的增加、消费能力的提高等。这些资金投入会拉动当地的经济增长。另外，“十三五”期间，国家决定要搬迁1000万缺乏生存条件的贫困人口，这1000万人口大概需要投资6000亿元。这6000亿元的投资对贫困地区的经济发展来说，是一个巨大的推动力。

第二，在教育和培养谋生技能上下功夫。通过提高贫困人群的教育水平和劳动技能，让富余劳动力在当地就业，找到更好的工作。对于还没有劳动能力的未来后备力量，要通过职业技术教育提高他们的技能，为未来经济的发展储备人才力量。

第三，创新发展扶贫方式。比如说光伏扶贫，在贫困地区只要年光照在1100小时以上就可以发展光伏产业。通过光伏扶贫，既可以实现绿色的发展，又可以产生效益。再比如并网发电，让无法从事正常劳动的贫困人员，足不出户就能获得一笔可观的收入。还比如电商扶贫，把贫困地区的有机生态产品转化为经济优势。通过改善投资环境，加大各种社会资本的进入，对贫困地区的经济增长也是一种助力。

第四，也是最重要的一点，国家既要精准扶贫到村到户，同时也要注重解决区域性的整体贫困问题。这就要求国家加大大型基础设施的投入，改善外在的发展环境，增加贫困地区的内生发展动力。

（《求是网》2016年7月25日）

精准扶贫方略的现实价值

精准扶贫是习近平总书记扶贫论述的核心内容，是贫困治理的重大理论创新，是党中央治国理政新理念新思想新战略的重要组成部分。党的十八大以来，我国贫困治理体系不断创新完善，贫困治理能力逐步提高，精准扶贫、精准脱贫取得了伟大成就。

一、精准扶贫思想系统完整逻辑严密

基于对我国贫困问题的科学认识，习近平总书记2013年11月在湖南省湘西州十八洞村考察时提出“精准扶贫”概念。之后，他多次对精准扶贫做出重要论述，形成了系统完整、逻辑严密的精准扶贫论述，是设计和实施精准扶贫、精准脱贫基本方略的理论指导。

习近平总书记精准扶贫论述的核心内容，就是要针对贫困人口差异化的致贫原因分类施策，解决好“扶持谁”“谁来扶”“怎么扶”“如何退”四个基本问题，做到“六个精准”即扶持对象精准、项目安排精准、资金使用精准、措施到户精准、因村派人（第一书记）精准、脱贫成效精准。其中，扶持对象精准是“六个精准”的基础和前提，项目安排精准是精准扶贫、精准脱贫的必然要求，资金使用精准是实施项目安排精准的资金保障，措施到户精准是精准扶贫政策措施落实和精准脱贫有效性的重要路径和手段，因村派人精准是贫困村治理结构和组织体系的新探索，脱贫成效精准是“六个精准”的落脚点和目的。

二、党的十八大以来精准扶贫成就显著

精准扶贫直接减贫效果明显。一是农村贫困人口大幅减少，贫困发生率持续下降。按现行国家农村贫困标准（2010 年价格水平每人每年 2300 元）测算，全国农村贫困人口由 2012 年末的 9899 万减少至 2016 年末的 4335 万；全国农村贫困发生率由 2012 年末的 10.2%下降至 2016 年末的 4.5%，下降 5.7 个百分点。二是贫困地区农村居民收入增速持续高于全国农村平均水平，生活质量不断改善。2013 年至 2016 年贫困地区农村居民人均收入连续保持两位数增长，扣除价格因素，年均实际增长 10.7%。其中，扶贫开发工作重点县农村居民人均可支配收入 8355 元，实际水平是 2012 年的 1.52 倍，是 2010 年的 2 倍，提前实现翻番目标。贫困地区农村居民人均消费支出增加，消费结构明显优化，吃饭穿衣支出占比下降。居住条件不断改善，耐用消费品升级换代，传统耐用消费品拥有量稳步提高。三是贫困地区基础设施公共服务水平明显提高，农村生活条件得到改善。基础设施方面，贫困地区通电、通有线电视信号、通宽带、村内主干道路面经过硬化处理、通客运班车的自然村比重均比 2012 年有明显提高；教育方面，义务教育薄弱学校基本办学条件全面改善，教育资源均衡配置力度加大；医疗方面，贫困地区农村拥有合法行医证医生或卫生员的行政村比重明显提高，针对贫困人口的大病医疗救助体系也基本形成；住房方面，累计解决了 2000 万户贫困户的住房安全问题。农村地区的基础设施、生态保护、投资环境以及人力资源状况都有较大提升。

基本建立了“扶持谁、谁来扶、怎么扶、如何退”全过程体制机制，农村贫困治理体系不断创新完善。建档立卡，摸清底数，建立起了全国统一的扶贫开发信息系统，使我国贫困数据第一次实现了到村到户到人，为中央决策打下了基础。强化驻村帮扶，截至 2016 年末，全国共选派 77.5 万名干部驻村帮扶，选派 18.8 万名优秀干部到贫困村和基层党组织软弱涣散村担任第一书记，打通了精准扶贫“最后一公里”。突出产业扶贫、易地搬迁扶贫，实施劳务输出扶贫、教育扶贫和健康扶贫，探索生态保护脱贫，开展电商扶贫、旅游扶贫、光伏扶贫，推进农村低保和扶贫开发两项政策有效衔接等，不断完善因地制宜、因人因户因

村施策的精准扶持体系。以集中连片特困地区、革命老区、民族地区、边疆地区为脱贫攻坚重点区域，强化基础设施和基本公共服务建设，从政策制定、规划编制、资金安排和项目布局等方面予以倾斜支持，打破瓶颈制约的机制基本形成。推进扶贫资金项目审批权限下放到县，开展贫困县统筹整合使用财政涉农资金试点，全面加强扶贫资金项目监管，不断提高扶贫资金精准度、有效性的保障体系得到根本性完善。建立贫困退出机制，明确规定贫困县、贫困人口退出的标准、程序和后续政策，奠定了确保脱贫质量的制度基础。

以精准扶贫、精准脱贫为基本方略的脱贫攻坚战，产生了多个方面的重要影响。进一步彰显了中国共产党的执政宗旨和政治优势、制度优势。大批党员干部深入基层，发动群众、依靠群众，为贫困群众办实事，体现了全心全意为人民服务的根本宗旨。党群关系、干群关系更加密切，巩固了中国共产党的执政基础。在中国共产党的领导下，全党和社会各界全面动员，政府、市场、社会协同发力，贫困群众自力更生的精神焕发，中华民族扶贫济困的文化传统得到弘扬，先富帮后富，走出了中国特色扶贫开发路子，强化了中国特色社会主义道路自信、理论自信、制度自信和文化自信。在实战中培养锤炼了一大批干部和人才，成为提升农村贫困治理水平，推动农村实现更好更快可持续发展的重要力量。脱贫攻坚促进了各项改革发展成果更多更公平惠及全体人民，不断增强贫困群众获得感，为贫困群众生存权、发展权提供了有力保障，为打赢全面建成小康社会背景下的脱贫攻坚战奠定了坚实基础，为应对经济发展新常态、打造经济增长新引擎创造了有利条件，为巩固党的执政根基凝聚了党心民心。

三、精准扶贫为全球减贫贡献中国智慧

党的十八大以来，我国全面实施精准扶贫，年均精准脱贫人口均在1000万以上，创造了世界减贫的新奇迹。我国精准扶贫的新理论、新实践为全球减少贫困提供了中国范例。精准扶贫的伟大成绩，充分展现了精准扶贫思想的巨大价值：以实施综合性扶贫策略回应了发展中国家贫困问题的复杂化和艰巨性；自上而下与自下而上结合的贫困识别机制，解决了贫困瞄准的世界难题。

以精准扶贫思想为指引，中国政府逐步形成了一整套科学高效的贫困治理体系，其核心内容包括：发挥政治优势，层层落实脱贫攻坚责任；不断完善精准扶贫政策工作体系，切实提高脱贫成效；坚持政府投入的主体和主导作用，不断增

加金融资金、社会资金投入脱贫攻坚；坚持专项扶贫、行业扶贫、社会扶贫等多方力量有机结合的大扶贫格局，发挥各方面的积极性；尊重贫困群众扶贫脱贫的主体地位，不断激发贫困村贫困群众内生动力。这一整套经过实践检验的减贫治理体系，不仅为打赢全面建成小康社会背景下的脱贫攻坚战提供了坚实的保障，也将为全球更有效地进行减贫治理贡献中国智慧。

（《光明日报》2017 年 10 月 9 日第 11 版）

精准扶贫方略的中国实践和国际价值

2013年11月，习近平总书记在湖南省湘西州十八洞村考察时首次提出“精准扶贫”概念，指出“扶贫要实事求是，因地制宜。要精准扶贫，切忌喊口号，也不要定好高骛远的目标”。之后，习近平总书记多次对精准扶贫做出重要论述，精准扶贫思想不断丰富和完善，形成了系统完整、逻辑严密的精准扶贫、精准脱贫方略。“扶真贫、真扶贫、真脱贫”的本质特征，为精准扶贫、精准脱贫所有政策措施明确了工作目标；“六个精准”是精准扶贫、精准脱贫的根本要求，为扶贫工作方式转变提供了方向和着力点；“五个一批”是保障精准扶贫、精准脱贫的实现路径，为脱贫攻坚指明了重点任务；解决“四个问题”是精准扶贫、精准脱贫的目的，是扶贫开发体制机制创新、建构等顶层设计及基层落实的科学指南和行动纲领。

精准扶贫、精准脱贫，就是通过做到“六个精准”，实施“五个一批”，解决好“四个问题”，确保到2020年现行标准下贫困人口全部脱贫，贫困县全部摘帽，解决区域性贫困问题。党的十八大以来，在习近平精准扶贫方略指引下，各地各部门以“精准”为要义，开展建档立卡、强化驻村帮扶、坚持分类施策、聚焦重点区域、加大扶贫投入、管好用好资金、加强考核评估、规范贫困退出，打出政策组合拳，全面实施精准扶贫、精准脱贫方略，使精准扶贫在多个方面取得了显著成效，产生了深远影响。

精准扶贫四年来，贫困人口大幅度减少，贫困地区农村居民收入稳步增加，农村贫困人口“两不愁，三保障”的目标完成覆盖率不断提升，农村地区的基础设施、生态保护、投资环境以及人力资源状况都有较大提升。按现行国家农村贫困标准（2010年价格水平每人每年2300元）测算，全国农村贫困人口由2012年的9899万减少至2016年的4335万，累计减少5564万，平均每年减少1391万；全国农村贫困发生率由2012年的10.2%下降至2016年的4.5%，下降5.7个百分点，平均每年下降1.4个百分点。2016年，贫困地区农村居民人均可支配收入8452元，扣除价格因素，实际水平是2012年的1.5倍。2013—2016年贫困地区农村居民人均收入连续保持两位数增长，扣除价格因素，年均实际增长10.7%。贫困地区农村居民消费结构明显优化，吃饭穿衣支出占比下降。居住条件不断改善，耐用消费品升级换代，传统耐用消费品拥有量稳步提高。贫困地区通电、通电话、通有线电视信号、通宽带及村内主干道路面经过硬化处理的自然村比重均明显提高，薄弱学校基本办学条件全面改善，教育资源均衡配置力度加大，农村拥有合法行医证医生或卫生员的行政村比重比2012年提高7.0个百分点，针对贫困人口的大病医疗救助体系基本形成。农村危房改造累计解决了2000万户贫困户的住房安全问题。

精准扶贫的深入实施，基本建立了“扶持谁、谁来扶、怎么扶、如何退”问题解决的体制机制，促进了农村贫困治理体系的不断创新完善。建立起全国统一的扶贫开发信息系统，使我国贫困数据第一次实现了到村到户到人，为中央决策打下了基础，解决了“扶持谁”的问题。全国共选派77.5万名干部驻村帮扶，选派18.8万名优秀干部到贫困村和基层党组织薄弱涣散村担任第一书记，打通了精准扶贫“最后一公里”，解决了“谁来扶”的问题。突出产业扶贫、易地扶贫搬迁，实施劳务输出扶贫、教育扶贫和健康扶贫，探索生态保护脱贫，开展电商扶贫、旅游扶贫、光伏扶贫，推进农村低保和扶贫开发两项政策有效衔接等，不断完善了因地制宜、因人因户因村施策的精准扶持体系，解决了“怎么扶”的问题。建立贫困退出机制，明确规定贫困县、贫困人口退出的标准、程序和后续政策，奠定了确保脱贫质量的制度基础，解决了“怎么退”的问题。体制机制的建立，将确保脱真贫、真脱贫得以实现。

以精准扶贫、精准脱贫为基本方略的脱贫攻坚战，产生了多重深远影响。一是进一步彰显了中国共产党的执政宗旨、政治优势和制度优势。大批党员干部深入基层，发动群众、依靠群众，为贫困群众办实事，体现了全心全意为人民服务的根本宗旨。党群关系、干群关系更加密切，巩固了中国共产党的执政基础。二是不断激发贫困地区贫困群众的内生动力。坚持党对脱贫攻坚的领导，全党全国全社会动员，政府、市场、社会协同发力，扶贫与扶志、扶智结合，尊重贫困群众的主体地位，使贫困群众自力更生的精神不断焕发，贫困地区的内生动力不断积累。三是在实战中培养锤炼了一大批干部和人才。干部作风转变和人才积累，成为提升农村贫困治理水平、推动农村实现更好更快可持续发展的重要力量。四是营造了良好的社会氛围。中华民族扶贫济困的文化传统得到弘扬，当代中国的道路自信、理论自信、制度自信和文化自信得到强化，为打赢全面建成小康社会背景下的脱贫攻坚战奠定了坚实基础，为巩固党的执政根基凝聚了党心民心。

精准扶贫理念具有重要的方法论意义。四年的实践成效表明，制度设计的“硬杠杠”，各个环节的严把关，是精准脱贫取得重大成效的重要保障。党的十八大以来，6000 万贫困人口稳定脱贫，贫困发生率从 10.2%下降到 4.5%，在发展中国家中贡献了最大份额的减贫人口。做到“六个精准”的基本要求，实施“五个一批”的脱贫路径，解决“四个问题”的根本目的，三者之间通过一系列政策措施逐步形成了贫困治理的科学体系，精准识别扶持对象、推进扶贫资金项目审批权限下放到县、开展贫困县统筹整合使用财政涉农资金试点、全面加强扶贫资金项目监管、不断创新完善提高扶贫资金精准度和有效性的保障体系、多途径促进产业发展、全面动员干部等一系列堪称“精准”的政策举措，体现着高水平的治理艺术，对于推进国家治理体系和治理能力现代化具有普遍性的方法论意义。

精准扶贫取得的伟大成绩，充分体现了习近平总书记四年前提出的精准扶贫理念的巨大国际减贫价值。一是以实施综合性扶贫策略回应发展中国家贫困问题的复杂化和艰巨性。精准扶贫以扶贫对象需求为导向、分类施策，采取有针对性扶贫措施，使扶贫资源供给与扶贫对象需求有效衔接，扶贫的综合性与精准度有机结合，有效解决了脱贫的综合性需求。二是发挥政府在减贫中的主导作用，以回应全球经济增长带动减贫弱化的普遍趋势。我国政府主导了贫困瞄准、贫困干预、脱贫成效评估等减贫全过程，通过“中央统筹、省负总责、市县抓落实”的管理机制，提升了政府扶贫的整体效能，激发了强大的扶贫动能，构筑起多元主体参与的扶贫格局。三是我国逐步形成和完善了自上而下（分级负责、逐级分解）与自下而上（村民民主评议）相结合的精准识别机制，有效解决了贫困瞄准的世界性难题。

总之，在习近平总书记提出的精准扶贫理念引领下，我国逐步建立了一整套经过实践检验的减贫治理体系，不仅为确保“全面建成小康社会，一个不能少”提供了坚实的保障，也将为全球更有效地进行减贫治理贡献中国智慧。

（《央视网》2017 年 11 月 7 日）

为全球贫困治理贡献中国方案

面向国际社会介绍中国减贫经验，首先要阐释好习近平扶贫论述。

贫困是人类长期面临的社会现象。时至今日，贫困问题依旧困扰着世界，是社会发展的首要挑战。2015 年 9 月，世界各国领导人在联合国总部通过了联合国 2030 年可持续发展议程。消除一切形式的极端贫困是 2030 年可持续发展议程的首要目标。目前，全球范围还有 7 亿极端贫困人口，其中一半生活在撒哈拉以南的非洲地区，三分之一在南亚。

改革开放 30 多年来，中国扶贫开发工作不断推进，使 7 亿多人摆脱了贫困，在世界上得到广泛赞誉。世界银行认为，中国减贫工作的卓越成就推动了全球贫困人口下降。2017 年 6 月，在非洲联盟总部举办的中非减贫发展高端对话会上，非洲代表纷纷表示，中国在摆脱贫困方面的经验值得非洲借鉴。

当前中国扶贫开发工作实践中，精准扶贫、精准脱贫方略彰显科学性、针对性和有效性，正越来越成为国际关注的焦点。2013 年以来，中国逐步实施精准扶贫、精准脱贫方略，取得显著成绩。2012 年至 2016 年，中国农村贫困人口年均减少 1391 万，累计脱贫 5564 万，贫困发生率从 2012 年底的 10.2％下降至 2016 年底的 4.5％。到 2020 年，中国现行标准下的农村贫困人口将全部脱贫，这意味着中国绝对贫困问题得到历史性解决，提前10年实现联合国2030年可持续发展议程确定的减贫目标，继续走在全球减贫事业的前列。

从全球看，中国精准扶贫、精准脱贫方略将为更有效地进行贫困治理提供中国方案。中国精准扶贫、精准脱贫方略是以习近平总书记扶贫论述为指导制定的一整套贫困治理体系，其核心内容包括：发挥政治优势，层层落实脱贫攻坚责任；不断完善精准扶贫政策工作体系，切实提高脱贫成效；坚持政府投入的主体和主导作用，不断增加金融资金、社会资金投入脱贫攻坚；坚持专项扶贫、行业扶贫、社会扶贫等多方力量有机结合的大扶贫格局，发挥各方面的积极性；尊重贫困群众扶贫脱贫的主体地位，不断激发贫困村贫困群众内生动力。

当前，国际上了解、学习中国减贫经验的需求正在不断上升。面向国际社会介绍中国减贫经验，首先要加大对习近平总书记扶贫论述的阐释、宣介力度，结合中国30多年来特别是全面实施精准扶贫、精准脱贫方略以来的扶贫开发、脱贫攻坚伟大实践，以国际化视角，构建习近平总书记扶贫论述国际化话语体系，为中国扶贫经验国际化奠定思想认识基础。

与此同时，构建中国减贫经验国际化的立体式网络化体系十分必要。在国内举办相关培训班及论坛以及在海外建设减贫交流基地等方式，有助于让中国减贫经验更为看得见、摸得着、用得上。中国减贫经验国际化的方式本身，也需更多“走出去”，特别是现有援助项目设计应更多引入扶贫视角。鉴于受援国均为欠发达国家，贫困人口数量众多，且多从事农业生产，居住在农村，援助项目设计也应覆盖到这部分人。例如，针对贫困地区的基建援助，有助于雇用当地贫困劳动力或直接带动贫困人群能力发展和收入增长，具有丰富的减贫内涵和潜力。

值得强调的是，在“一带一路”建设背景下，推进对外减贫合作与中国企业“走出去”相结合，迎来了全新机遇。要把握住这个机遇，就需加快建立健全中国企业参与对外扶贫交流合作的体制、机制，充分发挥企业促进当地减贫的资金、技术、人力资源开发优势，将企业的社会责任要求与减贫合作有机结合起来。

当然，中国扶贫开发的一条基础经验就是从实际出发，强调因地制宜。因此，中国在同各国开展减贫合作的过程中，也应在加大自身精准扶贫、精准脱贫国际价值总结提炼的同时，引导合作国从本国减贫实际出发，在实践中探索中国经验模式本土化的实现路径。

（《人民日报》2017 年 7 月 20 日第 3 版）

下篇

生动实践

SHENGDONG SHIJIAN

习近平扶贫开发战略论述的贵州实践

在中共中央、国务院的坚强领导和各方的大力支持下，全省上下深入学习贯彻习近平总书记系列重要讲话精神特别是视察贵州的重要指示要求，认真落实中共中央、国务院各项决策部署，牢牢守住发展和生态两条底线，坚持把扶贫开发作为贵州最大的民生工程来抓，把脱贫攻坚作为重中之重，坚持科学治贫、精准扶贫、有效脱贫，大力推进精准扶贫，强力实施大扶贫战略行动，狠抓“33668”脱贫攻坚行动计划和“1＋10”等系列政策文件落地落实，脱贫攻坚取得显著成效，五年累计投入财政扶贫资金305亿元，减少贫困人口656万，易地扶贫搬迁66万人，35个贫困县744个贫困乡镇摘帽，贫困发生率从33.4％下降到14.3％，全面建成小康社会指数提高到82％左右。贵州省精准扶贫、精准脱贫的做法及成效得到中央领导的充分肯定，为全国扶贫攻坚探索了可信可行、可学可用、可复制、可推广的“贵州经验”，创造了精准扶贫“贵州模式”，初步形成了脱贫攻坚的“省级样板”。对贵州精准扶贫、精准脱贫模式进行总结，具有重要的理论实践意义。

第一节 贵州省扶贫开发成效显著

贵州省是全国贫困人口最多、贫困面最大、贫困程度最深的省份，贵州省也是我国扶贫攻坚的主战场、示范区和决战区。在新划分的14个集中连片特困地区中，贵州有65个县分布在乌蒙山区、武陵山区和滇桂黔石漠化区三个集中连片特困地区，受区域整体贫困与民族地区发展滞后并存、经济建设落后与生态环境脆弱并存、人口素质偏低与公共服务滞后并存“三重矛盾”的制约，贵州一直是全国扶贫开发任务最重、难度最大的省份。

改革开放以来，贵州省生产总值（贵州省GDP）从1978年的47亿元增至2015年的10 503亿元，增长了223.5倍；从贵州省GDP的同比增长幅度来看，除1998—2002年同期增幅低于10%以外，其余年份基本上保持了两位数的增幅（图1）。经济发展势头良好，经济总量的提升为贵州省开展扶贫开发事业提供了强大的经济基础。

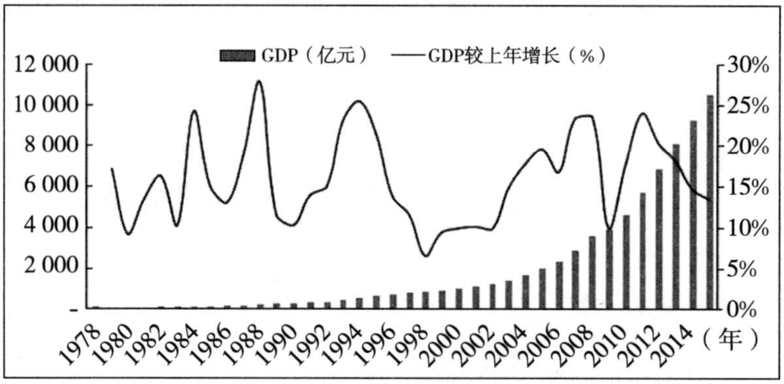

图1 贵州省1978—2015年GDP及其较上年度增长率走势图

伴随社会经济的发展，贵州扶贫事业成绩显著。第一，从贫困人口数量来看（图2），按照国家贫困标准，贵州省贫困人口数量从1978年的1587万减少到2007年的236万；自2008年国家正式采用低收入线取代绝对贫困线以来，贵州省贫困人口数量由2008年的626万减少到2010年的421万；自2011年国家采用每人每年2300元的贫困线以来，贵州省贫困人口数量由2011年的1149万减少到2015年的493万。第二，从贫困发生率来看，贵州省贫困发生率从1978年的 59.1%下降到 2007 年的 6.5%；自 2008 年国家正式用低收入线取代绝对贫困线以来，贵州省贫困发生率由 2008 年的 17.4%下降到 2010 年的 12.1%；自 2011 年国家采用 2300 元的贫困线以来，贵州省贫困发生率由 2011 年的 33.1%减少到 2015 年的 14.03%。第三，从减贫速度上看（图 3），自 1978 年以来贵州省减贫速度保持在 10%左右，其中有 5 年减贫速度超过了 20%：1987 年减贫速度为 29.37%，1999 年减贫速度为 30.44%，2009 年减贫速度为 27.87%，2012 年减贫速度为 26.89%，2014 年减贫速度为 20.87%。由于 1990 年、2008 年、2011 年对贫困线做了调整，所以会出现个别年份减贫速度为负的现象。但并不是说减贫速度下降了，只是说明在更高的标准下减贫仍在继续。

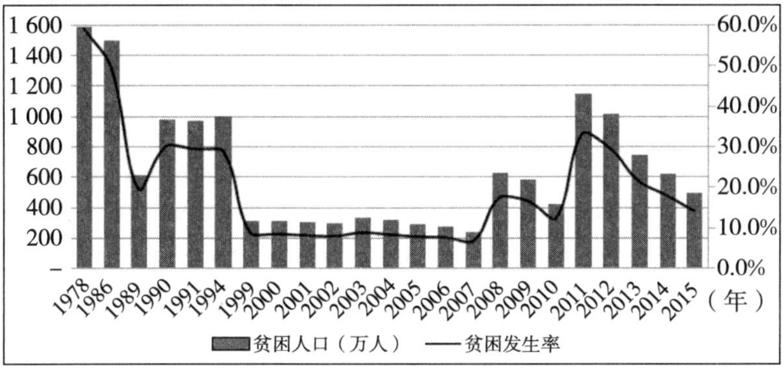

图 2 贵州省 1978—2015 年贫困人口及其贫困发生率

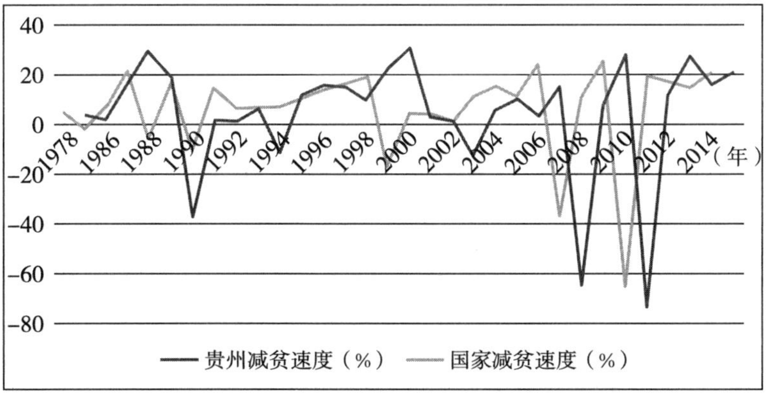

图 3 1978—2015 年贵州减贫速度与国家减贫速度

一、1978—1990 年：以农村经济增长带动普遍贫困减少

改革开放前的中国农村社会处于普遍贫困状况。20 世纪 70 年代末期，党和国家将工作重心转移到经济建设上来，率先在农村地区实行经济体制改革。贵州省是典型的以农业生产为主的省份，得益于此阶段家庭联产承包责任制的推行，农村生产力得到空前解放，贵州省 1984 年 GDP 同比增幅接近 25%，但由于经济基础较为薄弱，使得该阶段贵州省经济总量颇低，全省 GDP 基本控制在两位数。自 1986 年我国大规模扶贫开发以来，贵州省经济总量开始逐步提升，省 GDP 增速加快，1988 年贵州省 GDP 同比增幅达到 27.7%。截至 1990 年，贵州省 GDP 达到 260 亿元，较 1978 年的 47 亿元增长了 5.5 倍；贵州省人均 GDP 达到 795.71 元，较 1978 年 174.96 元增长了 4.5 倍。此阶段贵州省贫困人口从 1978 年的 1587 万下降到 983 万，减少了 38.06%；贫困发生率从 59.1%下降到 30.1%，下降了 29 个百分点（图 4）。再来看减贫速度，此阶段贵州省的平均减贫速度保持在 4.89%，其中 1987 年减贫速度最高为 29.37%，得益于整个社会生产力尤其是农村生产力的释放和发展，90 年代末贵州省减贫效果明显。

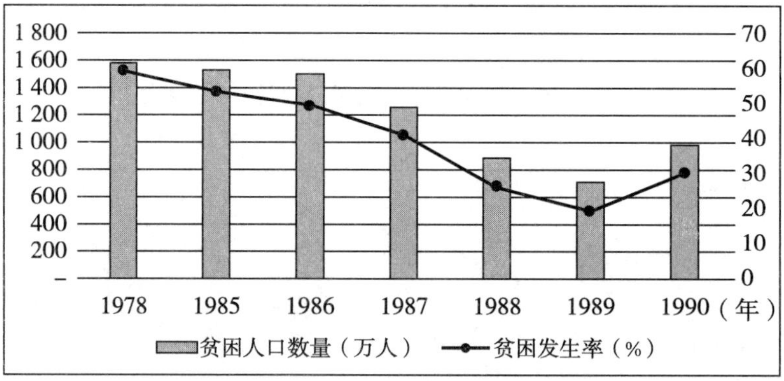

图 4 贵州省 1978—1990 年扶贫减贫成效

二、1991—2000 年：以攻坚方式推进开发式扶贫

进入 20 世纪末，我国扶贫战略由救济式扶贫向开发式扶贫转变，扶贫治理体系从体制改革向以政府主导的公共治理力量转变和扶贫资源的县级瞄准，使得我国农村贫困人口以较大的规模持续较快减少。在国家专项扶贫计划特别是国家

八七扶贫攻坚计划推动下，1991—2000年贵州省扶贫开发成果显著。首先，贵州省经济社会实现了稳步增长，贵州省GDP总量从1991年的196亿元增长到2000年的1030亿元，增长了3.48倍；贵州省人均GDP从1991年的893.01元增长到2000年的2742.48元，增长了3.07倍。在此期间，受亚洲金融危机和自然灾害的影响，贵州省1998年GDP同期增长降至6.5%，为近四十年来最低水平。其次，此阶段贵州省贫困人口数量从1991年的971万下降到313万，减少了67.77%；贫困发生率从29.3%下降到8.5%，下降了近21个百分点（见图5）。从减贫速度来看，此阶段贵州平均减贫速度保持在10.11%左右，大部分年份实现了稳步的减贫，从而保证了10%左右的减少率，为实现"确保到2000年底解决贫困人口温饱问题"提供了强有力的支撑和保证。

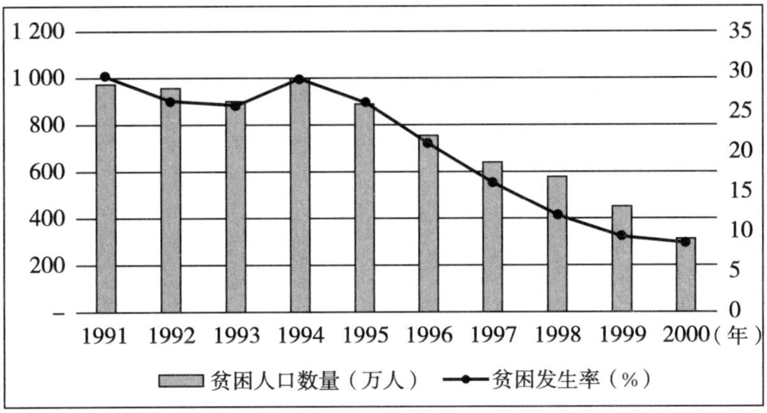

图5 贵州省1991—2000年扶贫减贫成效

三、2001—2010年：以整村推进提高扶贫脱贫效果

进入21世纪，随着我国贫困规模的不断减小，农村贫困人口分布呈现出"大分散、小集中"特点。贫困人口分布由以前的集中在扶贫开发重点县的区域集中向更低层次的村级社区集中，国家扶贫开发重点县贫困人口占全国贫困人口比例下降到61.9%（2001年）。据统计，2008年贵州省共辖9个市（州、地），88个县（市、区、特区），其中，国家扶贫开发重点工作县占有50个，省级扶贫开发重点县占有33个，具有扶贫开发任务的县占有83个，贫困县的比例高达56.8%。在全国592个国家扶贫开发重点县中，贵州省的扶贫开发重点贫困县就占8.45%。在

83个有扶贫开发任务的县中，扶贫开发重点村有13973个，占全省行政村总数的54.3%，占全国14.8万个扶贫开发重点村的9.44%。

实践表明，国家根据减贫新形势在扶贫工作重心和扶贫资源下沉（进村入户），并据此建立以贫困村为重点的“一体两翼”扶贫治理体系获得了较好的减贫效果。同2000年相比，2010年贵州省生产总值由1030亿元发展到4602亿元，地方财政总收入由0.28亿元发展到969.73亿元，人均生产总值发展到11 096.84元。人民生活水平显著提高，贵州省农民人均纯收入达到3471.93元。就整体减贫效果而言，贵州省实现了贫困人口数量的大幅减少以及贫困发生率的大幅下降，考虑到此阶段中2008年对贫困标准进行了调整，这一阶段的扶贫成效分两部分考察：从2001年到2007年，贫困人口数量从305万下降到236万，相应的贫困发生率从8.0%下降到6.5%；贫困标准调整后，2008年贵州省贫困人口数量为626万，到2010年下降到421万，平均每年下降了102.52万，贫困发生率从2008年的17.4%下降到12.1%，平均每年下降了2.65个百分点（图6）。就减贫速度而言，不考虑贫困线调整年份的影响，贵州省此阶段的平均减贫速度保持在9%左右，由于此阶段贫困基数变小以及扶贫资金边际收益递减等问题，此阶段的平均减贫速度略低于上一阶段（1991—2000年）。

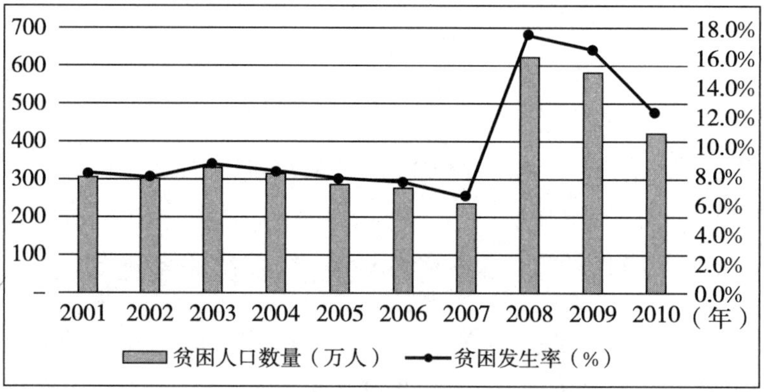

图6 贵州省2001—2010年扶贫减贫成效

四、2011年以来：以精准扶贫实现贫困人口如期脱贫

进入新一轮的扶贫攻坚开发阶段以来，贵州省把扶贫开发作为第一民生工程来抓，以发展产业、农民增收、减贫摘帽为核心，突出重点，主攻难点，点面结

合，连片开发，协作推进，全方位加大扶贫攻坚力度。尤其是在精准扶贫的推动下，贵州省因地制宜、因户施策在扶贫减贫领域不断推陈出新，减贫成效明显。贵州扶贫攻坚将坚持改革引领、创新驱动和绿色发展，实施精准扶贫、产业扶贫、绿色扶贫、集团扶贫、对口扶贫，推动扶贫开发由“输血式”“粗放式”“被动式”“分散式”扶贫向“造血式”“精准式”“参与式”“整体式”扶贫转变，为与全国同步小康奠定坚实基础。2015 年 10 月 18 日，贵州省印发《关于坚决打赢扶贫攻坚战确保同步全面建成小康社会的决定》，并配套出台《关于扶持生产和就业推进精准扶贫的实施意见》《关于进一步加大扶贫生态移民力度推进精准扶贫的实施意见》等 10 个方面的扶贫工作政策举措即“1+10”文件，鲜明地提出了全省精准扶贫的奋斗目标、关注重点和具体措施，为精准扶贫同步小康提供了强有力的保障。

自 2011 年，我国以农村居民家庭人均纯收入 2300 元作为贫困线，贵州省贫困人口升至 1149 万，贫困发生率 33.12%，经过扶贫开发的不懈努力，截至 2015 年底贫困人口 493 万，贫困发生率 14.03%。2011—2013 年，贵州省共投入财政专项扶贫发展资金 93.8 亿元，累计减少贫困人口 436 万，农民人均纯收入年均增长 16%以上，贫困发生率从 33.12%下降到 21.27%（图 7），贵州贫困人口在全国贫困人口的占比由 15.6%下降到 9.1%，累计有 14 个重点县 366 个贫困乡实现“减贫摘帽”。2014 年，全年减少贫困人口 170 万，超计划 20 万；扶贫重点县农民人均纯收入增长 17%，高于全省平均水平 2 个百分点。2015 年，全年减少贫困人口 130 万，农村贫困发生率下降到 14.03%，累计 35 个贫困县 744 个贫困乡（镇）“减贫摘帽”。可以看出，贵州扶贫开发已经从以解决温饱为主要

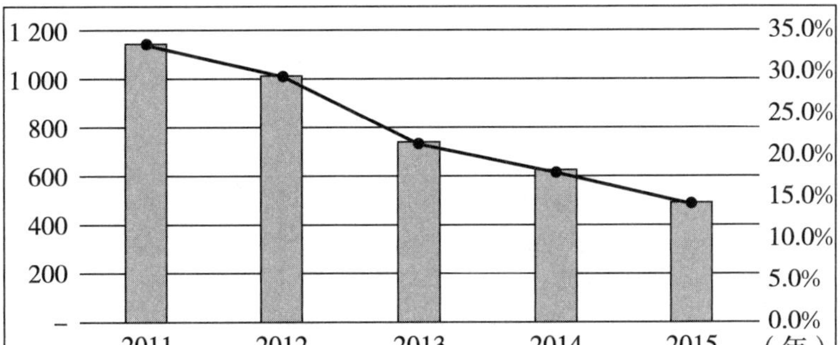

图 7 贵州省 2011—2015 年扶贫减贫成效

任务的阶段转入巩固温饱成果、加快脱贫致富、改善生态环境、提高发展能力、缩小发展差距的新阶段。

从减贫速度来看，贵州省此阶段的平均减贫速度保持在18.86%左右，高于贵州省之前三个阶段的平均减贫速度（1978—1990年平均减贫速度是4.89%，1991—2000年平均减贫速度是10.11%，2001—2010年平均减贫速度是9%）。也就是说自2011年以来，贵州省平均每年以近20%的速度实现现行标准下贫困人口数量的减少。对比全国的减贫速度来看，18.86%的平均减贫速度高于全国17.82%的速度，尤其是2013年、2014年、2015年连续三年减贫速度超过了国家减贫速度（表1）。应该说贵州省在该阶段扶贫减贫速度处于全国领先地位，为我国实现减贫脱贫贡献了巨大力量。

表1 新标准下国家和贵州省贫困人口和贫困发生率

年份	扶贫标准（元）	国家			贵州		
		贫困人口（万人）	贫困发生率（%）	减贫速度（%）	贫困人口（万人）	贫困发生率（%）	减贫速度（%）
2010	2300	16 567	17.2	—	—	—	—
2011	2536	12 238	12.7	26.13	1149	33.12	—
2012	2625	9899	10.2	19.11	1019	29.25	11.31
2013	2736	8249	8.5	16.67	745	21.27	26.89
2014	2800	7017	7.2	14.94	623	17.76	16.38
2015	2968	5575	5.7	20.55	493	14.03	20.87

注：资料来源于国家统计局历年《中国农村贫困监测报告》。

第二节 习近平扶贫开发战略的贵州实践

习近平扶贫开发战略，既有方向又有方法，既有历史感又有时代感，为欠发达地区与全国同步全面建成小康社会提供了科学指南和根本遵循，对全国具有普遍指导性，对贵州具有现实针对性。近年来，贵州全省各级各部门始终以习近平总书记扶贫开发战略思想为指导，充分认识到扶贫开发是当前的一项重大政治任务、重大发展任务、重大民生任务和重大行动部署，以贫困不除愧对历史的使命感、群众不富寝食难安的责任感、只争朝夕背水一战的紧迫感，更加自觉、更加主动地打赢打好扶贫开发这场输不起的攻坚战。贵州在全国属于资源条件差、发展底子薄、经济实力弱、人均收入低的省份，其取得的显著扶贫减贫成效证明，贵州扶贫的许多经验和做法初步形成了可以参照和推广的“省级样板”。习近平总书记2015年6月18日在贵阳召开扶贫攻坚座谈会上发表重要讲话，对贵州省的扶贫开发工作的一些做法和经验给予了充分肯定。

本研组在两次实地调研和大量文献资料研究的基础上，从十个方面系统总结了贵州全面深入实践习近平总书记扶贫开发战略所取得的初步成效，对脱贫攻坚的“省级样板”进行了初步提炼。

一、把扶贫开发作为全省“第一民生工程”

从2011年明确把扶贫开发作为“第一民生工程”，栗战书、赵克志、陈敏尔三任省委书记带领的贵州省各级党委、政府，广大干部群众，始终围绕“第一民生工程”，以扶贫开发为后发赶超的关键战略，实施了一系列改革新举措新机制，通过各类“组合拳”发力推进扶贫开发。“第一民生工程”实施以来，贵州省农村贫困人口大幅度减少，贫困家庭的收入快速增长，基础设施建设不断完善，民生事业和社会保障全面发展，人民群众获得感、幸福感、安全感明显增强。同时，通过培育山地产业、优化可持续脱贫机制、壮大区域经济等措施，可持续发展能力不断增强。贵州的成功实践表明，“第一民生工程”是党中央治国理政新理念在地方的生动实践，体现了党中央通过改善民生提升国家治理能力的战略部署，凸显了党中央反复强调“确保到2020年农村贫困人口实现脱贫，是全面建成小康社会最艰巨的任务”的全局性和正确性。

贵州省实施“第一民生工程”的主要做法和基本经验：一是高位强势推动，树立以扶贫开发统领经济社会发展全局的政策导向；二是充分发挥政治优势和制度优势，率先实现对全省贫困村、贫困户驻村帮扶的“两个全覆盖”，同时依托驻村帮扶体系，打造“六个到村到户”“六个小康建设”两个载体；三是全面深化改革，积极构建扶贫脱贫治理的新机制，在改进贫困县考核机制、探索退出机制、扶贫资金县级整合机制、“1＋N”政策体系、农村低保和扶贫制度的衔接、精准识别的技术创新、开发建设“扶贫云”系统和“民情管理系统”、企业集团帮扶形式创新等方面率先探索并取得显著成效；四是注重产业发展，打造形成了扶贫小额信贷、雨露计划、生态移民“三个品牌”；五是立足“三类帮扶”（对口帮扶、定点扶贫、集团帮扶），逐步建立了专项扶贫、行业扶贫、社会扶贫“三位一体”大扶贫格局，促进了贫困地区经济社会发展，加快了贫困群众脱贫致富进程。

二、着力完善精准扶贫体系

精准扶贫方略提出以来，贵州结合本省扶贫开发改革创新要求，出台了《关于改革创新精神扎实推进扶贫开发工作的实施意见》等政策文件，并逐步形成了“1＋2”“1＋6”“1＋10”等政策配套来落实和完善精准扶贫体系建设。从实地调研结果看，精准扶贫、精准脱贫方略的实施取得显著效果：一是到村扶贫资源获得较快增长，贫困村基础设施发展较快，贫困村产业发展扶持力度进一步加大，精准扶贫加快了贫困村的发展。二是扶贫对象生活设施改善明显，扶贫对象生计和收入提高明显，扶贫对象灾害应对能力有所提高，精准扶贫有效促进贫困农户减贫脱贫。

省级层面，贵州精准扶贫体系建设主要包括三个方面：一是实施精准扶贫的“六个到村到户”。这是贵州落实扶贫资源精准的重要机制创新。“六个到村到户”，即结对帮扶到村到户、产业扶持到村到户、教育培训到村到户、危房改造到村到户、生态移民到村到户、基础设施到村到户。二是实施精准扶贫“33668”扶贫攻坚行动计划。即在三年时间内减少贫困人口300万以上，实施结对帮扶、产业发展、教育培训、危房改造、生态移民、社会保障精准扶贫“六个到村到户”，完成小康路、小康水、小康房、小康电、小康讯、小康寨基础设施“六个小康建设”任务，使贫困县农村居民人均可支配收入达到8000元以上。贵州围绕“33668”扶贫攻坚行动计划，从精准考核、社会动员、财政资金使用、小额信贷等方面出台6个配套政策文件。三是实施打赢脱贫攻坚战“十项行动”。即基础设施建设扶贫行动、产业就业扶贫行动、扶贫生态移民行动、教育扶贫行动、医疗健康扶贫行动、财政金融扶贫行动、社会保障兜底扶贫行动、社会力量包干扶贫行动、特困地区特困群体扶贫行动、党建扶贫行动。在县乡村层面，着力完善“六个精准”扶贫工作机制。

贵州完善精准扶贫机制的基本经验主要包括：第一，在精准识别方面。一是精准识别“四看法”。贵州省威宁县迤那镇创新形成“四看法”精准识别方式，因具有直观、易操作等特点且较好地克服了农户收入测算难等问题，在贵州全省推广。“四看法”，即“一看房、二看粮、三看劳动力强不强、四看家中有没有读书郎”。从房屋、粮食、劳动力、教育等维度对农户贫困进行测量和评价。将四个维度分成四大类测量指标并赋予相应的分值。二是扶贫对象类型划分。精准识别出扶贫对象后，根据贫困特征和发展需求对扶贫对象进行类型划分是实施因地因人施策的重要基础。根据贫困发生率，划分为三类贫困村。贫困农户识别之后，贵州各市县探索出了一些贫困农户类型划分方式方法。第二，在精准帮扶方面。一是创新结对帮扶机制。如“4321”结对帮扶行动、集团帮扶、包干扶贫等。二是创新精准帮扶机制。贵州省在实施扶贫资源与精准识别结果相结合中，较好地注重了效率与公平。如铜仁是印江县的“龙头企业＋代养户＋贫困户”三级联动生猪产业模式。再如扶贫生态移民搬迁实施实行住房建设差别化补助政策。第三，在精准管理方面。开发应用“精准扶贫云”工程。“扶贫云”技术是以 GIS（地理信息系统）作为主要展示手段，利用大数据技术，依据贫困发生率和“四看法”衡量指标，直观反映贫困人口的分布情况、致贫原因、帮扶情况、脱贫路径以及脱贫情况。第四，在扶贫对象退出方面。一是完善贫困县“减贫摘帽”与考核办法。二是建立扶贫对象退出程序、办法。如贫困乡“摘帽”按照县乡逐级申报、市州考评、省级核实、社会公示、省扶贫开发领导小组认定的程序进行。贫困村退出以贫困发生率和村级集体经济为主要衡量指标，退出程序按照县乡初选对象、县级公示公告、省级备案管理和信息录入的程序进行。贫困人口退出按照“标准参考、民主评困、程序退出、动态管理”的原则进行。以“两不愁，三保障”为标准进行民主评困，“四看法”进行定性测算，贫困标准进行定量计算。贫困人口退出由村“两委”提出并组织民主评议，经村“两委”和驻村工作队核实后完成“一公示两公告”的程序。贫困人口退出结果通过“扶贫云”报省、市、县扶贫开发领导小组备案。

三、广泛动员社会参与精准扶贫

广泛动员全社会力量参与是中国特色扶贫开发事业的重要组成部分，集中体现了社会主义制度的优越性和中华民族扶贫济困的传统美德。贵州省的社会扶贫取得显著成效：营造了社会扶贫的良好氛围，搭建了社会扶贫的广阔平台，培育了社会扶贫的多元主体，创新了社会扶贫的参与方式。

贵州省社会扶贫做法与经验主要有：一是充分发挥各类主体作用，搭建了社会扶贫的多元参与平台。包括以下措施：建立定期联络制度，推进定点扶贫；完善交流合作机制，强化对口帮扶；借助统一战线力量，深化“同心工程”；支持社会组织发展，打造扶贫公益品牌；动员社会公众扶贫，构建扶贫志愿者网络；发挥干部驻村功能，实现军地优势互补。二是不断创新社会参与方式，拓展了社会扶贫的进入通道。主要做法包括：整合扶贫资源，推进集团帮扶；制定帮扶计划，启动结对帮扶；借力网络平台，对接帮扶信息；创新扶贫日活动开展模式，弘扬扶贫济困精神；推动政府购买服务，鼓励各类主体承接扶贫公共服务；扩大国际交流与合作，提高社会扶贫的整体效益。

四、积极探索生态保护脱贫新路径

贵州省的经济增长绿色度、社会发展、扶贫开发与减贫效果处在上升阶段，在提升资源利用与环境保护水平过程中，与经济增长生态度相结合，做到了既在保护中求发展，也在发展中重保护。贵州生态保护脱贫工作坚持改革引领、创新驱动和绿色发展，推动扶贫开发由“输血式”“粗放式”“被动式”“分散式”扶贫向“造血式”“精准式”“参与式”“整体式”扶贫转变。贵州省在生态保护脱贫的工作中，始终走在全国同类地区前列，在生态产业脱贫，合作生态脱贫，生态脱贫考核机制建立完善以及生态移民搬迁等方面的工作都取得了令人瞩目的成绩。在生态产业脱贫方面，围绕全省产业区域布局和产业扶贫专项规划，做大做强了十大扶贫特色优势产业；基本建成了十大生态保护产业园区；不断完善生态产业的市场体系，积极寻求生态资源交易市场的新途径、新方法。在合作生态脱贫方面，能够很好地在扶贫经验、资源利用、产业链建设等方面与周边省份加强互助合作，形成区域经济共同发展格局，使当地生态减贫效果得以提升。在生态脱贫考核方面，完善生态扶贫成果在扶贫工作中的考核机制，在生态保护脱贫的考核工作中，不断强化督查考核。各级政府将生态保护脱贫工作计划纳入重点工作进行督办、考核。在生态移民搬迁方面，把生态移民与新农村建设、农村危房改造、小城镇建设、旅游开发等结合起来，探索不同的有效移民模式，建立不同风格的移民新村。生态移民搬迁，不仅使生态移民户生存地理环境有了变化，人民群众的素质都有了明显提高，移民后人民群众的思想观念得到进一步更新，进而带来了农村人口综合素质的明显提高，使得社会更趋和谐稳定，村域经济发展明显得到了提升。

贵州省生态保护脱贫的基本经验主要有：一是加快转变生态农业发展方式，

二是积极完善生态补偿机制，三是积极实施大生态产业工程，四是在生态保护脱贫考核中发挥指挥棒作用，五是大力实施生态扶贫移民搬迁。

五、创新财政与金融精准扶贫机制

贵州省创新财政金融扶贫管理机制取得初步成效：一是促进了观念转变，二是完善了制度体系，三是加快了减贫发展，四是激发了金融扶贫活力。

贵州省创新财政金融扶贫管理机制的主要做法：一是创新财政扶贫专项资金与项目分配机制；二是创新财政扶贫专项资金与项目使用机制；三是创新财政专项扶贫资金与项目管理机制；四是创新金融扶贫机制，探索推进投资收益扶贫试点，创新金融扶贫模式，建立扶贫金融合作体系。

贵州省创新财政金融精准扶贫管理机制的经验包括：一是制度建设较好体现中央改革思想，完善省县两级制度；二是稳步推进各项创新机制，省市县乡四级政府层层落实；三是构建财政专项扶贫资金全面监管体系，确保扶贫资金落到实处；四是加大财政专项扶贫资金投入力度，激活农村扶贫开发的动力；五是探索财政金融扶贫管理运用新模式，促进银行和企业的积极性。

六、深化党建扶贫

党建扶贫在贵州的扶贫经验中具有特别重要的作用。事实证明，党建扶贫不仅动员了更多的人力和物力资源投入到扶贫事业中，而且完善了反贫困的治理结构，是打通精准扶贫“最后一公里”的有效措施。通过加强基层党组织建设，采取联村联户的帮扶措施，强化各级党政机关的扶贫责任，不仅加快了贵州的扶贫事业，也密切了党与群众的关系，党建与扶贫是一个相互促进的过程。

随着精准扶贫的实施，贵州省的党建扶贫也进入了新的历史时期，党建扶贫成为扶贫的十大措施之一。党建扶贫的核心内容是发挥各级党组织在扶贫攻坚中的作用，这就要求各级党组织有责任意识，将扶贫作为党的建设的核心内容之一；完善基层党组织建设，建设服务型的政府，并健全民主监督机制，保证村民特别是贫困农户的权利；选派有能力的党员干部驻村帮扶，实现帮扶与自身脱贫的有机结合。

贵州党建扶贫的主要经验：一是构建党建扶贫的路径、方法、平台与抓手。包括凸显党建在扶贫中的作用定位，以驻村帮扶为主建立党建扶贫机制，夯实基层组织。二是在实践中系统创新党建扶贫的路径、方法、平台与抓手。如玉屏县，通过三年多的推进式探索，党建扶贫初步形成体系性的工作平台，其体系框架主要有以下支撑子系统："细胞"工程、"民心党建"工程，建立党的基层组织建设五位一体的组织、人才保障体系，创建民情信息系统，"民心党建基金"与发展集体经济相结合的多维治理方式的创新，建立较为完整的党建扶贫驻村工作与县级、乡镇后台支持系统的无缝对接机制。

七、大力建设新型产业扶贫体系

通过产业扶贫，着眼于贫困人口可持续生计能力的建设，对于解决贫困人口的脱贫问题，具有根本性的意义。贵州 30 年的扶贫开发，坚持将产业扶贫作为带动贫困人口脱贫致富的基本手段，鼓励各地结合实际、因地制宜地探索产业扶贫的地方模式，这一过程在新千年逐渐显现成效，相继形成了"晴隆模式""长顺做法""印江经验"等多个值得总结和借鉴的地方经验。尤其值得一提的是，新时期贵州省立足宏观农业经济环境的变动趋势，以及乡土社会自身的变化，总体设计，缜密布局，按照精准扶贫的要求，积极探索新型产业扶贫体系，取得了积极的成效。

贵州在开展产业扶贫工作的过程中，始终围绕着尊重山地农业经济发展规律，通过调整农业产业结构，借助科技、金融、产业链建设等综合支持体系，创新山地农业发展模式，追求人与自然的和谐共生，经济发展与社会发展、生态环境保护相协调，在推动区域发展的同时，扩大贫困人口共享发展成果。实践层面，贵州坚持扶贫开发与生态建设、石漠化治理相结合，按照"绿色生态、立体发展；调整结构、种养结合；一业为主、多品共生；以短养长，滚动发展"的思路，探索出了林牧结合、林药结合、林薯结合、林菜结合、林草结合、林果结合等山地农业扶贫开发模式。积极推广"晴隆模式"，扩大草地生态畜牧业试点县，43 个试点县中有 37 个县在 55 个石漠化综合治理县之列，促进生态建设、石漠化综合治理、农民增收"三位一体"。推出了"整合资源、连片开发"、改"整村推进"为"整乡推进"的"印江经验"。针对自然灾害频繁的省情，坚持"灾后恢复重建尤其是生产发展优先"的原则，促进扶贫开发与防灾减灾救灾相结合。

总体来看，贵州省在探索新时期新型产业扶贫工作体系方面，形成了一些新的做法和经验，主要有以下六个方面的特征：其一，整体谋划，以农业产业结构调整的战略思维布局产业扶贫工作的开展。其二，积极融合现代农业发展的新理念、新技术和新方法，促进产业转型升级。其三，立足生态优势，着力培育绿色产业。其四，在产业化平台建设方面，大力推动组织形式创新。其五，积极构建和完善社会利益联结机制，保障产业发展对贫困村和贫困人口的带动效应。其六，打好市场牌，增强农业产业的市场竞争力，畅通农产品流通渠道。

贵州省构建新型产业扶贫体系的做法与经验包括：一是强化新型产业扶贫体系的总体设计。立足省情，缜密布局“三个十”工程，大力发展现代山地特色高效农业；尊重市场经济的规律，积极培育各类经营主体，营造良好政策环境；紧跟农业产业发展前沿，对新理念、新技术、新方法保持开放态度；强化社会利益联结机制，确保产业扶贫项目对贫困人口的带动能力。二是推动新型产业扶贫政策体系下的地方实践。形成了一大批产业扶贫模式，如印江“扶贫产业园”建设经验；盘县“三变”经验：推进资源变股权，让沉睡的资源活起来；推进资金变股金，让分散的资金聚起来；推进农民变股民，让农民群众富起来。

八、有力有序推进易地扶贫搬迁

易地扶贫搬迁是针对“一方水土养不起一方人”地区的贫困人口进行系统与整体搬迁的一种扶贫方式，是一种兼有消除贫困、发展经济、开发资源、保护生态环境和促进社会和谐多重效益的有效的制度性扶贫手段。为有效解决贫困人口温饱问题，从 1986 年开始，贵州就在一些贫困问题尤其突出、生存环境恶劣的地区，开展了易地扶贫搬迁的探索与实践。据不完全统计，1994—2000 年全省共迁移了17 817户85 237人；2001—2010 年的 10 年间，全省共投入资金 24.2 亿元，累计完成 8.78 万户 38.27 万贫困人口的易地搬迁。

为从根本上解决深山区、生态脆弱区的贫困问题，2012 年，贵州省委、省政府立足消除贫困落后的主要矛盾，为确保与全国同步全面建成小康社会，相继出台了《贵州省 2012 年扶贫生态移民工程实施方案的通知》（黔府发〔2012〕14 号）和《贵州省 2013 年扶贫生态移民工程实施方案的通知》（黔府办发〔2013〕3 号）两个政策文件，提出用 9 年时间，对全省 47 万户 204 万人实施扶贫生态移民工程。“十三五”期间，要对仍居住在深山区、石山区“一方水土养不起一方人”地方的 105 万贫困人口和 37 万生态脆弱区的农户实施移民搬迁。易地扶贫搬迁取得明显成效：解决多维贫困问题，促进移民收入增长；促进了迁出地的生态保护和生态修复；促进了迁入地的发展，加快了城镇化步伐。

贵州易地扶贫搬迁的主要经验：一是创新易地扶贫搬迁政策。包括坚持搬迁“整体化”，坚持识别“精准化”，坚持工作“人性化”，坚持安置“多元化”，坚持政策“明细化”，坚持组织“系统化”。二是精准扶贫与易地扶贫搬迁结合，做到精准识别搬迁对象、确定安置方式、做好配套保障、落实推出机制，用精准扶贫的措施实现精准脱贫的目标。如贵州省“易地搬迁扶贫生态移民工作‘十三五’规划”和2016年实施方案，将易地扶贫搬迁与新型城镇化、农业现代化和乡村旅游紧密结合，妥善解决搬迁群众的发展和生活等问题。三是明确易地扶贫搬迁的要求和原则。四是易地扶贫对象安置方式多元化。贵州扶贫对象移民安置以不提供农业用地的非农集中（整村搬迁）安置为主，主要有三种安置方式，即依托城镇安置、依托产业园区安置和依托中心村安置。五是稳妥推进易地扶贫搬迁。明确搬迁对象条件，精准确定易地扶贫搬迁对象；根据搬迁对象需求为导向精准确定安置方式；提高补助标准，精准推进移民就业保障；建立易地扶贫搬迁工程投融资平台；多部门协调合作与资源整合。

九、完善社会保障兜底扶贫

贵州省在贯彻党和国家社会保障制度、两项制度衔接政策基础上，结合地区实际，以及各阶段出现的问题、困难，不断进行地区社会保障兜底扶贫政策的细化、落实和创新，制定出台了一系列社会保障兜底扶贫的政策措施，为贵州省兜底扶贫以及精准扶贫的推进奠定了良好的政策和制度基础。贵州兜底扶贫也取得了初步成效：一是农村社会保障水平进一步提高，二是地区社会保障制度体系进一步完善，三是精准扶贫工作机制进一步推进。总体上看，贵州省社会保障兜底推进精准扶贫政策的提出，为继续推进地区农村低保与扶贫开发两项制度衔接提供了新的动力基础，也为实现精准扶贫“扶贫对象精准、措施到户精准、项目安排精准、资金使用精准、因村派人精准、脱贫成效精准精准”的“六个精准”奠定了制度基础。同时，对贫困人口特别是丧失劳动能力的贫困人口而言，兜底扶贫无疑有助于解决其生存保障问题，满足了困难群众多样化的救助需求，为实现2020年脱贫攻坚、全面建成小康社会铸就了一道坚实的安全防线。

贵州省实施社会保障兜底扶贫主要做法和经验包括：一是实施精准识别及分类救助，创新精准识别的本土工作经验；二是逐步提高低保标准，探索实施农村低保与扶贫标准两线合一；三是实施多元社会救助、社会保险，完善社会保障兜底帮扶体系；四是建立多部门协同参与的工作机制，提升兜底扶贫合力。

十、片区发展与精准扶贫到村到户有机结合

全国14个集中连片特困地区中，贵州有65个县分布在乌蒙山区、武陵山区和滇桂黔石漠化区三个集中连片特困地区。贵州省通过把片区发展与精准扶贫到户有机结合，探索了片区发展带动精准扶贫，精准扶贫提升片区发展的“贵州经验”。

片区发展与精准扶贫到村到户有机结合取得了显著的减贫脱贫成效。一方面，扶贫脱贫成效显著，片区规划总体完成较好。从贫困人口下降情况来看，贵州省在三个片区中均是最高，且远超平均水平。同时，降低了致贫外部环境因素的强力约束，大幅改善了区域交通基础设施条件，进一步提升了水利基础设施完善程度，信息基础设施建设引领扶贫攻坚，区域性市场体系得到进一步完善。另一方面，精准扶贫到村到户提升了片区规划的精准性。主要是：“大扶贫”与“大数据”提升了规划瞄准的精准性，“三个十工程”和“十大扶贫产业”提升了片区产业发展的精准性，“六个到村到户”提升了规划实施的精准性。

贵州省推动片区发展与精准扶贫结合的主要做法：一是增收脱贫精准，通过超常规“组合拳”，实现贫困户长效增收机制；二是力求规划精准，立足资源禀赋，确定区域性扶贫产业规划；三是坚持资金使用精准，以“四到县”整合片区规划条块资金；四是考核精准，将行业部门考核纳入整体考核中；五是技术创新提升精准，通过“扶贫云”提升对片区攻坚精准度；六是区域发展模式精准，通过集体经济发展带动农民持续增收。

第三节　贵州省精准扶贫精准脱贫模式的理论思考与实践启示

一、理论思考

总结贵州省精准扶贫、精准脱贫的成功实践，有以下四个方面理论思考：

思考1：以扶贫开发工作统领经济社会发展全局。

贵州省将打赢脱贫攻坚战作为重要的政治任务，头等大事，以扶贫开发工作统揽经济社会发展的全局。

首先，以扶贫开发工作为第一民生工程，不仅体现在贵州省凝聚力量打赢脱

贫攻坚战的决心层面，更体现在对经济社会发展各项工作的具体部署层面。具体而言，第一民生工程有六个方面的内容。包括瞄准乌蒙山区、滇黔桂石漠化地区、武陵山区三大连片特困地区，以“十大特色产业”助力解决产业发展和贫困人口增收的最突出的民生问题；以水、电、路、网等基础设施建设向贫困地区延伸，解决制约贫困地区发展的最基础的民生问题；以对居住在深山区、石山区、高寒山区、地质灾害易发区、生态脆弱地区的贫困居民，实施危房改造和生态移民搬迁工程，解决最紧迫的民生问题；以全面建立促进农村教育发展长效机制为载体，推进教育扶贫，解决最长远的民生问题；以农村社会保障政策体系建设与完善，用兜底式扶贫的方式，解决最普遍的民生问题；以提升贫困人口自我发展能力，促进其就业创业，解决最根本的民生问题。

“小康不小康，关键看老乡”，通过大力实施上述一揽子民生工程，让老百姓，尤其是贫困地区的老百姓有实实在在的获得感。借助对“第一民生工程”六方面内涵的阐释，贵州省形成了以扶贫开发统揽经济社会发展全局的总体安排，为各级政府部门、各个行业部门有效开展工作，提出了明确而细致的要求。

其次，完善精准扶贫政策体系。为了将第一民生工程的各项内容落到实处，保障扶贫开发工作统揽经济社会发展全局的思想得到有效贯彻，贵州省缜密布局，以精准扶贫政策体系设计为抓手，细化工作目标，明确工作责任，以政策文件的形式，对各部门工作做出制度化安排。

再次，用好考核的指挥棒。贵州省狠抓政策执行环节，从二次顶层设计的“最初一公里”，到政策落地的“最后一公里”，层层落实责任，完善省负总责、市县抓落实、重在乡村的分工机制，层层传导工作压力，形成省、市、县、乡、村五级书记一起抓扶贫的工作格局。

思考 2：以五大发展理念指导精准扶贫工作机制创新。

贵州在省级层面“二次顶层设计”过程中，自觉坚持以五大发展理念，指引布局精准扶贫政策体系建设。一是通过体制机制创新，完善贫困治理体系；二是补齐贫困农村发展短板，协调推进县域贫困治理；三是发挥生态优势、守住生态底线，走绿色减贫的道路；四是坚持开放式扶贫的理念和方法，优化减贫模式；五是建设利益联结机制，促进贫困人口共享发展成果。

思考 3：扶贫开发顶层设计需要哲学思维。

贵州经验表明，做好精准扶贫省级层面“二次顶层设计”至少要坚持四个方面的哲学思维。

一是系统思维。系统看待贫困问题的成因，系统谋划贫困治理的方略，扶贫开发工作有序开展是一项系统工程。

二是战略思维。深化战略认识：扶贫开发是关乎党和国家的政治方向、根本制度和发展道路的大事，新的历史时期，扶贫开发应置于地方经济社会发展格局中的更为凸显的战略位置，以扶贫开发工作统揽经济社会发展的全局；明确战略目标：按照总的战略目标、阶段性目标细化分工责任；选准战略方向：开发式扶贫与兜底式扶贫相结合，以“五个一批”的战略方法，精准回应贫困地区、贫困人口的差异化需求。

三是辩证思维。辩证地看待贫困地区的劣势和优势，辩证地看待区域发展与精准扶贫之间的关系，辩证地看待经济增长与生态保护之间的关系。

四是底线思维。脱贫攻坚战处于决胜阶段，要坚守发展、民生和生态三条底线。贫困人口在多个维度上具有脆弱性，通过完善的社会保障体系，在基本医疗、基本教育、基本生活方面形成兜底式网络，守卫贫困人口的民生底线。发展道路的谋划，要坚守生态的底线，运用科学发展的理念，科学治贫的思维，找准发展的路子，实现人与自然的协调发展，可持续发展。

思考 4：实施精准扶贫方略需要处理好的若干关系。

一是区域发展与脱贫攻坚的关系。按照精准扶贫的总要求，衡量发展贫困地区发展质量的关键，在于区域发展是否带动了贫困人口自我发展能力的提升，最终实现脱贫增收。应该看到，区域发展与脱贫攻坚并不是相互冲突的目标，而是可以有机地统一在同一过程之中的。其关键在于通过完善利益联结机制，增强贫困人口参与发展的能力，扩大其对区域发展成果的共享，贵州“三变”经验，提供了一份值得总结和参考的实践蓝本。同时，还应看到，通过脱贫攻坚计划的实施，贫困地区的存量资源能够得以盘活，可以形成区域经济发展新的引擎，支撑贫困地区区域经济新一轮的增长。

二是整体推进与因地制宜的关系。精准扶贫的核心在于将政策资源准确投放，实现对贫困人口多元化、差异化需求的有效回应。新时期，“四个到县”的资金管理体制和项目审批权限下放到县，有利于提升县域贫困治理对当地贫困人口多元化、差异化需求的回应能力，从制度安排上，保障项目安排的精准度，放活基层活力。

三是政府、市场与社会协同的关系。扶贫开发是一项系统工程，打赢脱贫攻坚战，要用好政府、市场、社会三种机制。其中关键的问题，在于明确三个主体各自的角色边界，构建政府、企业与农民的良性互动模式。

四是外界帮扶与自力更生的关系。将外部支持与内生的减贫愿望、内在的组织能力、资源优势有机结合起来，以期实现快速脱贫。外界帮扶仅仅是手段，是过程，最终的目的是帮助贫困地区、贫困村寨、贫困农户实现自我发展能力的提升，增进社区团结与内在活力。

五是精准扶贫与国家贫困治理体系完善关系。国家贫困治理体系能否更好响应多元化、差异化的需求，因村施策、因人施策，是“精准扶贫”的总要求对国家贫困治理体系体制机制创新提出的新要求。精准扶贫的政策理念，既是新时期扶贫开发工作的总要求、总方法，也是中国国家贫困治理体系不断自我完善的一个新阶段。精准扶贫的要义在于更为有力地回应贫困村寨、贫困人口差异化的需求，而这也正是中国国家贫困治理体系 30 年间持续追求的建设目标。新时期，随着建档立卡工作精度不断提高，贫困人口的底数、需求更加清晰，有利于政策资源的精准投放，但要实现滴灌式作业，仍需要持续地创新体制和机制。

二、实践启示

整体上看，贵州省全面实施精准扶贫、精准脱贫方略，许多方面走在了全国的前列，具有示范和借鉴意义。但是，全国各地发展水平不同、贫困特征不同，精准扶贫精准脱贫方略实施必然呈现多种多样的形式，因此，就学习推广贵州脱贫攻坚的省级样板而言，有以下启示：

（一）贵州省“把扶贫开发作为第一民生工程”启示

一是必须把保障民生作为扶贫脱贫的核心任务；二是必须把坚持人民主体地位作为第一民生工程的根本原则；三是必须把政治优势和制度优势作为第一民生工程的重要保障；四是必须把第一民生工程作为密切农村党群关系的重要途径；五是必须把第一民生工程培育和干部培养有机结合。

（二）贵州省精准扶贫的经验和做法对其他省区精准扶贫工作的启示和意义

主要体现在：一是精准识别扶贫对象除了考虑最为直接的收入指标，还要在机制创新中将其他维度指标融入进来。贵州省“四看法”扶贫对象识别模式从多维贫困的角度测量出省域内的贫困人口，既在操作上比较可行，也获得了较好的精准度，具有较大的借鉴价值。

二是根据扶贫对象的基本情况和发展需求对扶贫对象类型划分十分必要。贫困人口规模越庞大，扶贫对象发展需求的差异性越明显。各地建档立卡贫困户的发展需求差异性是客观存在的。这就给扶贫措施与精准识别结果衔接带来了挑战。某种程度上导致了扶贫项目针对性不强、“大水漫灌”的低效现象。在实施贫困问题精准干预过程中，贵州根据建档立卡贫困户的基本情况和发展需求，对扶贫对象进行了不同类型的划分，如“六型农民”“三型农民”等，为扶贫措施与扶贫对象发展需求衔接提供了信息基础。

三是扶贫资源到村到户是改变以往扶贫项目“大水漫灌”低效的重要方向。这也是实施精准扶贫的基本要求。我国的扶贫资源主要由政府、公益机构等公共特质的组织提供。有的扶贫资源具有公共性或整体性特点，如产业扶贫资源；而有些扶贫资源则具有个体化特征，如教育培训扶贫资源。从贵州实施“六个到村到户”的情况来看，具有个体化特点的扶贫资源能较好地实现到村到户，即能与建档立卡贫困户需求有效衔接。具有整体性的扶贫资源到村到户实施效果不是太理想，如产业扶贫项目存在产业发展的整体性与扶贫对象发展需求差异化的张力，到村到户效果一般。促进整体性特质扶贫资源与精准识别结果衔接将是今后精准扶贫工作一个重点和难点。

四是责任、权力、资金、任务“四到县”制度增加了县级部门扶贫资源配置权，调动县级政府扶贫工作的积极性和提高工作效率，有利于促进扶贫资源与扶贫对象需求衔接。同时，资金安排权力到县后，省、市层级政府与县级及以下政府之间关于扶贫资金项目的信息不对称程度在增加。相应的，上级政府对基层政府扶贫资金项目相关的监管和有效评估难度也会增加。贵州探索实施的扶贫云系统则较好解决了扶贫资源配置权下到县甚至乡镇之后出现的监管、评估难的问题。通过扶贫云的各类展示平台上级部门能实时全面掌握各基层政府精准扶贫全面情况，为有效监督与评估提供了技术支持。

（三）贵州省广泛动员社会参与扶贫的启示

一是社会扶贫是中国特色社会主义扶贫开发道路的重要内容，在未来扶贫中发挥主导作用；二是建立社会扶贫主体与对象之间的共赢局面，是社会扶贫持续发展的根本保证；三是正确处理社会扶贫主体与对象的内外因关系，是社会扶贫不断推进的关键所在；四是保护好贫困地区尤其是贫困人口的利益，是社会扶贫需要实现的最终目标。

（四）贵州省生态保护脱贫的实践启示

对于将生态资源作为可开发性资源发展地区经济，需要注意两个方面问题：一是要选对资源，生态资源多种多样，但并不是所有的资源都具有较高的经济价值并且可持续开发的特点。二是要合理开发，生态资源的有限性以及易破坏性要求我们除了选对资源，还要运用科学合理的方式对生态资源进行开发。这要求我们不仅要做到最大限度地挖掘当地生态资源的经济价值，还要最大限度地保护当地生态资源不被过度利用，一切发展要以生态保护、环境友好可持续的准则进行，这样才能够做到真正的区域经济发展、人民生活水平提高、减贫脱贫进步与生态环境保护的高度结合。

（五）贵州省创新财政金融扶贫管理机制的启示

一是改革财政金融扶贫项目管理机制，增强基层政府的灵活性。二是改革财政金融扶贫资金管理机制，发挥金融杠杆作用。面对当前财政专项扶贫资金不足问题，全国其他地区可以借鉴贵州用好“四类资源”、小额信贷机制、“三变”改革经验，探索构建资产收益扶贫试点方案，进而撬动金融社会资本。三是加大对财政金融扶贫的管理与监督，提高扶贫资金使用效率。贵州经验对全国财政金融扶贫管理与监督的启示在于：首先是打造资金监管平台。其次是全面规范扶贫项目立项、审批、实施和检查、验收以及绩效评价等工作流程，严格执行县级审批、乡（村）实施和乡级初检、县级验收、乡级报账、省市监管和备案。再次是探索创建扶贫云平台。最后是积极调动多方力量共同参与，保障贫困户如期脱贫。

（六）贵州省党建扶贫的启示

抓好党建扶贫意义重大。贵州经验：一是以党建扶贫为抓手，构建村庄社会治理与反贫困治理的双重组织平台和长效帮扶机制；二是注重党建扶贫方法、技术、路径的系统性、整体性创新探索；三是以党建扶贫工作为抓手，探索社会治理、反贫困治理监督体系的建构机理；四是精准扶贫，即“充分发挥贫困地区广大干部群众能动作用”。同时，要处理好党建扶贫的三对关系：党建扶贫正确处理工作队与村级组织、实施项目与改善农村治理、短期驻村与长期发展的关系。

（七）贵州省建设新型产业扶贫体系的启示

第一，要以新时期农业发展的大视野看待产业扶贫政策设计。产业扶贫作为政府扶贫工作的专项模式，既要遵循农业产业发展的内在规律，顺应农业发展的历史潮流，又要体现精准扶贫、精准脱贫的政策要求。

第二，要抓住“六个关键点”提升产业扶贫项目有效性和安全性。分别是选准项目、搭建平台、培育主体、技术支持、模式创新和品牌建设。

第三，建立社会利益联结机制，提升产业扶贫项目益贫性。

第四，明确角色边界，运用好政府、市场和社会三种机制。用好政府机制，主要是指政府部门应负责顶层设计、资源整合、教育培训、基础设施、协调服务、营造环境、保护贫困户权益等。用好市场机制，指的是尊重市场经济规律、尊重产业发展规律。政府做好服务，不缺位、不越位，让各类市场主体的专业性得以发挥。用好社会机制，指的是帮助加强基层组织建设，提升农民的组织化程度，建立企业与农民良好关系，促进产业扶贫项目的包容性、参与度提升。

（八）贵州省易地扶贫搬迁实践与成效的启示

易地扶贫搬迁是我国实施新一轮脱贫攻坚工程的超常规举措，是“拔穷根”消除绝对贫困人口最为直接有效的扶贫开发方式。贵州实践表明：（1）搬迁对象差异化补助有助于贫困农户“搬得出”；（2）以搬迁对象生计需求为导向实施多元化的移民精准安置；（3）相应的组织机构和平台对于易地扶贫搬迁资源统筹和部门合作具有重要作用；（4）迁出区是拓宽移民生计和收入来源创新的重要区域；（5）引导社会力量促进移民在安置地的社会适应和社会融合。

（九）贵州省兜底扶贫经验的可推广性与注意问题

贵州省通过社会保障兜底推进精准扶贫不仅取得了显著的农村减贫效果，为贵州省推进精准扶贫以及贫困县“减贫摘帽”做出了积极贡献，并在政策推进过程中探索和积累了一定的工作经验，为丰富和形成精准扶贫的“贵州样板”经验模式奠定了基础。从兜底扶贫经验模式的总结来看，其提高农村低保标准，探索社会救助形式的多元化、灵活性，多部门协作机制以及贫困人口精准识别工作方法，对于我国其他贫困地区开展兜底扶贫具有一定的学习和推广价值。首先，贫困人口识别是精准扶贫、分类施策的基础和关键。其次，贵州省兜底扶贫模式的突出特点在于其在提高农村低保水平基础上探索融合了多元化、灵活性的社会保障形式。再次，贵州省在推进兜底扶贫过程中建立了多部门沟通参与的协作机制。

（十）贵州省片区发展与精准扶贫到村到户有机结合的启示

一是技术创新是提升扶贫治理能力的重要手段。通过诸如“扶贫云”、民情电子信息系统的建立，创新扶贫开发治理技术，有效地解决了以上问题。二是片区经济发展是加快贫困地区精准扶贫的重要动力。三是培育特色产业是贫困地区扶贫脱贫的重要优势。四是行业部门是确保精准扶贫、精准脱贫的重要保障。五是集体经济是精准扶贫精准脱贫不可或缺的支撑力。

（《脱贫攻坚的省级样板——贵州精准扶贫精准脱贫模式研究》第一章）

深化创新扶贫攻坚的“省级样板”

——学习贯彻习近平总书记视察贵州重要讲话精神

习近平总书记十分重视扶贫工作，始终把扶贫挂在心上、抓在手里。党的十八大以来，总书记第一次国内考察到广东调研全面深化改革，第二次就到了河北阜平县调研扶贫开发。至今国内考察26次，其中的15次涉及扶贫，有7次是把扶贫作为主要或重要内容，强调要看真贫、扶真贫、真扶贫。连续三年第一次国内考察调研都是到贫困地区。在重要会议上讲扶贫。反复强调，小康不小康，关键看老乡。全面建成小康社会的目标能不能如期实现，很大程度上要看扶贫工作做得怎么样。2015年6月总书记视察贵州，6月18日主持召开部分省区市扶贫攻坚座谈会，发表重要讲话（即“6·18”重要讲话），向全党全国发出到2020年农村贫困人口全部如期脱贫的动员令，提出“四个切实”“六个精准”“四个一批”的要求，对做好“十三五”期间扶贫攻坚工作做出明确指示。7月20日，总书记主持召开中央财经领导小组会议，听取扶贫开发工作汇报，并发表重要讲话。

习近平总书记关于扶贫开发的一系列重要讲话和指示，把扶贫开发的战略定位提高到了新的高度，形成了新时期扶贫开发战略思想。这些思想内涵极其丰富，内容博大精深，深刻揭示了扶贫开发科学规律和实现途径，系统阐述了新时期扶贫开发的战略定位、指导思想和目标任务，充分体现了马克思主义世界观和方法论，是中国特色社会主义理论体系的新发展，是做好当前和今后一个时期扶贫开发工作的科学指南和基本遵循。

一、深刻领会习近平总书记“6·18”重要讲话的丰富内涵

习近平总书记“6·18”重要讲话是中国共产党关于扶贫的政治宣言。总书记指出：“消除贫困、改善民生、实现共同富裕，是社会主义的本质要求，是我们党的重要使命。”“实现贫困人口如期脱贫，是我们党向全国人民做出的郑重承诺。责任重于泰山，各级党委和政府一定要不辱使命。”到2020年贫困人口全部脱贫，不仅是补好全面建成小康社会“短板”的要求，是促进社会均衡发展的客观需要，更是中国共产党对全国人民做出的政治承诺，也是作为全球最大发展中国家对联合国2015年后发展议程的有力呼应。

习近平总书记“6·18”重要讲话是打赢扶贫攻坚战的指导思想。总书记指出：“我国扶贫开发工作已进入啃硬骨头、攻坚拔寨的冲刺期。到二〇二〇年，七千多万贫困人口要全部脱贫，时间十分紧迫。六年时间，平均每年需要减少一千一百七十万人，任务相当繁重。越往后，脱贫难度就越大。”为了打赢这场全面建成小康社会进程中的扶贫攻坚战，总书记强调扶贫开发贵在精准、重在精准，成败之举在于精准。在啃骨头的攻坚阶段，关键是要找准路子、扶到点上、扶到根上，不能“用手榴弹炸跳蚤”。提出了做到扶持对象、项目安排、资金使用、措施到户、因村派人（第一书记）、脱贫成效等“六个精准”和“四个切实”“四个一批”的指导思想。这些思想要求各地区、各部门在贯彻落实时要结合各地区、各行业的发展大局和实际情况，制定切实可行的措施和办法，以整体思维来谋划、推进相关工作。要创新性地贯彻落实讲话精神，切忌作为一般性的要求。

习近平总书记“6·18”重要讲话是做好扶贫开发工作的行动指南。总书记指出，什么东西只要抓得很紧，毫不放松，才能抓住。总书记明确提出，要实行中央统筹、省负总责、市县抓落实、重在乡村的分工机制，省市县乡村五级书记一起抓。这些思想为我们充分发挥政治优势、制度优势，把中央扶贫工作大政方针真正落实到位指明了方向。总书记“6·18”重要讲话和他担任总书记以来关于扶贫开发的一系列重要论述是一个整体，是总书记整体思维、整体谋划、整体

战略的治国理政思维特征在扶贫领域的体现。我们在学习中要加强系统性，要放在“四个全面”战略布局中深刻领会，贯彻落实。

二、全面总结贵州精准扶贫、精准脱贫战略实施的基本经验

近些年，贵州省委、省政府坚决贯彻中央部署，不断增强扶贫开发的责任感和紧迫感，切实加大投入，完善体制机制，扶贫开发取得显著成效。2014 年贵州共减少贫困人口 122 万，贫困发生率下降 3.3 个百分点，比全国平均水平高出 2 个百分点，贫困地区路、水、电、房等基础设施明显改善，贫困人口收入增速持续快于农民平均收入增速。率先在全国出台“减贫摘帽”激励政策措施，“摘帽不摘政策”成为贵州扶贫新举措，至 2014 年底，共有 25 个县 525 个乡镇实现“减贫摘帽”，分别占贫困县、贫困乡镇总数的 50%、56.2%。贵州在全国属于资源条件差、发展底子薄、经济实力弱、人均收入低的省份，其取得的显著扶贫减贫成效证明，贵州扶贫的许多经验和做法可作为“样板”参照和推广。

习近平总书记“6·18”重要讲话多次肯定了贵州扶贫做法。他指出，贵州省是全国脱贫任务最重的省份之一。近年来，贵州高度重视扶贫开发工作，广大干部如期脱贫的信心和决心坚决，提出了“33668”扶贫攻坚行动计划。贵州制定了精准识别建档立卡工作方案，做到贫困人口户有卡、村有册、乡有簿、县有档、省市有数据库。提出了结对帮扶、产业扶持、教育培训、危房改造、生态移民、基础设施到村到户“六个到村到户”，成为精准扶贫的重要抓手。建立干部驻村帮扶工作制度，省级领导每人联系 1 个扶贫工作重点县、1 个贫困乡镇，一定 3 年，不脱贫不脱钩；按照“一村五人”的安排和“一人驻村、单位全员帮扶”的原则，选派 1.1 万多个扶贫工作队、5.5 万多名干部开展驻村帮扶，对全省所有贫困村、贫困户实现全覆盖。这些扶贫实践表明，贵州省党委、政府高度重视，一届接着一届干，一级一级抓落实，把政治优势和制度优势充分发挥出来，集中各方面力量办扶贫攻坚大事，广大干部群众始终坚定做好扶贫工作的决心和信心，大力弘扬迎难而上的精神。这是贵州扶贫开发最重要的经验。

习近平总书记“6·18”重要讲话对贵州省威宁县迤那镇在实践中总结出了“四看法”给予了充分肯定。“四看法”就是精准识别贫困户要做到“四看”：“一看房，二看粮，三看劳动力强不强，四看家中有没有读书郎。”通过看农户的居住条件和生活环境，看农户的土地情况和生产条件，看农户的劳动力状况和有无

病残人口，看农户受教育程度和在校生现状等，估算贫困户的收入和支出，从而提高贫困户精准识别的准确性，解决好“扶持谁”的问题。总书记指出，“四看法”实际效果好，在实践中管用，是一个创造，可以在实践中不断完善。近年来，贵州省各级党委、政府特别重视的扶贫探索，注重调动基层的主动性和创造性，尊重基层和群众的首创精神，这为因地制宜地推动扶贫体制改革和重点工作的创新实践，形成多样化具有本土特色的多种扶贫模式，营造了激励创新的良好氛围。这也是贵州省扶贫开发的重要经验。

习近平总书记“6·18”重要讲话充分肯定了贵州省毕节市在发挥驻村干部作用方面，探索出的“十子工作法”，也就是驻村干部通过瞄靶子、梳辫子、结对子、理路子、想法子、找票子、甩膀子、强班子、凑份子、造册子这10个步骤，分别建立精准扶贫识别、分类、驻村、规划、帮扶、配置、动力、引领联动和管理机制，有效发挥了扶贫工作队的作用。贵州省扶贫开发另一条重要经验，就是把扶贫开发同基层组织建设有机结合起来，着力建强乡镇党委书记、村支部书记和农村致富带头人“三支队伍”，选准派好第一书记和驻村工作队，夯实基层基础工作，推动扶贫工作更加有效地开展。

贵州省把扶贫成效作为政绩考核的重要内容，切实引导贫困县党政领导干部把主要精力放到扶贫开发上来；重视基础设施建设，不断增强贫困户“获得感”和减贫脱贫的支撑力量；大力发展特色产业，不断增强减贫脱贫的内生动力；强化社会保障兜底，率先探索实践“两线合一”机制；有计划、有组织、大规模地推进扶贫移民搬迁，为从根本上摆脱贫困创造条件；着力开展职业教育培训，为阻断贫困代际传递提供基础。以上这些都是贵州扶贫开发实践形成的基本经验。

这些经验值得在全国范围内深入总结、交流和借鉴，也是开展国际减贫合作、发挥我国减贫软实力作用的重要内容。

三、以习近平总书记“6·18”重要讲话精神为指导，深化创新全国扶贫攻坚的“省级样板”

到2020年全面建成小康社会，是党的十八大做出的重要战略部署，是第一个百年奋斗目标的核心。习近平总书记指出：“全面建成小康社会，最艰巨最繁重的任务在农村、特别是在贫困地区。没有农村的小康，特别是没有贫困地区的小康，就没有全面建成小康社会。”着力补好脱贫这块全面建成小康社会“短板”，推动包括贵州在内的贫困地区贫困群众脱贫致富，确保与全国同步全面建成小康社会，事关国家发展大局，事关党和国家的形象，事关人民群众的福祉，必须坚决打赢这场扶贫攻坚战。贵州省经过多年努力，经济社会发展形成了良好的发展态势，扶贫开发取得了明显成效，初步形成了全国扶贫开发的“省级样板”。当前，各地区、各部门积极响应中央号召，认真落实总书记扶贫论述，扶贫工作呈现良好发展态势。按照总书记“6·18”重要讲话“采取常规思路和办法，按部就班地干，难以按期完成任务”的要求，各地区、各部门正在抓紧谋划制定非常规的扶贫举措。在新的形势下，贵州省以习近平总书记“6·18”重要讲话精神为指导，深化创新全国扶贫攻坚的“省级样板”，具有极其重要的意义。

构建和完善不断增强脱贫攻坚责任感使命感紧迫感的体制机制。用习近平总书记扶贫论述武装广大干部群众的头脑；把扶贫开发纳入“十三五”经济社会发展总体规划，编制专项扶贫脱贫规划；建立全覆盖、严要求的考核约束机制，把省负总责、行业部门统筹、市县抓落实等落到实处，逐步实现制度化机制化；创新基层组织建设和扶贫脱贫有机结合的方式和途径；从机制上保证充分调动贫困人口的积极性，激发其内生动力。

探索多渠道、多样化的精准扶贫、精准脱贫路径。总书记“6·18”重要讲话指出，精准扶贫，一定要精准施策。要坚持因人因地施策，因贫困原因施策，因贫困类型施策。扶贫要找“贫根”。对不同原因、不同类型的贫困，采取不同的脱贫措施，对症下药、“精准滴灌”、“靶向治疗”。各地要通过深入调查研究，尽快搞清楚现有贫困人口中，哪些是有劳动能力、可以通过生产扶持和就业帮助实现脱贫的，哪些是居住在“一方水土养不起一方人”的地方、需要通过异地搬迁实现脱贫的，哪些是丧失了劳动能力、需要通过社会保障实施兜底扶贫的，哪些是因病致贫、需要实施医疗救助帮扶的，等等。各地情况千差万别，需要按照总书记的思想，因地制宜，不断探索形成一大批适用于不同贫困状况的、可以借鉴的精准扶贫、精准脱贫途径和模式。

创新大幅度增加扶贫开发投入的机制。按照总书记的要求，建立确保政府投入在扶贫开发中的主体和主导作用的长效机制，创新增加金融资金对扶贫开发投放的途径方法，探索全方位吸引社会资金参与扶贫开发的机制政策，营造开辟扶贫开发新的资金渠道、多渠道增加扶贫开发资金的氛围，完善管好用好扶贫资金的监管体系。

实践精准扶贫、精准脱贫有效性不断提高的行动体系。比如国务院扶贫办提出的精准扶贫十二项工作如何实施、确保效果；根据贫困村整体脱贫实际需求，现行资金投入差距较大，难以从根本上改变贫困村落后面貌，如何加大整村推进资金支持力度；在水、电、路大的骨架已基本建成的情况下，贵州仍有近三分之一的行政村未通油路（水泥路），人畜饮水遇天旱不少水资源得不到保证，村组路、生产路不到四分之一，如何解决好这些“最后一公里”问题；贫困地区发展特色农业产业，政府如何给予必要的资金、政策支持；如何实现由扶贫资金到形成资产以至变为资本、实现可持续增收效应等，需要不断实践、总结和相应的改革创新。

丰富“切实强化社会合力”的社会扶贫体系。总书记指出，扶贫开发是全党全社会的共同责任，要动员和凝聚全社会力量广泛参与。在省级层面上，如何构建专项扶贫、行业扶贫、社会扶贫等多方力量、多种举措有机结合和互为支撑的“三位一体”大扶贫格局，如何完善定点帮扶、对口帮扶、国有企业帮扶等机制，如何更广泛调动社会各界参与扶贫开发积极性，鼓励、支持、帮助各类非公有制企业、社会组织、个人自愿采取包干方式参与扶贫，等等，都需要值得借鉴的“省级样板”。

加强扶贫开发重大理论实践问题研究。如扶贫开发和经济社会发展结合问题，扶贫开发在守住生态和发展两条底线中的战略地位及实现路径问题，贫困地区同步进入小康社会的标准问题，贫困退出质量保证和风险防控体系建设问题，国家帮扶和贫困地区扶贫对象内生动力培育有机结合问题，面向 2030 年减贫战略问题，等等，对于全国打好扶贫攻坚战同样具有重要的参考意义。

[《贵州民族大学学报（哲学社会科学版）》2015 年第 5 期]

习近平科学扶贫论述及其实践*

——兼论精准扶贫的广西经验

消除贫困、实现共同富裕是社会主义的本质要求。改革开放以来，我国政府不断完善扶贫开发战略，实施了有计划、有组织、大规模的扶贫开发行动，取得举世瞩目的减贫成就，为世界反贫困事业做出了重大贡献。按现行农村贫困标准衡量，1978—2014年，我国农村贫困人口减少了7亿，年均减贫规模1945万[1]。以2013年习近平总书记提出精准扶贫重要论述为起点，以2015年十八届五中全会和中央扶贫开发工作会议对脱贫攻坚做出全面部署为标志，我国扶贫开发进入脱贫攻坚阶段。2014年底全国仍有7017万农村贫困人口，有13个中西部省份贫困人口规模在200万以上，其中6个中西部省份的农村贫困人口在500万以上，10个省份农村贫困发生率在10%以上[2]。以习近平同志为核心的党中央庄严承诺，全面实施精准扶贫精准脱贫扶贫方略，确保到2020年现行标准下农村贫困人口实现脱贫，贫困县全部摘帽，解决区域性整体贫困。在脱贫攻坚的决胜阶段，剩余的贫困人口多是贫

* 基金项目：2016年马克思主义理论研究和建设工程重大项目（国家社会科学基金重大项目）《习近平总书记扶贫开发战略思想理论创新和实践创新研究》，项目号：2016MSJ054。

中之贫、困中之困。精准扶贫的时间紧迫、任务艰巨繁重。如期实现脱贫攻坚目标，既要下更大的决心，加强领导和加大投入，也需要科学实施精准扶贫、精准脱贫，确保扶真贫、真扶贫、真脱贫。

一、深刻领会习近平总书记科学扶贫论述的丰富内涵及重要意义

（一）习近平科学扶贫论述的丰富内涵

党的十八大以来，以习近平同志为核心的党中央把扶贫开发摆到治国理政的重要位置，提升到事关全面建成小康社会、实现第一个百年奋斗目标的新高度，把扶贫开发纳入经济社会发展全局进行决策部署。2012 年，党的十八大闭幕后，习近平就到革命老区河北阜平，进村入户了解贫困农户真实情况，提出了“两个重中之重”、科学扶贫、内源扶贫等重要思想。2013 年首次提出“精准扶贫”，随后系统阐述了“六个精准”“五个一批”“四个问题”“绣花功夫”扶贫等重要思想，不断完善精准扶贫精准脱贫基本方略。三年多来，习近平总书记对扶贫开发战略定位、战略重点、总体思路、基本方略、工作要求以及方式方法等做了系列深刻而具体的论述，形成了逻辑严密、内涵丰富的扶贫开发战略思想体系。思想深刻，博大精深，具有极强的思想性、理论性、前瞻性、指导性。习近平的科学扶贫论述是扶贫开发战略思想体系的重要组成部分，其思想内涵主要集中体现在以下方面。

1. 扶贫开发要以客观实际作为行动基础。习近平指出：“要真真实实把情况摸清楚。做好基层工作，关键是要做到情况明。情况搞清楚了，才能把工作做到家、做到位。”[3]“各级干部要把工作重心下移，深入实际，深入基层，深入群众，认真研究扶贫开发面临的实际问题，创造性开展工作。”[4]这表明扶贫工作的好思路和好路子不是凭空臆造出来的，而是要建立在对贫困现象客观实际的深入观察和把握基础之上。贫困干预者必须正确认识主观与客观的关系。坚持扶贫工作要从实际出发、弄清楚情况，就是要反对对贫困问题做主观臆断。要把贫困问题的客观实际作为根本出发点，主观认知和判断要符合客观实际，不能用主观意识来取代甚至歪曲客观贫困现象。

2. 以发展推进扶贫开发。习近平指出：“发展是甩掉贫困帽子的总办法，贫困地区要从实际出发，因地制宜，把种什么、养什么，从哪里增收想明白，帮助乡亲们寻找脱贫致富的好路子。”[5]“要紧紧扭住发展这个促使贫困地区脱贫致富

的第一要务，立足资源、市场、人文旅游等优势，因地制宜找准发展路子，既不能一味等靠、无所作为，也不能‘捡进篮子都是菜’，因发展心切而违背规律、盲目蛮干，甚至搞劳民伤财的‘形象工程’‘政绩工程’。”[6]现代发展的竞争归根结底是优势竞争。实现持续发展和稳定脱贫，需要恪守发展规律，立足与贫困地区优势资源和贫困人口实际发展需求，理清思路，积极探索契合贫困地区、贫困人口资源优势的脱贫方式。

3. 坚持统筹兼顾抓扶贫。习近平指出，抓扶贫开发，既要整体联动、有共性的要求和措施，又要突出重点、加强对特困村和特困户的帮扶。贫困的产生，既有扶贫对象发展能力低下的个体原因，也有贫困地区发展条件差、发展长期滞后的区域性因素。贫困治理应该将个体和区域两个层面的因素统合起来，找到其内在关联，统筹兼顾抓扶贫。在区域层面抓住贫困共性特点，继续加大基础设施建设力度，推动贫困地区发展。同时基于贫困村、贫困农户这一扶贫重点的实际情况和发展需求，采取针对性的干预措施。习近平指出：“发展是解决民族地区各种问题的总钥匙。要把民族地区发展融入全省发展大棋局中，把政府推动发展同吸引各族群众积极参与发展统一起来、把生产条件改善同生活条件改善统一起来、把生产和发展教育文化事业统一起来，最大限度调动当地群众的积极性，变要我发展为我要发展。”[8]扶贫工作不能只在贫困地区转圈，要从省域甚至更大的范围来统筹，将贫困地区减贫与发展和其他地区的发展联动起来。要统筹整合各类方式方法，实施综合性扶贫，促进扶贫对象全面发展。在减贫干预力量整合统筹上，要整合一切可以统合的扶贫力量。“扶贫开发是全党全社会的共同责任，要动员和凝聚全社会力量广泛参与。要坚持专项扶贫、行业扶贫、社会扶贫等多方力量、多种举措有机结合和互为支撑的‘三位一体’大扶贫格局，健全东西部协作、党政机关定点扶贫机制，广泛调动社会各界参与扶贫开发积极性。”[9]

（二）习近平科学扶贫思想的重要意义

习近平科学扶贫的思想，从提高扶贫工作科学性的角度出发，阐述扶贫开发的总体思路和实现途径，体现出党和国家领袖对国家现状的深入了解，对历史经验教训的深刻总结，对现实做深入细致思考后的务实选择。发展是甩掉贫困帽子的总办法，科学扶贫是科学发展的一种具体体现。科学扶贫要在转方式、调结构、惠民生的方针指导下，遵循经济发展规律、社会发展规律和自然规律，推进综合扶贫开发。要坚持因地制宜、科学规划、分类指导、因势利导，能做什么就做什么，绝不蛮干，绝不搞表面工作，从实际出发，真正使老百姓得到实惠。“扶贫开发要同做好农业农村农民工作结合起来，同发展基本公共服务结合起来，同保护生态环境结合起来，向增强农业综合生产能力和整体素质要效益。”[10]

习近平的科学扶贫论述是其扶贫开发战略思想的重要组成部分，为精准扶贫、精准脱贫方略的顶层设计和地方实践提供了总的方法论。

1. 科学扶贫为实现精准扶贫、精准脱贫提供了重要支持。一切事物的运行和演化并非杂乱无章，而有其内在规律性。科学认识有两大任务，即查明事实，以及发现规律以解释事实[11]。到 2020 年实现贫困人口全部脱贫、贫困县全部摘帽，是党和政府对人民做出的庄重承诺。在经济新常态背景下，要在精准扶贫工作中从客观实际出发，准确把握经济发展形势，遵循经济社会发展的规律，找准突破口，科学制定扶贫开发规划，真抓实干，方能最大限度地提高扶贫效率，确保脱贫攻坚目标如期实现。因而，科学扶贫是实现精准扶贫、精准脱贫目标的重要支撑，为确保如期实现脱贫攻坚目标提供保障。

2. 科学扶贫是实现扶贫对象稳定脱贫与可持续发展的重要方法。从系统角度出发，关注事物的有机联系，是科学解决问题的重要思路。科学扶贫强调把扶贫对象与外部世界（社会世界和自然环境）作为整体来考虑，既强调以人为中心和全面发展，也注重在反贫困和发展中保持人与人、人与自然的协调和可持续发展。在扶贫开发工作中，要从实际出发，运用科学方法和统筹方法，实现扶贫对象脱贫与外部发展相衔接、协调，确保扶贫对象稳定脱贫和可持续发展。

3. 科学扶贫是扶贫实践的行动纲领。脱贫攻坚时期，我国农村贫困人口规模庞大，剩余贫困人口贫困程度深、致贫因素复杂，返贫现象较为突出，并呈现出结构化趋势，扶贫难度非常大。解决剩余人口的贫困问题，除了要下更大的决心和投入更多的资源外，更需要实施合理、有效的扶贫干预方法和行动。科学扶贫讲求扶贫开发工作要从实际出发，了解扶贫对象客观、真实的贫困状况，系统分析致贫原因和发展需求，在把握贫困发生规律的基础上，采取有针对性的干预措施。因而，科学扶贫也是精准扶贫、精准脱贫的应有之义，对确保扶真贫、真扶贫、真脱贫的具有重要指导意义。

4. 科学扶贫推动减贫理论的不断创新。经过近30年的扶贫开发行动，我国扶贫开发成就举世瞩目。然而，基于国内减贫实践的扶贫理论创新不足。减贫理论创新滞后于扶贫开发实践，难以为脱贫攻坚行动提供有力、有效的支持。扶贫开发步入破解历史难题、攻坚拔寨的重要时期，贫困问题的复杂性、艰巨性前所未有。扶贫工作亟须减贫理论成果的指导和支持，扶贫理论创新迫切。提高扶贫实践的科学性，能为减贫理论创新提供有益、丰富的经验支撑。而理论工作者从经验事实出发，既能努力揭示贫困现象的本质与生成逻辑，阐明贫困与其他相关事物的内在的关联，又能反过来进一步促进扶贫工作的完善。因而，坚持科学扶贫对我国减贫理论创新具有重要的价值和意义。

二、习近平科学扶贫论述的广西实践

广西壮族自治区是全国脱贫攻坚的主战场之一，是贫困人口超过500万的六个省区之一（2014年)。2015年底，全区仍有建档立卡贫困人口452万，占全国贫困人口（5575万）的8.1%，居全国第四位。广西贫困面大、贫困人口多，贫困程度深。2015年底，广西贫困发生率达10.5%，比全国平均水平(5.7%）高出4.8个百分点，全区5000个贫困村中贫困发生率达25%以上的贫困村1632个，占32.6%，贫困发生率达50%以上的贫困村232个，扶贫脱贫任务十分繁重。广西集“老、少、边、山、库”于一身，贫困人口集中分布在革命老区、少数民族聚集区、大石山区、边境地区和水库移民区；农村贫困人口住房难、行路难、饮水难、用电难、上学难、就医难、通信难、增收难、收听收看广播电视难等问题突出；致贫因素复杂，因病、因残、因灾致贫返贫现象普遍[12]。

1. 客观精准识别贫困人口。将真正贫困的人口识别出来，是实施精准帮扶、精准脱贫的基础，是科学扶贫的基本要求。2014年6月，广西印发《关于创新和加强扶贫开发工作的若干意见》，提出完善扶贫对象识别和建档立卡工作机制，按照“县为单位、规模控制、分级负责、精准识别、动态管理”原则，实施量化指标、定性指标与村民代表民主评议相结合，形成全区统一的贫困识别方法。2015年10月，印发《精准识别贫困户贫困村实施方案》，在2014年建档立卡的基础上开展精准识别贫困户、贫困村工作，重新采集贫困村基本情况和发展需求信息，并进行贫困村精准分类；结合动态管理要求，对贫困村、非贫困村贫困人口进行精准识别，建立科学识别贫困户的“一进、二看、三算、四比、五议”① 方法，按照“两入户、两评议、两审核、两公示、一公告”② 程序，对贫困村所有农户、非贫困村在册贫困户和新申请贫困户的农户逐家逐户调查识别。为防止“富人当选”，在精准识别贫困户评议时，对有两层以上（含两层）砖混结构精装修住房或两层纯木结构住房且人均住房面积在 50 平方米以上（含 50 平方米）等八种情形采取一票否决制，即“八个一票否决”。

广西客观精准识别贫困户的程序包括宣传动员、入户调查评分、两评议一公示、核实汇总分数、审核确定贫困户、贫困户建档立卡等步骤。贫困村精准识别的主要程序内容包括：在完成贫困户入户调查的基础上，由村第一书记、村“两委”干部、驻村工作队、村民小组组长等组成的评议小组讨论确定贫困村和自然村（屯）脱贫发展需求和脱贫重点工作，研究今后五年发展计划，形成自评意见，并采集贫困村和自然村（屯）相关信息；县（市、区）扶贫领导小组组织各乡（镇）政府进行逐项信息内容审核；各村工作队负责贫困村和自然村（屯）建档立卡信息录入，县领导小组组织各村工作队对录入信息系统的数据进行交叉审核，确保信息质量。

精准识别由自治区负责制定工作方案，组织实施对市、县精准识别骨干培训，督查精准能识别工作，确定各市、县贫困户数和贫困人口数。市级负责指导县级开展精准识别培训，督查县级工作。县级负责对各级工作人员及乡镇、村工作人员培训，组织实施精准识别。乡镇负责符合贫困户、贫困村信息采集相关内容，组织工作队进村入户调查。贫困村第一书记、非贫困村驻村工作队队员对本村精准识别工作负总责；精准识别工作接受各方面监督，在贫困村、自然村（屯）公布自治区、市、县（市、区）扶贫开发领导小组投诉电话，接受群众投诉。入户评分全部由精准识别工作队完成，评分表须经户主和工作队队员签字确

① “一进”指工作队员与户主及其他家庭成员进行交流，了解家庭情况、生活质量状况、子女读书情况、家庭成员健康情况等；“二看”指看住房、家电、农机、交通工具、水电路等生产生活设施，看农田、山林、种养等发展基础和状况；“三算”指算农户收入、支出、债务等情况；“四比”指与本村（屯）农户比住房、比收入、比资产、比外出务工等情况；“五议”指评议分是否合理，是否漏户，是否弄虚作假，是否拆户、分户、空挂户，家庭人口是否真实等情况。

② “两入户”指入户调查和贫困户名单确定后入户填写《贫困户建档立卡登记表》；“两评议”指村民小组评议和行政村评议；“两审核”指行政村“两委”对贫困户名单审核和乡（镇）对贫困户名单进行抽验审核；“两公示”指贫困户名单在村民小组公示和在乡镇公示；“一公告”指贫困户名单公示无异议后，在县政府网站和各行政村、自然屯进行公告。

认。按照谁调查、谁登记、谁审核、谁负责的工作原则，对精准识别贫困户工作中存在的问题进行追责，县级党政主要领导是第一责任人，精准识别工作队是直接责任人。

为确保精准识别顺利进行，广西动员投入 25 万名干部组建精准识别工作队。同时，自治区组织编办、公安、工商等部门紧密配合，运用大数据手段，将识别采集到的 2000 多万条信息与各部门提供的 1900 多万条信息数据进行 730 万亿次比对分析，检索出符合“八个一票否决”农户 50 多万户，有大额财产农户家庭成员 62.5 万人。进行了大数据比对和快速财产检索，剔除可疑农户 50 万。经反复核对、补漏，全区累计系统录入 417.53 万户 1847.29 万人，数据信息准确率达 95%以上[13]。

2. 以发展推动精准扶贫攻坚。自治区党委、自治区政府把脱贫攻坚作为最大的政治责任、最大的民生工程、最大的发展机遇，以“攻坚五年、圆梦小康”为主题，全力推进“十三五”扶贫攻坚战。在扶贫开发中，坚持区域发展与精准扶贫协同实施，面上抓区域协调发展，重点抓精准脱贫攻坚；坚持政府主导与各方协力有机结合，加大财政投入和政策支持力度，广泛动员社会力量参与，构建专项扶贫、行业扶贫、社会扶贫互为补充的大扶贫格局；坚持夯实基础与提升能力联动攻坚，着力解决路、水、电、通信等瓶颈问题，注重抓好教育培训、公共服务，增强贫困群众市场意识、创业能力和致富本领；坚持产业发展与生态保护互促共赢，探索绿色产业扶贫、乡村旅游扶贫等生态扶贫方式。

结合区情，广西围绕精准扶贫、精准脱贫攻坚目标，形成了“1＋20”脱贫攻坚政策体系，涵盖了交通、水利、危房改造、移民搬迁、特色种养、工业扶贫、电商扶贫、旅游扶贫、教育扶贫、培训就业创业、卫生帮扶、科技文化扶贫和精准考核等方面内容。从政策层面看，围绕《中共广西壮族自治区委员会关于贯彻落实中央扶贫开发工作重大决策部署坚决打赢“十三五”脱贫攻坚战的决定》这一核心文件形成了涉及生产生活设施、农村发展、人力资本、生态与扶贫等多个发展领域配套性政策体系。

广西推动脱贫攻坚的发展政策体系

<table>
<tr><td>“1”</td><td colspan="2">《中共广西壮族自治区委员会关于贯彻落实中央扶贫开发工作重大决策部署坚决打赢“十三五”脱贫攻坚战的决定》</td></tr>
<tr><td rowspan="20">“20”</td><td rowspan="3">基础设施</td><td>《脱贫攻坚交通基础设施建设实施方案》</td></tr>
<tr><td>《脱贫攻坚水利基础设施建设实施方案》</td></tr>
<tr><td>《脱贫攻坚农村危房改造实施方案》</td></tr>
<tr><td rowspan="5">农村发展</td><td>《脱贫攻坚特色产业培育实施方案》</td></tr>
<tr><td>《脱贫攻坚旅游业发展实施方案》</td></tr>
<tr><td>《脱贫攻坚贫困户小额信贷实施方案》</td></tr>
<tr><td>《脱贫攻坚增加贫困户资产收益实施方案》</td></tr>
<tr><td>《脱贫攻坚农村电商发展实施方案》、</td></tr>
<tr><td rowspan="5">人力资本</td><td>《脱贫攻坚教育帮扶实施方案》</td></tr>
<tr><td>《脱贫攻坚卫生帮扶实施方案》</td></tr>
<tr><td>《脱贫攻坚贫困人口最低生活保障实施方案》</td></tr>
<tr><td>《脱贫攻坚劳动力转移培训就业实施方案》</td></tr>
<tr><td>《脱贫攻坚科技文化扶贫实施方案》</td></tr>
<tr><td rowspan="2">生态扶贫</td><td>《脱贫攻坚移民搬迁实施方案》</td></tr>
<tr><td>《脱贫攻坚大数据平台建设实施方案》</td></tr>
<tr><td rowspan="5">其他</td><td>《精准脱贫摘帽实施方案》</td></tr>
<tr><td>《脱贫攻坚农村“三留守”人员和残疾人关爱工作实施方案》</td></tr>
<tr><td>《“一户一册一卡”发放启用实施方案》</td></tr>
<tr><td>《深入动员社会力量参与脱贫攻坚实施方案》</td></tr>
<tr><td>《脱贫攻坚鼓励企业参与工业扶贫开发实施方案》</td></tr>
</table>

这些政策文件互为支持、相互联动，形成了政策组合拳，不仅致力于推动贫困农户微观层面的摆脱贫困和提高生活质量，也致力于推动贫困地区经济社会的整体性发展，解决区域整体性贫困问题。如交通基础设施建设实施方案对54个贫困县（含“天窗县”和享受待遇县）、5000个贫困村的农村交通基础设施建设，既包含了未通公路的硬化路建设，也包含了已建设通村公路窄路面公路扩宽改造，以及改善建制村通班车条件和推动农村公路客运发展；特色种养业培育实施方案，既注重县级层面的特色种养业和特色现代林业培育，引进特色产业农林产品加工企业，推进特色产业全产业链开发，也强调以贫困村为单元结合当地种

养习惯和农民意愿，因地制宜培育村级主导产业，形成“一村一品”产业发展格局。

为如期实现脱贫攻坚目标，广西在中央政府提出“五个一批”精准脱贫的基础上结合广西实际，增加医疗救助解困一批、低保政策兜底一批、边贸政策扶助一批，推进实施“八个一批”脱贫攻坚路径。并结合“八个一批”，推进“十大行动”，即特色产业富民行动、扶贫移民搬迁行动、农村电商扶贫行动、农民工培训创业行动、贫困户产权收益行动、基础设施建设行动、科技文化扶贫行动、金融扶贫行动、社会扶贫行动、农村“三留守”人员和残疾人关爱服务行动。这些扶贫攻坚行动，包含了国家相关扶贫攻坚行动计划内容，是国家脱贫攻坚政策部署在地方的落实与执行，也结合了广西实际有所拓展，突出了广西发展特色和创新。如实施“边贸政策扶助一批”，是基于广西存在边境贫困问题，深入推进兴边富民行动，鼓励支持边境地区贫困群众通过边贸活动实现增收致富。

3. 扶贫对象精准管理。对扶贫对象的科学、有效管理是实现精准扶贫、精准脱贫的重要保障。广西贫困面积大、贫困人口众多，扶贫信息量大、复杂程度高。对扶贫对象进行动态的精准有效管理既需要以大数据平台为载体，也需要制定明确而详细的扶贫脱贫认定标准，实现科学扶贫。

为实现对广西扶贫脱贫的动态科学管理，2016 年 1 月广西印发《脱贫攻坚大数据平台建设实施方案》，提出建立全区统一、数据集中、服务下延、互联互动、信息共享、动态管理的脱贫攻坚大数据管理平台，实现市、县、乡、村四级联通，为精准扶贫、精准脱贫提供信息数据支撑。根据该实施方案，2016 年全面采集全区 538 万贫困人口、5000 个贫困村、100 万移民搬迁对象的基础数据，实现扶贫系统数据大集中。至 2017 年，全区所有建制村将接通符合国家标准的宽带网络，完成自治区、市、县、乡、村五级扶贫机构网络全接入。至 2019 年，完成脱贫攻坚大数据平台子平台建设，将向相关部门及社会公众提供扶贫信息查询、投诉举报、信息互动、政策导航等服务。

广西脱贫攻坚大数据管理平台包含了精准识别贫困户贫困村信息管理模块、帮扶需求对接模块、扶持生产发展模块、转移就业发展模块、移民搬迁安置模块、低保政策兜底模块、医疗救助解困模块、教育资助扶持模块、边贸政策扶助模块、社会扶贫模块、扶贫资金管理模块、扶贫项目管理模块等 12 个应用模块。这些数据管理模块为各部门、各行业扶贫资源与扶贫对象脱贫发展需求精准、有效衔接提供了可能，实现扶贫资源与扶贫需求的统筹与平衡。同时，大数据管理平台向相关单位和个人提供信息查询、投诉举报、信息互动、政策导航等服务，扩大了扶贫开发的社会参与面，是扶贫行动与扶贫监督的有效统筹。

4. 扶贫对象精准退出。2016 年 7 月，广西印发《关于进一步明确精准脱贫摘帽标准及认定程序有关问题的通知》，对贫困户、贫困村、贫困县的脱贫摘帽的标准及认定程序等有关问题做了详细规定。在贫困户的脱贫标准方面，制定了“八有一超”贫困户脱贫摘帽认定标准。“八有”指有收入来源、有住房保障、有基本医疗保障、有义务教育保障、有路通村屯、有饮用水、有电用、有电视看；“一超”指人均纯收入超过国家扶贫标准。

在贫困村脱贫出列方面，形成了“十一有一低于”的认定标准。“十一有”即有特色产业、有住房保障、有基本医疗、有义务教育保障、有路通村屯、有饮用水、有电用、有公共服务设施、有电视看、有村集体经济收入、有好的“两委”班子；“一低于”指贫困发生率低于 3%。贫困村脱贫摘帽认定指标，在指标维度上与贫困户大部分相同，但具体规定也有所差异，如在贫困户脱贫层面的“有饮用水”指通过打井、水柜、水窖、引用山泉水、自来水等方式解决饮水问题。而在贫困村脱贫层面的“有饮用水”指行政村 95%（含）以上农户通过打井、水柜、水窖、引用山泉水、自来水等方式解决饮水问题。

广西贫困县脱贫摘帽指标可以概括为“九有一低于”。“九有”指有特色产业、有住房保障、有基本医疗保障、有义务教育保障、有路通村屯、有饮用水、有电用、有公共服务设施、有社会救助；“一低于”指农村贫困发生率低于 3%。贫困县摘帽标准尽管与贫困村脱贫都属于对一定区域的脱贫认定标准且指标维度相近，但在具体规定上也存在差异。如在“有特色产业”指标中，贫困村脱贫指标强调行政村为单位有 1 个（含）以上产业，并没有强调相应的加工产业。而在贫困县摘帽的指标中，则是以县为单位，要有 2 个（含）以上种、养、乡村旅游、农（副）产品加工等产业。

在扶贫对象退出程序方面，贫困户退认定程序按照入户核验、村级评议、乡（镇）审核、县级审定公告、设区市和自治区备案五步骤进行；贫困村脱贫摘帽认定程序，按照乡（镇）初验上报、县级审核公示、市级复核审定、自治区抽查反馈、市级公告退出五步骤程序开展；贫困县摘帽认定程序，按照县级申请、市级初审、自治区审定（核定）、向国家报告、自治区批准退出五步骤程序进行。

从相关程序和规定来看，广西扶贫对象退出工作还体现出了自上而下与自下而上的统筹。如扶贫对象退出指标逐级分解（自上而下）与贫困村社区民主评议（自下而上）相结合；在贫困户脱贫认定中，采取按照自治区“八有一超”脱贫标准，让帮扶干部和帮扶对象双方对已达标和未达标的内容进行认定的“双认定”机制，实现帮扶干部（自上而下）与扶贫对象（自下而上）在脱贫认定上的统筹。

5. 广西精准扶贫取得突出成效。党的十八大以来，广西壮族自治区党委、政府贯彻落实中央精准扶贫、精准脱贫决策部署，建立健全精准扶贫工作机制，不断加大扶贫开发投入力度，脱贫攻坚取得积极成效。贫困人口大规模减少，贫困人口从 2011 年的 1012 万，下降到 2015 年底的 538 万，贫困发生率从 2011 年的 23.9% 下降到 2015 年底的 12.6%[14]。尤其是 2016 年全面实施精准扶贫、精准脱贫方略以来，各级财政安排扶贫资金是上年的 4 倍，多渠道筹措各类产业扶贫资金 160 多亿元，发放扶贫小额贷款 194.7 亿元，稳步推进易地扶贫搬迁，搬迁入住 12.2 万人，加快建设贫困村路、水、房等基础设施建设，建成 20 户以上自然村（屯）道路 2 万多公里，解决 41 万贫困人口饮水不安全问题，将 155 万建档立卡贫困人口纳入低保，对 6350 名贫困“两后生”开展精准职业培训[15]。2016 年广西减少农村贫困人口 111 万，减贫人数排全国第一位，减贫速度 25%，排全国第二位；精准识别准确率 99.76%，居全国第一位，贫困人口退出准确率 97.21%[16]。

三、结论与讨论

以习近平同志为核心的党中央高度重视扶贫开发，将扶贫开发上升到治国理政高度，做出到 2020 年消除绝对贫困、实现全面小康的庄严承诺。在脱贫攻坚决胜阶段，扶贫开发工作时间紧迫、任务繁重，到 2020 年实现现有扶贫标准贫困人口全部脱贫，成为各方政府的硬任务和“头等大事”。在经济下行压力大情势下，农民增收形势较为严峻。扶贫开发工作既要防止地方政府在“比、干、超”的“政绩”驱使下，片面追求数字和层层加码，更要立足于当地发展优势，遵循经济社会发展规律，精心谋划，科学确定脱贫时间，科学推进脱贫攻坚。

党的十八大以来，习近平总书记从提高扶贫工作科学性角度出发，阐述了新阶段扶贫开发的总体思路和实现路径。习近平科学扶贫论述强调扶贫工作要以客观实际情况作为行动基础，深入基层和群众，把扶贫开发面临的实际问题弄清楚；强调从实际出发，立足贫困地区资源优势和扶贫对象发展需求，遵循经济社会发展规律，推动贫困地区和贫困人口可持续发展，以发展推动减贫；强调扶贫开发工作要统筹兼顾，既要采取针对区域的、共性的措施，也要重点突出贫困村和贫困户，统筹整合各方力量，实施综合性扶贫，实现扶贫对象实现“两不愁，三保障”基础上的全面发展。

精准扶贫是新阶段我国扶贫工作的战略创新。从精准扶贫、精准脱贫方略的实施来看，坚持科学扶贫，采取自上而下的贫困人口规模逐级分解和自下而上贫困人口民主评议的相结合的方式将贫困人口识别出来，客观把握扶贫对象的贫困状况和发展需求，努力做到“扶真贫”；坚持科学扶贫，要从推动发展着力，以发展带动脱贫攻坚。在贫困干预中，遵循科学规律，结合当地客观实际、立足特色资源优势，将扶贫对象脱贫融入区域发展之中，以大数据管理平台为基础，因地制宜、因户施策、因人施策。通过实实在在的发展实现“真扶贫”；坚持科学扶贫，要合理确定脱贫规划和年度计划，严格执行退出标准和程序，注重扶贫对象在退出的发言权，确保退出质量，实现“真脱贫”。

注释

[1] [2] 张为民. 脱贫步伐加快　扶贫成效显著　我国贫困人口大幅减少. 中国信息报，2015-10-16 (1).

[3] 李贞，雷龚鸣. 习近平谈扶贫. 人民日报，2016-09-01 (7).

[4] [6] 习近平. 习近平论扶贫工作：十八大以来重要论述摘编. 党建，2015 (12).

[5] [7] [10] 新华网. 习近平在湖南考察时强调　深化改革开发推进创新驱动　实现全年经济社会发展目标 [N/OL]. [2013-11-05]. http://www.xinhuanet.com.

[8] [9] 李贞，雷龚鸣. 习近平谈扶贫. 人民日报，2016-09-01 (7).

[11] 张夏华. 科学规律与科学解释. 自然辩证法研究，1985 (1).

[12] 彭清华. 攻坚五年　圆梦小康　举全区之力打赢精准扶贫攻坚战—在全区精准扶贫攻坚动员大会暨贫困村党组织第一书记培训会上的讲话. 广西日报，2015-10-13 (1).

[13] 人民网. 广西 25 万干部精准识别　剔除 50 万假贫困户 [N/OL].

[2016-02-23]. http://www.people.com.

[14] 广西新闻网."广西精准扶贫效果'杠杠的'"[N/OL]. [2016-03-11]. http://sub.gxnews.com.cn/staticpages/20160311/newgx56e2d77214569233.shtml.

[15] 陈武. 广西壮族自治区2017年政府工作报告[N/OL]. [2017-02-22]. http://www.gxzf.gov.cn/html/31068/20170222-580060.shtml.

[16] 国务院新闻办公室网站. 广西举行脱贫攻坚工作新闻发布会[N/OL]. [2017-04-18]. http://www.scio.gov.cn/xwfbh/gssxwfbh/xwfbh/guangxi/Document/1476755/1476755.htm.

(《扶贫开发》2017年第12期)

习近平扶贫论述引领兰考脱贫摘帽

——兰考脱贫攻坚的基本经验与启示意义

兰考县地处豫东平原，北依黄河，东临山东，位于九曲黄河最后一道弯，郑州、商丘、菏泽三市中心地带，是河南通往山东半岛的重要门户，是河南“一极两圈三层”中“半小时交通圈”的重要组成部分。从地理位置来说，可谓中原要津之一，但长期以来，受制于自然地理条件的限制，以及整个区域发展环境的影响，兰考县经济社会发展水平较低，始终难以摆脱欠发达的局面。全县下辖 13 个乡镇、3 个街道，450 个行政村（社区），总面积 1116 平方公里，总人口 85 万，乡村人口 77.29 万。2002 年兰考县被列为国家级贫困县，当时全县有 8 个贫困乡，160 个贫困村，13.2 万贫困人口。2011 年被确定为大别山连片特困地区重点县时，全县还有 131 个贫困村，11 万贫困人口。2014 年 4 月，严格按照上级“精准识别”规定程序，对全县贫困村和贫困户深入摸底，共识别出贫困村 115 个，贫困人口 7.9 万，其中非贫困村贫困人口占三分之一[1]。2014 年兰考县作为习近平总书记党的群众路线教育实践活动联系点，兰考县委县政府向总书记立下了“三年脱贫、七年小康”的军令状。三年间，兰考县深入学习和贯彻习近平扶贫论述，以及习近平总书记 2014 年 3 月 18 日在兰考县委常委扩大会上的重要讲话精神，坚持按照精准扶贫、精准脱贫的基本方略，结合县域实际，按照“六个精准”“五个一批”的原则，解决好“四个问题”，脱贫攻坚取得了突出成绩。

2017 年 3 月，兰考县和井冈山市相继实现整县脱贫，这意味着自 20 世纪 80 年代中后期，国家开启有组织推进的扶贫开发事业以来，中国贫困县的数量第一次实现了净减少，毫无疑问，中国与贫困做斗争的历史翻开了崭新的一页。应当看到，兰考等县市顺利实现脱贫摘帽，证明了党的十八大以来，习近平总书记提出的扶贫开发论述，以及在这套论述指引下不断优化与完善的国家贫困治理体系具有很强的科学性和有效性，极大地鼓舞了全国其他贫困县打赢全面建成小康社会决胜期脱贫攻坚战的决心与信心。2017 年 4 月至 2017 年 7 月，国务院扶贫办全国扶贫宣传教育中心组织来自全国范围的 10 多位专家，先后多次到兰考县实地调研，较为全面地掌握了兰考县脱贫摘帽的主要做法和基本经验。调研结束后，研究团队多次召开专题研讨会，与会专家学者一致认同，深入总结和研究兰考脱贫摘帽经验具有重要的意义，并结合讨论形成了研究提纲，此后分组完成了研究报告。接下来，本文分四个部分简要介绍兰考脱贫摘帽过程中的思想体系建设、政策体系建设、方法体系建设和治理体系建设经验，并总结其启示意义。

一、县域脱贫攻坚思想体系建设：兰考如何提升认识

理念是行动的先导，科学认识的基础上，才能形成有效的行动。步入新时代，中国扶贫开发事业进入了一个全新的历史阶段，主要体现为几个方面的特点：其一，新千年伊始，中国人均国民生产总值超过 7940 元（约合 945.6 美元），已经达到了总体小康水平，经过 10 多年的努力，2012 年底，这一数据超过了 4 万元（约合 6175 美元），具备了全面建成小康社会的基础。但另一方面，城乡之间的发展不平衡，农村地区特别是农村贫困地区发展不充分的问题，是制约全面建成小康社会，进而建成社会主义现代化强国的突出“短板”。打赢脱贫攻坚战，不仅事关全面建成小康社会的真实性，关系人民群众对全面建成小康社会成果的认可，也事关能否快速补齐制约贫困地区、贫困社区发展不充分的“短板”因素，为全面实施乡村振兴战略打下坚实基础。其二，新时期的减贫形势发生了显著的变动。突出表现在贫困人口的分布特征、致贫因素组合、潜在资源禀赋等诸方面。具体来说，新时期农村贫困人口主要分布在 14 个连片特困地区，此类地区多具有自然地理条件的复杂性和经济社会文化的多元性特征，不同片区

之间、片区内部不同地点之间、不同社区之间，虽然具有一定程度的共性致贫因素，但同样存在众多的差异。这就意味着有效的减贫治理，需要形成综合性、差异化的政策支持体系，有效回应贫困社区和贫困农户多元化的减贫与发展需求，补齐短板因素，激发内生动能。其三，人民群众日益增长的各类需求与发展的不平衡不充分之间的矛盾，已经上升为新时代中国社会的主要矛盾。通过实施脱贫攻坚战略，推进全面的乡村振兴战略，是解决发展不平衡不充分问题的重大战略举措。习近平总书记高度重视农村地区的发展，特别是农村贫困地区的减贫与发展，提出了“两个重中之重”的重要思想。打赢脱贫攻坚战，不仅是补齐全面建成小康社会突出“短板”的重大战略，也将为全面实施乡村振兴战略，实现城乡统筹，破解发展不平衡不充分问题打下基础。

新时代以来，习近平总书记高度重视扶贫开发事业，多次在重要场合发表长篇重要讲话，多次做出重要指示批示，这些论述形成了体系完整、逻辑严密、内涵丰富的思想体系，对打赢脱贫攻坚战具有根本性的指导意义。概括起来讲，习近平扶贫论述主要内容包括：如何认识打赢脱贫攻坚战的重大战略意义，如何认识新时期中国农村贫困问题，如何有效治理农村贫困问题，以及怎样构架精准扶贫政策体系，怎么设计贫困治理体系等根本问题。总书记多次强调，要建立和完善“中央统筹、省负总责、市县抓落实”的扶贫开发管理体制，县级党委和政府承担主体责任，书记和县长是第一责任人，做好进度安排、项目落地、资金使用、人力调配、推进实施等工作。学理上来看，县域是脱贫攻坚的一线战场，县一级需要结合国家脱贫攻坚的总体部署和县域扶贫开发工作实际，合理安排工作进度，统筹好人力、财力、政策、项目等各项资源，并具体组织各项工作有序开展。同时，县域脱贫攻坚直接面对老百姓，直接接触群众工作，人民群众能否从国家政策中有实实在在的获得感，是否在扶贫开发过程中增进对国家政策的认同和对执政党的真心拥护，很大程度上取决于县域脱贫攻坚工作做得是否扎实，是否有成效，是否做到了扶到了点上、扶到了根上、扶到了心里。兰考县高度重视提升对脱贫攻坚战重大意义的认识和政治站位，加强理论学习，提升干部认识，进而推动干部作风和能力建设为脱贫攻坚的基础性工作。

首先，兰考县委、县政府领导班子率先垂范，主动学习习近平治国理政重要思想，特别是习近平扶贫论述。在学习过程中坚持“下足笨功夫”，用兰考县委书记蔡松涛的话来说，县委和县政府班子在学习中，强调原原本本学、认认真真学，力求清晰把握总书记扶贫论述的要义，形成完整的认识。以县委领导班子学习《中共中央　国务院关于打赢脱贫攻坚战的决定》为例，县委书记带领整个县领导班子，从头到尾，逐字逐句认真学习体会，并且在学习过程中注重知识体系的延伸和扩展，将全面建成小康社会背景下的脱贫攻坚战，置于执政党对初心的体认，置于新时期治国理政的全局高度，置于市县“两个一百年”奋斗目标的历史高度来理解。通过梳理改革开放以来中国共产党领导下，中国政府主导的反贫困斗争历程，特别是党的十八大以来习近平扶贫论述的形成过程，以及中央脱贫攻坚的各项部署，兰考县有效提升了县级领导班子对于脱贫攻坚重大意义的认识，坚定了打赢脱贫攻坚战的决心和信心。

其次，以多种形式，有效带动全县干部认真学习、主动学习，做到入心入脑。基层工作开展的好坏，干部是关键，要形成县域脱贫攻坚的合力，统一干部思想是基础。兰考县以多种形式带动全县干部提高认识，鼓励干部认真学习、主动学习，做到科学认识入心入脑。在精准扶贫工作推进过程中，开始阶段基层干部面对成倍增加的工作，面对政策的发展变动，也出现了不理解，甚至抵触的情绪。随着县一级干部政治站位和思想认识水平的提升，进一步在科级干部中统一认识，有利于鼓舞干劲、形成合力。为了达到这一目标，兰考县采取了多方面的举措。一是利用党校干部教育阵地，讲授脱贫攻坚专题党课。专题党课系统介绍了中国扶贫开发的历程、精准扶贫政策理念的缘起与政策体系的构成、打赢脱贫攻坚战的重大意义、兰考县域经济社会发展和贫困问题的现实情况、工作推进中遇到的难题，以及工作的重点和思路。通过专题党课的形式，参训学员提升了对脱贫攻坚重大战略意义的认识，对县域精准扶贫的政策部署、治理体系、主要问题、工作重点等内容有了全面的认识。二是以会代训，进一步提升认识水平，提高业务能力。仅以 2016 年为例，当年全县召开了 7 次“千人大会”，县乡村干部和驻村工作队员全部参加，针对脱贫攻坚各个阶段的工作任务，细化分工、明确责任，确保压力传导到位，工作落实到位。“千人大会”的目的绝不仅仅在于营造氛围，除了解决上面提到的工作部署、传导压力之外，“千人大会”上县级决策部门直接面向乡村两级干部和驻村工作队对政策意图、政策要求、分工安排进行部署，从而裁剪了政策传达的中间链条，最大限度地降低了政策传达的“失真”。三是发挥标兵示范带动作用，以先进带动后进。在全县驻村工作干部、乡村干部中评选工作认真负责、成效显著，深得群众认可的“标兵”，发挥“标兵”

示范带动作用，为全县干部确立努力的方向和学习的榜样。

再次，结合精准扶贫实际工作，以学习指导实践，以实践促进学习。学习的目的是更好地指导实践，反过来，在实践中学习中的困惑得以澄清，学习到的理论和方法得以巩固和提高。精准扶贫是政策导向、服务导向，是“实践着”的“以人民为中心”的发展。“以学习指导实践”，指的是通过提高各级干部的政治站位，深刻理解打赢脱贫攻坚战的重大意义，通过系统学习精准扶贫的政策理念和政策体系，指导县域各项工作有序开展，在每个时间节点上，在每个岗位上的工作人员能够理解自身当前工作对于整个县域脱贫攻坚大局的作用与意义，能够在实践中有基本遵循，形成工作标准。“以实践促进学习”，包括两个方面的内涵，其一指的是在实践中体认、巩固和深化对脱贫攻坚战略意义、对精准扶贫理论方法的认识；其二指的是在各项工作开展过程中，遇到了困惑和疑难，以进一步学习的方法，促进工作方式的优化和改善。特别是在实践过程中，各级干部通过科学运用精准扶贫的工作方法，感受到了国家精准扶贫政策体系和治理体系安排的科学性，感受到了老百姓实实在在的满意和认同。以“精准识别”为例，在工作开展的早期阶段，存在着较为普遍的遗漏和偏差，优亲厚友的现象不仅造成了政策资源难以精准扶持到真正贫困的农户，而且在群众中造成了不好的影响，老百姓对党和国家的政策缺乏认同。在随后几轮的“精准扶贫回头看”和“精准扶贫再回头”纠偏过程中，驻村工作队发现，只要坚持科学合理的标准，主动依靠群众，严守识别程序，识别的精度不仅可以提高，而且老百姓对政策的理解和认同也在同步的提升。通过精准帮扶，驻村干部看到了贫困人口生活实实在在的改善，增进了对自身工作价值、对精准扶贫工作部署的自信，也进一步激发了干劲，干部作风在实际工作中稳步改善，干群关系也进一步融洽。

通过全面深入的思想建设，全县各级干部对脱贫攻坚重大战略意义形成了科学认识，特别是结合县情、结合自身工作学习过程中，对本县脱贫攻坚的现实挑战、思路方法逐步形成了清晰而明确的认识。这些思想体系建设，有效提升了干部队伍，特别是驻村干部对精准扶贫精准脱贫基本方略的理解。我们看到，兰考脱贫攻坚的各项部署得以有效落实，思想体系建设发挥了重要的作用。

二、县域精准扶贫政策体系：综合性、差异性地回应减贫需求

贫困的成因具有综合性和复杂性的特征，因而有效的贫困治理，意味着避

免资源错配，增进国家减贫政策供给对于贫困社区和贫困农户差异化需求的供给能力。新时期国家贫困治理体系新一轮的调整，在顶层设计层面破解了长期制约国家减贫行动中的“资源错配”问题。一方面，加强中央层面的统筹协调，按照“五个一批”的工作思路，各行业扶贫部门陆续推出了一系列重大政策举措，从基础设施、公共服务、基层组织、产业体系等方面，形成全方位的综合性政策支持体系。另一方面，通过实施“四到县”的改革，赋予县一级结合县域减贫与发展的实际情况，因地制宜安排项目、安排资金的权限。上述体制机制创新的安排，极大地提升了国家贫困治理的精细化程度。此外，从县域脱贫攻坚的实践场景出发，农村贫困治理需要置于新一轮农村改革、乡村振兴的大背景下认识，需要结合国家宏观经济形势的变动所带来的外部发展环境变迁来谋划。细言之，县域脱贫攻坚要用好政策和市场两种手段，通过补齐发展“短板”、提升内生动能，有效抢抓国家政策和发展环境利好，变现为实实在在的减贫成就。而上述两个方面的内容，统一在以脱贫攻坚统揽经济社会发展全局的规划体系和政策体系中。

兰考县是习近平总书记群众路线教育实践活动的联系点，总书记曾多次亲临兰考，与兰考的干部群众共商减贫与发展的方略。2014 年 3 月 18 日，习近平总书记出席兰考县县委常委扩大会，会上总书记发表了重要讲话，特别是就县域治理做出了重要的指示。总书记强调，兰考的减贫与发展，要实现“强县与富民的统一”“改革与发展的统一”，要“把城乡贯通起来”。总书记的这些思想，对兰考县脱贫攻坚具有很强的指导性。近年来，随着中国经济形势的变动，沿海地区产业加速向中部地区转移，国家推动的脱贫攻坚战略、新型城镇化、农业现代化，为兰考县摆脱贫困、奔向小康提供了重大的发展机遇。如何抢抓这些发展机遇，谋划县域脱贫与发展，如何坚持精准扶贫、精准脱贫的基本方略，打赢脱贫攻坚战，实现区域发展与精准扶贫相结合，是兰考谋划县域脱贫攻坚率先思考的问题。兰考县坚持以脱贫攻坚统揽经济社会发展全局，将区域发展与脱贫攻坚有效衔接，按照“六个精准”“五个一批”的要求，形成了清晰的发展思路和完备的政策体系。

（一）兰考如何以脱贫攻坚统揽经济社会发展全局的做法

以脱贫攻坚统揽经济社会发展全局具有两个方面的意义。其一，确保时间节点打赢脱贫攻坚战是一项十分艰巨的任务，需要整合县域资源，有力推进；同时有效的贫困治理需要对贫困社区和贫困人口的减贫与发展需求形成综合性的政策回应，在县域内统筹专项扶贫、行业扶贫和社会扶贫的资源、政策，有利于形成综合性的政策支持体系，从而有效推动贫困治理。其二，县域的减贫与发展，需要统筹推进政治、经济、社会、文化和生态文明建设，贯彻“创新、协调、开放、绿色、共享”的新发展理念，在工作推进过程中要坚持“四个全面”的战略布局，从而以脱贫攻坚统揽经济社会发展全局，有利于各领域工作形成系统化推进的局面。从兰考脱贫摘帽的实践经验来看，脱贫攻坚统揽经济社会发展全局体现在三个层面：

首先，对接外部发展机遇，以产业体系建设和整体布局安排为抓手，统筹推进脱贫攻坚和县域发展。解决发展的不平衡不充分问题，是实现县域脱贫攻坚和经济社会发展的根本任务。其中产业体系建设无疑是关键。在“五个一批”的政策体系中，产业扶贫是最为根本性的，扶产业才是扶根本，对于那些具备劳动能力的贫困人口，通过改善发展环境、形成政策支持体系，提升发展能力，促进其积极参与县域发展，并在此过程中实现稳定脱贫，仍是打赢脱贫攻坚战的基本举措。兰考的产业体系安排生动体现了脱贫攻坚与县域经济发展之间的辩证关系。一方面，围绕着脱贫攻坚目标的实现，通过产业带动的方式促进贫困人口增收脱贫；另一方面，贫困农村地区劳动力、土地、资本等潜在的生产要素得以激活，结合技术创新的手段，劳动生产率得以提升，为应对经济下行压力，促进县域经济繁荣和产业体系进一步优化、完善提供了有力支撑。总体而言，兰考的产业体系布局遵循三个方面的准则。其一，坚持产业发展要能够带动贫困人口有效参与，促进其脱贫增收。其二，产业体系安排要能够契合地方特色优势资源禀赋，符合国家的产业政策导向。其三，产业体系发展要符合产业体系优化与完善的一般规律，补齐制约产业提质增效的“短板”因素。以此，实现了强县与富民的统一，脱贫攻坚与县域发展的统一。具体来说，兰考在深入研判外部发展环境和深耕地方特色资源、发展优势的基础上，摒弃盲目承接沿海地区产业转移的发展道路，确立了家居制造、食品加工和战略性新兴产业三个主导产业，坚持招大引强，突出龙头带动，不断培育壮大特色产业体系，经过不懈努力与探索，逐渐形成了城乡统筹、一二三产融合发展的产业布局。调研中，我们发现各贫困村产业发展效果明显，特别是已经逐渐吸引外出务工人口回流，通过配套的技术培训，许多贫困户进入县城和乡镇务工，留守人口借助农村土地制度新一轮改革、普惠金融政策、产业扶贫政策等多重利好，发展家庭生产，拓展收入来源，实现了稳定脱贫。兰考以产业体系建设促进脱贫攻坚的规划布局，有效破解了区域发展和脱贫攻坚相结合的命题，有效促进了城乡统筹发展。产业体系吸纳劳动力能力强，对贫困人口发展生产的带动效应显著，注重通过制度改革强化产业发展与贫困人口的利益联结机制，较好地解决了产业扶贫的益贫性问题。在脱贫攻坚过程中，不仅贫困人口增收效应明显，而且县域产业链条更加完整，竞争力稳步提升，真正实现了“强县与富民”的统一。

其次，将脱贫攻坚与推进县域新型城镇化建设有效结合，实现“把城市和乡村贯穿起来”。在县域脱贫攻坚过程中，城镇化对于带动贫困人口脱贫增收具有重要意义。一方面，在县域的范围讲城镇化，主要包括三个体系，即县城、中心乡镇和一般乡镇。城镇体系的空间结构与产业体系的空间结构有紧密的耦合关系，城镇发展一方面是产业发展的延伸，同时对于产业发展也会起促进作用。县域内城镇建设水平的高低，直接影响到地方产业发展水平和质量，合理的产业布局与合理的城镇化推进模式，共同作用于县域可持续发展内生动能的成长。兰考的城镇化，体现了将“强县与富民统一起来”和“将城乡贯通起来”的理念与要求，中心城区产业聚集区布局了带动能力强的龙头企业，乡镇主要依据当地资源禀赋和发展优势，安排配套产业，并着力补齐乡镇基础设施短板，发挥其更好连接城市与农村，促使乡镇发挥连接区域市场、全国市场，贯通城乡的作用。城镇化与农业产业化同步发展，对农村贫困地区产生了较好的带动作用，一方面，农村贫困社区的各类生产要素得以在市场机制的配置下提升效能，获得更多的经济效益；另一方面，城镇发展带来的非农就业，为贫困人口特别是中年农村留守人口提供了就业岗位和收入。

总体来说，兰考在谋划脱贫攻坚统揽经济社会发展全局的过程中，高度重视城镇化对脱贫攻坚促进作用的发挥。按照总书记“把城镇和乡村贯通起来”的要求，坚持把城乡统筹发展与脱贫攻坚同步推进，形成了以中心城区为核心，以中心镇为重点，以一般乡镇为支点的新型城镇化发展思路。县域城镇化体系与县域产业体系发展的经济规律高度契合，在推进城镇化建设的过程中，有力地促进了产业体系对贫困人口脱贫增收的带动作用。经过不懈努力，城区面貌明显改观，得到了群众的广泛认可，为产业发展和招商引资提供了良好环境，吸纳了大量农村贫困人口进城安家落户，同时也为农村留守人员扩大生产规模、增加收入创造了更加有利的条件。中心镇建设突出服务配套产业，带动贫困人口就业，服务农村分散种养殖业发展，为贫困农户就业、创业提供了有力支撑。

再次，补齐公共服务“短板”，织就农村社会安全网。在县域范围来看，优质公共服务资源向中心城区聚集，农村地区特别是农村贫困地区公共服务体系建设相对滞后，严重制约着贫困群体需求的有效回应。因此，总书记提出对于困难群众要“格外关注、格外关爱、格外关心”。2015 年底，习近平总书记在中央扶贫工作会议上的讲话，明确提出“精准扶贫”过程中要解决好四个问题，在回答“怎么扶”的问题时，总书记提出要坚持“五个一批”的减贫战略，其中发展教育脱贫一批、社会保障兜底一批和易地移民搬迁脱贫一批等几项内容，都涉及补齐公共服务“短板”的要求。兰考县着力推进保障兜底式扶贫工作，特别是重视教育扶贫和健康扶贫的工作。三年脱贫攻坚期间，教育、医疗卫生的公共服务“短板”快速补齐，基层教育、医疗机构的服务能力显著增强，有效解决了贫困人口“因病致贫、因病返贫”和“因学致贫”的问题，为阻断贫困的代际传递发挥了重要作用。保障兜底体系不断完善，特殊困难群体的供养和服务水平明显提高。

（二）兰考精准扶贫的政策体系建设

兰考在县级“精准扶贫”政策体系设计中体现了“三级精准”的理念。首先，把国家和省一级的政策落实到位。党的十八大以来，中央层面“精准扶贫”的政策体系逐步完善，内容涉及“精准扶贫”的战略意义、目标体系、专业扶贫、行业扶贫、社会扶贫、重点领域、改革措施、工作方法等多方面的内容，省一级根据中央的总体部署，结合省域脱贫攻坚工作特点出台了一揽子政策文件，将中央和省一级的各项政策结合县域实际细化部署、分工协作，是县域“精准扶贫”工作的基本内容。其次，根据县域脱贫攻坚的形式、特点，谋划一批有针对性的政策，特别是以问题为导向，破解县域精准扶贫工作开展所面临的难题，是兰考谋划的“第二级精准”。具体来讲就是，对已脱贫户，实施保险、产业扶贫、外出务工补助、大学生补贴等六项政策，确保其稳定增收不返贫。这类群体，我们将其作为产业扶贫的重点，配套多项金融扶贫措施跟进，使其成为脱贫致富奔小康的主体。对一般贫困户，除落实以上六项政策外，新增加了医疗救助、中小学教育救助、光伏扶贫三项政策，确保贫困户不因学因病致贫。对兜底户，除落实以上九项政策外，兜底人员全部纳入低保，60 岁以下人员给予临时救助，人均土地不足1亩的按每亩收益500元差额补助等三项政策，确保兜得起、稳得住。最后，对特殊困难家庭、重点户、难点户，形成“一对一”的帮扶。

从公共政策的一般原理来看，行政层级越高，制定的政策往往倾向于解决普遍性问题，解决共性问题，解决基本认识论和基本方法论的问题，基层工作除了细化落实上级政府的各项改革、各项政策，还需要应对实际工作中遇到的各种“特殊案例”。以医疗保障为例，目前农村医疗保障体系逐渐形成了新型农村合作医疗制度为基础，医疗保险和医疗救助为补充的三层保障体系，对于大多数群体健康需求的保障都能够发挥较好的作用，但个别案例如地方病、罕见病，既有的保障体系可能难以有效“兜底”，就需要我们因地制宜地做出“精准”地回应。再如，在精准识别过程中，虽然我们有一整套规范的技术手段和操作规程，来保障识别精准，但现实中，仍然会遇到政策安排难以和实际情况有效对应的现象，通过“一对一”的精准帮扶来解决这样一些问题，就成为必然的要求。而恰恰是在这些细微之处，体现出“执政为民”的情怀与担当，体现出“以人民为中心”的发展理念。

三、县域精准扶贫的方法体系：因地制宜解决好“四个问题”

精准扶贫、精准脱贫的基本方略内涵非常丰富，对于县域脱贫攻坚战具有很强的指导意义。大致而言，精准扶贫、精准脱贫的过程中，需要坚持做到“六个精准”，以“五个一批”为指引，解决好“扶持谁、谁来扶、怎么扶、如何退”四个问题。

长期以来，贫困人口底数不清、情况不明，是制约国家减贫干预精细化、精准化程度提升的根本问题。解决好“扶持谁”的问题，找准贫困人口，掌握减贫与发展需求，并在此基础上形成科学合理的扶持方案，无疑是精准扶贫、精准脱贫基本方略的要义所在。2014年，被誉为精准扶贫“一号工程”的“建档立卡”工作在全国范围铺开。按照“建档立卡”的工作要求，县级层面的“精准识别”，需要严格按照国家贫困标准，结合地方贫困实际，形成具体的识别方案。从各地经验来看，贫困识别是否科学、规范，很大程度上决定了老百姓对精准扶贫工作的认可与满意。兰考县高度重视“精准识别”工作，制定《兰考县扶贫开发建档立卡工作实施方案》，坚持实事求是原则，以农户收入为基本依据，统筹考虑住房、教育、医疗等情况，按照农户申请、民主评议、公示公告和逐级审核的方式，整户识别、精准到户，建档立卡[2]，经过第一轮识别，全县共识别出贫困村115个，贫困人口7.9万。与全国各地的情形比较类似，由于第一轮识别过程中，经验不足，干部认识和工作能力不强，识别的准确度并不理想。为此，兰考县严格按照国家、河南省关于建档立卡贫困人口的标准条件，采取“四议两公开”的方法，对全县的贫困人口先后开展4次精准再识别。本着实事求是、有错必纠的态度，结合“两不愁，三保障”的要求，坚持“应进必进，应出必出，应纠必纠”的原则，逐村、逐户、逐人“过筛子”，集中将精准识别结果及时录入贫困户建档立卡信息系统。同步建立“一户一档”，为实现精准脱贫奠定基础。此外，兰考县自我加压，县委县政府督查局组织170余人，对全县建档立卡贫困户精准度进行暗访式、网格式、地毯式等形式督查，对脱贫攻坚工作边督查整改、边反馈交办，并对整改情况进行“回头看”，确保脱贫攻坚工作实效[3]。

国家精准扶贫的各项支持举措，如何有效传递到贫困社区和贫困农户，从而切实保证“两不愁，三保障”的目标实现，是精准扶贫取得实效的关键。从既往的扶贫开发实践来看，政策资源传递过程中，出现了一定程度的偏差现象，研究者发现“精英俘获”的现象较为普遍。为了更为有效、精准地传递各类国家政策资源，解决好“谁来扶”的问题至关重要。按照中央层面的顶层设计，兰考县在全县后备干部队伍中，遴选“驻村工作队”，选配“第一书记”。2014年，兰考县成立驻村扶贫工作领导小组，实行县级领导分包乡镇（街道），科级干部当队长、科级后备干部当队员的驻村帮扶机制。2015年，对115个驻村扶贫工作队进行充实调整，在全县范围内抽调345名后备干部和优秀干部派驻到115个贫困村，同时建立驻村工作管理机制；针对非贫困村缺乏帮扶的问题，2016年，从各乡镇（街道）抽调335名优秀干部驻村专职从事基层党建和扶贫工作，确保每个贫困村都有帮扶工作队、每个贫困户都有帮扶责任人，做到不脱贫不脱钩，不拔穷根不撤队伍。坚持把脱贫攻坚作为锤炼干部、转变作风的主战场，评选表彰70名“驻村扶贫工作标兵”，提拔重用驻村干部或一线扶贫干部124人次[4]。值得一提的是，兰考县在“驻村工作队”以及“第一书记”选派和管理过程中，形成了全链条的制度体系。其一，明确脱贫攻坚主战场是培养、选拔、任用干部的主要渠道，形成明确的用人导向，精准扶贫工作实绩突出的后备干部，优先提拔任用。其二，强化驻村干部的能力建设，主要包括精准扶贫“应知应会”的多次轮训，农村工作知识和技能培训等，在培训过程中，注重“标兵”作用的发挥，注重实践经验与创新的分享和扩散。其三，理顺基层关系，压实各主体责任，形成合理机制。明确乡村两级党委书记是脱贫攻坚的第一责任人，驻村工作队是“帮扶责任人”，并且赋予驻村干部在扶贫规划形成、扶贫项目实施、政策资源分配中一定的决策权。通过这些制度安排，驻村干部、乡镇干部、村“两委”形成了分工协作的合力机制。其四，扁平化政府管理体系，切实发挥好“干部下乡”的作用。在访谈中，县委组织部和督查局的同志，不约而同地谈起，兰考的驻村干部，不仅是政策的宣传员、服务的快递员，同时还是政府的信息员、政策的实验员、实践创新的发起者。通过畅达的信息反馈管理，脱贫攻坚一线的实际情况，得以及时地反馈到县级管理部门，有利于政策的持续优化。对此，兰考县委书记蔡松涛坦言，兰考县很多重要的政策创新、体制机制创新，都是来自于基层的探索的创造。

贫困社区和贫困人口的需求具有多样性、多层次性，因而有效的贫困治理，意味着贫困治理的重心下移，以贫困社区和贫困农户真实的致贫因素组合和资源禀赋为基础，形成分类支持的政策体系，精准回应差异化的需求。在新时代精准扶贫、精准脱贫的顶层设计中，“五个一批”的思想深刻体现了上述贫困治理的基本原理。所谓“五个一批”，不局限于产业扶贫、教育扶贫、健康扶贫、生态扶贫等几个方面，重要的是其所体现的精神实质，即政策安排以需求为中心，提升政策供给对多元化、差异化需求的有效回应。在脱贫攻坚的实践中，各地结合地方实际进一步丰富和发展，形成了丰富的地方经验。

精准扶贫、精准脱贫，不仅要找准政策对象，开对治理贫困的“药方”，有序有效传递政策资源，更要把好“精准脱贫”关卡，让精准扶贫的成效经得起历史和人民的检验，赢得人民的认可。“精准脱贫”意味着通过有效的政策干预，解决好贫困人口“两不愁，三保障”的问题，严格按照退出标准、退出程序，跟老百姓一起算账，让贫困农户对脱贫“认账”。同时还意味着要提升内生发展动力，推出后续政策支持，让脱贫成效稳定长效，提升贫困社区和贫困农户的自我发展能力。兰考县高度重视“精准脱贫”工作，按照国务院办公厅《关于建立贫困退出机制的意见》和《河南省贫困退出实施办法》，兰考结合实际情况，制定了《兰考县贫困退出工作方案》。贫困户退出方面，组织乡镇（街道）、村“两委”、驻村工作队、包村干部、帮扶责任人等工作力量，严格按照“1＋2＋3”的贫困户退出标准和相关程序，实施贫困户有序退出。贫困村退出方面，在省定贫困村退出“1＋7＋2”标准的基础上，自我加压，增加了脱贫发展规划、帮扶规划、标准化档案建设、兜底户精神面貌改观、政策落实5项内容，形成了“1+7+2+5”退出标准体系，并组织8个调查核实组、3个督查组、3个调研组，逐村逐项开展贫困村退出调查核实工作。贫困县退出方面，2016年10月25日，聘请中国科学院地理科学与资源研究所作为第三方，对兰考贫困退出进行预评估，综合评估得出：兰考的退出可行度为95.68%，可以稳定退出。12月28日，省扶贫开发领导小组对兰考贫困退出进行了省级核查，并于2017年1月9日将退出情况进行了公示。2017年1月9日至21日，国务院扶贫办对兰考先后开展了省际互查、第三方抽查、普查、核查四次调查核实工作。2月4日至5日第三方进行复核算。2月23日，国务院扶贫开发领导小组向河南省扶贫开发领导小组反馈兰考县退出专项评估情况，结果显示，抽样群众认可度98.96%，综合测算贫困发生率1.27%。2月27日，省政府批准兰考县退出贫困县序列。3月27日，省政府正式宣布兰考县脱贫摘帽[5]。

概言之，精准扶贫、精准脱贫，需要在减贫作业的全链条中贯穿精准思维。县一级是脱贫攻坚的一线战场，精准扶贫、精准脱贫基本方略贯彻的成效好坏，直接决定了脱贫成效的好坏。兰考县在准确把握精准思维、精准方法的基础上，结合县域减贫与发展的实际情况，因地制宜地形成了精准扶贫、精准脱贫的制度体系和操作规范，这些恰恰是取得脱贫摘帽成绩的基本经验之一。

四、县域贫困治理体系建设：协同性与执行力的提升

打赢脱贫攻坚战是一项复杂的系统工程，有了准确的认识体系、完善的政策体系、科学的方法体系，还需要建立有效的治理体系。具体而言，治理体系包括两个方面的内容：其一，按照专项扶贫、行业扶贫、社会扶贫三位一体的“大扶贫”工作格局，统筹各类资源，协调各参与主体的行动，形成脱贫攻坚的合力。其二，抓好政策落实，解决好政策落实“最后一公里”问题，保证各项政策举措能够落到实处、取得实效。兰考在脱贫攻坚过程中，将脱贫攻坚与县域治理体系和治理能力提升，与县域全面深化改革相衔接，以持续的体制机制创新为脱贫攻坚保驾护航，在此过程中，县域治理体系和治理能力现代化水平也有显著的改善。其具体经验主要体现在四个方面：

其一，抓好党建扶贫，充分发挥中国特色减贫道路的政治优势和制度优势。党的领导是中国特色社会主义事业赢得一个又一个胜利的决定性因素，过去30

多年间，中国减贫治理取得了举世瞩目的重大成就，一个基本的经验是始终坚持党建工作对扶贫开发的引领和带动作用。兰考县在加强党的建设，为赢得县域脱贫攻坚阶段决定性胜利方面，开展了深入细致的工作，形成了宝贵的经验。一方面，加强干部队伍的思想建设、作风建设和能力建设，以党的群众路线教育和弘扬焦裕禄精神为抓手，提升全县干部对打赢脱贫攻坚战重大战略意义的认识，促进干部队伍推动精准扶贫工作开展的能力建设。形成县、乡、村三级联动的责任体系，逐级明确分工，压实责任。另一方面，通过新时代的“干部下乡”，把优秀干部选派到贫困村担任第一书记，做到贫困村驻村工作队全覆盖，在脱贫攻坚的第一线培养干部、磨炼干部。此外，恰如总书记指出的，扶贫开发不光是给钱给物，还要给个好支部。兰考县大力实施村级组织“双提升工程”，夯实村级党组织凝聚人心，汇聚力量，引领发展的能力，把村级党组织建设成为脱贫攻坚的红色堡垒。壮大贫困农村集体经济，提振村集体经济对贫困人口脱贫增收的带动能力，提高贫困社区村级公共物品的供给能力。上述举措，为打赢脱贫攻坚战提供了有力的政治保障。

其二，用好政府、市场、社会三种机制、三种资源，形成县域脱贫攻坚的巨大合力。贫困治理是一项复杂的系统工程，有效的贫困治理需要充分发挥政治优势和制度优势，需要实现政府各部门的协同、联动，需要增进政策供给对差异化需求的有效回应，需要综合运用政府、市场和社会三种资源、三种手段。兰考在脱贫攻坚过程中，缜密布局、科学谋划，形成了合理、高效的脱贫攻坚治理结构，政府、市场、社会主体，各司其职、各就其位，三种资源得到充分开掘，三种机制得到合理应用。最为广泛地凝聚了资源、合力，形成了各主体互相补位，有序参与的格局，为取得脱贫攻坚战的胜利，奠定了治理结构的基础。而这种治理结构的安排，统一在县域脱贫攻坚统揽经济社会发展全局要求的贯彻中，各部门、各主体围绕着打赢脱贫攻坚战，各尽其责，形成了强大的合力。

其三，通过体制机制创新，为精准扶贫、精准脱贫工作有效开展破除障碍。党的十八大以来，以精准扶贫、精准脱贫为理念基础，国家贫困治理体系经历着密集的调整，这一轮调整的根本指向在于提升国家减贫行动对于贫困社区贫困人口多元化、差异化需求的有效回应能力。围绕着这一目标，各领域全面深化改革，形成了诸多创造。具体到县一级，通过全面深化改革的思维框架，为精准扶贫、精准脱贫营造有利制度环境，有众多的议题有待深入破解。兰考县脱贫摘帽的实践，充分体现了创新发展和全面深化改革的思维。例如，在国家层面“四到县”改革的基础上，兰考县将资源配置的重心进一步下沉到村一级，从信息经济学的理论视角来看，相对于高层级的决策者而言，基层组织掌握着更为完备的“在地信息”，更为熟悉地方的特色、优势，更易于接近老百姓的发展偏好，因而决策重心下沉，将有利于增强政策供给对政策需求的回应性，避免资源错配现象的发生。但同时还应当看到，将决策重心下沉，并不必然意味着政策资源能够精准对接贫困人口的需求，地方行动者以及基层决策者的偏好，很大程度上会影响政策资源分配的过程，从而导致精英俘获或执行偏差的现象。为此，兰考在授权乡村两级组织的同时，制定了涉及审计、监理、第三方评估、执纪问责等系统完备的管理办法，在“放活”的基础上，实现管理好、服务好。同时，狠抓精准识别工作，提升贫困识别的精度，通过有效的监督和管理，结合群众广泛参与，确保政策资源得到合理的使用。上述体制机制创新，为实现滴灌式扶贫作业，提供了有力支撑。此外，在金融扶贫、光伏扶贫、资产收益扶贫、资本市场扶贫、构树扶贫等领域，兰考也有众多创举，限于篇幅，不再赘述。

其四，政策执行是各项政策安排是否取得实绩的关键。从既有经验来看，政策执行的“最后一公里”问题，成因颇为复杂，或因为政策设计本身的不合理，或因为政策调整触动各方利益遭遇或隐或显的抵触，或因为相关配套改革不够到位，或因为难以形成有效的激励机制。兰考县通过督察体系改革，为打赢脱贫攻坚战提供了执行力的支撑。具体来说，兰考在原有县委督查室、政府督察办等机构的基础上，成立新的督查局，并赋予督查局进度检查、目标考核、督查调研、督查协调等九项职能。兰考县委县政府善用督察、会用督察，以督察体制改革为脱贫攻坚保驾护航。与所有部门、乡镇签订脱贫攻坚目标责任书，明确各级干部、驻村工作队的工作职责，经常性地检查和督促，注重督查成果的应用。督察工作覆盖了精准扶贫、精准脱贫的全领域、全链条，有力保障了各项工作的及时高效落实。特别是，在督察调研的基础上，形成督察报告，为县委、县政府，及各行业部门相应的政策调整提供了决策参考，促进了县一级精准扶贫、精准脱贫政策的优化与创新。

总之，兰考县通过加强党建引领，用好政府、市场、社会三种资源三种机制，不断破除体制机制障碍，提升县域政策执行力，提升了县域贫困治理体系和治理能力的现代化水平，为打赢脱贫攻坚战提供了政治保障、资源保障、能力保障和执行力保障。

五、总结与讨论：兰考脱贫摘帽的理论与实践意义

经过不懈的努力，兰考于 2017 年 3 月实现了整县脱贫。三年间，兰考累计 7 万余人脱贫，其中 2014 年实现脱贫 5063 户19 360人；2015 年实现脱贫10 843户37 556人；2016 年实现脱贫 5310 户12 675人。兰考成功实现整县脱贫摘帽的经验表明，党的十八大以来形成的习近平扶贫论述具有很强科学性和指导性，以习近平扶贫论述为指引，以精准扶贫、精准脱贫为基本方略的国家减贫治理体系是非常有效的，得到了实践的证明和检验。兰考成功实现整县脱贫，得益于科学的指导思想和顶层设计，得益于兰考因地制宜贯彻精准扶贫、精准脱贫的基本方略，得益于兰考在思想体系、政策体系、方法体系、治理体系建设方面付出的不懈努力，得益于兰考人民的不懈努力和奋斗。随着兰考、井冈山相继实现脱贫摘帽，中国减贫史翻开了崭新的一页，这意味着自 20 世纪 80 年代以来，中国贫困县总量第一次实现了净减少。站在全面建成小康社会的决胜期，进而建成社会主义现代化强国的历史性时间节点上，兰考整县脱贫摘帽，无疑坚定了全国人民在中国共产党带领下摆脱贫困、全面建成小康社会，进而建成社会主义强国、实现中华民族伟大复兴的信心。

兰考取得这样突出的成绩主要经验在于几个方面。其一，坚持习近平扶贫论述的指引。兰考县委县政府高度重视理论学习，坚持原原本本学，认认真真学，力求全面深入地掌握习近平扶贫论述的源流脉络、逻辑与方法，强调坚持结合实际学，通过学习促进各项工作不断提升和优化。其二，坚持以脱贫攻坚统揽经济社会发展全局。按照总书记要求，为确保打赢脱贫攻坚战，在县域经济社会发展工作中，凸显脱贫攻坚的统揽地位，在规划体系，特别是产业规划、县域城镇化规划、县域经济社会发展规划等诸方面都有充分体现，同时，以打赢脱贫攻坚战为目标，深化各领域的配套改革，以“四个全面”的战略布局为脱贫攻坚保驾护航，深化各领域改革，如县与乡镇之间事权关系改革，督察体制改革等。其三，坚持精准扶贫、精准脱贫的基本方略。按照习近平扶贫论述的要求，结合县域脱贫攻坚实际，扎实推进“六个精准”“五个一批”，解决好“四个问题”，完成了扶贫开发的精细化、“滴灌式”管理。在产业选择、项目安排、政策扶持诸方面，依据贫困社区和贫困人口的需求，将外部的发展利好环境、政策支持与贫困农户

的发展意愿更好衔接。其四，注重发挥好政治优势和制度优势。将脱贫攻坚作为中心工作，通过全面从严治党，践行党的群众路线，弘扬焦裕禄精神，教育干部、锻炼干部，将干部培养和选拔的“学校”和“考场”设定在脱贫攻坚的第一线。推进乡村基层治理体系建设，配套贫困村村级组织，提升村“两委”的战斗力。其五，在深入推进脱贫攻坚的过程中，着力破除各种体制机制障碍和形式主义问题，以问题为导向，以体制机制改革为方法，提升整个县域贫困治理体系的治理能力。最后，注重创新发展，基于兰考发展内外部环境特点的整体研判，积极利用好各类政策支持，将良好的外部发展环境转换为实实在在的脱贫成效，提升内生动力。特别是在立足农业现代化发展趋势和农村社会转型实际，创造性地将各种新技术、新理念、新思维、新业态应用到脱贫攻坚实践中，形成了新兴产业扶贫体系、新型金融扶贫体系、资本市场扶贫等创新经验，收到了良好效果。

兰考脱贫摘帽的成功经验，不仅对于其他县市破解县域脱贫攻坚中的难点问题提供了有价值的参考范本，更具有重大的理论贡献。基于兰考脱贫摘帽的经验，我们能够发现中国减贫道路的强大效能与生命力。改革开放的 40 年时间里，中国逐渐探索出一套独具特色的贫困治理道路。有别于全球其他国家的一般经验，中国的贫困治理在指导思想、政策体系、治理体系等方面有诸多重要的创造，为解答全球减贫治理领域众多基础性问题提供了中国方案。以贫困瞄准为例，以兰考为样本，我们可以发现，新时期中国精准扶贫、精准脱贫的治理体系实现了贫困识别、政策瞄准的“中国奇迹”。按照国际通行的识别方法（主要有家计调查和参与式财富评估），所能达到的贫困识别精度都只有 60%左右，而中国的精准识别，稳定地实现了贫困识别精度超过 90%。这其中的体制机制及其背后的深层理论逻辑值得深入总结，伟大的实践必将为重要的理论突破贡献经验。再如实现精细化的减贫作业，提升减贫政策干预对贫困人口需求的回应能力，同样是减贫研究领域的基本问题，也是世界性难题，而中国在脱贫攻坚阶段形成的经验，可以说较为有效地解答了这一问题。类似的中国减贫治理奇迹，还能够列举很多。特别是当我们跳出经验视域的局限性，整体性地看到中国减贫治理道路，就会发现二战以来发展中国家摆脱贫困的探索，西方主导的现代化理论无法提供有效答案，而中国的成功无疑贡献出了值得借鉴的经验。

注释

[1] 兰考县扶贫办：《兰考县基本情况》（2017年6月收集）。

[2] 兰考县扶贫办：《干字当头、精准发力，全面加快脱贫致富奔小康步伐》，内部资料，2017年6月。

[3] 兰考县扶贫办：《抓好精准识别，着力解决“扶持谁”的问题》，内部资料，2017年3月。

[4] 兰考县扶贫办：《因村精准派人，着力解决“谁来扶”的问题》，内部资料，2017年3月。

[5] 兰考县委办公室：《干字当头、精准发力，全面加快脱贫致富奔小康步伐》，内部资料；兰考县扶贫办：《严格标准程序，认真解决“如何退”的问题》，内部资料，2017年3月。

（《扶贫开发》2018年第1期）

党建促脱贫的“村级样本”

——湖南花垣县十八洞村的调查与思考

2013 年 11 月 3 日，习近平总书记在湖南省花垣县十八洞村考察时，提出了“实事求是、因地制宜、分类指导、精准扶贫”十六字方针，十八洞村也由此成为全国推进精准扶贫政策的策源地。当地派驻工作队驻村蹲点，积极探索“可复制、可推广”的精准扶贫新模式。经过两年多艰苦卓绝的努力，十八洞村旧貌换新颜，老百姓的日子越过越红火，其精准扶贫的经验和独特的苗族文化也吸引了大量来自全国各地的客人学习考察、旅游观光。

为进一步深刻认识习近平总书记提出精准扶贫论述的时代意义，进一步深刻理解精准扶贫思想的丰富内涵，进一步深刻领会精准扶贫思想的精神实质，进一步增强党员干部推进精准扶贫、精准脱贫的自觉性、主动性，以更加积极奋进的状态投入脱贫攻坚，我党支部在“两学一做”专题学习教育中，组织部分党员沿着习近平总书记的考察足迹，深入十八洞村开展现场调研、研讨。通过一路参观感受，挨家挨户走访查看，分组入户调查贫困户生产生活情况，详细填写入户调查问卷，召开座谈会。党员们深深感到，在各级党委、政府领导支持以及社会各界关注帮助下，2013 年以来，十八洞村外界帮扶和激发内生动力互动，创造了精准扶贫、精准脱贫的“村级样本”。

一、十八洞村的变化

十八洞村位于湖南省湘西土家族苗族自治州花垣县排碧乡西南部，因寨里有十八个溶洞而得名，是一个纯苗族村，也是典型的贫困村，共有 6 个村民小组 4 个自然寨，225 户 900 余人，人均耕地面积仅有 0.83 亩，以种植水稻和烤烟为主。2013 年，精准识别出贫困户 136 户 542 人，占全村总人口的 55%。2013 年全村人均纯收入仅 1668 元，2014 年增加到 2518 元，2015 年达到 3580 元，增长 115%，减贫 61 户 269 人。

（一）基础设施明显改善

沿包茂高速一路向西，途经矮寨大桥，下高速后沿蜿蜒的盘山公路驱车近 30 分钟，就来到位于群山之巅的十八洞村。一路上，层峦叠嶂尽收眼底，大自然的鬼斧神工成就了十八洞村得天独厚的风光。“以前步行出村到 5 公里外的排碧乡赶集要走近两个小时，如今坐车只要 10 多分钟。”65 岁的村民龙圆满祖祖辈辈生活在十八洞村竹子寨，她告诉我们村子地处偏僻，三年前连一条像样的水泥路都没有，出门不是晴天一身灰，就是雨天一身泥，逢年过节走家串户很不方便，几个月不出山更是“家常便饭”，修通出山公路成了大家的共同期盼。如今 4.8 公里村道全部拓宽硬化，铺上了沥青路面，双向两车道通行，家家户户房前屋后都铺就了青石板路。

除了新修的沥青路，还有新修的木板房、新扎的竹篾墙、新添的青片瓦……在驻村工作队和第一书记帮助下，家家户户实施了民居改造，厨房、厕所修葺一新，土坪也铺了青石板。以前有一半的村民吃水靠挑，现在全部用上了自来水。“以前不少人家中除了电灯，没有别的电器，用泥巴和竹篾、木板糊起来的墙壁，一到冬天四处漏风。”扶贫工作队副队长吴式文介绍，现在全村 225 户门口都修了石板路，按照“修旧如旧”的理念，近 200 户透风的竹篾墙木屋也进行了改造。在村民龙德成老人家，我们看到了修葺一新的厨房和厕所。龙德成说：“两年多前，用作厨房的屋子年久失修，已经塌了，家里像样的板凳都没几条。”如今，屋子得到重新修整，小儿子娶妻安家，老人的心里从未有过地踏实。

（二）产业发展更加兴旺

产业发展是十八洞村真正能实现脱贫的关键。十八洞村因地制宜确定了六大产业，即烤烟、猕猴桃种植，黄牛、羊、猪养殖，苗绣专业合作社，劳务输出，电商平台销售农副产品，发展乡村旅游产业。经过一段时期的发展，各项产业发展取得明显成效。烤烟由2013年的100多亩发展到2018年的318亩，猕猴桃开发近1000亩。沟壑纵横的十八洞村，没有成片的土地可用，十八洞村采取了“飞地发展”的办法——在相邻的道二乡流转土地1000亩，与花垣县苗汉子公司共同组建了果业企业，对猕猴桃产业进行公司化运作。公司注册资本600万元，苗汉子占51%的股份，村民占49%的股份，542个贫困人口入股的资金，由扶贫工作队提供。基地5年进入盛果期，可实现年产值2500万元，直接带动十八洞村人均增收5000元以上。

精准扶贫工作队和村“两委”还把十八洞村青年和民兵组织起来，成立了十八洞村青年民兵突击队，勇挑精准扶贫的各种急难险重任务。突击队员隆英足是村里的养猪大户。她牵头成立了木兰养猪合作社，赊给贫困户仔猪和饲料，并免费提供技术指导，18个贫困户入社养猪，“钱景”看好。全村共50多户贫困户养起了生猪、黄牛、山羊，2017年一年，全村仅腊肉外销一项就创收10万元以上。

随着乡村旅游的火爆，十八洞村也成了乡村旅游的热点。十八洞村趁着这股东风，充分利用习近平总书记前来考察调研的影响力，依托村域内优美的自然风光、古朴的苗寨以及纯朴的民风民俗，致力于把十八洞村建设成为贫困地区少数民族乡村旅游样板。修旧如旧的古村落尽显苗家风情，核心景区配套建设了梨子寨停车场、公厕，成富家观景台、千米游步道也成为游人流连喜爱的景点。2016年春节期间，十八洞村吸引近8万游客前来观光，年日均游客量达500多人次以上，双休日和节假日达3000人次以上。

2014年5月，十八洞村成立了苗绣特产农民专业合作社，村寨里有37户贫困户共90多名留守妇女加入。合作社采取“公司＋合作社＋农户”的经营模式，由花垣县里的公司负责收购，合作社农户负责加工。随着村里无线网络的开通，苗绣特产还搭上了电商快车。老村支书石顺莲乐呵呵地说：“过去做苗绣都是自家用，现在少的时候一个月有七八百元收入，苗绣订单多时，一个月可收入2000多元。”

“点亮一盏灯，照亮一大片。”从一枝独秀到遍地开花，随着有知识、懂技术、会经营的致富能手返乡创业，村里先后开了八家农家乐。从独具苗家风味的特色餐饮吃香，到湘西腊肉、野生蜂蜜等农产品热销，再到蜡染、苗家刺绣等手工艺品走红，旅游兴村正迸发强劲活力，给老百姓带来实实在在的利益。

（三）精神面貌焕然一新

向贫困宣战，不仅要有物质的投入，更需要催生内在的动力；美好的生活，不仅是“仓廪实衣食足”的物质生活，还包含“知礼节知荣辱”的社会风气。十八洞村在实施精准扶贫、建设社会主义新农村的过程中，进行了有益探索和实践。“十八洞”这个名字带来的荣誉感，把村民们的心凝聚在了一起，思想的统一，为整个村寨脱贫发展注入了强大精神动力。工作队和村“两委”从文化活动入手，过苗年、赶秋、文艺会演、相亲会，他们每次都特意打破村寨界限，让全村村民参与帮忙。走动多了，心理距离自然近了。“总书记的调研，带动了十八洞村旅游业的发展。同时，我们更注重宣传思想道德精神，积极探索十八洞村精神文明建设新路子，注重创新载体、激发内生动力，让精神的力量发挥先导作用，为精准扶贫奠定思想基础。”花垣县扶贫办主任龙秀林介绍十八洞村的发展经验与思路。

可以说，十八洞村变化的背后，是十八洞村扶贫方式由“大水漫灌”到“精准滴灌”的转变。作为精准扶贫的起源地，如今的十八洞村因总书记的视察成为闻名全国的“明星村”，品牌效应已经初步显现，潜力巨大。但当地的老百姓并没有因此产生“等靠要”的思想，而是积极探索和实践精准扶贫的思想内涵，走出了一条可复制、可推广的脱贫之路，鸟儿回来了、鱼儿回来了、虫儿回来了、打工的人回来了、外面的客人也来了，总书记提出的精准扶贫的论述在十八洞村得到了初步的实践。十八洞村先后荣获全国先进基层党组织、全国第三批宜居村寨、湖南省美丽少数民族特色村寨、湖南省文明村等荣誉。2016 年 2 月 13 日至 2 月 17 日，中央电视台《新闻联播》连续 5 天推出系列报道《十八洞村扶贫故事》，更是引起热烈反响。

二、抓党建促脱贫攻坚的做法和经验

（一）选好“领头羊”以上率下

千难万难，干部带头就不难。精准扶贫，要求改“大水漫灌”为“滴灌”“喷灌”，工作精准到位。驻村工作队和村“两委”干部就是“滴灌”“喷灌”的管道，作用非凡。

2014年上半年，十八洞村村“两委”换届，村里能人踊跃竞选。施进兰当选为村主任，长期在沿海打工的他被村民认为“有头脑”，能够将发达地区的经验做法带进来，帮助大家脱贫致富。在就职演说中，施进兰郑重承诺：“有钱没钱，大干三年。”龙书伍选为村会计。他和妻子原来在迪拜打工，年纯收入达15万元以上。他回国的理由很朴实：“总书记都这么关心十八洞村，我们还有什么理由不建设好家乡？”换届后的村“两委”六大主干，平均年龄40岁，年富力强。第一支书施金通也是村里公认的“能人”，23岁当村会计，25岁当村主任，2010年经招考还当上了乡干部。

换届时，十八洞村还创新配备了9名“后备干部”——主干助理，协助村干部开展工作。村支书助理杨斌，经常协助调解纠纷；村主任助理孔铭英，担任义务解说员和宣传员，向游客讲述总书记到她家的故事，推介十八洞村……工作队5名队员，变“驻村”为“住村”，几乎没有周末。2016年2月18日，队长龙秀林应邀到邻村传授精准扶贫经验，一上车就睡着了。同车的县委宣传部干部不禁发微信朋友圈感慨：“他太累了！两年间，满头青丝已如雪。”

通过狠抓干部队伍建设，十八洞村在村委换届选举中推行“两述两评”制度，把讲政治、有文化、“双带”能力强、群众信任的能人选进班子；并以选举的方式，把3名产业带头人、1名大学生村干部选进班子，干部结构得到优化，村级班子“脱胎换骨”，成为脱贫攻坚的坚强领导核心。

为进一步强化基层党组织的引领作用，十八洞村在农民合作组织、产业链、村寨网格上建立党小组，推选4名支委成员担任村苗绣公司等新经济组织责任人，使党组织的触角在村级经济发展、公益事业、治安维稳等领域全方位覆盖。同时，村“两委”突破人多地少瓶颈，探索“飞地经济”的村级集体经济发展模式，与花垣县苗汉子野生蔬菜公司签订合同，在外乡流转土地1000亩，规模发展猕猴桃产业，村级集体经济年收入达5万元。现在，村民对村干部的满意率由68%上升到98%，说起工作队和村干部时，都纷纷竖起大拇指。

（二）发挥党员先锋模范作用

精准扶贫，重在引领，而不是分散式的“单打独斗”。为了带领群众致富，十八洞村采取坚持党员带头，推行产业发展股份合作制。按照“公司＋合作社＋党员＋村两委＋村民”的模式，大力发展乡村旅游，带动相关产业发展。

为帮助赋闲的留守妇女在家创业，在村支部支持下，石大姐于2014年成立苗绣合作社，与长沙、吉首、花垣等地企业合作。一件苗绣制品的价格从数十元到上千元不等，村中留守妇女利用空闲时间刺绣，既多了一份收入，又推广了苗家传统民间工艺。2016 年 3 月，苗绣合作社还获得了省妇联授予的“湖南省妇女手工编织就业创业示范基地”称号。

在产业扶贫中，党员一直是群众的榜样。2014 年 4 月，村里准备建设猕猴桃产业示范基地时，村民们担心该产业的前景，一直不愿将自己的土地变成试验田。见此情景，党员们带头将自家的地拿出来，并主动跟村民宣讲种植猕猴桃的好处。目前，23 名党员带头引导村民入股、按股分红，带动 120 多名农民工回乡创业。光是猕猴桃产业，在盛果期，入股贫困户人均分红就达 5000 元以上。

“党员干部的先锋模范作用，在扶贫攻坚中尤显重要。”十八洞村党支部书记龚海华说，为了彰显党员在脱贫一线的作用，针对过去党员涣散的问题，该村紧密结合脱贫攻坚各项工作任务，对党员分类管理、设岗定责，推行承诺兑现制、绩效考核制、坐班服务制、代访代办制、结对帮扶制、群众评议制“六制”工作法，党员的先锋模范作用得到充分发挥。

（三）党建激活内生动力

党支部是基层党建最具活力的“微细胞”。十八洞村针对产业薄弱、经济欠发达等问题，结合全县“三级联创”，创建引领村级经济发展的“五好党支部”，开启脱贫攻坚“新引擎”。

开展党员干部和贫困户结对帮扶活动。党员干部平均每人联系 5 户，定期深入贫困户家中调查了解情况，帮助贫困户解决实际困难。在了解到贫困户缺乏发展资金后，积极与县农村商业银行对接，争取发放小额贴息信贷，解决了贫困户发展产业的瓶颈问题。现在进村道路升级改造和机耕道等公益建设所到之处，视土地如生命的群众纷纷无偿让出土地。

利用电子商务平台拓展销售渠道。通过田间讲座、“互联网＋”培训等形式，引导村民注册网店，将村里苗族织锦、苗绣屏风、苗家腊肉等特色产品进行网上销售，并成立苗绣、养殖等 8 家合作社，引导村民“抱团脱贫”。吉首金毕果等 3 家服装公司，就苗绣产业采取“订单扶贫”模式，使贫困村民人均月增收 1500 元以上。

大力发展红色旅游和乡村休闲旅游。成立十八洞村游苗寨文化传媒有限责任公司，引领村民创办6家苗族文化元素农家乐。按照“人与自然和谐相处、建设与原生态协调统一、建筑与民族特色完美结合”原则，坚持“山更绿、水更清、村更古、人更美、情更浓”理念，认真开展水、电、路改造和公共服务设施建设，着力打造“最美农村”。目前，每月来村旅游的人数达2.5万人以上。

（四）党建促进新风尚

2016年春节期间，每天数万名游客来到十八洞村，让交通一时拥堵。村民们纷纷戴上红袖章，自发疏导交通，引导游客。游客吴世武的小车后轮掉进沟里，10多名村民合力把车抬上来。吴世武掏钱想表示感谢，村民们连连摆手。

为凝聚人心，十八洞村一直把思想建设放在首位来抓。组织召开群众代表大会，把党的惠民政策讲深讲透，并提升“投入有限、民力无穷、自力更生、建设家园”的十八洞精神，鼓励群众充分依靠自身力量脱贫致富。围绕助人为乐、团结互助、遵纪守法等内容，开展道德讲堂15次，讲述身边道德模范事迹18人次。举行了以“相约十八洞，牵手奔小康”为主题的相亲活动，40多个大龄男青年成功脱单8人。组织道德评比，评选星级农户和星级村民等活动。近两年，村里先后涌现火车轮下救人、拾金不昧助人、孝老爱亲敬人等先进8人。

盘活文化资源，激发脱贫致富信心。举办过苗年、主题画展、微电影《寂寨》开机仪式、歌咏、跳舞、小品、苗鼓等丰富多彩的文化活动20多次，统一群众思想，改写过去“村合心不合”的历史。引进文化艺人，配合词曲家创作《不知该怎么称呼你》，编写《十八洞的月光》苗歌，等等，表达对中央的真挚感谢之情和加快脱贫实现小康的信心。

现在的十八洞村，产业发展蓬勃向上，党员群众干劲十足，正在谱写一曲精准脱贫的乐章。

三、十八洞村党建促脱贫攻坚的实践启示

（一）充分发挥“扶贫先扶志”引领作用

通过生动细致的思想文化建设，十八洞村群众的精神面貌焕然一新。由过去“等靠要”思想严重到现在“家家户户把活忙、热火朝天建家园”，形势喜人。“投入有限，民力无穷”，脱贫致富终究要靠贫困群众用自己的辛勤劳动来实现。

正是激发了内生动力，贫困群众才有了紧迫感和荣誉感，形成了脱贫攻坚的合力。

（二）充分发挥党支部的堡垒作用

火车跑得快，全靠车头带。“农村富不富，关键看支部。”党支部是把党的精准扶贫政策真正在农村落地落实的关键所在。外在力量再强，没有一个坚强的党支部作支撑，脱贫攻坚工作也很难开展。要加强村级带头人队伍建设，选拔好书记，配强好班子，建设好队伍，重点从外出务工经商人员、农村能人、大学生“村干部”、村医村教中选人用人，把培养年轻的大学生村干部和致富带头人作为工作重点，为顺利推进各项工作奠定了良好的基础。

（三）充分发挥群众的主体作用

充分发挥贫困地区群众的“主人翁”意识，主动投入到脱贫攻坚战中，为当地率先脱贫、率先小康洒汗出力。十八洞村到处张贴着提振脱贫攻坚信心的标语，如一户人家的对联就写道：“上联：投入有限力量无穷；下联：自力更生建设家园；横批：精神力量”。营造浓厚的脱贫攻坚氛围，从扶贫干部到村干部（包括驻村干部），再到村里的致富带头人，再到普通村民都要齐心协力，激发起脱贫致富的信心和斗志。

（四）充分发挥外在帮扶作用

花垣县从职能部门中选派了解民风民俗、精通地方语言的干部，作为十八洞村精准扶贫工作队队员，他们农村工作经验丰富，很快就能进入角色，工作开展得心应手。在脱贫攻坚进程中，驻村工作队和村干部的作用很大，他们有思路、有想法、有担当。一些长期以来思想观念比较陈旧和闭塞的村民，经由工作队和村干部反复做工作，就会有积极转变，效果显著。扶贫亟须的资源排在第一位的并不是资金，而是组织资源，其中就包括人才资源，基层干部、村“两委”队伍、致富带头人、明白人、能人大户等在村级发展中的带动作用非常突出。这些扶贫工作者把严的要求落实到行动上，把实的作风体现在沾泥土、接地气上，去思考、去谋划、去有所作为，为其所在村的脱贫发展贡献了巨大的力量。

（五）充分发挥政府、市场、社会协同作用

十八洞村的建设不堆砌盆景，不依赖政府投资，在保证政府资源的公平下，通过品牌包装，适当地引导社会和市场协同帮扶。社会资本对所有的贫困村机会是均等的，十八洞村探索出吸引社会资本进入的模式，这种经验可复制、可推广。十八洞村创造出各种相应的条件、办法，是其他村应该学习的经验。资本从社会和市场来，是一个深化改革的标志，是农村供给侧结构性改革的一种重要实践。

（国务院扶贫办全国扶贫宣传教育中心党支部）

产业精准扶贫：实践困境、深化路径及地方经验

——学习习近平总书记“绣花式”扶贫论述*

一、精准扶贫时期产业扶贫的实践困境

中国改革开放以来的扶贫开发实践证明，产业扶贫在推动贫困人口脱贫增收、带动贫困村整体发展方面有着明显成效。进入精准扶贫阶段以来，产业扶贫因其有效性、安全性和益贫性，在精准扶贫、精准脱贫方面重要性更加凸显。习近平总书记指出：“贫困地区发展要靠内生动力，如果凭空救济出一个新村，简单改变村容村貌，内在活力不行，劳动力不能回流，没有经济上的持续来源，这个地方下一步发展还是有问题。一个地方必须有产业，有劳动力，内外结合才能发展。”[1]这为产业精准扶贫发展指明了方向，提供了遵循。但是，在各地扶贫工作中，产业扶贫面临着诸多实践困境：

一是产业精准扶贫的“简化论”思维。所谓“简化论”思维，

* 基金项目：2016年马克思主义理论研究和建设工程重大项目（国家社会科学基金重大项目）《习近平总书记扶贫开发战略思想理论创新和实践创新研究》，项目号：2016MSJ054。教育部重大项目：《贫困治理效果评估机制研究》，项目号：16JZD025。

指的是“将贫困治理片面理解为各项相关指标的改善，只见物而不见人，以行政思维替代发展思维，将贫困治理混同于指标管理”[2]。在产业扶贫方面，“简化论”思维主要表现在产业发展过程中的“唯经济效益论”，脱贫过程中的数字主义与指标化管理。

二是忽视贫困群体的主体地位导致贫困群体被动参与。精准扶贫阶段的对象都是“硬骨头”，这个阶段的扶贫对象存在自身能力低下、发展动力不足、思维固化等特点。由于精准脱贫的时点要求，在发展产业精准扶贫的过程中，地方政府往往代替建档立卡户做决定，出现外部力量强力干预推动贫困户参与产业扶贫过程的现象。在此过程中，贫困户参与的积极性与主动性被忽视。由于“权力、制度和文化等多方面因素的复杂作用”，贫困户参与脱贫攻坚“在实践中出现了一些操作性困难，在资源分配和使用中存在一些关系性障碍”，导致贫困户的参与“并没有发挥真正价值，也没能实现理想的充分参与与赋权状态”[3]。

三是精英俘获现象普遍。“精英捕获”最早应用于政治经济学的研究，指的是在发展的过程中“一些本应惠及大众的资源被政治或经济上有权力的集团或强势群体中的少数人所霸占”[4]的现象，这种现象导致相对弱势群体的利益被伤害。在我国扶贫开发工作的早期，“精英捕获”现象更多地表现为由于瞄准机制的不健全所呈现的“扶富不扶贫”现象，主要指涉扶贫对象瞄准中的偏离和资金使用中的“低命中率”及“高漏出量”现象[5]。精准扶贫阶段，由于精准识别等一些工作机制的建立，瞄准机制方面的“偏离”在很大程度上得到遏制。但由于贫困户在产业扶贫中的“被动参与”和利益联结机制不健全等原因，依然存在扶贫资源无法有效“落地”、贫困户与“农村精英”受益不均等现象，这些现象成为精准扶贫、精准脱贫阶段“精英捕获”的新特征。新型农业经营主体，即专业合作社是精准扶贫时期产业扶贫的重要主体，但在更大程度上专业合作社往往被大户所掌控，难以达到产业扶贫益贫性的效果，其原因在于“大户的市场逻辑与脱贫的合作性或利他性逻辑本身就存在矛盾”[6]。

四是产业精准扶贫过程中的技术或能力培训“有用无效”。在精准扶贫、精准脱贫阶段，我们对贫困的认识已然从收入贫困转向能力贫困，推进和提升贫困人口的能力建设成为精准扶贫的重要内容。“阳光工程”“农村劳动力技能就业计划”以及“雨露计划”等提升贫困人口能力的各项培训工程，在这一阶段得到更好的实施和推进。但是，实地调研发现，这种“针对贫困人口的农村实用技术培训存在‘有用’但‘无效’的结构性困境”[7]，这种能力培训“有用无效”的结构性困境与精准扶贫阶段沿袭的小农特色的产业扶贫密切关联。

五是短期脱贫目标与可持续发展、全面小康要求存在矛盾。总体而言，各地在具体操作中仍然把超过2300元（2010年不变价农民人均纯收入）作为唯一的脱贫标准。在当前精准扶贫、精准脱贫的政治压力下，个别地区采取缺额补偿的方式进行快速脱贫。而《中共中央　国务院关于打赢脱贫攻坚战的决定》明确贫困人口脱贫的标准是实现“两不愁，三保障”。由于产业精准扶贫具有投资大、风险高、见效慢等特点，因此，很多地方片面强调利用经济补偿手段达到“两不愁，三保障”的要求，忽视产业扶贫的“造血”功能。更重要的是，有些地区在精准扶贫的过程中片面强调产业扶贫的作用，出现产业配置与地方人力资本、产业政策与地区发展战略不协调甚至相脱节的现象，扶贫措施单打一，无法形成组合拳有效推进精准扶贫与地区发展、脱贫攻坚与乡镇基层政权建设的协调发展，最终实现稳定脱贫、长效脱贫。

上述问题给精准扶贫时期的产业扶贫带来了诸多挑战。我们必须反思，在精准扶贫、精准脱贫阶段，产业扶贫的战略与举措是否需要进行调整以适应精准扶贫战略的要求？产业扶贫如何超脱传统小农经济的束缚助推长效脱贫、稳定脱贫？产业扶贫对于提升贫困人口的内生发展能力、提升贫困村社会治理能力有何重要意义？对这一系列的问题的反思与破解，习近平总书记关于“绣花式”精准扶贫方略提供了科学指南。

二、“绣花式”精准扶贫思想的提出及其内涵

党的十八大以来，全面建成小康社会成为我国经济社会发展的总体目标。为实现这一目标，精准扶贫成为新时期我国扶贫开发“体制机制”创新的“总抓手”[8]。追溯精准扶贫思想的提出和发展历程，可以从三个阶段来理解：

第一个阶段，精准扶贫思想的提出与实践。2013年11月习近平总书记在湖南湘西考察时，首次提出了“精准扶贫”概念，指出“扶贫要实事求是，因地制宜。要精准扶贫，切忌喊口号，也不要定好高骛远的目标”[9]。以此为背景，《关于创新机制扎实推进农村扶贫开发工作的意见的通知》《关于印发〈建

立精准扶贫工作机制实施方案〉的通知》《关于印发〈扶贫开发建档立卡工作方案〉的通知》等一系列关于精准扶贫的政策、文件相继颁布，精准扶贫工作的顶层设计、总体布局以及具体工作机制逐渐成形，精准扶贫思想开始形成并开展全面布局。

第二阶段，精准扶贫政策体系的发展与形成。关键时点在于 2015 年 6 月 18 日，习近平总书记在贵州召开部分省区市党委主要负责同志座谈会，明确强调“扶贫开发贵在精准，重在精准，成败之举在于精准”，“六个精准”“四个一批”等精准扶贫思想逐渐提出，精准扶贫的各类政策体系逐步构建。2015 年 11 月，《中共中央　国务院关于打赢脱贫攻坚战的决定》的颁布，意味着精准扶贫、精准脱贫攻坚战开始打响，各地围绕精准扶贫思想展开了丰富的地方实践，涌现一系列地方模式，但与此同时也暴露出精准扶贫工作中的诸多问题。

第三阶段，精准扶贫思想的深化。关键时点即为 2017 年“两会”期间“绣花式”精准扶贫思想的提出。2017 年“两会”期间，习近平总书记在参加地方代表团座谈时指出要“改进脱贫攻坚动员和帮扶方式，扶持谁、谁来扶、怎么扶、如何退，全过程都要精准，有的需要下一番‘绣花’功夫”。3 月 31 日，习近平总书记主持召开的中共中央政治局会议指出，要继续坚持精准扶贫、精准脱贫方略，用绣花的功夫实施精准扶贫。

“绣花式”精准扶贫思想的提出，源于对前两个阶段精准扶贫实践问题把脉基础上的经验总结和理论提升，是习近平总书记站在治国理政的战略高度对精准扶贫思想的深化发展。

准确把握“绣花式”精准扶贫思想的精确内涵要有全局意识。全局意识主要体现在三个方面：一是要把精准扶贫、精准脱贫事业看作统筹推进“五位一体”总体布局、协调推进“四个全面”战略布局的重要组成部分，是全面建成小康社会、实现中国梦的关键环节。二是指在推进精准扶贫、精准脱贫工作过程中，要与我国的经济社会发展全局紧密契合。地方政府在推进脱贫攻坚的过程中，必须将脱贫攻坚与地区发展规划紧密结合，全面提升地区发展能力。三是指“全面”，“绣花精神”不能让一针在整个刺绣的过程中“遗漏”，“小康路上一个都不能掉队”。

“绣花式”精准扶贫要求各种扶贫举措要环环相扣，善于打组合拳。组合拳建立在对贫困地区当地资源全面、系统的分析和把握的基础上，需要对当地致贫原因与贫困现状进行综合分析，在把握地方实际情况的基础上精确规划、精准定位，灵活把握精准扶贫策略和举措。产业扶贫是精准扶贫的重要举措，贫困地区发展产业需要因地制宜，根据地理特点、气候、市场等特点有根据地发展产业扶贫，精准定位。要有创新意识，找准市场，开创产业扶贫新路径。同时，“绣花式”精准扶贫要求扶贫开发要落到实处，杜绝“扶贫工作中的形式主义”，“把求真务实的导向立起来，把真抓实干的规矩严起来，让真干假干不一样、干多干少不一样、干好干坏不一样，确保脱贫攻坚工作成效经得起实践和历史检验”。

“绣花式”精准扶贫思想要求推进精准扶贫、精准脱贫工作要“用心”“倾情”，做实做细。习近平总书记强调，扶贫要精准，工作要做到贫困地区、贫困户的心坎儿上，就既要善于在面上“织布”，更要精于在点上“绣花”。当前精准扶贫进入深化期，精准脱贫工作的关键要精准发力，“向基层聚焦聚力”。“用心”强调脱贫攻坚过程中的认真态度，强调对待贫困户的“绣花”的耐心，在对贫困户实际困难精准把握的情况下强调扶贫过程中贫困户的参与，根据贫困户的特殊性有针对性地在产业扶贫过程中设计贫困户参与机制，强化利益联结机制的益贫性与因人而异；“倾情”强调精准扶贫过程中的能人带动，破解扶贫资源配给中的“精英俘获”。既要考虑增加贫困户短期内收入的“数字脱贫”，更要建立贫困户的长效脱贫致富机制，提高贫困户经营性收入和资产收益，拓宽和夯实贫困户产业发展和劳务收入渠道。

三、“绣花式”精准扶贫思想下产业扶贫的深化路径

“绣花式”精准扶贫思想的提出与实践，是中国国家贫困治理现代化体系的重要目标与经验表达，在中国政府主导的开发式扶贫道路上具有里程碑意义。“绣花式”精准扶贫思想的提出，为精准扶贫时期产业扶贫破解实践困境提供了理论基础。基于产业扶贫实践困境的“问题”视角，精准扶贫时期产业扶贫的深化拓展需要从处理三个方面的关系着手：

1. 处理好治国理政方略与脱贫攻坚事业之间的关系。党的十八大以来，中央把扶贫开发摆在治国理政突出位置进行布局和推进。“绣花式”精准扶贫思想是习近平总书记治国理政方略在扶贫开发事业中的综合体现。我们需要摒弃精准扶贫只是一种技术举措的片面看法，而应将精准扶贫视为治国理政方略下涉及体

制、制度、文化、资源与技术的一场事关贫困治理与区域发展的整体性社会发展与改革行动。习近平总书记2014年3月18日在兰考考察时，从三个层面阐述了精准扶贫与县域治理之间的关系，指出要把强县和富民统一起来，把改革和发展结合起来，把城镇和乡村贯通起来[10]。县域治理是习近平治国理政思想的重要组成，同时也指出了产业发展实现精准扶贫的路径。

一是要做到强县与富民产业相统一。"强县"与"富民"是辩证统一的关系。产业扶贫陷入实践困境的主要原因之一就在于将"强县"与"富民"简单对立化。"强县"与"富民"之间的辩证统一关系需要树立共享发展理念，二者的辩证统一关系需要在"发展路径选择和发展成果共享上有全面把握，既善于集中资源办大事、增强县域经济综合实力和竞争力，又注重激励城乡居民创业增收和勤劳致富、持续提高城乡居民生活水平"[11]。要做到强县与富民产业相统一，这就需要在扶贫产业类型的选择、税收和就业之间的偏好以及产业发展政策等方面进行深化。

二是要处理好改革与发展之间的关系。当前的供给侧结构性改革为产业扶贫中改革与发展的关系处理提供了较好契机。落实到产业扶贫，需要将供给侧结构性改革与农业产业结构调整紧密结合，在产业类型选择层面，需要结合地方的资源禀赋与实际区情，有机处理传统农业产业、新兴产业与特色产业之间的比重和关系，同时探讨如何更好地在产业扶贫过程中促进三产融合，探讨产业发展过程中的融资机制，利用金融杠杆撬动社会资金发展农业产业化，探索农业保险全覆盖。

三是要结合新型城镇化做到城乡贯通。新型城镇化是相对于"快速城镇化""政治城市化"而言，其核心在于以人为本的"人的城镇化"和城乡统筹发展。产业扶贫需要树立城乡统筹发展理念，构建"产城融合"发展体系，其关键在于"要推动城镇基础设施向农村延伸，城镇公共服务向农村覆盖，城镇现代文明向农村辐射，推动人才下乡、资金下乡、技术下乡，推动农村人口有序流动、产业有序集聚，形成城乡互动、良性循环的发展机制"[12]。

2. 处理好市场主义逻辑与社会道德逻辑之间的关系。产业扶贫过程中隐含着两种逻辑：一是产业发展本身的市场主义逻辑。这种逻辑天然追逐利润，追求着各类资源特别是经济资源配置的市场优化和经济效益的最大化，这种逐利行为在产业发展的过程中要求以市场为导向，以经济利益为中心，片面强调产业的做大做强。二是社会道德逻辑。产业扶贫的道德逻辑强调扶贫济困的社会功能，通过发展产业带动贫困群体脱贫致富，这是一种社会责任，亦是一种底线思维。在精准扶贫背景下，产业扶贫的这两种逻辑之间的关系如果不协调好，就会出现两种后果：一种后果是产业精准扶贫过程中的精英俘获与弱者吸纳，另一种后果即为产业扶贫的资本化导致产业发展与扶贫开发工作的完全脱嵌。正确处理市场主义逻辑与社会道德逻辑之间的关系，需要从以下两个层面入手：

一要构建益贫性的利益联结机制。所谓利益联结机制，指的是在产业化扶贫的推进过程中，参与产业化运作的各个利益主体之间所形成的各种利益关系。闫玉科认为利益联结机制可从外在表现和内涵两大层面进行分析。所谓外在表现即为参与产业化经营的龙头企业与农户之间的联结模式，内涵则是指参与产业化经营的龙头企业与农户之间的利益分配规则。[13]由于产业扶贫的“扶贫”特性，在构建利益联结机制的过程中，尤要凸显产业扶贫的社会道德逻辑，凸显产业发展过程中对贫困农户的“益贫性”，同时参与产业扶贫的市场主体需要更多的体现社会关怀与社会责任，政府需要在构建利益联结机制的过程中起着至关重要的监督和监管责任。

二要注重产业扶贫过程中贫困户内生动力的挖掘和培育，倡导参与式扶贫。从根本上而言，市场主义逻辑与社会道德逻辑的平衡点与结合点在于参与产业扶贫的主体之间的关系处理与利益分配。产业扶贫主要包括市场主体和贫困群体两大主体，产业扶贫陷入两大逻辑实践困境的原因之一即在于市场主体的强势介入与贫困户内生动力的缺失。如何挖掘和培育贫困群体发展产业的内生动力，既是当前精准扶贫、精准脱贫的难点，亦是重点。参与式扶贫强调“赋权于民”，贫困户全程参与产业发展的项目设计、产业选择、资金监管等各个环节，有效激发和调动贫困群体参与产业发展的积极性、主动性。

3. 处理好事本主义思维与区域协调发展之间的关系。当前产业精准扶贫主要采取“项目制”的运作方式。在一定程度上，“项目化”的产业精准扶贫在项目资金的具体用途和使用方式上有规可循，有效防止产业发展资金滥用或挪用。但这种“项目化”的产业精准扶贫容易陷入事本主义的思维误区。“事本主义理念是注重以事而事为中心的执行理念，其特点主要有效果快、效期短、效幅窄、效用差，容易产生功利性的可视效果，重视眼前而忽视长远，易造成资源的过度浪费。”[14]事本主义思维往往导致产业精准扶贫过程中虽然在短期内实现了“真扶贫”“扶真贫”，但却容易使得贫困地区陷入条块化、碎片化的治理困局，无法与贫困地区的长远规划、区域协调发展形成有效衔接。破除事本主义思维，深化精准扶贫时期的产业扶贫，可以从以下两个方面入手：

一是精准扶贫时期的产业扶贫必须回应当前农村社会面临的诸多问题。长期以来，在城乡二元结构的社会背景下，在“快速城镇化”“政治城市化”的作用下，我国的农村社会的现象，诸如农村基础设施的严重不足与落后、农村精壮劳动力的大量外流等造成农村社会面临空心化、“三留”人员等大量社会问题，这些社会问题的存在是阻碍我国农村社会发展的重要因素。产业扶贫的事本主义思维往往无视这些社会问题的存在，片面追求产业发展的短期效益与规模“轰动效应”。精准扶贫时期的产业扶贫必须正视这些问题的存在，有针对性地选择产业，制定相应支持政策，做到产业扶贫与农村社会发展的密切关联。

二是精准扶贫时期的产业扶贫要与农村社会治理密切衔接。当前农村社会治理面临诸多的困境，这些困境的存在，与上述农村社会问题的存在密切相关，但其关键点在于农村基层政权组织的泛散与基层治理能力的缺失。这也是长期以来，学术界与政界关注的焦点话题。农村基层治理主体主要包括乡镇一级政府机构与村委会，而这两者恰恰应成为产业扶贫的推进与发展的依托主体与责任主体。因此，精准扶贫时期的产业扶贫需要关注当前农村社会治理的难题和困境，产业扶贫需要与区域发展、社区治理协调进行。

处理好上述三个层面的关系，我们才能切实转变扶贫观念，形成长效扶贫机制，才能避免产业扶贫过程中的诸多实践困境，更好地领会和贯彻“绣花式”精准扶贫思想的要义，实现精准扶贫时期产业扶贫的深化拓展，助推全面建成小康社会宏伟目标的实现。

四、产业精准扶贫深化拓展的印江经验

“绣花式”精准扶贫思想的提出，既是对党的十八大以来精准扶贫工作的总结和反思，也是未来精准扶贫、精准脱贫工作的行动指南和思想导引。其中，地方经验构成“绣花式”精准扶贫思想来源的重要基础。贵州省贫困面广、贫困程度深，农村贫困人口规模大，长期以来是我国扶贫开发的重点省份。在贵州省的精准扶贫实践中，始终贯彻“扶产业就是扶根本”的理念，致力于上述三大关系的处理，推动贫困村和贫困户走上自主脱贫致富的内源式、

可持续发展道路。

印江苗族土家族自治县是贵州省较具代表性的贫困县之一，有着较为完全的喀斯特地貌，生存环境非常恶劣，人畜饮水困难，农业生产方式非常落后。其贫困特征主要表现在生存贫困、经济贫困及发展贫困三个层面。在多重贫困的影响下，前期“撒胡椒面式”的扶贫开发模式在一定程度上缓解了印江县的贫困程度，但是如何“摘穷帽”“拔穷根”一直是印江县扶贫开发的困境和难题。2013年精准扶贫工作开展以来，印江县创新性开展和推进产业精准扶贫，深化精准扶贫理念，先行先试，探索出“绣花式”产业精准扶贫的早期经验，这些经验与做法既为“绣花式”精准扶贫思想提供了经验支持，也是精准扶贫时期立足于三大关系产业扶贫的深化拓展。

1. 整体规划，围绕农业产业结构调整战略布局产业扶贫。印江县在推进产业精准扶贫的过程中立足自身的地域特点、资源禀赋、产业基础以及市场需求，尊重山地农业经济发展规律，着眼于调整产业结构，促使传统农业产业结构转型、升级、换代。一是因地制宜选择地区发展产业，确定将茶叶、食用菌、核桃、绿壳蛋鸡等作为产业扶贫主导产业，按照“山腰种茶、坝上种菇、宜茶则茶、宜果则果、宜菇则菇、宜畜则畜、循环发展”的原则总体布局山地农业产业。二是总体设计，突出政策红利，打组合拳，集合科技、金融等相关政策、技术综合支持体系，创新山地农业发展模式，大力推进完善优质高效的山地农业体系。三是转型升级，积极融合现代农业发展新理念、新技术和新方法，发展立体农业，促进“三产融合”，大力发展农产品加工业，增加农产品附加值，构建从生产到简单加工、深加工、包装、储运、销售、服务等现代农业产业发展链条体系。同时，结合印江县地理地貌特点，充分发挥“公园省”的生态优势，推动农业生产与乡村旅游相结合的农旅一体化发展。四是开展有针对性的培训，提升贫困户产业发展能力。正如前文所述，“有用无效”的技术培训产生的原因在于传统的小农经济与现代化的农业技术之间的矛盾。印江县在推进产业精准扶贫的过程中，将技术培训、能力培训与升级换代后的山地农业体系紧密结合，将作为市场主体的企业、培训主体的农业科技部门、后续产业链条与销售服务等主体结合起来，将技术培训嵌入产业精准扶贫过程中，增强技术培训的针对性、实用性及有效性，提升贫困户稳定脱贫、可持续发展能力。

2. 突出重点，发展农业扶贫园区实现集聚效益。2015年，中共贵州省委办公厅、贵州省人民政府办公厅联合发布《关于扶持生产和就业推进精准扶贫的实施意见》，主张要“深入推进产业化扶贫，着力促进贫困人口创业就业，大力实施扶贫攻坚‘三个十工程’，促进一二三产业融合发展，大力发展劳务经济，推动产业分类更科学、脱贫路径更精准、实现方式更具体，进一步提高产业和就业对贫困人口的扶持带动作用，加快脱贫致富奔小康步伐”[15]。据此，贵州省在产业扶贫领域提出每年打造“十大扶贫产业园区”的目标。以此为背景，印江县大力发展农业扶贫园区，重点打造木黄镇食用菌农业扶贫园区。园区的建设和发展坚持“政府扶持，社会参与，企业管理，市场化运作”原则，在产业扶贫过程中集聚扶贫主体、资源及规则：一是从农业扶贫园区的参与力量来分析，其集聚的扶贫主体包括政府、企业、园区、农户四个层面。政府层面的主体涉及县、乡（镇）以及村委。农业扶贫园区有着省级、市级、县级等级别差异，作为省级的木黄镇食用菌农业扶贫园区在建设和发展过程中，省也是重要参与主体之一，但在统筹情况下，园区参与扶贫的政府主体主要是县、乡镇一级；企业层面的主体包括参与农业扶贫园区产业发展过程的外来企业、本地企业、作为新型经营主体的经济合作社等；园区层面的参与主体一般是指在农业扶贫园区建设过程中为了协调各方而设置的园区指挥部；农户在农业扶贫园区的发展过程中并不单纯是劳动力的角色，而更多地利用土地承包权、村民身份等深度参与园区发展，特别是在精准扶贫语境下的建档立卡贫困户，是农业扶贫园区的重要主体之一。二是从园区资源层面分析，涉及的资源包括行政资源、土地资源、政策资源、资金资源、劳动力资源等。其中行政资源包括县、乡（镇）以及园区指挥部基于行政级别所赋予的行政权力，以及这些基层政府基于行政权力所能采取的行政举措或强制性措施的能力；土地资源包括基层地方政府利用行政权力所能调动的支持园区发展的土地资源以及利用土地资源为优惠条件吸引企业资金或金融扶贫资金；政策资源指的是当前脱贫攻坚语境下，诸多针对贫困地区、针对贫困群体的各项有利政策；资金资源包括普惠性的涉农资金、各类扶贫资金以及进驻园区的企业所投资金等；劳动力资源指的是园区范围内的能参与园区发展和生产的有效劳动力，既包括在园区长期务工的合同工，同时也包括在劳动力需求旺季的季节性工人。三是从治理规则层面分析，农业扶贫园区包括治理的公共规则、地方性规则，同时市场规则占据着重要地位。[16]

3. 秉承理念，致力于产业扶贫与地区发展能力提升相结合。全面建成小康社会时期的精准扶贫已然超越提升经济收入水平、促进经济发展的单一经济目标，而是希冀达成经济、文化、政治等综合协调的地区复合发展目标，这一复合目标与社区营造理念不谋而合。“社区营造”是“一个社区的自组织过程，在这个过程中提升社区内的社群社会资本，达到社区自治理的目的”[17]。社区营造的开篇布局大都从经济角度伊始，但其最终目标绝不仅仅限于地区产业发展，而往往是综合了文化、生态、旅游观光、教育等多种目的为一体的综合目的。社区经营通过多管齐下的手段以达到社区自我组织、自我发展、自我治理的目的，这是一种可持续的社区发展模式。印江县在推进产业精准扶贫的过程中，社区营造理念的贯彻和坚持主要表现在农旅一体化的“三产融合”产业发展过程中：一是使得产业扶贫与社区发展相结合，是一种全方位的发展模式，不仅注重经济脱贫，更注重向人文历史传承开发、生态环境保持、生态农产品开发等诸多领域扩展，注重贫困农户的综合发展，也注重贫困地区社区的多维度发展。二是“农旅一体化”的社区营造促使印江县的产业扶贫的扶贫方式更向“扶智”“扶志”意义层面深化。在介入和扎根农村社区的过程中，更加注重自身扎根的深度，并着重挖掘农户的能力，发现社区的综合资源，并组织农户参与到扶贫产业及社区发展的各个环节，培养其调查、管理、协商等各方面的综合能力，为贫困社区脱贫及长远发展做铺垫。三是注重社区可持续发展。对农户主体性的尊重和培养是实现社区可持续发展的根本，也是脱贫攻坚的根本意义所在。如何实现贫困地区脱贫以及长久发展，说到底还是要归根于人。既包括挖掘培养当地贫困人口的反贫困能力和自组织能力，也包括吸引具有更高知识水平的流动人员和返乡人员，他们是贫困地区未来的主人[18]。

4. 强调参与，构建益贫性的利益联结机制促使“内源性发展”。《中国农村扶贫开发纲要（2011—2020 年）》将“更加注重增强扶贫对象自我发展能力”列为新时期扶贫开发的重要目标之一。“将发展能力的提高作为未来扶贫的重要目标，这意味着贫困不仅仅是发展机会的缺失导致的，也是发展能力的不足导致的。”[19]精准扶贫时期的产业扶贫被定位为“造血式”扶贫模式的主要举措，注重贫困人口的能力提升促使贫困地区的“内源性发展”是全面建成小康社会时期扶贫开发工作的终极目标所在。“内源性发展”注重内生性作用的发挥，注重外部协助以及外部环境的协调，强调主体的参与性[20]。“内源性发展”重视能力建设，强调本地民众潜能和能力的挖掘和培养。印江县在产业扶贫的过程中，“内源性发展”的推进主要表现在：一是注重培育新型经营主体，支持贫困户为主体的“经济合作社”发展，发挥贫困户在产业扶贫中的主体性作用。农业合作社的发展在一定程度上能克服小农分散生产的弊端，增加农业附加值；增加农业综合生产能力，优化资源配置，增强抵御风险的能力。更重要的是，农业专业合作社的发展，让贫困户通过参与生产与技术培训，增强了生产经营的意识，提高了自身的生产能力。二是在考察和借鉴龙头企业带动型模式和专业合作社带动型模式利弊的基础上，构建“公司＋农业园区＋贫困户”多元主体利益联结机制。这种利益联结机制优先考虑贫困户的利益，将贫困户列入重点扶持对象，将政策层面的扶贫资金变成贫困户入股股金，保底分红，保底收购，减少风险。更多强调参与企业的社会责任，相关企业采用承担地租、赊购原料、技术支持和服务、保底收购、超额利润返还等形式保证参与项目的贫困农户的相关利益，承担相关社会责任。三是强调贫困户的参与。贫困户的参与可以避免扶贫开发工作中单向的物质扶贫，有利于提升贫困户的生产能力。就贫困村而言，参与式扶贫体系的建立需要从两个方面来着手：“一是以行政村为基础，采用参与式的理念、原则和方法，组织、引导、发动群众制定、实施、管理贫困村扶贫开发规划，并监测、评价每一个项目的质量、效果和影响；二是以参与式村级扶贫开发规划为载体，培育基层组织参与扶贫开发的程度和能力。”[21]

注释

［1］刘永富. 以习近平总书记扶贫开发战略思想为指导　坚决打赢脱贫攻坚战//中共中央组织部干部教育局，国务院扶贫办行政人事司，国家行政学院教务部. 精准扶贫　精准脱贫：打赢脱贫攻坚战辅导读本. 北京：党建读物出版社，2016：59.

［2］吕方，梅琳. “精准扶贫”不是什么：农村转型视阈下的贫困治理. 新视野，2017（2）：35—40.

［3］毛绵逵，李小云，齐顾波. 参与式发展：科学还是神话?. 南京工业大学学报（社会科学版），2010，09（2）：68—73.

［4］D Dutta. Elite Capture and Corruption：Concepts and Definitions//National Council of Applied Economic Research. Retrieved March，2009.

［5］江华. 7158 万扶贫款哪里去了?. 对贵州省习水县 1994—1998 年扶贫款

流向的调查. 中国改革（农村版），2002（1）：34—35.

[6] 张翼. 当前中国精准扶贫工作存在的主要问题及改进措施. 国际经济评论，2016（6）：77—85.

[7] 陆汉文，李文君. “有用无效”：贫困人口能力建设的结构性困境. 贵州社会科学，2017（4）：161—168.

[8] 吕方，梅琳. “精准扶贫”不是什么：农村转型视阈下的贫困治理. 新视野，2017（2）：35—40.

[9] 曾伟，刘雅萱. 习近平的“扶贫观”：因地制宜“真扶贫，扶真贫”[EB/OL]. [2014-10-18]. http：//politics. people. com. cn/n/2014/1017/c1001—25854660. html.

[10] [11] [12] 习近平. 在河南省兰考县委常委扩大会议上的讲话（2014年3月18日）//习近平. 做焦裕禄式的县委书记. 北京：中央文献出版社，2015.

[13] 闫玉科. 农业龙头企业与农户利益联结机制调查与分析：以广东省为例. 农业经济问题，2006（9）：32—36.

[14] 张扬金，张增勇. 新农村建设视域中的政府政策执行成长路径探究. 湖北社会科学，2008（1）：58—60.

[15] 中共贵州省委办公厅，贵州省人民政府办公厅. 关于扶持生产和就业推进精准扶贫的实施意见 [EB/OL]. [2015-12-03]. http：//www. gzchishui. gov. cn/doc/2015/12/02/90054. shtml.

[16] 邹英. 资本输入与乡村社会秩序的重建. 博士学位论文. 武汉：华中师范大学社会学系，2017：49—50.

[17] 罗家德. 社区营造与社会建设//朱蔚怡，侯新渠. 谈谈社区营造（序二）. 北京：社会科学文献出版社，2015.

[18] 邹英. 资本输入与乡村社会秩序的重建. 博士学位论文. 武汉：华中师范大学社会学系，2017：77—80.

[19] 黄承伟. 新形势下我国贫困问题研究的若干思考. 黄承伟. 与中国农村减贫同行（上）. 武汉：华中科技大学出版社，2016：79.

[20] [法] 范如湖. 内源发展作为另一种选择：可能性与障碍//黄高智. 内源发展：质量方面和战略因素. 中国对外翻译出版公司，联合国教科文组

织，1991.

［21］黄承伟. 论我国开发式扶贫的拓展与完善//黄承伟. 与中国农村减贫同行（上）. 武汉：华中科技大学出版社，2016：147.

（《贵州社会科学》2017年第9期）